全国普通高等学校优秀教材二等奖

·新闻与传播系列教材·

大众传播学（修订版）

李 彬 主编

吴 风 曹书乐 副主编

清华大学出版社
北京

版权所有，侵权必究。举报：010-62782989，beiqinquan@tup.tsinghua.edu.cn。

图书在版编目(CIP)数据

大众传播学/李彬主编. —修订版. —北京：清华大学出版社，2009.9（2023.12重印）
（新闻与传播系列教材）
ISBN 978-7-302-19857-4

Ⅰ. 大… Ⅱ. 李… Ⅲ. 大众传播－传播学－高等学校－教材 Ⅳ. G206.3

中国版本图书馆 CIP 数据核字（2009）第 051447 号

责任编辑：纪海虹
责任校对：王荣静
责任印制：杨　艳

出版发行：清华大学出版社
网　　址：https://www.tup.com.cn, https://www.wqxuetang.com
地　　址：北京清华大学学研大厦 A 座　　邮　编：100084
社 总 机：010-83470000　　邮　购：010-62786544
投稿与读者服务：010-62776969, c-service@tup.tsinghua.edu.cn
质量反馈：010-62772015, zhiliang@tup.tsinghua.edu.cn

装 订 者：三河市龙大印装有限公司
经　　销：全国新华书店
开　　本：185mm×235mm　　印　张：22.5　　字　数：419 千字
版　　次：2009 年 9 月第 2 版　　印　次：2023 年 12 月第 15 次印刷
定　　价：65.00 元

产品编号：030561-03

再版前言

作为 9 年前问世的一部教材,本书缘起已在原版"后记"里作了交代。这里,再对修订版的有关事宜给予说明。

首先,在传播学的书籍已层出不穷,传播学的教材更汗牛充栋之际,为什么又再版这部旧作呢?原因说来也简单,本书一直在不断印刷,而且印数可观,而 9 年来却未作任何修订。坦率地说,作为主编,我甚至未在出版后细读一遍。尤其是 2002 年,本书荣幸地获得教育部全国普通高等学校优秀教材二等奖后,更使人越来越感到修订再版的必要性和迫切性。为了尽可能保证修订的质量和水平,特意邀请我指导的博士生吴风和曹书乐担任副主编。吴风现为南开大学传播学系的教师;曹书乐在读期间曾赴英国威斯敏斯特大学交流一年半,师从英国著名批判学者 C. Sparks,今年获得博士学位,进入清华大学新闻传播学博士后流动站。

其次,本次修订工作对部分内容进行了增删,希望既能体现精益求精的精神,又能反映与时俱进的意图。同时对一些不尽切当的文字表达、图表说明、标点符号等重新推敲,希望使学生的阅读和理解更为通顺,更为晓畅。经过修订的新版《大众传播学》在眼下林林总总的传播书籍里,可以说不无自己的特点和优势。比如,以"大众传播"为主旨的读物目前还属稀缺(译著除外),而大众传播在当代传播活动中无疑占据着首屈一指的地位。再如,本书体例尚属合理与完备,内容及案例也堪称丰富和有趣,文字又浅显易懂,再配以各章的重点提示、内容摘要、拓展阅读、思考题目等,应该比较适合一般大学生掌握传播学的基础知识和基本理论,尤其适合非专业的学生研习。因此,本书也可以作为"媒介素养"教育的参考读物。

再次,9 年时光转瞬即逝,各方面的发展和变化一言难尽。就本书的几位作者而言,从十年前最后一次聚会商议和安排本书的写作,至今居然再无缘相聚。其间,差不多每个人都有所变动。主编在本书出版翌年,即调入清华大学;曾任北京大学新闻与传播学院副院长的陈昌凤博士,2008 年也应聘为清华大学新闻与传播学院教授;任鹰博士晋升中央广播电视大学教授;徐慧博士毕业后,又前往德国深造;胡钰讲师离开清华有年,现任《科技日报》评论部主任……如今,修订这部当年大家通力合作的成果,抚今追昔,内心不免感叹和怅然。

最后,这部书稿能够纳入清华大学出版社的新闻传播学书系,也使我们觉得不胜荣耀。这家全国一流的大学出版社,近年来配合清华大学新闻与传播学院的学科建设、科学研究和教书育人,出版了一批新闻传播学著述,产生了广泛而良好的反响。本书能够在此再版，相信一定会有更大的"知名度"。

　　成就属于大家，问题归于主编。正如原版"后记"所言，尽管自己"奉命于危难之间"，夙夜忧叹，不敢懈怠，尽管统稿时"累得眼珠都转不动"，尽管再版修订时力求完美，但是，限于各种主客观条件，问题和缺憾还是在所难免。比如，个别章节比例失当，水平参差，一些内容略显陈旧等。其中特别突出的是，站在新世纪，面对中国崛起的历史格局，原版的"文化自觉"（费孝通语）还有所不足，结合中国实际，开拓有中国特色、中国气派和中国风格的大众传播学之意识还有待明确。诸如此类的问题，只能寄希望于来人了。

李　彬
2009 年 6 月于清华

前言

流水前波让后波
——对我国传播学研究的回顾和瞩望

传播学的研究与教学，在我国已有近20年的历史。其间虽然经历了一些风风雨雨，但随着改革开放的不断深入，随着社会主义现代化的飞速发展，立足当代、面向未来的传播学也获得了长足的进步。尤其是1997年国务院学位委员会正式将传播学列入研究生培养科目，使之成为新闻传播学这个一级学科下属的两个二级学科之一，更为传播学的腾飞创造了前所未有的良机。此书的问世，从大的背景上看也应归功于此。

这部教材的出版恰逢世纪之交。巧的是，另外两部全国性传播学教材也在此时先后面世，这就是教育部"九五"国家级重点教材系列中的《传播学教程》（郭庆光著）和全国高等教育自学考试系列中的《传播学概论》（吴文虎主编）。此时此刻，回顾传播学在我国的风雨历程，就有了别样的历史意味和蕴涵。

迄今为止，我国的传播学研究经历了三代人的辛勤耕耘，每一代人都为这门新兴学科的发展尽了自己的心力，在孜孜矻矻的探求之中，留下许多颇堪回味的经验和可资借鉴的成果。

第一代的开山人物，以中国人民大学新闻系的资深教授张隆栋先生和复旦大学新闻系的郑北渭教授为代表。曾任教燕京大学新闻系的张隆栋先生，早在20世纪50年代创办中国人民大学新闻系系刊《国际新闻界》时，就开始追踪新起的传播学研究。80年代初，他又在复刊后的《国际新闻界》上，连续发表了一组详尽介绍和评析传播学的长文。这组文章内容广博，材料翔实，脉络清晰，新人耳目，可谓第一代研究者给人印象最深的力作。与此同时，郑北渭先生也在复旦大学新闻系的内部刊物《外国新闻事业资料》上接连撰文，评述传播学，俨然与张隆栋先生形成一种南北呼应之势。

此外，曾任北京广播学院新闻研究所所长的苑子熙教授、曾任新华社新闻研究所副所长的李启教授、曾任中国社会科学院新闻研究所世界新闻研究室主任的张黎研究员和陈崇山研究员等,均为"筚路蓝缕,以启山林"的第一代传播学研究者,为我国传播学的起步和发展做出了首屈一指的贡献。如李启教授参与翻译施拉姆的代表作《传播学概论》(新华出版社1984年版),今天看来译文虽然不无值得推敲之处,但作为中国大陆出版的第一部传播学权威译著,其影响还是无与伦比的。

在第一代传播学人开天辟地诸般努力中,最具里程碑意义的当数1982年在北京召开的第一次传播学研讨会。这次研讨会由中国社会科学院新闻研究所组织发起(由此形成了以后历次全国传播学研讨会均由该所主办的传统),会期3天①,参加会议的代表30余人,分别来自复旦大学、中国人民大学、厦门大学、暨南大学、北京广播学院、新华社和《新闻战线》杂志社等新闻教学、研究和实践部门,中共中央宣传部新闻局也派代表参加了会议。这次会议的一大成果,就是明确了我们对传播学的基本态度,即后来广为流传的16字方针——"系统了解,分析研究,批判吸收,自主创造"。② 同时,会上还提出了一些具体建议:

> 翻译介绍几本有权威性、代表性和比较科学的传播学著作,以便对西方传播学的全貌能有比较全面的准确的了解;可在我国有关报刊上发表一些有分析性的文章;有关院校在有充分准备的条件下,可开设传播学的选修课。③

可以说,这次会议的召开标志着传播学正式引入中国。此后,传播学的研究与教学便开始逐步展开,与此同时第二代传播学者也脱颖而出。

第二代多属第一代的学生,其中佼佼者包括毕业于中国人民大学新闻系的范东升、曾执教于复旦大学新闻系的陈韵昭(后定居香港)和居延安(后赴美留学)、曾任中国社会科学院新闻研究所副所长的徐耀魁和现任该所传播研究室主任的明安香、曾任暨南大学新闻系主任的吴文虎以及兰州大学的戴元光和浙江大学的邵培仁等。

与第一代的"重点进攻"相比,第二代的研究更像是"全面进攻"。也就是说,他们更加注重学科知识的系统性和完整性,不再满足于草创阶段的"零打碎敲"。他们或著书立说,或登台授课,显示了指点江山议论风生的思想锐气。在这场向传播学领域发起的全面进

---

① 据《国际新闻界》1982年第4期刊发的《西方传播学研究座谈会综述》(徐耀魁、黄林)一文,会期是23～25日。而据《新闻战线》编辑部1982年12月5日编发的内部材料《报纸动态》[82]第34期上的《怎样认识和研究西方传播学——西方传播学座谈会在京举行》(中国社会科学院新闻所世界新闻研究室供稿)一文,会期则是23～26日。

② 中国社会科学院新闻所世界新闻研究室:《怎样认识和研究西方传播学——西方传播学座谈会在京举行》,刊《报纸动态》[82]第34期,4页,北京,《新闻战线》编辑部1982.12.5。

③ 中国社会科学院新闻所世界新闻研究室:《怎样认识和研究西方传播学——西方传播学座谈会在京举行》,刊《报纸动态》[82]第34期,4页,北京,《新闻战线》编辑部1982.12.5。

攻中,有一些硕果至今令人难忘,例如中国社会科学院新闻研究所(现已改为新闻与传播研究所)世界新闻研究室组织编写的《传播学(简介)》一书。这部1983年由人民日报出版社出版的"小册子",是我国出版的第一部传播学书籍,其中的10篇文章和3篇附录在传播学刚刚引入中国之际,对人们了解它的来龙去脉起了难以估量的作用。与此同时,陈韵昭先生在复旦大学新闻系开设的传播学选修课,引起了学术界的广泛兴趣和普遍反响,她的讲稿深入浅出,活泼有趣,在复旦大学新闻系系刊《新闻大学》连载后颇受欢迎。另外,由她翻译的《传播学的起源、研究与应用》(福建人民出版社1985年版),是一部为不少美国大学所采用的教材,内容通俗,讲解清楚,其作者之一坦卡德就是施拉姆培养的博士。这部较之《传播学概论》更加浅显实用的译著,出版后也广受好评,对普及传播学知识、推动传播学研究产生了显著功效。最近,我国第一位新闻学女博士、北京广播学院电视系研究员郭镇之又组织翻译了该书的第4版,名为《传播理论:起源、方法与应用》(华夏出版社2000年版)。

　　除了纯粹的传播学理论研究之外,第二代里一些受传播学影响的相关研究同样取得了令人瞩目的成果。这里,我们只提三部各有千秋的著作。一是中国社会科学院新闻与传播研究所研究员陈力丹的《精神交往论——马克思恩格斯的传播观》(开明出版社1993年版),此书以精深的研究对马克思恩格斯的传播思想做了详尽的阐述,为我们用唯物史观科学地把握传播及传播学提供了不可或缺的理论基础;二是北京大学国际传播与文化交流系龚文庠教授的《说服学》(东方出版社1993年版),该书从说服的角度探讨了传播理论与传播实践方面的许多问题,观点新颖,资料翔实,是一部不可多得的创新之著;三是曾任中国社会科学院新闻与传播研究所所长的孙旭培研究员主编的《华夏传播论》(人民出版社1998年版),这部书从传播学的视角对中国传统文化的方方面面重新进行审视和梳理,提炼了一系列植根于中国文化的传播规律,是传播学本土化的一次尝试。

　　如果说第一代的里程碑是1982年的第一次全国传播学研讨会,那么第二代的形成标志就是1986年的第二次全国传播学研讨会。这是第一次名副其实的全国性传播学会议,不仅代表广泛,人数众多,而且议题丰富,讨论热烈,从中折射出当时传播学研究如火如荼遍地开花的盛况。这次会议有两点突出之处:其一是围绕吴文虎教授提出的一个传播学框架体系而展开的深入探讨,由此显示了大家对系统理论的共同追求;其二是开始关注欧洲批判学派的研究,当时还是中国人民大学新闻系研究生的王志兴(后来赴英留学),在会上提交了一篇关于批判学派的论文,引起了与会者的浓厚兴趣。

　　当然,第二次全国传播学研讨会的真正意义,还在于全面推进了我国传播学的研究。这次会议之后,传播学才在全国形成燎原之势。其主要表现一是各大学纷纷开设传播学课程；二是一批高水平的传播学译著接连问世。如复旦大学新闻系研究生祝建华(后赴美留学获传播学博士学位)等翻译的《大众传播模式论》(上海译文出版社1987年版)、中国人民大学新闻系博士颜建军等翻译的《大众传播通论》(华夏出版社1989年版)、复旦大学新闻系博士张国良翻译的《大众传播社会学》(复旦大学出版社1989年版)、中国人民大学研究生黄煜(后来赴英留学获传播学博士学位)等翻译的批判学派的《权力的媒介》(华夏出版社1989年版)等，就属其中著译俱佳的上乘之作，时至今日仍是人们研习传播学的经典。

不言而喻，20世纪80年代末国际国内风起云涌的政治风波，也给学术界带来波涌浪翻的激荡，传播学的研究同样如此。尘埃落定之后，学术界开始进行冷静的反思和积极的调整，整个学风由此发生了显而易见的转变；喧嚣浮躁让位于冷静沉潜，思想启蒙让位于学术建设。如果说80年代的学风是"热风吹雨洒江天"，那么90年代的学风则是"冷眼向洋看世界"。

就在这意义重大而悄然发生的转变过程中，传播学的第三代学人逐渐崭露头角。第三代与第二代的差异主要不在于年龄，真正隔开这两代的分水岭是知识结构与研究姿态。第三代基本都是"文化大革命"结束后进入大学的，经过比较系统的专业学术训练，大都获得博士学位，有的还在国外留过学或做过访问学者，比较熟悉当代国际学术界的状况和趋势，具有较为广阔的学术视野和较为系统的知识结构。

尤其是他们更倾向于"为学术而学术"的研究姿态，在研究取向上更倾向于纯粹的学术探讨。或者说，他们首先关注学术自身的价值，以及中国学术与国际学术的关系，其次才考虑应用层面的问题。从积极的方面看，这种姿态固然有利于传播学学科的正规建设，进而启动我国传播学研究走向世界的步伐；而从消极的方面看，有时也难免落入"象牙塔"中而与生动活泼日新月异的传播实践相隔膜。无论如何，伴随着新世纪的到来，第三代研究者已历史性地肩负起承前启后、继往开来的使命。

如果说第一代传播学人的贡献在于"线"上——开启一道门缝，第二代传播学人的成就在于"面"上——使传播学研究全面铺开，那么第三代传播学人的作为就在于"点"上——针对不同的侧重点深钻细研。举其要者，可以列出如下一些代表：中国人民大学新闻系教授喻国明，在实证研究方法以及舆论调查领域建树颇丰；中国社会科学院新闻与传播研究所研究员卜卫，在青少年与媒介的研究方面声誉卓著；北京广播学院电视系研究员郭镇之，专攻议程设置理论；上海外国语大学国际新闻系教授张咏华，在大众传播社会学上取得了国内领先的研究成果；浙江大学新闻传播系主任黄旦博士，对新闻传播学做了精深的思考；清华大学传播系留日博士崔保国，在信息与信息社会的研究上独树一帜；暨南大学新闻系留法博士陈卫星,对欧洲传播学的研究多有创获,他发表在《国外社会科学》上的长文《西方当代传播学学术思想的回顾和展望》被《新华文摘》所收录,成为该刊创办20年来刊登的第一篇传播学文章……有鉴于此,1998年,以出版新闻传播学书籍而知名的新华出版社,甚至策划了一套"新闻传播学博士文库",其中已经收录或将要收录的选题,有的就属于这类在"点"上有突破的成果。

除了"点"上的突破之外,第三代在一般传播理论的研究上也向纵深推进。如李彬的《传播学引论》(新华出版社1993年版)、段京肃与罗锐的《基础传播学》(兰州大学出版社1996年版)、胡正荣的《传播学总论》(北京广播学院出版社1997版)、张国良的《现代大众传播学》(四川人民出版社1997年版)和郭庆光的《传播学教程》(中国人民大学出版社1999版)等,都各具特色,广为流传,几乎成为当今传播学基础理论方面通用的教科书或参考书。尤其是郭庆光的《传播学教程》,在迄今已有的众多同类书籍中,堪称体系完备、内容丰富、材料翔实、论述精当。

如果说,作为第一代贡献的标志是1982年的全国第一次传播学研讨会,作为第二代成就的象征是1986年的全国第二次传播学研讨会,那么作为第三代崛起的契机就是1993年的全国第三次传播学研讨会。称之为契机,有两个原因。一是这次会议与上次会议相隔了7年,当全国的传播学研究者再次汇聚一堂时,人们发现第二代的大多数已风飘云散,硕果仅存者寥寥无几,而且大多也都处在"交班"的状态；二是自这次会议之后,全国传播学研讨会就固定为两年一次,每召开一次新人就多出一批,等1999年全国第六次传播学研讨会在复旦大学新闻学院召开时,我国的传播学研究已经基本成为第三代的一统天下了。

站在世纪之初回顾过去展望未来,传播学的第四代是不是已如地火奔突、蓄势待发呢？作为受到第一代和第二代栽培滋养的第三代,我们在感念前辈的同时,怎能不热切期望新人的出现,期望他们把我国的传播学研究进一步推向前进。按照历史的辩证法,我们深知一代人有一代人的使命,一代人有一代人的作为,每个人的一生能够做成一件富于创造性的事情已属不易。虽说与时俱进历久弥新的大家代为不绝,但一般人的创造力毕竟有限。当一个人的才情才华才智才思挥洒殆尽时,为更年轻的一代让路就属明智之举了。

长江后浪推前浪,流水前波让后波。在这部传播学教材的前面写下这篇不似前言的"代前言",既是对前人的感念,也是对自己的反思,更是对来者的瞩望。

李　彬
2000年6月于北京

目 录

第一章　绪论 …………………………………………………………… 1
　　第一节　人类传播的历史与发展 …………………………………… 2
　　第二节　传播与传播学 ……………………………………………… 12
　　第三节　传播学研究的演化 ………………………………………… 18
　　第四节　马克思主义和精神交往理论 ……………………………… 36

第二章　人类传播的符号和意义 ……………………………………… 44
　　第一节　符号在人类传播中的作用 ………………………………… 45
　　第二节　人类传播中的意义 ………………………………………… 59

第三章　传播的过程与类型 …………………………………………… 67
　　第一节　人类传播的基本过程 ……………………………………… 68
　　第二节　人类传播的基本类型 ……………………………………… 83

第四章　大众传播 ……………………………………………………… 111
　　第一节　大众传播的特点与社会功能 ……………………………… 112
　　第二节　大众传播的产生与发展 …………………………………… 122
　　第三节　大众传播的社会影响 ……………………………………… 129

第五章　大众传播媒介 ………………………………………………… 137
　　第一节　大众传播媒介的性质与作用 ……………………………… 138
　　第二节　传播制度与传媒控制 ……………………………………… 149
　　第三节　媒介规范理论 ……………………………………………… 156

第六章　大众传播的受众 ……………………………………………… 168
　　第一节　"大众"与大众社会理论 ………………………………… 169
　　第二节　几种主要的受众观 ………………………………………… 174
　　第三节　受众行为理论——"使用与满足" ……………………… 180

第四节　受众媒介观念 …………………………………………… 184

第七章　大众传播的效果 …………………………………………………… 191
　　　第一节　传播效果研究及其历史 ………………………………… 192
　　　第二节　效果的形成和制约的因素 ……………………………… 197
　　　第三节　大众传播的宏观效果理论 ……………………………… 205

第八章　国际传播与全球传播 ……………………………………………… 220
　　　第一节　从国际传播到全球传播 ………………………………… 221
　　　第二节　世界信息与传播新秩序 ………………………………… 230
　　　第三节　国际传播与全球传播的重要课题 ……………………… 243

第九章　大众传播学的研究方法 …………………………………………… 253
　　　第一节　大众传播研究 …………………………………………… 254
　　　第二节　抽样调查法 ……………………………………………… 258
　　　第三节　问卷法 …………………………………………………… 262
　　　第四节　内容分析法 ……………………………………………… 268
　　　第五节　控制实验法 ……………………………………………… 272
　　　第六节　研究报告 ………………………………………………… 278

第十章　全球化与大众传播 ………………………………………………… 283
　　　第一节　何谓全球化 ……………………………………………… 284
　　　第二节　"依附理论" …………………………………………… 287
　　　第三节　"东方学" ……………………………………………… 294
　　　第四节　"全球混乱理论" ……………………………………… 300
　　　第五节　现代性与传播 …………………………………………… 306
　　　第六节　文化帝国主义 …………………………………………… 315
　　　第七节　反驳与质疑 ……………………………………………… 322
　　　第八节　未完结的结语 …………………………………………… 328

附录　新闻传播学基础阅读书目（100种）………………………………… 332

后记 …………………………………………………………………………… 342

第一章　绪　论

人类传播的历史与发展
- ◆ 口语传播时代
- ◆ 文字传播时代
- ◆ 印刷传播时代
- ◆ 电子传播时代

传播与传播学
- ◆ 传播与信息
- ◆ 信息社会
- ◆ 传播学的性质与对象

传播学研究的演化
- ◆ 三大来源
- ◆ 四大先驱与施拉姆
- ◆ 两大学派

马克思主义的精神交往理论
- ◆ 交往与传播
- ◆ 物质交往与精神交往

要点提示

1. 人类传播活动的四个阶段及主要特征；
2. 信息、传播和信息社会等概念；
3. 传播学的学科性质、研究对象和研究领域；
4. 传播学理论的三大来源；
5. 传播学的四大先驱与施拉姆的主要贡献；
6. 传播学两大学派即经验学派和批判学派的特征及差别；
7. 马克思主义的精神交往理论。

什么是传播学？传播学及大众传播学的学科性质、研究对象、基本理论是什么？它们要解决什么问题？学习这些课程有什么意义？这些问题，是每个初学者都会遇到的，而本章即针对这些疑惑，逐一进行解说，算是为后面的章节提供一个导读。

本章讨论的内容，涉及如下几个方面。一是历史线索的勾勒，如人类传播活动的演化，传播工具也就是本学科所说的"媒介"的进步，以及传播研究逐渐形成一门当代显学的过程等等。理清了这条线索，对大众传播学是怎么一回事，它是怎么来的，干什么的，就会有一个比较清晰的整体框架。二是基本概念的辨析，这些概念虽然乍一看平淡无奇，但它们却构成了本学科巍峨大厦的基石，如信息、传播、媒介、信息社会、大众传播等。大众传播学的一切探讨、一切理论、一切功用，说到底都落脚在这些基本概念上，所以把握它们至关重要。三是传播研究的概述，包括传播学以及大众传播学的研究对象与领域，不同的研究学派及其特征，科学的指导思想即马克思主义传播观等。总之，搞清楚这些问题，将有助于大家学习后面章节的内容。

第一节　人类传播的历史与发展

清代大儒章学诚，在其历史哲学的巨著《文史通义》里，开篇就写下一句名言——"六经皆史"，意思是所有的学问都是历史。这与马克思、恩格斯所说的只有一门学问即历史学，可谓不谋而合，殊途同归。那么，他们为什么这样说呢？道理很简单，因为人类的一切活动都是在前后相继的时间上发展的，也就是说在历史的平台上或舞台上进行的，传播活动以及对传播活动所做的理论研究自然也不例外。甚至可以这么说，大众传播学乃是人类传播活动演进到一定历史阶段的产物。所以，让我们先从人类传播活动的历史讲起。

就其本质而言，人类传播活动是个社会信息流动的过程。如同物质的流动一样，社会信息的流动也得借助一定的方式如演讲，通过一定的渠道如网络，有时还得依托一定的机构如媒体进行，这些方式、渠道或机构在传播学里统称为媒介。媒介就是传播活动赖以进行的方式方法或工具手段，任何传播都离不开媒介，同样任何媒介也都服务于传播。由此说来，人类传播活动的发展历史，其实也就是传播媒介的演进历史。正是依据媒介的发生发展与变化变革，我们把迄今为止的人类传播活动划分成四个历史阶段：一是口语传播时代；二是文字传播时代；三是印刷传播时代；四是电子传播时代。①"这个过程，是人类使用的传播媒介不断丰富的历史，也是社会信息系统不断发达、不断趋于复杂化的历史。"②

---

① 目前也有一种普遍的看法认为，"电子传播时代"已经不足以概括当下媒介与传播体系的特征。"数字传播时代"的概念能更准确地描绘近二十年来该领域的变化。

② 郭庆光：《传播学教程》，28页，北京，中国人民大学出版社，1999。

一、口语传播时代

口语是人类传播所使用的第一个媒介,口语传播时代也就成为人类传播历史上的第一个发展阶段。这个阶段大致是从人类摆脱"与狼共舞"的原始状态并组成社会开始,一直到文字的出现。简单地说,就是从人类开口说话到用手写字这样一个漫长时期。美国学者威廉斯(F. Williams),在其《传播革命》一书里绘制了一个传播史表盘,直观地显示了这个时期在人类传播历史上所占的时间比例(图1-1)。

图 1-1

这个表盘上的24小时,代表着西方晚期智人即克罗马农人以来的360个世纪,故被称为"一天等于360个世纪"。在这个折射人类传播活动历史全程的时间表盘上,从00:00的语言产生直到20:00的文字出现,都属于我们所说的口语传播时代,差不多占了这一天的5/6。其余的4个小时里,文字传播时代约占2个半小时,即从20:00到22:38印刷的问世;印刷传播时代只有不足1个半小时,即从22:38到23:57;至于我们现在所处的电子传播时代,则仅限于最后的3分钟。口语传播时代的漫长,由此可见一斑。

按照这个传播史表盘,人类的语言出现在约36 000年前。这一时间不仅标志着人类传播时代的开始,也是人类真正成为智慧生物的起点。美国著名历史学家斯塔夫里阿诺斯在其名著《全球通史》里写道:

> 人类祖先在距今约35 000年时终于完成了自己的整个进化过程,而转变为人类——"能进行思维的人类"。从各方面看,这一转变可视作地球上事态发展的第二个大转折点;而生命从无机物中脱胎而出则是第一个大转折点。①

事实上,对人类何时开口说话这个问题,学术界并没有一个明确的答案,而且看起来也不可能有什么明确的答案。就像德国当代哲学家伽达默尔所精辟比喻的那样,追问语言起源于何时,无异于追问儿童何时首次认出自己的母亲。而亚里士多德的描述,更有助于我们理解这一点。他说,这同一支军队逃跑的情况相似,起初他们由于恐慌而逃跑,后来不知是谁停下来看看敌人是否还在紧追,最后发现危险解除全军终于都停了下来。这里,我们不能说全军是在某个士兵停步时停住的,同样不能说是由于另一个士兵的停步,或某几个士兵的停步而停住的。那么,这支军队究竟何时停住的呢?伽达默尔把它归结为一个"普遍性何时产生的问题"。② 语言何时产生的问题也是如此。

---

① [美]斯塔夫里阿诺斯:《全球通史——1500年以前的世界》,吴象婴译,66页,上海,上海社会科学出版社,1988。
② [德]伽达默尔:《哲学解释学》,夏镇平、宋建平译,14页,上海,上海译文出版社,1994。

关于语言的产生，至今人们比较确定的只有一点，那就是语言的出现与社会的形成是同步发生的。因为所谓社会，无非就是人与人组成的一个共同体或联合体，其中第一位的事情就是彼此间的交往，也就是信息的传播。没有交往，没有传播，这个共同体就无法存在，更无法运行。对此，联合国教科文组织探讨国际传播的著名报告《多种声音，一个世界》里也曾论述道：

> 这种个人与个人之间的交流（即传播——引者注）时刻发生，延续不断，其重要性是无与伦比的，在一个小小的社会单位范围内尤其如此。在过去，这种交流无疑有助于加强互相之间的友爱合作关系，以抗衡由于受制于外来势力而形成的分散局面。不管怎样，它总是起着一种社会化的作用：鼓励人们工作、协调群体生活、团结一致来和大自然作斗争，并促进作出集体性的决定。它今天仍然是人类交流中无以取代的一个方面。①

控制论的创始人维纳则把人类传播形象地比做"社会这个建筑物得以黏合在一起的混凝土"②，更是生动地揭示了人类传播与人类社会这种血肉相连的关系。

当然，人与人之间的交流必须得借助一定的工具与手段，通过一定的方式和方法——也就是所谓的媒介进行。对人类传播活动来说，最便利、最通用的媒介自然是语言即口语了，用列宁的话说，语言是"人类最重要的交际工具"。这种重要性即使在通信卫星上天、网络媒介入户的今天，也不曾有丝毫的减弱，对此我们只需设想一下电视里的人都不说话会怎么样就清楚了。另外，语言不仅是最初始、最重要的媒介，而且也是最基本的媒介。也就是说只有语言是独立的、自主的，其他任何媒介——无论是古代的烽火还是当代的网络，无不以语言为基础，都是语言媒介的变形与延伸。举例来说，文字仿佛是一个自成一体的媒介，但实际上文字不过是语言的代表，是代表语言在表达，人们总是先有要说的什么话，然后才能写下来。美国语言学家萨丕尔曾用过一个比喻，十分恰当地阐明了语言与文字的相互关系。他说，语言是货真价实的商品，而文字只是便利商品买卖和流通的货币。进而言之，除了文字，其他的媒介又何尝不是如此？它们只是不同的货币，代表的却是同一种商品——语言，用萨丕尔的话说：

> 我们可以毫不犹豫地得出这样的结论：除了正常言语之外，其他一切自主的传达观念的方式，总是从口到耳的典型语言符号的直接或间接的转移，或至少也要用真正的语言符号做媒介。③

---

① 联合国教科文组织国际交流问题研究委员会：《多种声音，一个世界》，6 页，北京，中国对外翻译出版出版，1981。
② ［美］N.维纳：《人有人的用处——控制论和社会》，陈步译，17 页，北京，商务印书馆，1978。
③ 爱德华·萨丕尔：《语言论——言语研究导论》，陆卓元译，第 2 版，19 页，北京，商务印书馆，1985。

所以，正如亚里士多德所概括的，人实际上是有语言的生物。人之所以为人首先就在于他能开口说话。也因为此，马克思才说语言是思维的物质外壳。人类语言机制是人类思维的现实表现，也是人类从事任何社会实践包括传播交流的必要前提。

口头传播的特点注定了它传之不远、不广，但是这丝毫不意味着口语传播的笨拙与落后。相比时下很多迷信现代传媒技术的人，处在口语传播阶段的人们的传播技能可能更为健全，而处在其他传播阶段的人们由于有所凭借而使某种机能日趋退化，正如有空调暖气的人远不如自然环境中的人强健一样。当今电视屏幕上连篇累牍、俗不可耐的肥皂剧，同口耳相传、含蕴深广的远古史诗相差霄壤，就是颇具象征意味的例证。

语言或口语的重要性虽然无与伦比，但其局限性也是显而易见的。由于口语只能直接依靠人体自身的发声功能，于是人类的传播活动便在空间上受到限制；而由于口语随说随逝，除了依靠人们的记忆就再也无迹可求，于是人类的传播活动又在时间上受到限制。在小国寡民的时代，在一个生活原始的社会，这些限制并不构成什么障碍。而随着人类文明的日趋发展，以及由此而来的社会信息系统的日趋复杂，仅仅依靠口语媒介已经越来越不适应交往的现实需要，于是一种新的媒介就应运而生了，这就是文字。

二、文字传播时代

文字是人类传播史上的第二座里程碑，它标志着人类传播活动进入了第二个阶段。这个阶段从文字的发明延续到印刷的兴起。

文字是继语言之后的第二种媒介，它的发明使传播活动是人类社会发生了意义重大的突破。如果说语言的出现，使我们的祖先最终实现了从动物到人类的转变；那么文字的发明，就使人类社会得以实现从原始到文明的飞跃。没有语言，"人类"就只能生活在动物世界；没有文字，社会就只能停留在原始水平。一句话，语言是人类的证明，文字是文明的标志。英国历史学家杰弗里·巴勒克拉夫，在其主编的《泰晤士世界历史地图集》里写道：

> 公元前 3000 年左右的文字发明，是文明发展中的根本性的重大事件。它使人们能够把行政文献保存下来，把消息传播到遥远的地方，也就使中央政府能够把大量的人口组织起来，它还提供了记载知识并使之世代相传的手段。①

从传播的角度看，文字媒介的显著功能有两点，这就是使信息在空间中传之广远和在时间上传之久远，从而弥补了口语媒介的两大缺陷。才学渊博的德国思想家斯宾格勒，在其皇皇巨著《西方的没落》中曾写道：

---

① ［英］杰弗里·巴勒克拉夫主编：《泰晤士世界历史地图集》，中文版编辑邓蜀生，53页，北京，三联书店，1985。

> 书写是有关远方的重大象征,所谓远方不仅指扩张距离,而首先地是指持续、未来和追求永恒的意志。说话和听话只发生在近处和现在,但通过文字则一个人可以向他从来没有见过的人,甚至还没有出生出来的人说话;一个人的声音在他死后数世纪还可以被人听到。①

文字起源于绘画,所谓"书画同源"说的就是这个道理。在世界几大文明发祥地,最初的文字都是从绘画演变来的,如象形字。这里让我们看一幅印第安人的绘画(图1-2)。这幅画与其说是供人欣赏的美术作品,不如说是一组含义确定的图画文字。画面上边的半圆形,代表地平线上初升的朝阳,意为"清晨";三个人体草图表示"三人";接下来的图画代表"三人离开了住的棚屋",棚屋旁边有他们留下的一串脚印;棚屋边上有个湖泊,说明他们住处所在的方位;他们离开棚屋是去猎鹿,这个意思用一支箭射向鹿来表示的;而猎鹿的原因,是"肚子饿了",即下面那个人体的肚子上画了一道线。把这幅画的意思连贯起来就是:"清晨,三位印第安人离开湖边的棚屋去猎鹿,因为他们肚子饿了。"

图 1-2

(资料来源:Shanghai Students' Post, p.106, 1987)

上面这幅图画文字表示的是具体的意思,而下面这组印第安人的图画(图1-3)文字则表达的是抽象的概念,如生命、死亡、爱情、战争等。②

此处的这些东西其实已经从具象的图画演变到抽象的符号,成为一种负载信息的传播媒介——文字,其作用就像中国人看到"山"这个字只会想到山峦之类的意思,而不会意识到这个字原来所具有的山的形状。

文字的习得不同于语言,后者是自然的过程,而前者是人为的过程。这样一来,文字传播时代就由于种种人为条件而形成了一个与众不同的社会阶层,如王公大臣、祭司神甫、文人士子等。由于他们垄断着文字媒介,因而也控制着社会上占统治地位的话语。而从传播的角度看,统治权直接表现为话语权。按照加拿大传播学家英尼斯的理论,古代帝国之所以能够跨越辽阔的地域建立自己的统治,原因就在于拥有以文字为核心的、轻便易携的所谓"空间媒介"。如我们所熟悉的、秦始皇统一天下的"车同轨,书同文"。

---

① [德]奥斯瓦尔德·斯宾格勒:《西方的没落》,齐世荣等译,280页,北京,商务印书馆,1963。
② [苏联]B.A.伊斯特休:《文字的产生和发展》,左少兴译,71页,北京,北京大学出版社,1987。

图 1-3

1. 生命(神话中有角的蛇) 2. 死亡(头朝下的动物或人) 3. 幸福、成功(龟) 4. 灵巧(双翼代替两手的人) 5. 战争(带箭的弓) 6. 和平(插着羽毛的和解烟斗) 7. 讲和(人吸和解烟斗) 8. 友谊(连在一起的手) 9. 爱情(连在一起的心) 10. 注意、听(两耳边有波形线的头) 11. 危险(两条蛇) 12. 保卫(狗) 13. 祈祷(举手朝向天及诸神)

这一局面直到印刷媒介的出现才开始被打破,此后文字及其负载的文明思想才逐渐进入千家万户,从而在进一步促进社会信息系统趋向发达的同时,也一层层瓦解了大一统的社会格局,正如英国思想家卡莱尔在《英雄与英雄崇拜》里所言:"发明了印刷,民主就是不可避免的。"①

三、印刷传播时代

印刷传播时代,是人类传播活动的第三个发展阶段。这个阶段始于印刷媒介的形成,而延续到广播的出现。

从技术上讲,印刷媒介有两大硬件:一为纸张;一为印刷机。而这两个条件,均在文艺复兴前后出现于欧洲,正如科学史权威 W.C. 丹皮尔所描述的:

> 大约在公元 1 世纪末,中国已经发明了纸,据说这是蔡伦的功绩,而木版印刷则出现于 8 世纪。造纸的技术随着后期十字军输入欧洲,约 100 年后活字版的发明就

---

① [英]卡莱尔:《英雄与英雄崇拜》,张峰、吕霞译,269 页,上海,上海三联书店,1988。

使旧式模板印刷变成了实际而有用的技术,因而取代了在羊皮纸上抄写的笨拙方法,使书籍得以广泛流行。①

众所周知,造纸术和印刷术是我国对人类文明的两大贡献。在造纸术传入欧洲之前,人们所用的书写材料先后有泥板、木板、纸莎草或羊皮纸等。纸莎草又叫纸草,是一种生长在尼罗河三角洲的水生植物。公元前3000年,古埃及人发明了加工纸草的技术。他们把纸草的茎剖开,边接在一起压平,晒干后即成光滑的"纸张"。公元前47年,亚历山大图书馆失火,当时馆内据说藏有70万卷的纸草读物。英语的"纸张"(paper)一词,就是出自"纸草"(papyrus)。后来,纸草被阿拉伯人发明的羊皮纸所取代,从此羊皮纸又成为通用的书写材料。

显而易见,纸莎草也好,羊皮纸也罢,都不适用于印刷。所以,假如没有中国人发明的纸张,即使有了印刷机也无济于事,正如没有石油的开采,即使有了汽车有了飞机也只能是摆设。我国的造纸术,是从唐代开始经由阿拉伯人而逐渐西传的,"1150年在阿拉伯人统治下的西班牙开设欧洲第一个造纸厂……法国、意大利在13世纪,德国在14世纪,英国在15世纪末,荷兰在16世纪,美国费城(当时英属)在1609年先后造纸。"②

近代印刷术是在中国古代印刷术的基础上产生的。15世纪中叶,德国美因兹的一位工匠经过一系列的实验,发明了一套包括铸字盒、冲压字模、铅活字、油墨、木制印刷机等工艺的金属活字印刷术。他,就是象征着人类进入印刷传播时代的人物——约翰·古登堡(又译古腾贝格)。《不列颠百科全书》对古登堡及其印刷术做了这样的评价:

> 印刷术被称为德国对文明的伟大贡献;在其发明之初曾以德国技艺而著称。它是由美因兹的一位金匠约翰·古登堡发明于1400—1450年之间,此后便伴随着传教热情以及精明的商业意识而传播开来,其间主要是由德国人并主要是沿德国人的贸易路线进行传播。古登堡本人,则以其印行的42行版《圣经》(1456)、36行版《圣经》和一部畅销的百科全书而知名当时。③

印刷术发明的直接意义,在于使文字信息的批量复制成为可能。以书籍为例,以前都是手抄本,得来不易,据说13世纪有人曾用相当于今天3 000美元的高价,买了1部手抄本的书送给法国公主作为生日礼物。那时的情形,正如前苏联学者B.A.伊斯特休所描绘的:

---

① [英]W.C.丹皮尔:《科学史》,李珩译,158页,北京,商务印书馆,1975。
② 闵大洪:《传播科技纵横》,14页,北京,警官教育出版社,1998。
③ 见英文版《不列颠百科全书》第15版,第26卷,462页。

> 由于羊皮纸造价高,加之手抄本抄写复杂,耗时很多,所以中世纪的书十分昂贵。书价昂贵,使得许多图书馆用锁把书锁在书架上;书的主人往往在遗嘱中除了房屋、土地或者手工艺品之外还要指定唯一的一本书的占有人。①

而古登堡的印刷术发明后,情况大为改观,仅仅半个世纪欧洲的书籍总量便激增了将近1 000倍,即从15世纪中叶的约1万册达到1500年的900万册。

比如,在古登堡发明印刷术之前,《圣经》用的是平民难以读懂的拉丁文手抄而成,不仅文字古奥,而且数量极其有限。信教的平民只能从教堂神甫口中聆听上帝的旨意,用宗教的礼仪规范全部的生活。在16世纪,天主教会禁止用人们看得懂的语言印刷《圣经》,英国教会甚至禁止那些知识水平低下、易受影响的群体——妇女、学徒、农夫阅读《圣经》。古登堡印刷术使得原先被教会垄断的《圣经》得以普及,《圣经》用各种语言广为印刷,仅1522—1546年之间出版的《圣经》版本就不下450个。

从世界范围看,印刷传播时代是与现代化、现代性、现代文明这一系列事物的生成相一致、相同步的。一方面,印刷媒介对现代文明发生了首屈一指的催发作用,用美国传播学教授J.赫伯特·阿特休尔的话来说:

> 正是印刷术的发明(而不是别的)使历史从中世纪发展到近代;这期间,能够阅读的大众日益增多导致了思想的广泛传播,思想的广泛传播又推动了哲学与科技的变革。这些变革最终推翻了教士和贵族的统治,从而产生了崭新的政治、经济、社会、文化和宗教制度。②

另一方面,现代文明又为印刷媒介提供了广阔的用武之地。比如,现代化的大工业生产需要吸纳和传播大量的知识与信息,这就促进了报刊业和出版业的繁荣;同时劳动者所需具备的素质与技能越来越高,又带动了教育文化事业的普及,而这些都构成了印刷媒介广泛的社会需求。正如美国传播学者施拉姆所描述的:

> 书籍和报刊同18世纪欧洲启蒙运动是联系在一起的。报纸和政治小册子参与了17世纪和18世纪所有的政治运动和人民革命。正当人们越来越渴求知识的时候,教科书使得举办大规模的公共教育成为可能。正当人们对权利分配普遍感到不满的时候,先是报纸,后来是电子媒介使普通平民有可能了解政治和参与政府。③

所以,现代文明与印刷媒介之间的关系有时颇似鸡生蛋还是蛋生鸡。不管怎么说,它们的相互作用使整个社会信息系统的运动变得更加活跃,更加多姿多彩。

在印刷传播时代,人类传播活动的一项显著进展就是新闻事业的兴起。大略说来,

---

① [苏联]B.A.伊斯特休:《文字的产生和发展》,左少兴译,396页,北京,北京大学出版社,1987。
② [美]阿特休尔:《权力的媒介》,黄煜、裘志康译,4页,北京,华夏出版社,1989。
③ [美]施拉姆:《传播学概论》,周立方等译,18页,北京,新华出版社,1985。

15、16世纪,新闻事业尚处在似有若无的萌芽状态,可谓"草色遥看近却无"。到了17、18世纪,新闻事业开始发育成长,特别是在以法国大革命和美国独立战争为代表的资产阶级革命中,新兴的报业启迪民智、影响舆论、登高一呼、四方响应,发挥了引人瞩目的作用,让人觉得"乱花渐欲迷人眼"了。19世纪后,随着生产的工业化、生活的都市化、教育的普及化和社会的民主化,又出现了以赢利为目的、以普通读者为对象、以各种新闻为核心内容的现代大众报业,其代表就是美国19世纪30年代的三大廉价报纸——《纽约太阳报》、《纽约先驱报》和《纽约论坛报》。与此同时,与大众报业相辅相成的通讯社随之诞生。世界上的第一家通讯社,是法新社的前身、1835年创办于巴黎的哈瓦斯通讯社,不久美联社(1848)、路透社(1851)也相继成立。到了19世纪末20世纪初,当美国报业大王普利策和赫斯特竞相掀动"黄色新闻"浪潮时,大众新闻事业已是一片"接天莲叶无穷碧"的繁盛景象了。用《纽约时报》名记者詹姆斯·赖斯顿的话说,19世纪是文字作家的时代,20世纪则是新闻记者的时代,而20世纪正好也是人类传播活动的第四个发展阶段——电子传播时代。

四、电子传播时代

首先应该说明,所谓电子传播时代并不是电子媒介一手遮天的时代,它不过是在既有的口语媒介、文字媒介和印刷媒介上面又叠加了一个电子媒介而已。事实上,整个人类传播活动的历史,都可视为这样一种新兴媒介叠加而非取代既有媒介的复线发展过程。

电子媒介有广狭两义。广义是指一切依靠电流或电波传播信息的媒介,既包括个人性的媒介如电话、电报,又包括公共性的媒介如广播、电视。而狭义的电子媒介,则专指公共性的媒介,传播学里通常用的是狭义。不论是广义还是狭义,电子媒介都大大加快了信息传递的速度,使"千里眼"、"顺风耳"不再是神话传说,"天涯若比邻"不再是诗人的美丽幻想,地球村也正在成为现实。"如果说印刷传播实现了文字信息的大量生产和大量复制,那么电子传播最重要的贡献之一就是实现了信息的远距离快速传播。"[①]

在电子媒介的发展历程上,发生了一系列里程碑式的重大事件,其中每一件在某种意义上都有资格为电子传播时代开幕剪彩。举其要者如下:

——1831年,英国科学家法拉第发现了电磁感应现象,为电子时代奠定了第一块基石;

——1837年,美国画家莫尔斯受电磁理论的启发而研制成有线电报机,1844年又在华盛顿和巴尔的摩之间的第一条电报线路上,成功地拍发了第一封电报,内容是《圣经》里的一句话:"上帝,你创造了何等的奇迹";

——1858年,第一条横跨大西洋的海底电缆铺设完成,沟通了欧美两大洲的电讯联系;

——1865年,英国科学家麦克斯韦在法拉第的研究基础上,确立了现代电磁波理论;

[①] 郭庆光:《传播学教程》,32页,北京,中国人民大学出版社,1999。

——1876年,美国发明家贝尔研制的电话获得专利,成为电话问世的标志;

——1885—1889年,德国科学家赫兹在实验室里证明了电磁波的存在,并计算了波长,现在世界上通用的波长单位"赫",就是为了纪念赫兹的功绩;

——1895年,意大利科学家马可尼和俄罗斯科学家波波夫,同时运用电磁波理论成功地进行了无线电通信实验,因而被誉为"无线电之父";

——1904年,英国人弗莱明发明了二极管,1906年,美国人德福雷斯特又发明了"无线电心脏"——三极管,解决了无线电通讯上的关键性技术问题;

——1906年圣诞节前夕,美国人费森登首次用自己的实验电台播出了一段广播节目;

……

在这一系列的重大事件里,广播的诞生无疑最引人注目。因为,正是通过广播,电子媒介所蕴涵的社会功能与历史意义才第一次得到充分的展现。所以,人们常以广播作为大众传播时代的开端,而我们也就以此作为开启电子传播时代的大门。

迄今为止,电子传播时代已经发生过三次飞跃:一是20世纪初的广播;二是20世纪中的电视;三是20世纪末的网络。特别是当下正在迅猛发展的网络,更使社会信息系统发生着革命性的变迁。对此,意大利雕塑家波切奥尼甚至惊呼:"我们是一种未知文化的原始人。"联合国互联网管理论坛在2007年11月12日公布的统计数据表明,最近10年来全球上网人数显著增加,网民总数已从1997年底的7 000万人增加到2007年的12亿人。国际市场调研机构Gartner于2008年6月发表研究报告称,全球使用的个人电脑数量已经超过了10亿台大关,此外,随着新兴市场的快速发展,到2014年全球使用的个人电脑数量将翻番,达20亿台。

正是鉴于网络这种迅猛的发展态势和独特的传播功能,联合国教科文组织1998年已经正式将网络命名为"第四媒体",即报刊、广播、电视、网络。就广播、电视和网络三者而言,广播只延伸了人的听觉,电视又延伸了人的视觉,而网络则延伸了人的所有感觉。所以,这三次飞跃一次比一次更全面地显示出电子传播的神奇与魅力,一次比一次更真切地将人类带入全球一村的生存环境,一次比一次更全面地加速了社会信息系统的运行:

> 美国学者H.H.弗莱德里克曾经做过这样一个推算:如果以公元元年人类掌握的信息量为单位1,那么信息量的第一次倍增,花费了1500年;第二次倍增,花费了250年;第三次倍增,花费了150年;进入20世纪后的第四次信息量的倍增,所需时间进一步缩短为50年。其后,倍增速度骤然加快,在50年代,10年内就实现了倍增;接着在60年代和70年代,时间周期进一步缩短为7年和5年。根据现在的推算,人类社会的信息量倍增的时间仅仅需要18个月至5年的时间。①

---

① 郭庆光:《传播学教程》,36页,北京,中国人民大学出版社,1999。

从上面的内容中我们不难看出,一部人类传播活动的历史,也就是社会信息系统不断发达、不断完善、不断活跃的历史。而以解剖人类传播活动和探究社会信息系统为主旨的传播学及其主要分支大众传播学,就是上述人类传播活动发展到一定历史阶段的产物,就是社会信息系统日渐成熟的结晶。

第二节 传播与传播学

顾名思义,传播学应该是研究传播活动和探析传播规律的一门学问。作为一种通俗的说法,这样理解当然可以。不过,现在我们要从学科的严格意义上来解说什么是传播学或大众传播学。

说到传播学,自然先得从传播这个概念讲起。上面我们在一种不言而喻的前提下说了不少传播,平时人们在日常谈话里也会不时说到传播,尤其是在信息爆炸的当今时代,"传播"一语更如空气一般弥漫于社会生活的各个领域。可是,究竟什么是传播?这个问题就像什么是美一样,表面看非常简单,而实际上牵连广泛。

一、传播与信息

关于传播(communication),我们首先可以把它看作世间的一种普遍现象,或者说传播是一切社会交往。这种现象不仅存在于无机的物理世界,如"风乍起,吹皱一池春水";同时更发生在有机的生命世界,如"竹外桃花三两枝,春江水暖鸭先知"。而发生在生命世界的传播现象,又可分为动物传播和人类传播两大类型,传播学研究的只是人类传播或社会传播,一般简称传播。

所谓社会传播,既指个人与个人之间的信息交流和精神交往活动,又指信息在一定社会系统内的运行。所以,社会传播这一现象可以进一步归结为一种社会活动或社会行为,其本质在于社会联系。正是由于人类社会有社会联系的需要,才有了传播这种活动或行为的发生。

这里,我们开始接触传播这个概念的核心,也就是信息,因为社会联系是通过信息进行的。假如我们把传播这个概念视为一个原子,那么信息就是它的原子核。从外在方面看,传播是人类社会一种普遍的现象、活动或行为;而从内在方面看,它则是信息的流动。在人类传播活动中,既不存在没有信息的传播,也不存在脱离传播的信息。我们必须把传播与信息当作一个不可分割的整体来考察。

无疑,信息是当今使用频率极高的术语,不过学术界对信息的理解却是仁者见仁,智者见智,仅仅是有关信息的定义就不下百种。如信息论的重要人物之一维纳,在1950年为信息下过这样的定义:"信息这个名称的内容就是我们对外界进行调节并使我们的调节为外界所了解时而与外界交换来的东西。"① 比如,人与人之间为了互相了解而交换的意见看法等,就属维纳所说的信息。这里,对一般人来说,《中国新闻实用大词典》对"信息"的解释可能比较通俗而实用:

> 信息(information)是一切事物的状态和特征的反映。它普遍存在于自然界、人类社会以及人们的认识和思维的过程中。人类生活的世界是一个充满信息的世界。信息现象十分古老,早在人类历史发端之前,信息已存在于物质世界,如阳光普照、星斗灿烂,就是宇宙天体发出的信息。在人类社会诞生以后,信息不仅来自物质世界,而且来自精神领域。人类认识和改造客观世界的过程,实质上就是一个信息过程。在我国,"信息"一词最早出现于南唐诗人李中的《暮春怀故人》一诗中。该诗云:"梦断美人沉信息,目穿长路倚楼台。"这里的信息意指音信、消息。信息的英文、法文、德文、西班牙文等,都是"information"。斯拉夫语与此同音。从语源上分析,它是由"in"和"formation"两部分构成的,前者是收到的意思,后者是整理成章的意思。……日、韩等国把信息书作"情报",而在香港、台湾和其他华语地区,又有人把信息称为"资讯"。②

目前虽然还没有一个让所有人都认可的标准的信息定义,但以下几个方面的内容在把握信息概念时不可或缺:

(1) 信息是人类认识客观世界的深化和发展。迄今为止,人类对客观世界的认识经历了三个阶段。最早,人类先发现的东西是显而易见的物质,人们认识到世界是由物质构成的,如日月星辰、山川河流、花草林木、鸟兽虫鱼等。后来,人类又发现只要是物质都具有能量,例如物质燃烧释放热能,物体运动产生动能,此后人类又进一步发现了原子能。爱因斯坦用 $E=mc^2$ 表示能量等于物体质量乘以光速的平方。即使是一节枯木朽枝也包含着能量,假如能把这节枯木朽枝里的原子能释放出来,其威力也不亚于一颗原子弹。最后,人们才发现客观世界里还有一个信息,信息也是世界的一个构成要素。比如"春风又绿江南岸"里的"绿",就是一种信息,它表明了季节的更替,显示着生命的律动。至此,人类才终于认识到客观世界由三大要素即物质、能量和信息所构成。

(2) 与传播现象既存在于无机界又发生在有机界、既有动物传播又有人类传播的情形相一致,信息也可分为物理信息、生物信息和社会信息,而传播学所研究的自然是同社会传播相关联的社会信息。关于社会信息及其本质,德国哲学家克劳斯曾概括道:"什么是信息?纯粹从物理学方面看,信息就是按一定方式排列起来的信号序列。但光说这一点还不足以构成一个定义。毋宁说,信息必须有一定的意义,必须是意义的载体。……由

---

① [美]N.维纳:《人有人的用处——控制论和社会》,陈步译,9页,北京,商务印书馆,1978。
② 冯健主编:《中国新闻实用大词典》,518页,北京,新华出版社,1996。

此可见,信息是物理载体与语义构成的统一整体。"①也就是说,社会信息不同于大千世界其他信息之处,在于它不仅具有物理信息的机械性,如"天苍苍,野茫茫,风吹草低见牛羊",或生物信息的本能性,如"两个黄鹂鸣翠柳,一行白鹭上青天",而且更具有一种独一无二的精神性,也就是意义或意思。

(3) 关于信息的本质,目前最通行的看法来自信息论的创立者香农。按照香农的理论,所谓信息,就是可以减少或消除"不确定性"的东西。正如维纳所说,要使社会上一般信息丰富起来,就必须说出某种在本质上异乎社会上原先公共储藏的信息。比如,你从广州到北京出差,开始你不清楚北京现在的天气情况,这就是不确定性。如果你听了天气预报,知道了最高气温和最低气温,又知道了是阴是晴,这就减少了你对天气情况把握的不确定性,于是天气预报就成为一种信息。要是你没有听到天气预报,那么到北京后,你从街头人们的衣着上也能知道个大概,这里的衣着也就成为相当于天气预报的信息。总之,只要是能够减少或消除"不确定性"的东西都是信息。

另外,还有一种比较常见的认识,是来自热力学第二定律即熵定律。按照这个定律,一个系统如果任其自然发展而不加外力,那么最后都将趋于一种均匀平衡的状态。比如,一杯热水不去管它,水温就会慢慢冷却,最后与所处环境的温度趋于一致,即达到一种均质平衡的状态。这个过程,实际上是从有序到无序,就像生命从生到死一样。热力学中用来衡量无序状态的变量,被称为"熵"。从有序到无序的过程,也就是熵值不断增加的过程。而要使这个过程发生逆转,或者说使一个系统沿着从无序向有序的方向发展,就得为系统注入"负熵",如再给水加温。从这个定律出发,信息就被视为事物以及事物间的差异与变化。有差异,有变化,就有信息;差异越大,变化越多,信息就越丰富。反之亦然。举例来说,浩渺的宇宙苍穹如果一片黑暗死寂,没有任何亮点,也就是说没有任何差异和变化,处处都是均衡的等值的,那就什么信息也没有。如果有一颗星星亮了起来,打破了这种局面,显出了差异和变化,这时就有了信息。再如,一个社会缺乏活力,生活单调,鸡犬之声相闻,老死不相往来,也就是说差异很小,变化很少,那么它的信息就很贫乏。这种对信息本质的理解,可以维纳为代表。他说:"正如熵是组织解体的量度,消息集合所具有的信息则是该集合的组织性的量度。事实上,一个消息所具有的信息本质上可以解释作该消息的负熵,解释作该消息的几率的负对数。"②而意大利学者朗格的表述,在一般人看来更直截了当:"信息就是事物间的差异。"③上一节我们在讲人类传播活动的历史与发展时,也隐含着这种意思,即社会生活的变异度与人类传播的信息量呈正比——生活变化越来越大,社会信息越来越多。纵观新闻传播史也可以发现,每当社会剧烈变动,新闻事业

---

① [德]G.克劳斯:《从哲学看控制论》,68~69 页,北京,中国社会科学出版社,1981。
② [美]N.维纳:《人有人的用处——控制论和社会》,陈步译,12 页,北京,商务印书馆,1978。
③ 转引自崔保国《信息社会的理论与模式》,15 页,北京,高等教育出版社,1999。

往往也会迅猛发展。

现在,我们可以为传播与信息下个简单的定义:信息,是构成世界的三大要素之一,旨在显示事物的存在状态与变化趋势;就人类传播而言,信息是消除事物中或事物间任何不确定性因素的东西,包括消息、资料、情报、数据、图像、知识、思想等等。传播,则是社会信息的流动以及社会信息系统的运行,它既显示为一种社会化的行为,又显示为一种人际间的关系。

最后还有一个需要说明的相关问题,就是"讯息"这个概念。讯息(message)与信息(information),无论在英文还是在中文里,都是一种剪不断理还乱的关系。它们有时像是同义词,有时像是近义词。所以,人们用的时候往往不去深究,只管眉毛胡子一把抓。其实,二者还是有区别的。大略地讲,讯息更指向具体的名物,而信息更包含抽象的意味。信息是讯息的本质,讯息是信息的日常表现形式。这里,拿"消息"来做比较可能更清楚。如果说"消息"居于一个抽象阶梯的底端而"信息"居于顶端,那么讯息就处在这个阶梯的中间。比如,同样一个"发布会",要是分别冠以消息、讯息、信息,其义就会显得越来越宽泛,越来越笼统。

二、信息社会

作为普遍的社会现象,人类的传播活动由来已久,而作为一种客观存在,信息也是自古皆然。可是,为什么直到现在人们才开始真正意识到它们,为什么直到现在才给予这些问题以热情的关注和高度的重视呢?这就要说到信息社会了。因为正是信息社会的浪潮越来越强烈地冲击我们的生活,信息与传播的问题才显得越来越重要、越来越突出了。

按照一般的理解,所谓信息社会,是指"信息成为与物质和能源同等重要甚至比之更加重要的资源,整个社会的政治、经济和文化以信息为核心价值而得到发展的社会"[①]。简言之,信息社会就是大量生产、传播、消费信息的社会。

现在所说的信息社会,大约始于20世纪中叶。美国未来学家约翰·奈斯比特,在风靡一时的《大趋势——改变我们生活的十个新趋向》里甚至为它确定了一个具体时间:

> 1956年,担任技术、管理和事务工作的白领工人人数在美国历史上第一次超过了蓝领工人。工业的美国正让位给一个新社会,在这个新社会里,我们大多数人是历史上第一次同信息打交道,而不是生产商品。
>
> 第二年——1957年——标志着信息革命全球化的开始:俄国人发射了人造地

[①] 郭庆光:《传播学教程》,35页,北京,中国人民大学出版社,1999。

球卫星（斯普特尼克），这正是成长中的信息社会所缺少的技术催化剂。人造地球卫星的真正重要性不是它开始了太空时代，而是它引来了全球卫星通信的时代。①

那么，到底什么是信息社会呢？最早对信息社会做出理论解释的，是美国社会学家丹尼尔·贝尔。1973年，贝尔出版了一部有名的著作《后工业社会的来临》。这里的"后工业社会"(post-industrial society)，其实就是信息社会。在这部书里，贝尔把人类社会的发展分为三个阶段：前工业社会、工业社会和后工业社会。前工业社会，是日出而作、日落而息的农业社会，人们或刀耕火种，或移山填海，靠的是自身的力量从自然界里谋生存。而工业社会，则是依靠机器制造业进行社会化大生产，生产的目的不是为了自给自足，而是为了追求利润，所以其产品通称为商品。至于后工业社会，轴心又从生产转向管理，由机器转向信息，整个社会开始围绕知识亦即系统化的信息而运作，其主要特征就是产品经济向知识经济的转变，与之相关，专业技术人员开始上升到社会的主导地位。简言之，这是一个农业社会—工业社会—信息社会的发展模式，一个"农民—工人—职员"（约翰·奈斯比特）的变化过程。

贝尔的后工业社会的理论提出以后，引起了人们的广泛关注。不过，这一理论真正普及开来广为人知，还得归功于那部轰动世界的《第三次浪潮》。此书的作者是美国未来学家阿尔温·托夫勒，他以其未来三部曲而著称于世：其中第一部是1970年出版的《未来的冲击》，第二部就是1980年问世的《第三次浪潮》，第三部是1990年推出的《权力的转移》。三部曲中以《第三次浪潮》反响最大，可谓一石激起千层浪。在这部书里，托夫勒遵循贝尔的思路，也把人类文明的发展划分成三个革命性阶段，他称之为三次浪潮。第一次浪潮是农业革命，这次革命使人类告别了原始的渔猎时代，进入了以农业为基础的社会。第二次浪潮是工业革命，它以群体化、标准化、同步化、集中化、大型化和集权化为特征（如从幼儿园到大学的教育模式就体现着这些特征），把人们的生活一劈两半，导致了生产与消费的分裂，从而引发了一系列的危机，如商品拜物教。第三次浪潮，就是人类正在经历的信息革命，其特点是多样化、个性化和小型化如现在的网络传播，社会生产越来越取决于知识和信息，同时生产与消费将重新合二为一："以一半生产用于交换，一半生产自己使用为基础的新的生活方式，逐渐成为现实。"

时隔不久，1983年奈斯比特又在其《大趋势——改变我们生活的十个新趋向》一书里进一步发挥了这一思想，并且提出了理解信息社会的五个要点：

① 信息社会是一种经济的现实，而不是抽象的思想。
② 通信系统和计算机技术的革新，消灭了信息的流程，加快了变化的步伐。
③ 新信息技术会首先应用到旧工业部门去，然后再逐渐产生新活动、新方法和

---

① ［美］约翰·奈斯比特：《大趋势——改变我们生活的十个新趋向》，14页，北京，新华出版社，1984。

新产品。

④ 在这个知识密集的社会,我们比以往任何时候更需要具有基本的阅读和写作能力,而我们的教育制度却生产出日益增多的低劣产品。

⑤ 新信息时代的技术不是绝对的。它的成功或失败取决于高技术和深厚感情的原则。①

这些观点都有助于我们理解信息社会及其特征。

总而言之,如果说农业社会是以农牧业为基础,工业社会是以制造业为基础,那么信息社会就是以信息业为基础了。所谓信息业或信息产业,是指专门从事信息产品的生产、处理、传播和服务的产业。今天,信息产业的发育和发达程度,已经成为衡量一个国家经济水平和综合国力的重要标尺。所以,各国都把发展信息产业作为21世纪国民经济的战略性目标。日本学者林雄二郎在其著作《信息化社会》中引入了信息系数的指标来衡量一个社会信息化的程度。传统社会经济发展程度是用家庭购买食物的支出比率(恩格尔系数)来表示的,而在信息社会,这一指标是用家庭消费中为购买信息所支出的比率来计算的。毋庸赘言,恩格尔系数越大,表明社会发展程度越低;而信息系数越高,社会发展程度也就越高。推而广之,林雄二郎还提出了用国民生产总值中信息产业产值的比重(信息化程度系数)来反映一个国家整体信息化的程度。信息时代的社会特征指标已经发生了改变,人的生存状态也将随之发生深刻的转变。1993年,美国政府率先提出建设信息高速公路的计划,引起举世瞩目。所谓信息高速公路(Information Super-Highway),乃是俗称,其正式名称为"国家信息基础设施"(National Information Infrastructure,简称NII)。按照这一计划,美国将在10年至15年内,在全国铺设高速度、大容量的光缆网络,建成一个集广播、电视、电话、电传、网络等各种媒介于一体,能对声音、图像、文字、数据等各种信息进行综合处理和传输的多媒体信息系统。之所以称为信息高速公路,是指信息在这个系统里传输,就像汽车在高速公路上行驶一样,没有路障,没有交通管制,可以畅通无阻。此举一出,立刻掀起了一场席卷全球的信息化浪潮,许多国家都相继提出自己的信息化发展计划,如英国决定从1994年起,用10年时间投入380亿英镑的巨资建设信息高速公路。

我国的信息化建设也是从20世纪90年代开始大踏步迈进的。1993年,我国启动了以"三金"(金桥、金卡、金关)工程为代表的一系列信息系统工程。1997年,提出了国家信息化建设的指导方针:"统筹规划,国家主导;统一标准,联合建设;互相连通,资源共享。"同时,确立了信息化建设两步走的目标:第一步在2000年以前,初步形成一定规模和比较完善的国家信息化体系;第二步在2010年以前,建立健全的、具有相当规模的、先进的国家信息化体系。1998年,又进一步明确了发展知识经济和科教兴国的战略。据中

---

① [美]约翰·奈斯比特:《大趋势——改变我们生活的十个新趋向》,25页,北京,新华出版社,1984。

国互联网管理中心(CNNIC)于2009年1月最新发布的《中国互联网络发展状况统计报告》,继2008年6月中国网民规模超过美国,成为全球第一之后,中国的互联网普及率再次实现飞跃,赶上并超过了全球平均水平。截至2008年12月31日,中国网民人数达到2.98亿人,互联网普及率达到22.6%,超过全球平均水平;网民规模较2007年增长8 800万人,年增长率为41.9%。中国网民规模依然保持快速增长之势。宽带网民规模达到2.7亿人,占网民总体的90.6%。手机上网网民规模达到1.17亿人,较2007年增长了133%。

三、传播学的性质与对象

我们要讲的传播学以及大众传播学,就是在信息与信息传播的巨大身影日渐凸显的社会背景下,在信息社会日渐形成的历史氛围中,开始生成、发育并壮大起来的。明确了这个前提,我们就不难理解什么是传播学及其研究对象了。简单地说,传播学是一门研究社会信息系统及其运行规律的科学,社会信息系统及其运行(即传播)便是它的研究对象。具体说来,传播学的研究分属三个层面:一是从自然科学的层面,研究社会信息及其传播的技术性问题,如当下许多有关互联网的书籍都是从技术性角度探讨这一新兴的传播方式;二是从社会科学的层面,揭示社会信息及其传播的规律性问题,如美国的大多数传播研究都属此类;三是从人文学科的层面,思考社会信息及其传播的价值性问题,如欧洲的传播研究对传播意义的追寻。一句话,社会信息系统运行的技术、规律与意义均属传播学的研究范围。至于作为传播学最大分支的大众传播学,无非是在传播学一般研究的基础上,对社会信息系统的大众传播(包括现象、规律与问题)所做的集中探讨。

这里,我们需要说明一下传播学与大众传播学的关系。一般来说,传播学是一个总的学科名称,而大众传播学只是其中的一个分支。传播学除了研究大众传播,还涉及广泛的人类传播活动的领域,如组织传播、人际传播、新闻传播、广告传播、政治传播、国际传播等。不过,在传播学包罗万象的探讨中,大众传播始终居于主流。这是因为:①传播学起源于大众传播的兴盛;②传播学的研究大多针对大众传播的运行;③传播学的理论主要适用于大众传播的领域。所以,许多时候传播学与大众传播学往往说的是一回事,或者说大同小异,不分彼此。总之,如果要深究的话,可以说传播学包含大众传播学,而大众传播学属于传播学的主要分支。

那么,传播学或大众传播学到底研究哪些问题呢?下面我们就来具体谈谈其研究内容。

第三节 传播学研究的演化

关于传播学的研究及其演化,我们需要重点掌握三方面的内容,即本节所概括的三大来源、四大先驱和两大流派。

一、三大来源

作为一门学科,传播学以及大众传播学萌芽于20世纪的初期,成型于20世纪的中期,繁盛于20世纪的后期。它的问世,是由诸多因素的综合作用而促成的。这些因素可以大致分为两类:一是外在的社会历史的发展;二是内在的学科自身的演化。

从社会历史方面看,传播学的兴起与现代文明或曰现代化发展关系密切,其中尤以20世纪以来大众传播事业的蓬勃兴起为首屈一指的动因,假使没有大众化的报刊、铺天盖地的书籍、触目皆是的广告,特别是引人入胜的广播、电影、电视以及当今方兴未艾的网络,没有它们对人类社会和精神世界所发生的日甚一日的巨大影响,那么传播学也就失去其安身立命的现实根基,这是一个社会存在决定社会意识的命题,也是一个不言而喻的道理。马克思曾把哲学的任务归结为认识世界和改造世界,而认识的目的在于改造。传播学的任务何尝不是如此,人们研究传播不也是为了认识传播现象及其规律,不也是为了更有成效、更有意义地开展传播吗?

从学科自身方面讲,传播学乃是诸多学科交叉渗透的产物。与马克思主义的三个来源相似,传播学这条大河也是由三大支流交汇而成的,我们不妨称之为传播学的三大来源。其一是以科学主义和实证精神为基础的行为科学;其二是以信息论、控制论和系统论即俗称的"三论"为主干的信息科学;其三是以新闻传播及其规律为研究对象的新闻学。

1. 行为科学

迄今为止,人类掌握的所有知识大致分属于三个门类:一是关系精神价值的人文学科,如哲学、宗教、文字、史学等;二是涉及自然现象的自然科学,如数学、化学、物理学、生物学等;三是有关社会行为的社会科学,如社会学、心理学、经济学、政治学等。三者中出现最晚的是社会科学,一般认为可以追溯到19世纪的孔德。孔德是法国哲学家,也是公认的"社会学之父"。他曾提出过一个知识进化的三部曲:神学—哲学—科学,由此出发,他主张现代学术应以科学为本。于是,他把自然科学的方法引入对社会问题的研究,将社会科学置于严格的科学基础之上,从而创立了现代意义上的社会科学。进入20世纪后,这种遵循自然科学规范的研究,在兴起于心理学领域的所谓行为主义也称行为科学里得到了进一步的发挥,而行为科学的基本思想则一度渗透到社会科学的诸多领域,如政治学、社会学、社会心理学、人类学等。所谓行为主义,就是把人的外在行为而不是内在思想作为研究的客观依据,因为人的思想处在"黑箱"里面,看不见,摸不着,而人的行为却是实在可见的。比如,一个人是想当律师还是想当医生,可能连他自己也说不清,但是他最后选择职业的实际行为却是明白无误的。所以,行为主义只看"怎么做",而不管"怎么想"或"怎么说"。这种取向尽管有其偏颇之处,但也确实加强了社会科学的客观性与科学性。

传播学即依托于这一科学主义的学术传统,秉承着行为主义所倡导的实证精神而发展起来,因此它与那些着眼于思辨的传播理论大异其趣。至于传播学从这一来源中汲取学养的具体情况,我们将在下面的"四大先驱"部分里介绍。

2. 信息科学

传播学的第二大来源是"三论"——信息论、控制论、系统论。"三论"相继出现在20世纪中叶,是一组彼此勾连、互为犄角的理论学说和哲学认识论,特别是信息论和控制论更是一对孪生兄弟,被视为信息科学的基础。

1) 信息论

信息论的创始人,是美国贝尔实验室一位电信工程师香农(Claude E. Shannon,旧译申农,1916—2001),1948年,香农在《贝尔系统技术学刊》上发表了一篇重要的论文,第一次提出了信息论。次年,他又同数学家韦弗合作,出版了信息论的奠基之作——《通信的数学理论》或译《传播的数学理论》(Mathematical Theory of Communication)。

香农的信息论虽然主要是从数学角度考察电信系统的信息传播,但许多思想对探讨人类传播现象同样具有普遍意义。其中,最重要的贡献有两点。一是提出了信息这个概念,并从哲学认识论的高度概括了信息的本质,正如有学者所指出的:"信息论的重要贡献之一,就是在科学史、技术史上第一次提出了与质量、能量并列的信息概念。"[①]这是人类认识客观世界的一个飞跃,对此我们已在前面做过论述。香农信息论的第二个重要贡献,是提出了一个传播过程的基本模式,对后来的传播学研究及其模式构造都产生了深刻的影响。1960年,约翰逊和克赖尔在论述传播模式时甚至认为:

> 今天,在所有促使人们普遍对模式发生兴趣的贡献之中,要数香农的贡献最为重要。就传播研究的技术方面来讲,后来在这方面所作的许多努力,都是由香农的数学公式激起的。[②]

关于这个模式,我们将在第二章详细探讨。

2) 控制论

控制论的创立者,是美国麻省理工学院的科学家维纳(Norbert Wiener,1894—1964),维纳曾于1935—1936年间到过中国,任清华大学的客座教授。第二次世界大战期间,他领导了高射瞄准器和导弹的研究,正是在这个基础上形成了控制论的思想。1948年,他出版了代表作《控制论》,1950年又出版了《人有人的用处——控制论与社会》,对控制论作了通俗的阐述。

控制论与同时问世的信息论血脉相通,关系密切,用维纳自己的话说:控制论这门学

[①] 王雨田主编:《控制论、信息论、系统科学与哲学》,65页,北京,中国人民大学出版社,1986。
[②] [英]丹尼斯·麦奎尔等:《大众传播模式论》,19页,上海,上海译文出版社,1987。

科是"从申(香)农(Claude Shannon)、韦佛(Warren Weaver)两位博士和我共同提出的为数不多的几个观念发展成为一个确定的研究领域。"①总而言之,信息论是控制论的基础,而控制论是信息论的应用,即索波列夫所透辟指出的:"控制原理的实质在于,巨大质量的运动和行为,巨大能量的传送和转变,可通过带有信息的不大的质量和不大的能量来指挥和控制。这个控制论原理是任何控制系统的组织和工作的基础。因此,研究信息的传送和转换规律的信息论,是研究自动机器与生物体中控制与传播的共同原理的控制论基础。"

对传播学来讲,控制论的主要意义在于反馈这个概念。反馈(feedback),是指一个系统的输出信息中有一部分又返回输入一端,也就是信息的部分回流。比如,开大会时,高音喇叭有时会发出刺耳的尖叫声,这就是反馈(准确地说是正反馈)所造成的现象。此处作为一个声音放大系统,话筒是其输入端,而高音喇叭是其输出端;有时,高音喇叭的部分放大的声音又返回话筒,经过再次放大而输出,输出的更大的声音再返回话筒,这样周而复始地循环,很快就使这个声音放大系统的信号达到一种极致状态,这时高音喇叭承受不住,就发出了尖叫声。这里,从高音喇叭传出的声音又返回话筒,就是反馈。按照维纳的理论,控制的实质无非是通过信息对特定的系统如自然、社会和工程等进行调节,使之到达所需的状态,而信息的调节又是通过反馈机制进行的。换言之,系统的状态取决于控制,控制的关键又在于信息,而信息的功能则体现于反馈。举例来说:

> 当我去控制别人的行为时,我得给他通个消息,尽管这个消息是命令式的,但其发送的技术与报道事实的技术并无不同。何况,如果要使我的控制成为有效,我就必须审理来自他那边的任何消息(即反馈——引者注),这些消息表明命令之被理解与否和它已被执行了没有。②

在传播学中,类似报纸的发行量、广播的收听率、电视的收视率、读者来信、热线电话等均属反馈的范畴。大众传播媒介可以根据这些反馈信息来调节整个系统的运行。

3) 系统论

"三论"里的系统论,与信息论和控制论略有不同。首先,它没有一个明确的诞生日期,只能说它大致形成于 20 世纪 50 年代;其次,系统论没有一个香农、维纳似的领军人物,它是由不同学科的学者从各自的研究角度提出来的;最后,系统论这个名称也不像信息论、控制论那样被普遍采纳,与系统论一同被广泛使用的还有系统工程、系统科学、一般系统论等。不过,如前所述,系统论同信息论、控制论实为一组密不可分的学科群落,它们的理论互相渗透,共同构成了信息科学的学科基础。

---

① [苏联]B.A.伊斯特休:《文字的产生和发展》,左少兴译,7~8 页,北京,北京大学出版社,1987。
② [美]哈罗德·D.拉斯韦尔:《政治学》,杨昌裕译,"出版说明"第 1 页,北京,商务印书馆,1999。

系统论的基本思想,集中体现在亚里士多德的一句名言中——"整体大于部分之和"。比如,人们说"一个日本人是条虫,三个日本人是条龙",此语便包含着系统论的思想,即系统是一个有机的构成,而不是各个孤立要素的简单相加或排列组合。系统论对传播学的影响,更多地表现在方法论上,那就是始终从整体的、联系的、有机的角度看待传播过程,始终将传播活动置于整个社会信息系统进行考察,因而传播学比以往专注于某个传播环节的学科如修辞学具有更加广阔的视野。

总之,以"三论"为主的信息科学,是传播学理论的一大来源。正如有位学者对此所做的概括:"传播学在理论上的最大贡献是借用系统论、信息论和控制论的理论模式,把系统、信息和反馈的概念引入对传播活动的研究,试图建立关于人类传播规律的理论体系。"(袁路阳)

3. 新闻学

前面讲过,传播学具有鲜明的学科交叉特征,著名的传播学者施拉姆曾用"租界"、"绿洲"、"十字路口"等比喻来说明这一点。这种学科交叉既体现在学科之间横向的融合吸纳上,如传播学之于政治学、社会学、人类学、心理学、信息科学等,又表现在学科内部纵向的传承演进上,这条纵向的线索就是三点一线的报学—新闻学—大众传播学(传播学)。

这条学科的发展线索,同近代新闻事业的演进脉络完全吻合,一方面显示着研究范围的拓展;另一方面又表明研究水准的提升。上一节我们讲过,近代新闻事业发端于 15 世纪中叶金属活字印刷术的发明。最初,新闻事业只限于报刊,而新闻学一开始不过是研究报纸及其实际操作的报学(press)。19 世纪后,随着现代化进程的加速,如工业革命、市场经济、政治民主等,新闻事业进入突飞猛进的发展时期,其显著标志就是大众化报纸的出现和通讯社的诞生。于是,同报业演化为新闻事业的格局相对应,原来的报学也就蜕变为新闻学(journalism)。新闻学的研究领域不仅比报学大为拓展,而且由于得益于 19 世纪兴起的社会科学的滋养而更具科学性和学术性。20 世纪以来,在电子媒介异军突起、席卷天下的强大冲击和强力带动下,新闻事业又转化为包括报刊、广播、电视、广告、公关、通讯社、出版社等名目的大众传播业。此外,20 世纪上半叶两次世界大战也激发了社会对传播功能的多种诉求。传播被广泛地应用于包括新闻事业在内的多个社会领域,如战争宣传、公关广告等。与此同时,新闻学也开始向大众传播学(mass communication)转化。尽管新闻学的名分依然存在,但其面貌已经逐渐被大众传播学所改造,其领域也逐渐受到大众传播学的渗透,最后实际上成为内涵更为丰富的新闻传播学。

大众传播学是对新闻学的超越,可谓青出于蓝而胜于蓝。换句话说,新闻学与大众传播学虽不可同日而语,但新闻学毕竟为大众传播学留下了一笔丰厚的思想遗产和理论家当,新闻学的许多学说、方法及论题不仅为大众传播学所继承,如新闻理论、新闻法制、新闻伦理、新闻思想、新闻历史方面的成果积累,而且更重要的还在于新闻学为大众传播学所开辟的一方学术天地或研究领域。这就好比隋代虽然短暂,既不辉煌也不灿烂,但是后来的盛唐之世都是奠基在它的基础之上。从这个角度说,新闻学无疑可算大众传播学的一大来源。这也是新闻学与传播学关系如此密切的原因之一,对此我们在学习新闻学和传播学的过程中会体会得更深,这里就不再多说了。

除了上述三大来源,语言学以及关系密切的符号学、修辞学等,也为传播学提供了丰富的理论滋养。这些内容,我们将在传播符号一章里专门介绍。

二、四大先驱与施拉姆

在传播学的形成过程中,有四位社会科学的学者对奠定传播学的理论基础、构建传播学的体系框架、推动传播学的学科进展,做出了比较突出的贡献,因而被誉为传播学的四大先驱。从他们身上,我们也可以具体看到行为主义对传播学的影响和行为科学对传播学的渗透。

1. 政治学家拉斯韦尔

拉斯韦尔(Harold Dwight Lasswell,1902—1978),是当代西方政治学领域的名家。除了执教于美国国内的名牌大学,他还被许多国外大学聘为客座教授,其中包括我国的燕京大学。此外,他还是美国科学院院士,曾任美国政治学协会主席、国际法协会主席、国际政治心理学协会名誉主席。第二次世界大战期间(1939—1945),他曾负责美国国会图书馆的"战时传播研究部"(War Communication Research),后来又担任过不少政府机构的顾问。在政治学研究方面,他是行为主义学派的代表人物,借用其《政治学/谁得到什么?何时和如何得到?》一书中译本"出版说明"的评价:

> 第二次世界大战前后,行为主义学派在美国政治学界异军突起。它一反美国早期政治学以国家政治制度为研究重点、以历史比较为主要研究方法的传统,把政治现实中可以实际观察的行为,包括个人行为和团体行为作为研究重点,把自然科学以及社会学、心理学、人类学、统计学等社会科学学科的理论和方法引入政治学。在这场政治学研究的变革中,本书作者、美国政治学家、心理学家哈罗德·D.拉斯韦尔(1902—1978)作出了开创性的贡献,成为行为主义学派的先驱者和重要代表人物之一。

拉斯韦尔一生的学术著述总计600万言,其中有两篇论文对传播学的学科发展贡献尤为显著。第一篇是他的博士学位论文。拉斯韦尔于1926年在芝加哥大学获得博士学位。他的博士学位论文以第一次世界大战期间空前规模的宣传战为主题,探究了舆论、宣传及传播的诸多问题,提出了一系列富有创见的观点。这篇题为《世界大战的宣传技巧》的博士论文1927年出版之后,立刻引起学术界的广泛关注,对两次世界大战之间以宣传为主的传播研究影响甚大,至今仍然和美国著名专栏作家李普曼的《舆论》(1922)一起,被人推崇为早期传播研究的两部经典之作。

不过,他对传播学的最大贡献,还是来自另外那篇篇幅不大而影响巨大的论文——《社会传播的结构与功能》(*The Structure and Function of Communication in Society*)。此文可谓传播学的开山之作或奠基之作,其地位差不多等同于香农的《传播的数学理论》之于信息论。巧的是,这两篇各自学科的扛鼎之作,其核心思想是在同一年形成的,即1948年。不仅如此,拉斯韦尔与香农对信息传播过程的思考与描述,又是殊途同归、不谋而合。关于这些问题,我们在第三章讲传播过程时再谈。现在我们主要阐述拉斯韦尔的这篇论文对传播学的意义。

这篇论文对传播学的意义主要在于两个方面。其一是从传播的内部结构上,分析了传播过程的五个要素或五个环节;其二是从外部功能上,概括了人类传播的主要作用。拉斯韦尔认为,任何一个传播过程都可分解为这样五个部分,即:

(1) "谁"(**Who**)——传播主体;

(2) "说什么"(Says **What**)——传播内容;

(3) "通过什么渠道"(In **Which** Channel)——传播媒介;

(4) "对谁说"(To **Whom**)——传播对象;

(5) "产生什么效果"(With **What** Effect)——传播效果。

这就是在传播学界耳熟能详的5W理论,又称5W模式,因为这五个要素的英文表述各有一个以W打头的疑问词。这个五要素理论,实际上是脱胎于亚里士多德的三要素理论。亚里士多德在他的《修辞学》一书里,曾把一个传播过程如演讲分解为三个要素或三个环节,即说话人—说话内容—听话人。当然,拉斯韦尔的勾勒更全面,由于凸显了"媒介"(渠道)与"效果"而更有助于人们把握当代大众传播活动的重点。

与传播过程的五个W相互对应,拉斯韦尔同时还勾画了传播学的五种研究——他称为五种分析:

(1) 针对传播主体的控制分析(control analysis);

(2) 针对传播内容的内容分析(content analysis);

(3) 针对传播媒介的媒介分析(media analysis);

(4) 针对传播对象的受众分析(audience analysis);

(5) 针对传播效果的效果分析(effect analysis)。

这五种分析基本上涵盖了传播研究的主要领域,恰似五大洲基本上囊括了地球的陆地面积一样。《孙子兵法》里有段话说:"声不过五,五声之变不可胜听也;色不过五,五色之变不可胜观也;味不过五,五味之变不可胜尝也。"大意是说,音节不过五种(宫、商、角、徵、羽),而由此谱成的音乐却听不胜听;原色不过五种(红、黄、蓝、白、黑),而由此形成的色彩却看不胜看;味道不过五种(甜、酸、苦、辣、咸),而由此组成的佳肴却尝不胜尝。有意思的是,传播研究也不过五种,而由此产生的理论学说也可谓学不胜学。

与拉斯韦尔的上述理论具有同等意义的,是他对传播功能的概括。在拉斯韦尔看来,人类传播活动具有三项功能,即环境监控、社会协调和文化传承。后来,社会学家赖特又在此基础上,补充了一项功能——提供娱乐。于是,这四项功能也就同传播过程的五个环节一样,成为传播学的经典理论之一。更进一步的是拉斯韦尔对社会结构的看法。在拉斯韦尔看来,不论是单细胞生物体,还是多成员群体,都设法保持内部平衡,用这种平衡的方式对外部环境的变化作出反应。这种内部平衡的机制作用的发挥就依赖于传播功能的实现,因此,社会结构实际上就包括那些用来支持整个社会体系的传播。作为社会结构的传播反映在当代社会就是主流意识形态,其中与权力相关的部分可区分出政治学说、政治准则和政治道德。在美国,这三者可以用个人主义(学说)、宪法条款(准则)和公共生活中的礼仪和传统(道德)来说明。事实上,这与中国社会所谓的立言(学统)、立功(政统)、立德(道统)三种思想谱系也是内在一致的。

哲学家怀特说过,一切哲学都可以看作是对柏拉图的注释,因为柏拉图提出了哲学上的大部分根本命题。照此而论,一切传播研究特别是源于美国的实证性研究,也不妨说是对拉斯韦尔这篇论文的注释。因为它既为传播研究指出了方向,又为传播研究提供了典范,而后来各种各样的传播研究不管有意无意,事实上大多都是沿着它所开启的思路继续推进,按照它所划出的疆域进行开拓。今天我们回头来看,拉斯韦尔的这篇《社会传播的结构与功能》,实为一张构建传播学大厦的蓝图。

2. 心理学家卢因

卢因(Kurt Lewin,又译勒温,1890—1947),既是心理学中完形学派的代表人物之一,又是社会心理学中团体动力学的创始人,而且由于率先将类似自然科学的实验方法应用于社会心理学,也被誉为"实验社会心理学之父"。他出生于德国的莫基诺(今属波兰),1914年在柏林大学获得博士学位。1932年赴美,任斯坦福大学客座教授。翌年,为躲避纳粹迫害而移居美国。1945年,在麻省理工学院创立了团体动力学研究中心,并担任该中心的主任。

研究团体生活与动力的团体(群体)动力学(group dynamics),是卢因对社会心理学的一大贡献。他在这方面的研究,不仅丰富了社会心理学的理论学说,而且也使传播学得到了不少有益的启发和借鉴。因为传播学既要紧扣大众传播这个主旨,同时又丝毫不能忽略人际传播以及人际关系、人际影响方面的众多因素,而团体动力学在这方面颇有建树:

> 团体动力学的研究对象是以人与人之间的面对面直接接触关系为特征的小型团体,既要研究团体的结构问题,又要研究团体的动力问题,诸如团体气氛、团体成员

间人际关系、领袖与领导关系、团体中成员间的凝聚力、团体决策历程以及大团体中各小团体的形成与成功等,都属其研究范围。①

也就是说,团体动力学研究的是个人在团体中的行为表现,即他的一个行为公式所表示的:

$$B = f(PE)$$

这里的 B 代表行为(Behaviour),P 代表个人(Person),E 代表环境(Environment),而 f 是函数(function)。这一公式说明,行为是依据个人与环境这两个因素而变化的:"不同的人对同一环境可产生不同的行为,同一个人对不同的环境亦可产生不同的行为,甚至同一个人在不同的情景下,对同样的环境也可产生不同的行为。"②关于团体动力学对传播学理论的具体贡献,我们将在第三章的"群体传播"(实即团体传播)部分加以介绍。

除了团体动力学,卢因对传播学的另外一大贡献,是在他去世那年发表的一篇论文里提出的"把关人"理论。把关人(gatekeeper,又译守门人),是传播学的一个基本概念。如果说把关是对信息进行筛选和过滤的行为——即传播学所讲的控制,那么凡是具有或表现这种行为的人就是把关人,如报纸的编辑:

他注意到,信息总是沿着包含有"门区"的某些渠道流动,在那里,或者根据公正无私的规定,或者根据"守门人"的个人意见,就信息或商品是否可被允许进入渠道或继续在渠道里流动作出决定。在一份附带的参考材料中,库尔特·卢因把它与大众传播中的新闻流动作了比较。③

1950 年,D. M. 怀特运用这个概念,对一位报纸编辑的新闻选择过程做了有名的个案研究,从而开创了传播学的把关研究。后来,许多学者沿着这个方向不断开掘,使把关理论进一步深化、完善、趋于丰满,最后成为控制分析领域的基础成果之一。

3. 社会学家拉扎斯菲尔德

拉扎斯菲尔德(Paul F. Lazarsfeld,1901—1976),是一位以实证研究和应用研究而著称的社会学家。如果说卢因是把自然科学的实验方法引入社会心理学,那么拉扎斯菲尔德则是把它带进了社会学。

和卢因一样,拉扎斯菲尔德也是犹太人,生于奥地利。他在维也纳大学读书时,弗洛伊德正在该校任教。1925 年,他获得应用数学的博士学位。1929 年,他被聘为维也纳大学的应用心理学讲师,这个职位使他在 1933 年获得了洛克菲勒基金会资助的一个心理学研究项目,赴美从事研究,此后便定居美国。1937 年,他在普林斯顿大学担任了洛克菲勒

---

① 车文博:《西方心理学史》,440 页,杭州,浙江教育出版社,1998。
② 车文博:《西方心理学史》,435 页,杭州,浙江教育出版社,1998。
③ [英]丹尼斯·麦奎尔等:《大众传播模式论》,134 页,上海,上海译文出版社,1987。

基金会赞助的广播研究室（Office of Radio Research）主任，这是他涉足传播研究的开端。1940年，该研究室迁到哥伦比亚大学，同时更名为应用社会学研究所（Bureau of Applied Social Research），他成为研究所的所长，并任哥伦比亚大学社会学系的系主任。从此，他的学术生涯就一直与该所该校联系在一起。

拉扎斯菲尔德的应用社会学研究涉及许多领域，而其中之一就是大众传播。他对传播学的贡献，主要在于他的两级传播理论。按照这个理论，大众传播媒介的信息并不是一步到位地传达给受众，这个过程其实分为两步。第一步是从大众媒介到受众中的一小部分人，这一小部分人由于在传播中表现活跃（如经常听广播、看报纸，了解许多情况），于是被称为"意见领袖"（opinion leader，又译为舆论领袖）；第二步再由这一小部分意见领袖，将媒介的信息扩散到广大的受众那里。这个信息的两步流程，就是所谓的两级传播（two-step flow of communication）。

这个理论，是拉扎斯菲尔德及其应用社会学研究所的同事，在1940年美国总统大选期间进行的一项大规模社会调查中发现的，后来又在1948年出版的《人民的选择》一书里做了详尽阐发。当时，按照通行的理论，大众媒介威力无比、势不可挡，大众传播犹如洪水猛兽所向披靡。这也就是早期传播理论被称为"魔弹论"、"靶子论"的原因。而拉扎斯菲尔德等人经过实证研究发现，原来大众传播并不像当时人们所认为的那样可以为所欲为，它的效果实际上非常有限，在整个社会传播过程中真正发挥作用的还是人际间的影响，即意见领袖对受众的影响远远大于大众媒介对受众的影响。所以，两级传播理论成为传播研究的一个重要里程碑：

> 《人民的选择》在关于大众媒介的思想领域开辟了一个新时代。它似乎完全否定了所谓媒介威力无边的旧假想，而支持一个新假说，即媒介效果甚微，它只是许多种影响中的一种。虽然某些早期的研究也提出了类似的看法，但从《人民的选择》中的概括范围、先进方法和给人以深刻印象的发现使这次研究成为媒介研究中的一个重要里程碑。[①]

此后，美国传播学者卡茨和拉扎斯菲尔德对《人民的选择》中提出的两级传播假设进行了较大规模的调查和研究。1945年，拉扎斯菲尔德主持了迪凯特研究（Decatur Study）项目。此项研究的发现收录于《人际影响：大众传播流动中人民的作用》一书中。如果说产生于伊里调查的《人民的选择》是提出了"人际影响"、"两级传播"的理论假说的话，那么迪凯特调查则进一步验证了这一理论假说。

除了两级传播理论，拉扎斯菲尔德的另外一大贡献，是他对传播学研究方法的科学改进。前面说过，拉扎斯菲尔德得过应用数学的博士学位，这使他在统计调查、抽样分析、数

---

① ［美］梅尔文·L.德弗勒等：《大众传播通论》，颜建军等译，311～312页，北京，华夏出版社，1989。

据整理等方面驾轻就熟，游刃有余，因而得以利用这一优势不断改进传播研究的方法，使之更具科学性。当然，这种科学主义的研究方法只看数据不看其他，拘泥于实证资料，沉湎于统计分析，也遭到不少人文学者的诟病与抨击。

4. 社会心理学家霍夫兰

霍夫兰(Carl Hovland,1912—1961)，是一位小时了了、大亦颇佳的学者，被视为行为主义在社会心理学研究方面的代表人物。他24岁获得耶鲁大学的博士学位，此后一直在这所美国数一数二的大学任教，33岁起还曾担任该校心理学系的系主任(1945—1951)。

作为开宗立派的一位心理学家，霍夫兰是以探讨社会态度的形成与转变而闻名的。态度，是社会心理学的一个核心范畴，按照迈尔斯1993年下的定义："态度是对某物或某人的一种喜欢与不喜欢的评价性反应，它在人们的信息、情感和倾向性行为中表现出来。"① 态度包括三个成分：一、情感(affect,简称A)；二、行为(behavior,简称B)；三、认知(cognition,简称C)。这个态度是ABC，其实就是中国人讲的知、情、意。举例来说，一个人不抽烟，这就是一种态度，一种对待抽烟这件事情的态度。这个态度中有认知的成分——抽烟有害健康；有情感成分——讨厌、不喜欢；还有行为成分——不买不抽等。关于态度及其形成转变的理论主要有两类：一是行为主义的强化理论(又称学习论和刺激-反应论)；一是认知派的平衡理论。霍夫兰就是前一派的代表。

在研究态度的形成转变时，霍夫兰始终围绕着一个主题即"劝服"。通过探究如何劝说更见成效，如何开展传播更有利于态度的变化，霍夫兰的社会心理学研究实际上开创了传播学的效果分析领域，为传播研究贡献了许多具有实际意义的理论观点。他的这些研究可以分为两个阶段，前一个阶段是在第二次世界大战期间，他受美国政府的指派率领一群年富力强的学者，对战时宣传问题特别是宣传影片对美军士兵士气的影响效果问题展开大规模研究。第二个阶段，是第二次世界大战后他在耶鲁大学继续进行的劝服与态度改变的研究，并以他为核心形成了传播研究的耶鲁学派，出版了一批成果斐然的耶鲁丛书，其中1953年出版的《传播与劝服》(Communication and Persuasion)被视为霍夫兰及其耶鲁学派的代表作。该书为传播所下的定义具有鲜明的行为主义色彩：传播"就是某人(传播者)通过传递刺激信号(一般是语言符号)以改变他人行为的过程"②。这个定义包含着三方面内容，即传播者、传播内容和传播对象。耶鲁学派的劝服研究基本上就是围绕着这三个方面而设计的。这些研究非常具体，对开展有效的传播活动有一定参考价值。比如，宣传一种思想时，是只说正面的观点还是正反两面的观点都说更有效；结论是由传播者明确说出来有效，还是点拨启发后由传播对象自己得出来更有效；信源对说服效果

---

① 时蓉华：《社会心理学》，296页，杭州，浙江教育出版社，1998。
② Carl Hovland, Irving Janis, and Harold H. Kelley, *Communication and Persuasion*. New Haven: Yale University Press,1953,p.12.

的影响以及说明效果的"休眠效应"等等。虽然,人们常常批评他们的研究过于琐碎,有些结论甚至互相矛盾,但是正如有的学者所言:"这些研究犹如种子,植根于霍夫兰及其同事所开垦的坚实土壤里,并由此催发了传播园地的百花齐放。"①尤其重要的是,耶鲁学派对美国五六十年代的传播研究简直发生了主导性和支配性的影响,其利弊诚如华裔传播学者李金铨指出的:

> 传播学研究因为在40年代与许多研究(如芝加哥学派)分道扬镳,致使以后的发展完全成为社会心理学的分支。在五六十年代期间,传播研究从社会心理学输入大量的观念、问题与方法,大抵以行为主义为其典范;此期间,传播研究跟着社会心理学亦步亦趋,一味探讨"态度变迁"的过程以及内在心理结构的因果……②

与卢因相似,霍夫兰在研究方法上也以实验见长,带有科学主义的鲜明烙印。这套实验路数跟自然科学的实验并无本质区别,只不过是把实验的标本换上了活生生的人,实验条件换上了社会情景,然后控制某种变量,观察其他变量,从中找出这些变量之间的对应关系。对此,人们也是见仁见智,褒贬不一。

5. 传播学的集大成者施拉姆

上面介绍的四位人物被人称为传播学的"四大先驱",而四大先驱一语就出自施拉姆。

施拉姆(Wilbur Schramm,1907—1988),是一位毕生致力于传播学研究的美国学者,一生编写了30来部传播学著作,对传播学这门学科的创立与发展做出了突出贡献,甚至被誉为传播学的集大成者。20世纪70年代末和80年代初,他曾数次访华进行学术交流,对当时正在起步的我国传播学研究产生了很大的推动作用。1984年他的代表作《传播学概论》在中国翻译出版,更是掀起了一股研习传播学的热潮,至今仍被视为经典之作。

具体说来,施拉姆的功绩主要表现在以下三个方面:

(1) 施拉姆在美国建立了最早的一批专门致力于传播学研究与教学的基地,从而使传播学得以发展成为一门独立的学科。1947年,施拉姆在伊利诺伊大学创办了第一个传播研究所,并开设了硕士和博士学位教育课程。1950年,世界上第一个传播学位在伊利诺伊大学获得通过,施拉姆成为该校传播系主任。1956年,施拉姆又创办了斯坦福大学传播学研究所。他还主编了最早的一批传播学教材,包括《大众传播学》(1948年出版)、《传播过程与效果》(1954年出版)等。1973年,年逾花甲的施拉姆又协助创办了"东西方中心"(夏威夷)的传播学研究所,并出任该所所长。

(2) 施拉姆培养了一大批传播学研究的后继之秀,形成了一支桃李芬芳、不断繁衍的

---

① Shearon Lowery and Melvin L. De Fleur, *Milestones in Mass Communication Research : Media Effects*. New York: Longman Inc., 1983, p. 173.
② 李金铨:《大众传播理论》,133页,台北,三民书局,1982。

庞大队伍,使传播学研究的火炬就像他鼓励自己的学生时说的"一代代传下去"。我国翻译出版的一部美国传播学教材《传播理论:起源、方法与应用》,其作者之一小詹姆斯·坦卡德就是施拉姆早年培养的一位博士。1988年施拉姆去世时,坦卡德还在当年的《新闻教育者》杂志上撰文,对施拉姆一生的学术成就进行了全面的总结,而其立论的基点就是把施拉姆定位成一门学科的"完善者"(refiner)。refiner一词在英文里有精制、提炼、精练、升华等义,用它来概括施拉姆的学术成就可谓恰如其分。如今,他的"徒子徒孙"不仅遍布美国,代为不绝,而且还远播世界许多地区,如我国的香港、台湾等地。他的中国学生还曾给他起了一个中文名字——宣伟伯。

(3)施拉姆为人们留下了流传甚广的著作,其中三部影响较大(其中有独著也有合著),即《报刊的四种理论》(1956)、《大众传播媒介与国家发展》(1964)和《男人、女人、讯息、媒介:人类传播概论》(1982)。这三部书均有中译本,而《男人、女人、讯息、媒介:人类传播概论》的中译本就是上面提过的《传播学概论》。《报刊的四种理论》是对近代新闻事业兴起以来的四种传播体制及相应的四种传播观念做的比较研究,一方面适应当时东西方"冷战"的局势,具有鲜明的意识形态色彩;另一方面也为传播研究开辟了新的领域,提供了新的范例。《大众传播媒介与国家发展》是施拉姆为联合国教科文组织撰写的研究报告,对第二次世界大战后发展中国家的大众传播事业这一关系国家发展、影响社会进步的问题进行了深入的探讨,其中的不少分析和论述今天看来仍有价值。至于《传播学概论》则是他一生学术思想的总结性著作,建构宏大,包罗广泛,堪称传播学理论的一部集大成之作。

以上五位学者都为传播学的形成做了开拓性的工作,所以都被视为传播学的奠基人物。关于传播学这门学科的建立与发展,以及众多学者的辛勤研究,我国学者郭庆光先生在《传播学教程》里做了符合实际的阐述:

> 从50年代以后,传播学作为社会科学的一个新学科逐渐建立和巩固了自己的学术地位。据80年代的统计,在美国各大学中,每年完成的传播学博士论文近120部,约占美国每年提交的博士论文总数的1/250。目前,世界各国的主要大学一般都设有传播学的院系专业或研究机构。传播学之所以获得迅速发展,既是由于它适应了信息技术革命和信息社会发展的需要,同时也与传播学家们的不懈努力是分不开的。[①]

三、两大学派

上面所讲的由四大先驱——政治学家拉斯韦尔、心理学家卢因、社会学家拉扎斯菲尔德、社会心理学家霍夫兰和传播学的集大成者施拉姆所开启的传播学研究,其实主要是以美国为代表的经验学派(Empirical School),又称传统学派(Traditional School)。除了经

---

① 郭庆光:《传播学教程》,263页,北京,中国人民大学出版社,1999。

验学派,传播学领域还有一大学派,那就是以欧洲为主流的批判学派(Critical School)。20世纪60年代以前,传播学的研究一直都是经验学派的一统天下。后来,批判学派异军突起,才打破了这种一枝独秀的局面,形成了两家分庭抗礼之势。这两大学派从立意旨趣到理论学说,都存在明显的差异与分歧。甚至不妨说两家除了在关注传播问题这一点上相同之外,其他方面都是你走你的阳关道,我过我的独木桥。下面我们先简单介绍两大学派,然后再对两大学派进行比较。

1. 两大学派的由来与立场

传播学领域衍发出的这两股立场迥异的潮流,与20世纪以来西方社会及其文化思潮的整体趋势相互吻合。20世纪以来,随着社会变革的加剧,各种思想、学说、流派风起云涌,此起彼伏,你方唱罢我登场,令人眼花缭乱。而从这些纷纷攘攘的现实图景里,我们可以辨别出两股强劲的、相反相成的精神轨迹或文化思潮:一是导源于科学—进步—发展这一现实趋向的科学主义;一是植根于精神—价值—人性这一永恒主题的人本主义。就前者而言:

> 20世纪以来,自然科学和技术文明取得了突飞猛进的发展。爱因斯坦相对论的提出,量子力学的诞生,电子计算机的发明、应用和快速换代,DNA生命密码的破译,系统论、控制论、信息论的创立,宇宙科学的突破,航天工业的发展,等等,使人类面前的世界图景变得同经典科学所描述的图景大不一样了。在此基础上形成的现代科学技术正在创造出远远超过过去几十个世纪总和的巨大生产力,从而把人类对自然界的开发与改造推进到一个前所未有的新阶段。在发达资本主义国家,不仅已达到高度的工业技术文明,而且已进入"后工业社会"和信息时代。这一现实极大地提高了人类认识自身、征服世界的理性能力。这正是科学主义、技术主义和实证主义思潮得以存在和发展的客观依据。[①]

而这也正是以科学主义和实证精神取胜的传播学经验学派的现实基础,经验学派就是从这一系统延伸出来的。另一方面:

> 由于资本主义制度矛盾的积累和激化,20世纪爆发了两次世界大战。在战争中,现代科学技术的一些先进成果被用来充当杀人武器,这不仅给人类造成巨大灾难,而且在世界各国人民的心灵上留下了难以磨灭的创伤。另外,人类在快速走向现代化的过程中,在用先进科技征服、改造自然的同时,也在许多场合破坏了自然界的生态平衡,环境污染、气候改变、职业病的增多,等等,一系列问题使人类面临着新的生存困境与危机。以上两种情况,一是社会性的;一是自然性的,但其共同之处

---

① 朱立元主编:《当代西方文艺理论》,430页,上海,华东师范大学出版社,1998。

> 在于:人凭借自身的理性能力创造了无与伦比的物质、技术文明,但这种文明却反过来成为压迫人、毁灭人的强大异己力量。尤为突出的是,资本主义条件下高度发展的物质技术文明严重地压抑、窒息、吞噬着人们的心灵,使人的心灵异化了。高度的技术文明与深刻的精神危机形成巨大的反差。这正是对理性持怀疑、批判立场的现代人本主义同样得以顽强生长和发展的历史、文化背景。①

而这也正是以人本主义和终极价值见长的传播学批判学派的思想根基,批判学派就是从这一源流派生出来的。所以,经验学派以科学性闻名,而批判学派以人本性著称。

以上是两大学派得以形成和发展的社会条件和文化背景。至于两大学派的直接来源又有不同。如果说经验学派是出于前面讲过的三大来源,那么批判学派就是来自西方马克思主义。所谓西方马克思主义,是对当代西方各种马克思主义学说的一个总称。有人曾把马克思主义的发展分为三个阶段:其一是着眼于经济基础批判的马克思恩格斯阶段;其二是致力于上层建筑革命的列宁阶段;其三是侧重于文化领域变革的西方马克思主义阶段。不管这一划分是否合理,我们都可以把西方马克思主义看作是马克思主义的新发展或新形态,而这一发展形态的重点在于文化精神领域。在五花八门层出不穷的西方马克思主义中,最具声望、建树及影响的当属所谓"法兰克福学派"。

法兰克福学派(Frankfurt School)得名于法兰克福大学的社会研究所,它成立于1923年,但真正产生影响是在第二次世界大战之后的五六十年代。其代表人物有霍克海默、阿多诺、马尔库塞和活跃在当代国际学术界的哈贝马斯。20世纪60年代,当西方社会发生激烈动荡、革命运动风起云涌之际,热血沸腾的青年学生甚至把马尔库塞与马克思、毛泽东一起尊奉为精神领袖,并称"3M"(因为三人的西文名字都是以M开头的)。

1937年,法兰克福学派的领袖、时任研究所所长的霍克海默,发表了一篇具有里程碑意义的重要文章——《传统理论与批判理论》,此文无异于当代各种批判理论的一篇思想宣言。在他看来,当代的一切理论学说要么是传统理论,要么就是批判理论,二者恰似白昼与黑夜判然相别。比较而言,传统理论是把自己置身于现存体制之中,旨在帮助社会的再生产自身的过程;而批判理论则使自己超越于既定秩序之外,旨在否定社会的再生产自身的过程。由此一来,传统理论自然总是从现实出发,经由实证性的研究,得出与现存体制相契合的顺从化结论——"好得很";而批判理论总是从理想出发,通过批判性的分析,得出与既定秩序相抵触的叛逆化结论——"糟得很"。所以,传统理论的面目是肯定性的,而批判理论的姿态则是否定性的。这里的关键在于立场,正如霍克海默所指出的,批判理论首先是一种立场;其次才是特定的理论。

传播学两大学派的对立,归根结底也是由于立场的不同。经验学派的立场总是肯定

---

① 朱立元主编:《当代西方文艺理论》,430~431页,上海,华东师范大学出版社,1998。

性的,而批判学派的立场则是否定性的。所谓肯定,并不见得都是"歌功颂德",它更多的是默认现实态度,即从来不对既有的现实进行置疑,相反总是把现有的一切视为天经地义的东西而排除在反思之外,并将此作为开展研究的前提,从而只关心诸如怎样传播、如何卓有成效地开展传播之类的策略性问题。换句话说,这种态度就是"只顾埋头拉车,不管抬头看路",一门心思只想多拉快跑,而不管拉的有没有乌七八糟的货色,去的是不是鬼哭狼嚎的地方。同样,批判学派的否定也不见得非得是"批倒批臭",它主要表现为一种怀疑的精神、冷静的态度和忧患的意识,就像《瓦尔登湖》的作者索罗的一则逸事所表现的那样。据说,一条新的电话线路开通后,有人兴高采烈地对索罗说,这下可好了,以后两地的人就能直接通话了。索罗冷冷地说了句,要是他们无话可谈怎么办?如今,比起索罗的时代通话手段又不知先进了多少,可是当许多人拿着手机在大街上边走边说的时候,是不是也可以问上一句:他们真的有话可说吗?

作为与经验学派相抗衡的批判学派,是从 20 世纪 60 年代才开始正式形成的。当时在英国有两股学术力量,酝酿了最早的批判性传播研究:一是累斯特大学大众传播研究中心,代表人物有 G. 默多克、P. 戈尔丁等;一是伯明翰大学当代文化研究中心(CCCS),代表人物有 R. 霍加特、R. 威廉斯、S. 霍尔等。前者以马克思关于经济基础和上层建筑的学说为指导,着重探讨传播媒介的所有制结构以及媒介的垄断与控制问题,故被称为"政治经济学派"。后者主要继承了西方马克思主义先驱、意大利共产党创始人葛兰西的文化霸权理论,同时吸取了法国 60 年代新马克思主义哲学家阿尔都塞的意识形态学说,着重从文化方面透视当代大众传播的本质,将社会作为总体文本从而揭示其中的意识形态运作,故被称为"文化研究学派"。

这里简单介绍一下媒介政治经济学,读者可以从中对批判学派略窥一斑。媒介政治经济学者戈尔丁指出,批判的政治经济学视角显示的是,文化生产的不同的财政方式和组织方式。在政治经济学者看来,特定的财政、组织方式决定了对公共传播的话语和表征的有效范围。

批判的政治经济学与主流经济学相比有以下不同:①它是全面的,这就是说它不仅关注经济层面的问题,它更关注整个社会层面的问题。②它是历史的,这就是说它不仅关注现状,更关注形成现状的深层次原因。批判的政治经济学特别关注四个历史过程:媒介的生长、公司势力范围的扩展、商品化,以及国家和政府干预角色的变化。③它主要关注资本主义企业和公共干预之间的平衡。④它超越了技术性的效率问题,专注于公正、公平、公共利益等基本的道德问题。换句话说,在政治经济学者那里,经济学本身就是有立场的,而不是所谓的客观中立的科学。主流经济学家关注资本主义社会中的独立自主的个人,而批判的政治经济学研究着眼于社会关系和权力的作用。

批判的政治经济学的一个重要任务就是描绘商业生产和公共产业之间的平衡点的转移及其对文化多样性的冲击。比如在英国,19 世纪中期的工人报刊曾伴随风起云涌的劳工运动而兴盛一时,但此后就一蹶不振。政治经济学者除了研究这一现象内在的经济动因之外,还看到在20世纪的大部分时间里,劳工运动鲜有得到比它的右翼反对者更多的报纸舆论的支持,大部分报纸都不愿报道其信仰和行动。更进一步说,19世纪的英国民众是作为民族国家的政治公民卷入社会的,政治议题是社会的中心议题,而20世纪的英国民众是作为消费单位卷入法人世界的,市场规则横行无阻,带有阶级矛盾性质的政治议题淡出主流话语,工人运动无力开展,左翼的报刊也沦为无人问津的境遇。很显然,这些问题都是经验学派的学者不愿或不会考虑的。

批判学派出现后,与经验学派发生了针锋相对的冲突,双方的论战一度成为国际传播学界的热门话题。比如传播效果这个问题,在经验学派那里一向被奉为"女王"——所有的理论都以此为中心,而在批判学派那里则被视为"妓女"——只知道为媒介权力机构这个"嫖客"服务。如今,经过几年的辩驳与磨合,双方虽然取长补短,在有些方面互相趋近,"但在社会观和传播观上依然存在着根本的对立和分歧"(郭庆光)。下面我们就来比较一下两大学派的差异。

2. 两大学派的差异与比较

关于传播学两大学派的差异或对立,我们可从许多方面进行审视。比如上面在讲两大学派的来源时,提到的科学主义和人本主义。再如放开来看,经验学派和批判学派也可以说代表着古往今来两大人生观的分歧,这就是西班牙作家塞万提斯笔下桑丘式的务实派和堂吉诃德式的理想派,或者说是面向现实的孔子和面向性灵的庄子,而用尼采的思想来概括就是纵情狂欢的酒神精神和澄明理性的日神精神。至于把经验学派看作物理学中的牛顿体系,而把批判学派视为爱因斯坦体系,则可能更符合两大学派的风格。不过,这里我们只从传播研究本身来比较它们的差异。

1984年,加拿大批判学者D. W. 斯迈司(Dallas W. Smythe),曾从三个方面总结了经验学派和批判学派两大学派的差异:①双方选取的研究问题不同;②双方所用的研究方法不同;③双方对现有的政治经济秩序所表现的意识形态的倾向性不同。[①] 这三点可谓抓住了要害,基本上涵盖了双方的主要差异。

第一个方面涉及研究内容。总的说来,经验学派关心的是如何传播或如何有效传播之类的问题,因而致力于寻求传播活动的自身规律,落脚点在传播的效果上;而批判学派关心的是为何传播、为谁传播之类的问题,因而致力于揭示人类传播的总体价值,落脚点在传播的意义上。简言之,经验学派侧重事实判断,而批判学派侧重价值判断。

---

① Dallas W. Smythe, *New Direction for Critical Communication Research*. *Media, Culture and Society*, 1984/6, p. 205.

第二个方面涉及研究方法,与第一个方面的差异有密切的联系。既然经验学派更关注事实判断,那么其研究方法自然强调一切从经验或事实出发,通过量化与统计的过程,步步为营地求得实证性的结论。而批判学派既然更关注价值判断,那么其方法论就不得不具有思辨的特征,以确保其理论思想能从宏观的、联系的和总体的方面把握传播的意义。

第三个方面实际上讲的是研究立场或研究取向。斯迈司认为,这方面的差异是经验学派和批判学派其他差异的根本所在。换言之,正是由于两大学派研究立场的不同——一个对现状持肯定性立场而一个则持否定性立场,或者说一个只知拜佛而另一个只想拆庙,所以才导致了双方在上述诸多方面的差异。

明白了两大学派在相互对比中所显示的差异,事实上也就等于明白了它们在彼此独立时所具有的特征。美国经验传播学派的代表人物 E. M. 罗杰斯,曾列举了两大学派的一系列特征:

经验学派的特征	批判学派的特征
经验的	批判的
定量的	思辨的
功能主义	马克思主义
具体实证的	广泛联系的
注重效果研究	注重控制分析

比如批判学派的特征可以这样概括:

> 第一,他们都对现存的资本主义制度持否定和批判态度,这也是他们之所以被称为批判学派的最重要理由。第二,他们更多地将传播理论和社会理论结合在一起,着重考察与社会结构和意识形态相关的宏观问题,这些问题在经验学派的研究中大多有意无意地受到忽略和回避,但它们本身的重要性和启发性是不容置疑的。第三,批判学派在方法论上以思辨为主,反对实证主义态度。①

需要说明的是,本课程主要介绍经验学派的理论,后面几乎不再涉及批判学派的内容。这是因为我国还处在现代化的初级阶段,面临的任务首先是发展,包括大众传播事业的发展,用邓小平的话说"发展才是硬道理"。所以,我们的课程也就只着眼于探讨传播规律和传播效果的经验学派,以便为我国的大众传播事业兴旺发达,使之更好地服务于社会主义现代化建设提供理论上的指导。当然,在此过程中,保持清醒的头脑和大局意识仍然是不可或缺的。

---

① 郭庆光:《传播学教程》,276 页,北京,中国人民大学出版社,1999。

第四节　马克思主义和精神交往理论

通过以上几节的内容,我们已经对传播活动及其本质和传播研究及其内容有了总体的了解。最后,在开始系统学习传播学理论之前,我们还需要解决一个至关重要的问题,那就是如何从唯物史观出发,树立科学的传播观。为什么呢?因为:

> 第一,在我国,传播学是从西方国家主要是美国引进的。正如我们在后文中将要看到的,美国的传播学研究对传播学的创立做出了重要的贡献,其中不乏值得借鉴的精华。但是,由于对行为主义和实证主义方法的崇尚,美国的传播学在许多场合把传播仅仅作为孤立的精神或心理现象加以考察,导致了他们的传播理论中也有不少唯心主义的糟粕。为了使传播学成为一门真正的学科,我们必须从唯物史观出发构建传播学理论体系。第二,我们前面已经提到,传播学是以社会信息系统及其运行(即传播)为研究对象的学科,它属于一门社会科学。任何一门社会科学都离不开哲学世界观的指导,考察人类的传播活动,同样必须从科学的传播观出发。第三,我们研究传播学的重要目的之一,是为了探索社会信息系统良性运行的规律,理顺我国社会的传播结构和传播关系,为社会主义物质文明和精神文明建设服务。这也要求我们必须将唯物史观贯穿于传播学研究之中。[1]

一、交往与传播

我国学者陈力丹以十年磨一剑的精神对马克思主义的传播理论做了系统研究,在此基础上他把马克思恩格斯的传播观概括为"精神交往论"。交往(德语写作 Verkehr),是马克思主义传播观的一个核心概念,在马克思恩格斯创立唯物史观的第一部著作《德意志意识形态》里就已频繁出现。对这个概念,他们虽然没有给出明确的定义,但是正如陈力丹所指出的:

> 从马克思和恩格斯使用"交往"这个概念论证的问题看,它包含了这个词的全部含义,指个人、社会团体、民族、国家间的物质交往和精神传通。因而,这是一个宏观的社会性概念。[2]

它既包括以物为媒介的人与人之间的物质交往关系,也包括以"语言"为媒介的人与人之间的精神交往关系,所以是一个体现人类总体活动及其关系的范畴。

---

[1] 郭庆光:《传播学教程》,12~13 页,北京,中国人民大学出版社,1999。
[2] 陈力丹:《精神交往论——马克思恩格斯的传播观》,2 页,北京,开明出版社,1993。

理解交往这个概念的关键,在于把它同人类的生产活动联系起来。马克思、恩格斯认为,人的交往活动与人的生产活动是等量齐观、相辅相成的,没有生产就不会有交往,而没有交往也不会有生产。他们说:"生产第一次是随着人口的增长而开始的。而生产本身又是以个人彼此之间的交往为前提的。这种交往的形式又是由生产决定的。"①由此看来,生产与交往是一对有机的关系。

在《德意志意识形态》里,他们又把人类的生产活动分为两类,即物质生产和精神生产;与此相应,交往活动也可分为两类,即物质交往和精神交往。物质生产和精神生产构成了人类生产活动的总体运行,而物质交往和精神交往则构成了人类交往活动的总体运行。按照历史唯物主义的观点,物质生产和物质交往决定着精神生产和精神交往,而精神生产和精神交往又反作用于物质生产和物质交往,二者的辩证运动构成了人类社会的总体运行。这也就是马克思主义精神交往理论的基本思想。

除了交往,马克思和恩格斯还大量使用了现代传播学的基本概念"传播"(德语写作Kommunikation):

> 在马克思和恩格斯的著作里,Kommunikation 这个词的含义与 Verkehr 几乎相同,经常在一段话里交替使用,只是 Kommunikation 的使用,相比较而言,指具体的物质与精神交往多一些。例如中译本《共产党宣言》中的"交通",即是 Kommunikation。②

不过,马克思和恩格斯所论述的传播,与西方传播学尤其是美国的经验学派之间毕竟不可同日而语。它们的区别在于:

第一,经验学派往往把传播当成孤立的现象,只是就信息研究信息,就传播研究传播。而马克思主义的传播观,则要求从人类社会的整体关系上考察传播,从人类历史的总体运动中把握传播。

第二,马克思主义的传播观认为,精神交往离不开精神生产,而精神生产与物质生产一样受制于生产力与生产关系的辩证运动。由此出发,我们在研究传播时,就得首先考察精神生产力(如传播媒介)的水平对人类传播活动及其发展所具有的决定性作用;其次,还得考察人们在精神生产里所处的地位和精神生产资料的占有方式对人类传播活动的制约。而这些关系重大的问题,在西方传播学特别是美国经验学派的研究中,经常遭到有意无意地忽略、淡化乃至回避。

第三,按照马克思主义的传播观,精神生产的产品即我们现在所总称的信息,始终与特定的意识形态相联系,始终与一定集团、阶层或阶级的利益相关联,体现着他们各自的思想、观念、意识、宗教以及政治法律和伦理道德。而西方传播学的实证研究,却总是标榜

---

① 《马克思恩格斯全集》,第 2 版,第 1 卷,68 页,北京,人民出版社,1995。
② 陈力丹:《精神交往论——马克思恩格斯的传播观》,3 页,北京,开明出版社,1993。

中立客观的所谓科学主义立场,从抽象的、普遍的人类价值出发去看待信息及其生产与传播,极力抹杀其中的意识形态色彩。

总之,马克思主义的传播观,是"在一个更为宏观的角度上,用历史唯物主义的新世界观,研究了人类的物质交往和精神交往的各种现象。特别是涉及精神交往……的论述,对用马克思主义指导现代传播学的研究,有重大的指导意义。"①

二、物质交往与精神交往

物质交往与精神交往的关系,实际上就是存在与意识的辩证关系。对此,马克思和恩格斯曾论述道:"要研究精神生产和物质生产之间的关系,首先必须把这种物质生产本身不是当作一般范围来考察,而是从一定的历史的形式来考察。例如,与资本主义生产方式相适应的精神生产,就和与中世纪生产方式相适应的精神生产不同。如果物质生产本身不从它的特殊的历史的形式来看,那就不可能理解与它相适应的精神生产的特征以及这两种生产的相互作用。"②这段论述涉及历史唯物主义的两个基本观点:一是一定的精神生产和精神交往与一定的物质生产和物质交往相适应;二是二者的关系并不是简单的物质决定精神,而是辩证的相互作用。

第一点,是唯物史观的首要前提。所谓"相适应"的意思,我们可从以下几个方面来理解:

首先,精神生产和精神交往起源于物质生产和物质交往。这一点不言而喻,我们在谈到人类传播活动的起源与发展时曾多次论及于此。英国当代历史学名家、牛津大学讲座教授杰弗里·巴勒克拉夫,在其主编的享誉学术界的《泰晤士世界历史地图集》里,也是从这个角度谈及文字媒介的起源:

> 文明古国不同于它们的邻人……之处就在于经济的集中。在这些早期的城市社会中,货物是在一种实施再分配的制度之下集散的。要保持这些货流运转的轨道,就需要有某种永久性的记载,于是,发达的文字体系就成了这种社会的一个重要特征。最早的文字记载,通常不过是些仓库储货的清单而已……③

同样,在我们考察纷纭复杂的传播现象时,也必须坚持精神源于物质这一基本观点,否则就难免陷入种种唯心论的泥潭。比如,有人解释新闻的起源时,就着眼于人的好奇本能而不是人的现实需要。

其次,物质生产与物质交往的水平制约着精神生产和精神交往的水平。这从人类传播活动的四个发展阶段上,可以看得很清楚,无须赘言。现在有一种倾向,似乎一说信息

---

① 陈力丹:《精神交往论——马克思恩格斯的传播观》,4 页,北京,开明出版社,1993。
② 《马克思恩格斯全集》,第 1 册,第 26 卷,296 页,北京,人民出版社,1972。
③ [英]杰弗里·巴勒克拉夫主编:《泰晤士世界历史地图集》,中文版编辑邓蜀生,53 页,北京,三联书店,1985。

社会,信息就成为生活中的一切了,只要把信息抓住了就好像什么都有了。其实,"一切"并不在于信息,归根结底还是在于物质生产力的发展水平。郭庆光先生说得好,"信息社会并不是空中楼阁,它必须建立在农业社会和工业社会充分发展的基础之上,而人类也毕竟不能靠'吃'信息维持生存,我们首先必须解决温饱问题。信息社会,只能是人类社会物质生产力高度发达的产物"①。

再次,物质生产和物质交往的关系决定着精神生产和精神交往的关系。这也就是马克思、恩格斯那段经典论述所阐明的:"统治阶级的思想在每一时代都是占统治地位的思想。这就是说,一个阶级是社会上占统治地位的物质力量,同时也是社会上占统治地位的精神力量。支配着物质生产资料的阶级,同时也支配着精神生产资料,因此,那么没有精神生产资料的人的思想,一般地是隶属于这个阶级的。"②法国当代思想家福柯,也以其有名的"知识考古学"从另一个角度揭示了这个关系,即各种看似纯粹而超然的知识、话语或信息如"新闻自由",其实都是出自一定的集团,代表着一定阶层的利益。任何一个时代的知识本质都体现着权力运作的结果。既然物质生产的关系决定精神生产的关系,我们在考察传播现象时就不能不分析精神生产资料的所有制关系,忽略这一点就无法真正理解不同时代不同社会的传播活动及其本质。

一定的精神生产和精神交往同一定的物质生产和物质交往相适应,只是马克思主义传播观的第一层意思。此外的一层意思,即二者的辩证作用,也可从三方面来理解:

首先,精神生产和精神交往的发展,反过来也推动着物质生产和物质交往的发展。这也是显而易见的。如前所述,近代印刷媒介对现代文明的发生发展,就产生了无比巨大的作用,用马克思那段人所熟知的话说:"火药、指南针、印刷术——这是预告资产阶级社会到来的三大发明。火药把骑士阶层炸得粉碎;指南针打开了世界市场并建立了殖民地;而印刷术则变成新教的工具,总的说来变成科学复兴的手段,变成精神发展创造必要前提的最强大的杠杆。"③

其次,精神生产和精神交往具有不同于物质生产和物质交往的特殊规律。也就是说,我们不应该简单化地理解物质生产决定精神生产、物质交往决定精神交往,而是应该看到精神生产和精神交往有其自身的复杂性和特殊性,即恩格斯所指出的:"当我们深思熟虑地考察……我们自己的精神活动的时候,首先呈现在我们面前的,是一幅由种种联系和相互作用无穷无尽地交织起来的图画。"④举个简单的例子,按照存在决定意识、物质决定精神的观点,拥有物质基础的有闲阶层一般才可能从事精神生产和精神交往的活动,而当一

---

① 郭庆光:《传播学教程》,16页,北京,中国人民大学出版社,1999。
② 《马克思恩格斯全集》第 2 版,第 1 卷,98 页,北京,人民出版社,1995。
③ 《马克思恩格斯全集》第 1 册,第 47 卷,427 页,北京,人民出版社,1972。
④ 《马克思恩格斯全集》第 1 册,第 20 卷,23 页,北京,人民出版社,1972。

个人饥寒交迫、还在为生计奔波的时候,恐怕不会有闲情逸致去看美术展览,去听音乐会。正如鲁迅所说,饥区的灾民大约总不去种兰花,贾府上的焦大也不爱林妹妹的。可是,另一方面,古往今来有许多流芳百世的精神创造,却是在非常艰难、非常险恶的条件下进行的,而那些感人肺腑的艺术作品往往不是出自锦衣玉食的纨绔,相反大多倒是出自穷困潦倒的寒门。再如,魏晋时期从物质生产的层面上讲,是我国历史上一个动荡、混乱、黑暗的年代,八王之乱,五胡乱华,"白骨露于野,千里无鸡鸣"等都是生动的写照;然而,从精神生产的层面上看,当时却达到了一个少有的高度,按照美学家宗白华先生的评价,这是先秦诸子百家后的第二个哲学时代,"是中国历史上最有生气,活泼可爱,美的成就极高的一个时代",堪与欧洲近代的文艺复兴相比。[①]

最后,在物质文明达到一定水平的时候,精神生产和精神交往的状况将成为制约社会历史进程的主要因素。如我们前面所讲的,文字的发明就是人类社会从原始进入文明的一个决定性因素,这在世界几大文明古国的历史上可以看得很清楚。就当今社会而言,大众传播媒介是否发达、网络技术是否普及、信息产业是否壮大等,都直接关系着每个国家的国运兴衰,意义至关重大。由此可见,我们既要重视物质生产和物质交往的基础作用,同时又决不能忽视精神生产和精神交往在辩证运动中的独立性与能动性,这两层意思的有机结合才是马克思主义传播观的全部内涵。

综上所述,马克思主义的精神交往理论,是研究人类传播活动的世界观与方法论,为我们考察传播现象、揭示传播规律、发展传播事业提供了科学的指南。只有坚持这一辩证唯物主义的传播观,我们才能对人类传播活动以及社会信息系统的运行做出全面而科学的阐释,进而为建立有中国特色的传播学、使之服务于物质文明和精神文明的建设作出有益的工作。

现在我们可以把本章的内容小结一下。这一章看似头绪纷繁,纲目纵横,但是归纳起来,其实就是"一、二、三、四、五"个题目:"一"是指一个重点,即马克思主义的精神交往理论;"二"是指两大学派,即经验学派和批判学派;"三"是指传播学理论(主要是经验学派)的三大来源,即行为科学、信息科学和新闻学;"四"是指人类传播活动的四个阶段,即口语传播、文字传播、印刷传播和电子传播;"五"是指传播学的五位奠基人物,即政治学家拉斯韦尔、心理学家卢因、社会学家拉扎斯菲尔德、社会心理学家霍夫兰和传播学的集大成者施拉姆。其间同时穿插了信息、传播、信息社会、社会信息系统等概念。

从下一章起,我们就开始分门别类地介绍传播学的基本理论。这些内容大致分为有机联系的六大板块:其一是传播活动的"基因"——传播符号,主要讲语言符号和非语言符号;其二是传播活动的过程,如拉斯韦尔的5W模式、香农的信息论模式等;其三是当代传播活动的主要类型——大众传播,涉及大众传播的形式与特点、大众媒介的组织与功能等;其四是大众传播所面对的传播对象和从传播对象身上所体现出的传播效果,即有

---

① 见《论〈世说新语〉和晋人的美》,《宗白华全集》,第 2 卷,269 页,合肥,安徽教育出版社,1994。

关受众分析与效果分析方面的研究；其五是从全球化的背景下考察一下国际传播，包括传播主权、媒介帝国主义、南北信息交流不平衡等问题；其六是传播学的研究方法，实际上是经验学派的实证方法。

内容摘要

在非严格的意义上讲，大众传播学与传播学往往说的是一回事，即在信息社会来临之际而兴盛起来的一门探究信息及其传播的社会科学。

信息是物质的普遍属性，物质、能量与信息是构成世界的三大要素。信息的功能在于显示事物的存在状态和变化趋势，减少或消除事物的不确定性。

信息分为物理信息、生物信息和社会信息。社会信息是指与人类社会有关的一切信息，社会信息的传播称为社会传播。传播学的研究领域就是社会传播。

社会传播既指人与人之间的社会信息交流和精神交往活动，又指社会信息在一定系统内的运行。它具有行为性、过程性和系统性。

信息社会是继农业社会和工业社会之后而出现的第三个社会发展阶段，最早出现在20世纪中叶的美国。它是指整个社会的政治、经济和文化都以信息为核心价值而得到发展的社会，简言之就是大量生产、传播和消费信息的社会。

人类历史进入信息社会经过了一个十分漫长的过程，其间依据媒介的演进可以划分出四个阶段：口语传播时代、文字传播时代、印刷传播时代和电子传播时代。传播学及大众传播学，就是人类传播活动发展到一定阶段的产物。

传播学是一门以社会信息系统及其运行为研究对象的社会科学。作为一门学科，它诞生于20世纪中叶，迄今已经形成两大研究学派：其一是经验学派；其二是批判学派。

经验学派有三个主要来源：一是张扬科学主义和实证精神的行为科学；二是以香农创立的信息论、维纳创立的控制论以及系统论为主干的信息科学；三是探讨新闻传播规律的新闻学。

另外，在经验学派的传播学诞生过程中，有五位杰出的学者贡献突出，影响广泛，被视为这门学科的奠基人物，他们是政治学家拉斯韦尔、心理学家卢因、社会学家拉扎斯菲尔德、社会心理学家霍夫兰和传播学的集大成者施拉姆。

拉斯韦尔的主要贡献在于提出了一个经典的5W模式，同时规划了传播学的五大研究——控制分析、内容分析、媒介分析、受众分析和效果分析。

卢因的主要贡献在于从其团体动力学方面对人际传播问题做了许多研究，此外最早提出了"把关人"的概念和理论，开辟了传播学的把关研究。

拉扎斯菲尔德的主要贡献在于提出了两级传播理论,揭示了大众传播过程的复杂性,从而实际上扭转了早期传播研究中普遍存在的一种理论倾向——媒介万能而效果无限。

霍夫兰的主要贡献在于从社会心理学的态度及其改变的研究方面,为有效地进行传播而提供了一系列具体的、有益的、切实可行的"劝服"策略,进而也为传播学的效果研究开拓了广阔的领域。

施拉姆的主要贡献在于使传播研究发展成为一门传播学学科,故被誉为传播学的集大成者。

批判学派的来源主要是西方马克思主义,特别是其中的法兰克福学派。法兰克福学派领袖霍克海默的《传统理论与批判理论》一文,是当今人文社会科学领域各种批判性研究的一篇思想宣言。

传播学批判学派兴起于20世纪60年代。当时在英国有两股学术势力,促成了最早的批判性传播研究。其一是以默多克、戈尔丁等为代表的"政治经济学派";其二是以霍加特、霍尔等为代表的"文化研究学派"。

批判学派是对经验学派研究的矫正或反拨,自出现以来一直与经验学派分庭抗礼,两大学派的论战甚至一度成为国际传播学界的热点。

经验学派着重探索传播活动的自身规律,目的在于开展卓有成效的传播;批判学派主要考察传播活动的广泛联系,目的在于追寻富有意义的传播。前者对应于20世纪的科学主义思潮,以实证研究为基点;后者对应于20世纪的人本主义思潮,以人文价值为核心。

马克思、恩格斯对人类传播活动做过高屋建瓴的论述,他们的传播观被概括为精神交往论。这个理论,是揭示人类传播活动及其内在本质的科学世界观,也是我们从事传播活动和传播研究的指导思想。

按照马克思主义的精神交往论,社会传播本质上属于人与人之间的精神交往活动,而人类的精神生产和精神交往一方面必定适应于物质生产和物质交往;另一方面又以其相对独立性和能动性而反作用于物质生产和物质交往,二者的辩证运动构成了人类社会及其信息系统的总体运行。所以,考察人类传播活动既不能忽视物质的基础作用,又不能轻略精神的特殊规律。

建议参考资料

1. 徐耀魁主编:《西方新闻理论评析》,第七章,北京,新华出版社,1998。
2. 崔保国:《信息社会的理论与模式》,北京,高等教育出版社,1999。
3. 赵斌:《依旧怀念一九六八/传播媒体与反对示威》,《读书》1999(9)。

4. [美]沃纳·赛佛林,詹姆斯·坦卡德:《传播理论:起源、方法与应用》,郭镇之主译,北京,中国传媒大学出版社,2006。

5. [美]E. M. 罗杰斯:《传播学史:一种传记式的方法》,殷晓蓉译,上海,上海译文出版社,2005。

思考题

1. 人类传播活动的发展历史经过了哪几个阶段?这样划分的依据是什么?
2. 从传播的角度讲,语言和文字各有什么意义?
3. 印刷媒介出现于何时?电子传播时代经过了几次飞跃?
4. 什么是信息?什么是传播?信息社会的特征是什么?
5. 传播学的研究对象是什么?传播学与大众传播学有什么异同?
6. 传播学是怎么形成的?有哪些理论来源?
7. 何谓"四大先驱"?谁是传播学的集大成者?
8. 两大学派的特征与差异是什么?
9. 马克思主义传播观所说的"交往"是个什么概念?有哪些含义?
10. 怎样理解马克思主义精神交往论的两个基本观点?

第二章 人类传播的符号和意义

符号在人类传播中的作用
- 符号的定义和功能
- 符号的类型

人类传播中的意义
- 意义的定义
- 意义的分类
- 传播过程中的意义

要点提示

1. 符号的定义及功能;
2. 信号与象征符的区别;
3. 语言符号与非语言符号的作用;
4. 意义的定义及其分类;
5. 情境义的含义。

可以说,传播的过程也就是信息传递的过程,而信息的传递是离不开各类符号的,人们通常把符号看成传播的介质和信息的载体。如果把人类传播活动的领域视为一个大千世界,那么信息就是这个世界的物质,而符号则恰似构成物质的分子。因此,符号是人类传播活动的基因,要把握传播,首先就得认识符号。事实上,关于符号的研究已经成为与哲学、语言学等学科密切相关的一门新兴学科——符号学。经过长期发展,符号学业已成熟,符号学的研究成果常常被作为具有普遍意义的认识论和方法论引入人文领域的其他学科,包括传播学。当然,本书毕竟不是专门探讨符号问题的著述,本章所述只能围绕着与人类传播有关的最基本的符号知识而展开。

归结起来,本章将述及以下内容:首先明确什么是符号,介绍符号在人类生活中的主要功能,说明不同类型的符号所具有的不同特点。实际上,对于符号的定义,特别是对符号类型的划分一直存有不同看法,这里所采用的是其中较有代表性且比较容易被理解的看法。其次,符号的基本特性与功用在于"意指",也就是说在于指示意义,没有表意功能的符号是不存在的。使用符号是为了表情达意,解读符号也就是领会符号所包含的意义。所以,在明确符号的功能及类型之后,我们接着讲讲什么是意义,以及各种意义的一般特征,在此基础上,说明传播过程中意义的复杂性。

第一节 符号在人类传播中的作用

如前所述,人类传播活动也就是信息交流活动,传播过程也就是信息在传播者与接收者之间流通的过程。而任何信息都要以特定的载体为依托,否则是无法传播、显现与流通的,甚至是不可能存在的。符号正是信息得以存在和流通的载体。可以说,没有符号,人类传播就无从谈起。

一、符号的定义和功能

1. 符号的定义

符号(sign),又称指号、记号、符码、代码等。什么是符号,如何界定符号,怎样给符号以一个明确的定义,在各种学术研究中一直是见仁见智,莫衷一是。正如美国符号学家莫里斯所指出的:

> 关于在什么条件下某物是符号,人们的看法很不一致。有些人会毫不犹豫地说脸红是符号,另外一些人会说脸红不是符号。有一些机械的狗,如果有人在它们面前大声地拍手,它们就会走出它们的狗窝。这样的拍手是不是符号呢?衣服是不是那些穿着衣服的人的个性的符号呢?音乐是什么东西的符号吗?"走"这样一个词

语,同交叉路口的绿灯,是不是同一个意义下的符号?人们的看法是很不相同的。这些不同的看法,说明了符号这个术语是既模糊而又含混的。①

对符号的内涵和外延,有种种不同的看法。其中,有两种看法比较重要,也比较有代表性。

一是将符号看作意义和形式的统一体,认为符号兼具意义和形式两个要素。著名语言学家索绪尔提出,符号是"能指"(形式)与"所指"(意义)的关系体,而并非单一体。索绪尔所说的"能指"可以理解为表达方式,是符号的外在形式;他说的"所指"则为表达的内容,可以理解为符号的意义。另一位语言学家叶姆斯列夫在对"能指"和"所指"加以阐述时明确指出,"能指"的层面构成表达层,"所指"的层面构成内容层。索绪尔的"能指"与"所指",虽然主要以语言符号为对象,但已被推及各种符号系统,被看作任何一种符号都应具备的特性。法国符号学家罗兰·巴尔特就曾说过,"符号学符号与它的语言学原型一样,也由能指与所指组成","意指则可被理解为一个过程,它是将能指与所指结成一体的行为,该行为的产物便是符号。"②

二是只将符号看作意义的外在形式,认为符号只是所指物的一个代表。意大利符号学家艾柯指出:"每当某一人类团体决定运用和承认作为另一物的传递工具的某物时,就产生了符号。""我建议把符号定义为任何这样一种东西,它根据既定的社会习惯可被看作代表其他东西的某种东西。""一个符号是X,它代表一个不在现场的Y。"③只要X能够指称或者表述Y,能够用作Y的代表,X就是Y的符号,Y便是X所包含的意义。

实际上,仔细推敲起来,上述两种看法并不是对立的,只是着眼点有所不同。第一种看法,将符号看作意义和形式的合成物,主要着眼于符号自身的内部构成,有助于人们全面把握符号的内在特点,并有利于进行符号意义的分析;第二种看法,将符号看作一种形式系统,强调符号的指示作用,主要着眼于符号的外部功能,有利于把符号与其他非符号实体区分开来,对符号的划界很有帮助。

相比之下,符号学先驱皮尔士对符号所作的解释,通常被认为更为全面、合理,更具权威性。皮尔士的定义是:"一个符号或者说象征是某人用来从某一方面或关系上代表某物的某种东西。"④仅以这个简单的定义而论,皮尔士的看法似与前述第二种看法大体相同。但值得重视的是,皮尔士还提出符号应有三个构成要素:一是代表事物的符号;二是符号的指涉对象;三是对符号的解释。皮尔士所说的第一个要素相当于符号的物质载体;第二个要素则为符号的指示对象;第三个要素是符号的含义。形式、意义及指示对象

---

① [美]莫里斯:《指号、语言和行为》,罗兰、周易译,3页,上海,上海人民出版社,1989。
② [法]罗兰·巴尔特:《符号学原理》,王东亮等译,31、39页,北京,三联书店,1999。
③ 转引自李幼蒸:《理论符号学导论》,478页,北京,社会科学文献出版社,1999。
④ 转引自李彬:《符号透视》,上海,复旦大学出版社,2003。

三者三位一体,成为任何一个符号都必须同时具备的要件。

综上所述,我们可以给符号下这么一个定义:符号是意义和形式的统一体,是特定指示对象的代表物。

"符号是意义和形式的统一体",概括的是符号的内在特点;符号"是特定指示对象的代表物",则反映的是符号的外部功能。符号必然包含着意义,符号也必须具有一定的物质形式,同时,符号还应当具有特定的指示对象。所谓特定的指示对象,既可以是实际的存在物如雷电,也可以是虚构的存在物如雷公。无论前者还是后者,符号都有一个指称的对象,都具有一种代表性。譬如,浓烟滚滚代表大火燃起,人们看见"烟"会想到"火",这里的"烟"就成为"火"的代表,即成为"火"的符号。古时候,人们点燃烽火传递外敌入侵的信息,"烽火"的指示对象是一个具体事件。少先队队礼——五指并拢举过头顶,表示祖国和人民的利益高于一切,一个具体的动作含有一个较为抽象的意思。在上面三个实例中,"火"是实事,最为具体;"外敌入侵"是事件,较之前者具体化程度稍弱一些;"祖国和人民的利益高于一切"则是一种深刻的寓意,最为抽象。"烟"、"烽火"、"少先队队礼"的指示对象虽然有所不同,但三者都有特定的形式和意义,都负载着一定的信息,合乎符号的一般特性。

当然,这里所说的组成符号的意义和形式之间的关系并不是先天决定的,而是人为规定的。比如英文单词 dog 表示狗,但并不是因为按照此种顺序排列的这三个字母与狗这一物种有任何天然联系,而纯然是创造和使用语言者约定俗成的。当然,当大量的这种约定俗成的惯例得到人们的认可和使用时,语言也就成了一种成熟的体系。我们学习语言无非也就是学习这些惯例。当我们学习语言、使用语言的时候,我们不但用语言表达自己的思想、传播自己的观念,同时也时刻受到语言机制的规约和束缚,并且在客观上不断巩固这一全社会共享的语言体系。社会也因为这一共享的交流机制而得以成为一个有机体,人心得以汇聚、舆论得以产生、社会得以结晶、文明得以传承。尽管人是富有创造性的,但是语言体系的变革却是缓慢的,因为人在一种习以为常的文化心理氛围内总是不由自主的去维护和遵守,而并不会常常想到去颠覆和破坏,惟其如此,语言可能是任何一个民族最为持久、最为珍贵的历史遗产。

2. 符号的功能

前文在阐释符号的定义时,其实已经涉及符号的基本功能。简单地说,符号的基本功能就是表情达意,即传递信息。如把问题说得更全面一些,符号的功能则主要体现在以下两个方面。

1) 传递信息

信息是无形的,无形的信息必须凭借有形的物质外壳,才能成为实实在在的东西,才能为人们所感知、所理解,甚至突破时间和空间的界限,为不同时代和不同地域的人所了解。按照传播学的说法，信息传递的过程里，有个"编码"即符号形成和"解码"即符号解读的环节。传播者首先要将信息转换为具有一定外在形式的符号发送出去，接收者再根据符号的外在形式领会符号的含义，从中获取信息。

很难设想，假如舍弃了符号，信息传递活动将如何进行？人类的正常生活将怎样维持？英国作家斯威夫特曾在寓言小说《格列佛游记》描写过这样一个虚构的情景：在一个饱学之邦飞岛国，竟有饱学之士提出，既然语词只是物品的代表，那么在谈论一件物品时，就直接出示该件物品，表达岂不更加直接、简练？于是，人们看到，"两位学者被背上的重荷压得要倒下去，像我们的小贩一样。他们在街上相遇的时候，就会放下负担，打开背包，整整谈上一个钟头，谈完话以后，才把谈话工具收起来，彼此帮忙把负载背上，然后才分手道别。"斯威夫特所描写的情景固然滑稽可笑，但从反面形象地反映出符号对于人类交往与交流的重大意义。

2）帮助思维

语言学研究早已证明，语言是思维的工具，思维离不开语言，而对人类社会而言，语言就是最为重要的符号系统。思维是大脑的一种功能，是大脑内在的意识活动，但这种意识活动不能凭空进行，它不仅要以客观世界为对象，以各种信息为内容，同时还要以符号为凭借。认识世界、处理信息，是思维的基本功用。在思维活动的进行中，代表思维对象、包含有关思维对象的各种信息的符号源源输入大脑，不断在大脑中发生碰撞，产生联系，碰撞与联系的结果便是某种思想或想法的形成。应当说，符号在大脑的意识活动和客观世界之间架起了一座桥梁，没有符号，思维就失去了凭借，失去了依托，从而无法进行。

虽然语言是思维的外壳，没有语言，人类失去的不仅仅是表意机制，而是全部的思维机制。但是也要认识到，人们在很多时候过度依赖符号本身去构建思维或者形成判断，这也是需要我们加以警醒的。符号学家柯日布斯基曾不无忧虑地指出，把符号和事物相混淆的习惯，无论对个人或社会都是造成人类问题的永久性根源。比如，当我们提到"法国人"，总是想到"浪漫"；提到"德国人"，头脑中总是冒出"严谨"，这样的所谓常识很大程度上其实是一种偏见。正因为如此，所谓常识被 S. 切斯定义为：告诉人们，地球是平面的东西。

柯日布斯基曾经指出掌握符号的最重要的原则如下：

（1）符号不是指涉事物本身；
（2）语言不是事物本身；
（3）地图不是实地本身。

对此，日裔美籍的语义学家早川一荣指出，言语世界与外在世界关系就是地图和实地的关系。从积极的意义上说，我们能够用语言描述一个自己从未去过的地址，我们就做了其他动物做不到的事。但另一方面，虽然我们可以通过地图了解实地的位置，甚至能够知道大致的地貌，然而这与真正的实地完全是两回事。

总之，传递信息和帮助思维，是符号的两大主要功能。此外，符号还有其他一些功能，如贮存认识成果的功能等。比如哥伦比亚著名作家加西亚·马尔克斯在其名著《百年孤独》中写道：马贡多的居民集体失忆，为了维持生活，他们不得不在日常使用的物品上贴上标签，如："这是牛，每天要挤它的奶；要把奶煮开放上咖啡才能做成牛奶咖啡。"

二、符号的类型

符号无所不在，符号的世界丰富多彩。因此，根据不同视角而对符号的分类也是多种多样的。符号究竟有多少种？如何划分符号的类型？在符号学研究中迄无定论。从不同的角度，依照不同的标准，可以将符号划分为不同的类型。有的分类趋于精细，有的则趋于简明。下面介绍的两种分类，就是较为简明、实用同时又颇为通行的分类方法。

1. 信号与象征符

按照符号与其指示对象之间联系方式的不同，可将符号分为两大类：一类是信号（signal）；另一类是象征符（symbol）。信号与其指示对象之间存在着因果性联系，而象征符与其指示对象的联系则带有先天任意性、人为约定性，并非必然联系。"信号具有物理性质，而象征符则具有人类语义性质"（卡西尔），"信号是对象事物的代替物，而象征符是对象事物之表象的载体"（兰格尔），信号的"指意方式以自然因果性为主"，象征符的"象征方式以人为约定性为主"（李幼蒸）……这些论述，都是符号学家对符号与象征符的区别所作的简要说明。

1）信号

简单地说，信号就是反映指示对象的特征，与指示对象之间存在着自然因果关系的一类符号。

首先，信号与指示对象的关系不是人为规定的，而是自然形成的，甚至可以认为，信号本身就是指示对象的特征，是指示对象所附带的一种征候。例如，浓烟与大火、爪印与兽足、发烧与疾患，看到前者人们马上就会想到后者，前者是指示后者的信号。对信号与其指示对象之间的关系，作为观察者的人只能根据自己的经验进行判定，而不能按照自己的意愿加以指定。自然界的符号通常都是信号。

其次，信号与指示对象的关系是必然、固定的，具有因果性、连带性，只要指示对象存在，代表指示对象的信号就必定存在。例如，大火燃起必然会有浓烟冒出，兽足所至必然会有爪印留下，某些疾患必然导致体温升高。在常规情况下，有因必有果，两种现象如影随形。人们对信号的解读，正是以对信号与其指示对象之间的因果关系的把握为基础的。由于信号与其指示对象之间的关系具有这样的特点，因此，人们对信号的大致含义，对信号的指称特点，只凭生活经验便可自动作出直观判断，而不需要通过系统学习的方式去把握。

以上特性的概括主要着眼于信号与另一大类符号——象征符的区别,下面将要谈及的就是象征符的特性,同样,对象征符的特性的概括也主要着眼于它与信号的区别。

2) 象征符

象征符是通过人为约定的方式用作指示对象的代表,与指示对象建立起非必然性联系的一类符号。

首先,象征符是人为设定的符号,而不是伴随指示对象自然生发的现象。例如,古人点燃烽火表示外敌入侵,烽火并不是外敌入侵直接带来的结果;人们以鸽子与橄榄枝象征和平,鸽子与橄榄枝更不是和平的产物。象征符是人工设定的,这并不意味着用作象征符的事物一定是人所创造的,而主要是指象征符的含义、象征符与其指示对象之间的关系是人所赋予的。还以烽火及鸽子、橄榄枝为例。烽火是古人为报告战事而专门燃起的,可被看作人的创造物;而鸽子和橄榄枝都是自然物种,只不过被人类社会用作和平的象征,符号——"鸽子"、"橄榄枝"与它们的指示对象——"和平"这二者之间的关系是人所赋予的,但鸽子、橄榄枝并不是人的创造物。从总体上看,古代图腾多为象征符。其中有的是借用已有物种,如某种动物、某种形状的石块等,有的则为专门设计的花纹图案等。无论是自然物种,还是人的创造物,象征符同指示对象的联系都是人为设定的。正因为象征符是人为设定的符号,而通常只有人才有设定象征符的能力,所以象征符大都就用于人类社会。

其次,与前面一个特点相关,象征符作为人为设定的符号,不是指示对象本身所具有的特征,象征符与其指示对象之间的关系往往是非必然的设定性关系,而不是必然的因果性关系。例如,交通信号里的绿灯表示放行,红灯表示禁行,而绿、红两种颜色与放行、禁行两种行为没有任何必然联系。再如,军队常以徽章图形表示军阶,这些图形只是相应军阶的象征或代表,两者也没有必然联系。

当然,强调象征符与其指示对象之间关系的非必然性,并不是说象征符的设定完全是任意的,毫无理据的,相反许多象征符的设定恰恰是有原因、有规律的,有的其至是有来历的。因此,对象征符的象征方式及象征义的来源往往可以作出解释。美国两大政党共和党和民主党的象征符号分别是两种动物——象和驴。对此,曾有学者这样解释:"共和党被想象成一头象:老态龙钟,富有威仪,有点迟钝,也许不十分精明,但却饶有智慧,勤勉正直,相当保守,在周围世界中有点落落寡合,有耐性而皮厚,但偶尔也能发出几声含混的怒吼。民主党被设想为一头驴:活跃,敏捷,聪颖,对自己有点捉摸不准,有点自命不凡,行动迅速敏捷,有点庸俗,愉快而又荒唐。"[1]

值得一提的是,以索绪尔为代表的结构主义语言学家,将任意性看作符号的基本特征,认为不具备任意性特征的象征形式不是符号,"完全任意的符号比其他符号更能实现

---

[1] [美]施拉姆等:《传播学概论》,周立方等译,100页,北京,新华出版社,1984。

符号方式的理想:这就是为什么语言这种最复杂、最广泛的表达系统,同时也是最富有特点的表达系统。正是在这个意义上,语言学可以成为整个符号学中的典范,尽管语言也不过是一种特殊的系统。"①按照索绪尔等人的观点,不仅很多象征符要被排除在符号之外,与指示对象之间存在着自然因果关系的信号更是不能被看作符号。实际上,随着语言学研究观念和方法的更新,语言研究正逐渐由单纯描写转向描写与解释并重,语言现象毫无理据可言的传统看法受到了前所未有的挑战。既然最具任意性因而被视为"整个符号学中的典范"的语言符号都不能说是完全任意的,那么再把任意性作为符号的基本特征提出,显然是不够妥当的。那样一来,就只能把符号限定在一个极小的范围里了。

另外,象征符具有约定俗成的特点,其使用带有强制性。虽然象征符是人为设定的,但一经设定并得到社会的认可,便不能随意更改,否则会使交际效果受到影响。"符号一旦进入交际,也就是某一语音形式与某一意义结合起来,表示某一特定的现实现象以后,它对使用的人来说就有强制性。如果不经过重新约定而擅自变更,就必然会受到社会的拒绝……所以虽说符号有任意性的特点,但每个人从出生的那天起,就落入一套现成的语言符号的网子里,只能被动地接受,没有要求更改的权利。"②

正因为象征符与其指示对象之间的关系是非必然的设定性关系,所以对象征符的含义难以只凭经验作出推断,而要通过系统学习去掌握。

最后还有一点值得注意:信号所代表的大都是比较具体的存在物或比较简单的意思,而象征符则常常用以表示比较抽象、复杂的意思。

2. 语言符号与非语言符号

按符号自身形态的不同,可将符号分为语言符号与非语言符号。语言的运用是人类所特有的一种能力,语言符号是人类所特有的符号系统。非语言符号则普遍存在于自然界和人类社会,非语言符号的使用并不是人类所特有的能力。语言符号与非语言符号作为两种不同类型的符号系统,分别有着各自的特点和功能,对人类传播活动来说,二者相辅相成,不可或缺。

1)语言符号

语言的出现是人类进化历程中的一大飞跃,也是人类传播活动的一次巨大变革。语言符号是人类最基本的符号系统,人类的信息交流活动主要是借助语言完成的。同时,在人类传播活动中,语言符号也是其他非语言符号得以运用的基础。下面我们就从这两个角度简述语言符号的特点和功能。

首先,语言符号是一套构成严密、表意准确、使用便利的符号系统,是人类最重要的交

---

① [瑞士]索绪尔:《普通语言学教程》,高名凯译,103、104页,北京,商务印书馆,1980。
② 叶蜚声、徐通锵:《语言学纲要》,28~29页,北京,北京大学出版社,1981。

际工具。人类传递信息、交流情感的方式有很多种,但没有一种方式的普遍程度能同语言相比。无论是表达一个比较简单的概念,还是说明一个比较复杂的意思,也无论是指称一件具体的物品,还是阐述一种抽象的思想,语言在各种交际场合,在社会生活的各个领域,都有着不可比拟的作用和价值。正如社会语言学家陈原所说:"人类的社会生活是复杂的,为适应这种复杂局面的需要,人与人之间的交际工具也是多种多样的,但是在通常的场合,每日每时大量使用的交际工具是语言。"①社会是人类活动的舞台,也是人类活动的产物,而交际活动正是人类活动的主要内容之一。没有语言,人类的交际活动就难以进行,社会就难以生存和发展。

其次,在人类传播活动中,非语言符号的使用通常要以语言符号的使用为前提,如果没有语言符号的存在,非语言符号也将失去应有的功用。一方面,非语言符号一般只能作为语言符号的辅助工具使用,而难以独自完成交际任务。另一方面,非语言符号的解读一般要凭借语言符号。也就是说,人们在领会特别是讲解非语言符号的含义时,一般都有一个"对译"或"转换"的过程,而这个过程实际上就是用语言符号阐释非语言符号的含义。按照语言学家索绪尔、符号学家巴尔特等人的观点,"语言符号系统实为一切非语言符号系统的基础或构架。换言之,一切非语言现象均隐含有语言结构或准语言结构。"②这一点,在第一章谈到口头媒介时也有论及。

2)非语言符号

非语言符号是指语言之外的所有传播信息的符号,常见的如体态语、旗语、徽章、交通信号等等。对人类传播而言,非语言符号的作用有时并不亚于语言符号。正如施拉姆所指出的:"尽管非语言的符号不容易系统地编成准确的语言,但是大量不同的信息正是通过它们传给我们的。""传播不是全部(甚至大部分不是)通过言辞进行的。一个姿势、一种面部表情、声调类型、响亮程度、一个强调语气、一次接吻、把手搭在肩上、理发或不理发、八角星的停车标志牌,这一切都携带着信息。"③具体地说,非语言符号的用途主要体现在以下两个方面。

(1)非语言符号有时可以代替语言符号,完成语言符号所无法完成的交际任务。总的来看,语言符号的适用范围非常广泛,但在某些场合,语言符号的使用也会受到限制,或者说,语言符号的使用也有不便之处。"作为符号集的语言,在一定的社会语境里,常常要被非语言的图形符号或抽象(象征性)图形符号所代替。在有声语言不能发挥它的交际作用的条件下,这一套声音符号往往被另外一种符号系统所置换。"④关于非语言符号对语

---

① 陈原:《社会语言学》,31页,北京,学林出版社,1983。
② 李幼蒸:《理论符号学导论》,514~515页,北京,社会科学文献出版社,1999。
③ 李彬:《传播学引论》,64、73页,北京,新华出版社,1993。
④ 陈原:《社会语言学》,156页,北京,学林出版社,1983。

言符号的替代作用,我们可以从下面四个方面来说明。

首先,语言符号的物质形式是声音,声音可由发音器官自由控制,所以语言可以张口便说,这是语言符号的优势所在,是语言成为人类最重要的交际工具的原因之一。但在某些场合,出于隐秘性或其他考虑,人们可能不便使用有声语言,这时就要利用手势、表情、服饰或其他非语言符号传递信息。例如,在现代京剧《红灯记》中,地下党党员李玉和在与游击队派来的交通员接头时,就以左手戴手套为联络标记。这种既直观、醒目又便于保密的联络标记,无疑是有声语言所难以替代的。

其次,语言具有全民性、社会性,对语言符号的含义,社会的每一个成员都有大致相同的理解,这是语言作为全民交际工具所必然具有的特性。也正因为语言具有这样的特性,有时为限制信息传递的范围,特定的交际人群也会临时设定一些非语言符号作为沟通的手段,如黑社会的行话。

再次,有些意思根本就是无法言说的,人们常说的"只能意会而不能言传",就是对语言符号局限性的一种揭示。譬如,比较微妙的情感信息或比较模糊的下意识想法等,常常就是以表意准确为特点的语言符号所拙于表述的。美国学者亚兰·皮兹在《人类行为语言》一书中曾提到一个比较典型的例子:一位职员为一件私事到老板办公室请教解决的办法,这位职员在述说的时候,身体前倾,双手放至膝上,脑袋低垂,表情沮丧,语调低沉。老板先是一动不动,显然是用心在听,然后突然往后一靠,把一条腿搭在椅臂上,这表明老板的态度已经变得漠然甚至厌烦了。在此,老板和职员都不曾也不便把自己的心理状态直接用语言告诉对方,但两个人的行为举止又分明在诉说着这一切。在日常生活中,我们常会看到这样的场面:当一个人情绪不好或者将要做一件压力较大的事情时,关心他的人特别是长辈常有的表示就是表情凝重、意味深长地拍拍他的肩,此时此刻,虽然没有语言,没有任何一句话,但一股关爱之情的确被真真切切地感受到了,可谓"千言万语尽在不言中"。

最后,"现代社会生活的某种特殊情景,不能使用或不满足于使用语言(有声语言和书写语言)作为交际工具,常常求助于能直接打动(刺激)人的感觉器官的各种各样的符号,以代替语言,以便更直接、更有效,并能更迅速地作出反应。"[1]比如,用作标志物的视觉符号就是语言符号所无法替代的,此类实例比比皆是,这里就不再列举了。

皮兹指出:"多数学者都相信语言主要是用来传送讯息,而非语言部分是用来切磋人与人的关系,有时还可以取代语言。"[2]语言符号和非语言符号各有所长,各有所用,不可偏废。

(2)非语言符号经常用以辅助语言、配合语言符号完成交际任务。在用语言进行交谈时,人们往往会不由自主地辅以各种动作,作出各种表情,这些动作和表情有助于加大

---

[1] 陈原:《社会语言学》,154 页,北京,学林出版社,1983。
[2] [英]亚兰·皮兹:《人类行为语言》,孙志刚译,7 页,哈尔滨,哈尔滨出版社,1989。

语言力度,强调重要信息,渲染谈话气氛,有的可能还会起到帮助听话人理解谈话内容的作用。值得注意的是,在面对众人进行演讲时,为增强演讲效果,演讲者甚至会根据演讲内容专门设计一些动作和表情,在演讲中适时插入。不难设想,假如一位演讲者表情呆板,身体僵直,那么无论演讲的内容多么生动,都难免使人有乏味之感,难以吸引听众,更不要说抓住并打动听众了。一场精彩的演讲应是精彩的有声语言与精彩的身体语言的完美结合。看过影片《列宁在十月》和《列宁在1918》的观众,大概都不会忘记列宁在演讲时所作出的各种手势是多么富有感染力和震撼力,特别是那个最著名的"列宁式"姿势——身体前倾,下颌微扬,一手叉腰,一手前伸,是多么气势磅礴,多么令人振奋,领袖的胸怀和风采,革命家的精神风貌和人格魅力尽现其中。

总之,语言符号是人类社会最重要的交际工具,但绝不是唯一有效的交际工具,语言符号不是万能的,非语言符号的交际功能也是不容忽视的。

3. 非语言符号的种类及其作用

非语言符号不仅有着自身的功能和用途,而且种类繁多,形式多样。关世杰先生曾对非语言符号作出如下分类[①]:

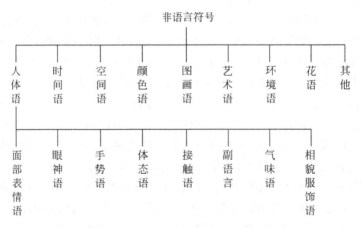

以上所列的非语言符号虽然不能反映非语言符号的整体构成状况,但人们经常接触的非语言符号大都包括在内。

人们常说"眼观六路,耳听八方",视觉和听觉是人类感知外界信息的两大主要渠道,按照非语言符号被感知方式的不同,可将非语言符号相应地分为两大类:一类是视觉型非语言符号;另一类是听觉型非语言符号。顾名思义,视觉型非语言符号是作用于人的视觉器官的符号,说得通俗一点,就是能够看得见的符号;听觉型非语言符号则是以声音

---

① 转引自李彬:《符号透视》,上海,复旦大学出版社,2003。

为载体,作用于人的听觉器官的符号,是听得到的符号。与人的关系最为密切,因而同人类传播活动的联系最为紧密的视觉型非语言符号,无疑应为身势语,听觉型非语言符号则应当首推副语言。下面就简要介绍一下这两类非语言符号。

1) 身势语

身势语又称身体语言(简称体语),是指以表达者的身体为载体或与表达者的身体有关的非语言符号。应当说,在语言符号之外,人类最重要的交际手段当属身势语。据著名的身势语研究者伯德惠斯特尔的统计,"在面对面的谈话中,语言的部分只占了不到35%,而超过65%是非语言部分。"①这里所说的"非语言部分",主要就是指身势语。最能说明身势语交际功能的,莫过于默片中的演员表演。默片也即无声电影,是电影的最初样式,身体语言是默片演员唯一的表情达意的方式,从故事的讲述、情节的发展到感情的表露、细节的交代,无一不是靠演员的形体动作完成的,人们所熟悉的默片大师卓别林堪称身体语言巨匠。默片时代已经结束,但以身体语言为表演凭借的艺术样式依然存在,如哑剧、舞蹈等。

除了表意功能和交际用途方面的差异,身体语言还在其他许多方面表现出与语言符号的差别。语言符号具有很强的民族性,不同的民族有不同的语言,而大部分身体语言具有人类性,即世界各民族运用身体语言的方式趋于一致,如悲伤和痛苦时的"愁眉苦脸",可能是任何人都有过的经历与体验。当然,也有一部分身势语具有民族性,即不同的民族以不同的身势表明态度、表达情感,如摊手耸肩表示无可奈何,通常被认为是欧美人所惯用的身体语言。萨姆瓦等人在《跨文化传通》一书中写道:

> 大多数人的观点认为:有着许多通用的面部表情——全世界的人在高兴或要显示愉快的时候都会浮出笑容,愤怒的时候都会紧蹙眉头。另一观点认为,每个人都会产生出解剖学上相似的表情来,但是人们给出的含意却因文化的不同而有差异。②

具体说来,身势语主要包括人的眼神、表情、手势、姿态、服饰等。

(1) 眼神。在各种身势语中,眼神的表现力最强,最难以自我控制,因而也最容易流露真情实感,传递真实信息。人们所熟悉的很多说法都与眼神的表意功能有关,如"眉目传情"、"暗送秋波"、"慈眉善目"等等。最为贴切、最能说明问题的说法,恐怕要数"眼睛是心灵的窗户"——"眼睛"如同一扇"窗户",透过这扇"窗户",人的心灵世界一览无余。皮兹提道,在光亮的情况下,瞳孔的放大与收缩与一个人的态度和心情有关。若是一个人感到兴奋,他的瞳孔便会扩张得比平常大四倍。相反,在出现生气等消极情绪时,瞳孔会收缩

---

① [英]亚兰·皮兹:《人类行为语言》,孙志刚译,7 页,哈尔滨,哈尔滨出版社,1989。
② [美]萨姆瓦等:《跨文化传通》,陈南、龚光明译,224 页,北京,三联书店,1988。

得很小。正是因为瞳孔会有这种变化,所以谙于此道之人专门据此揣摩别人的心态。例如,"观察瞳孔是古代中国珠宝商人常用的办法,他们在与顾客谈价钱时,会注意对方瞳孔的扩张。"①反过来,为了不泄露自己内心的秘密,有经验的人也会故意采取一些措施将眼睛遮蔽起来。例如,已故希腊船王奥纳西斯在谈生意时总是戴上墨镜,免得对方了解自己的心态。平时我们也会有这样的感觉,一个人戴上墨镜,便会显得有些高深莫测,其原因也就在于眼睛藏在墨镜后,人们无法通过"心灵之窗"窥视窗内的一切。再举一个有名的例子,据史料记载,西周厉王暴虐无道,专横跋扈,严禁百姓议论朝政,违者格杀勿论,无奈,人们只能"道路以目",即在路上见面以眼神传递信息。由此也可以看出,眼神的表意功能是不能低估的。

(2) 表情。在人际传播中,人的面部表情起着至关重要的作用,所谓"察颜观色"的"颜"和"色"都是指面部表情。人的面部表情丰富多彩,变幻多端,通过面部表情可以传递各种信息。达尔文在《人类和动物的表情》一书中指出,面部表情在很大程度上是普遍的、先天的,它是人类非语言传播的重要手段。美国记者约翰·根舍在回忆富兰克林·罗斯福总统时写道:"在20分钟的时间里,罗斯福先生的脸上表示出诧异、好奇、故作吃惊、真正的兴趣、焦急、卖弄辞藻以示担心、同情、决断、幽默、尊严和无比的魅力。然而,他几乎什么话都没有说。"②罗斯福先生"几乎什么话都没有说",却把千般思绪、万般情感乃至人格的力量全部写在了脸上,可见,千变万化的面部表情是多么富有表现力!与面部表情有关的成语或熟语,如"大惊失色"、"赧然一笑"、"赧颜汗下"、"面红耳赤"、"面如死灰"、"面有难色"、"面有愧色"等,都非常生动地描述了人在不同的心理状态下所呈现的不同的面部表情。

同眼神的表现力相比,面部表情可能要略逊一等,但面部表情也有眼神所不具备的特点和用途。如果说眼睛是无法关闭的"心灵之窗",那么表情有时则能起到"心灵屏障"的作用。与眼神难以自我控制不同,面部表情完全可以根据需要进行自我调整。有的时候,面部表情恰如一副面具,可把真实的东西完全遮掩起来,也就是说,通过面部表情所传递的信息也许是虚假的信息。一个人越是理智、沉稳,就越是善于控制自己的面部表情。当他不愿把自己的真实想法暴露给别人时,便会有意识地在面部表情上作一些掩饰,或者不动声色,或者干脆作出能够引导他人作出错误判断的表情,"喜怒不形于色"、"面不改色"、"处乱不惊"等种种说法所反映的都是这种情况。对此,萨姆瓦等人有非常形象的描述:"面孔是我们人体的一部分,我们走到哪,它也跟到哪。然而,在我们心情不爽的时候,它却能露出一副笑颜;当我们并不忧伤的时候,它却现出一副凄戚的神情。"③对面部表情的

---

① [英]亚兰·皮兹:《人类行为语言》,孙志刚译,121页,哈尔滨,哈尔滨出版社,1989。
② 转引自李彬:《符号透视》,上海,复旦大学出版社,2003。
③ [美]萨姆瓦等:《跨文化传通》,陈南、龚光明译,224页,北京,三联书店,1988。

掩饰功能,符号的解读者应有足够的估计。

(3) 手势。手是人体最灵活的器官之一,手势所能传递的信息多种多样。眼神和表情虽然极富表现力,但传递的信息多为比较模糊的情感信息,而手势除了能够传递情感信息之外,还能表示比较明晰、完整、复杂的概念或意义。同其他身势语相比,手势语的表意功能更接近语言符号,因而更有条件代替语言符号。古罗马一位著名演说家所说的一段话,有助于我们理解手势的表意功能:

> 全身的动作都能帮助演说家,而双手就能讲话(我们几乎不相信这一点)。难道我们不是借助双手来表示我们的要求、恳请、威胁、祈祷,表示我们的反感和恐惧、疑问和否定吗?不正是它们传达出我们的欢乐、悲伤、疑问、负疚和悔恨,描绘出大小、数量、质量和时间吗?不正是它们指出某个方向或某个人,表示着赞许、请求、抑制欲望、斥责、兴奋和要求同情吗?不正是它们使我们摆脱使用副词和代词的必要性吗?①

在关于语言起源的种种假说中,"手势说"是较有影响的一种。"手势说"认为,人类最初是用手势和姿态来传递信息的,而声音符号只起辅助作用,有声语言是在手势语言的基础上发展起来的。不管这种说法是否可信,不管在人类进化史上是否真有可能存在一个手势语时期,但至少说明在语言符号尚未发育成熟之前,手势语在人类交际中所起的作用非常大。

在身势语中,人们研究最多也最充分的大概就是手势语。对具有交际价值的每一种手势的含义,几乎都能找到详尽的解说。例如,摩擦手掌表示有所期待或期望;两手钳在一起表示充满信心,有时也表示挫折和敌意;手指放在嘴里,表示承受压力并寻求安定,等等。皮兹讲过一个有趣的例子。有一位老朋友在同皮兹下棋时老是抓耳朵、摸鼻子,这表明他还没有确定下一步棋应该怎么走。他若是靠着椅背,双手呈尖塔形,多半是对皮兹下一步棋的走法及自己的应对招数已胸有成竹,因此显得很自信。皮兹常常利用这位棋友的手势和姿态揣摩他的意图。

(4) 姿态。前面谈过的眼神、表情、手势都是身体的局部状态,这里所说的姿态则是身体的整体状态。姿态包括静态的"姿势"和动态的"举止",人们常说的"坐有坐相,站有站相"就是对静态姿势的要求,而"一举手,一投足……"则是对动态举止的评价。

一般来说,坐、立、躺、蹲、靠等是人的主要静态姿势,而每一种静态姿势都有多种表现。每一种姿势及其不同表现,都有可能成为人的思想情绪和精神状态的一种表征或符号。以"坐"为例,"坐"是人常有的姿势。同样是"坐",坐法却千差万别。而究竟采取哪一种坐法,往往与一个人的身份、心态及现场氛围等因素有关。可以说,不同的坐法蕴涵着

---

① [苏]潘诺夫:《信号·符号·语言》,王仲宣、何纯良译,142 页,北京,三联书店,1991。

不同的意义,传递着不同的信息。"正襟危坐"与"席地而坐"的区别是不言而喻的,即便都是"席地而坐","盘腿而坐"与"抱膝而坐"的差别也是显而易见的。专门研究身势语的学者发现,一个人在坐着的时候交叉双臂或双腿,通常说明他怀有戒备或防范心理;手支下巴说明他已感到厌烦和无聊,对正在进行的交谈或演讲等已不感兴趣;扣着足踝大都说明他在压抑自己,控制某种负面情绪,如紧张、恐惧等等;双手放在脑后仰靠在椅背上,被认为是一种体现优越感的坐姿;身体前倾,双手摆在膝盖上或抓在椅臂上,被看作是想要结束谈话的准备姿势;双腿叠起呈"4"字形则为显示辩论性或竞争性态度的坐姿。

如同"坐"是人的日常静态姿势一样,"走"是人的日常动态举止之一。从一个人走路的样子,不仅能看出他的职业、性格、社会环境等方面的特点,而且能看出一个人的处境和心境。"行色匆匆"、"步履维艰"、"踽踽独行"、"小步慢行"、"健步如飞"、"低头而过"、"昂首前行"等,都是常见的描写人的走姿的词语,而这些词语所传递的信息已经远远超过走姿本身。一些特定人群的习惯性步态包含的信息含量更大,如舞蹈演员的步态、军人的步态简直就是一种职业符号。除了"走"之外,人还有许多能够起到表情达意作用的日常举止,如握手、拥抱、招手、点头等,这里就不再一一述及了。

(5)服饰。俗话说"穿衣戴帽,各有所好"。从一个人的穿着打扮,既可以看出他的身份地位、文化修养、气质爱好等较为固定的特征,也能看出他当时的心情或情绪。曾有人提到一个颇为奇特的现象,女人裙子的流行长度好像与社会经济形势有关。经济形势恶化,街上流行的是长裙子;经济形势好转,短裙子便开始时兴,女人的裙子长度成了经济形势的"晴雨表"。仔细琢磨一下,这个看似怪异的现象其实并不费解。经济形势好,人们便会感到神清气爽,轻松愉快,短裙子恰好能够体现这种感觉;经济形势不好,人们便会感到沉重、压抑,企望受到庇护,长裙子的风格恰好与这种心理状态相符。在中国传统文化中,"以貌取人"被视为一种浅薄、庸俗的势利行为。不过,如从符号解读的角度来看,"以貌取人"倒是不无道理。这里的"貌"不仅包括容貌,而且包括服饰,全凭容貌和服饰判断一个人的能力和品质难免失之偏颇,仅凭服饰的价值判断一个人的价值更是荒唐可笑,但在对一个人内在的东西不甚了了的情况下,通过着装方式确实可以捕捉到一些东西。不难设想,一个端庄、稳重的人不会打扮得像嬉皮士,一个很有文化品位的人也不会穿得艳俗不堪。按照美学观点,美就在于和谐,穿着得体是人们普遍追求的着装理念。

由于服饰包含着较多的讯息,所以在符号学研究中服饰系统一直被看作一个重要的符号系统。在符号学家看来,服装不仅具有遮体御寒的实用价值,而且具有传递信息的符号价值,法国符号学者罗兰·巴尔特甚至以语言学概念和模型,对服装文化作过非常有效的剖析。

以上我们分别介绍了几种常见的身势语。实际上,在人际传播中,各种身势语很少被单独使用,比较多见的往往是几种身势语的配合使用。身势语的配合使用会使表意更加丰富、明确,也更有利于人们准确地领会其中的含义。

2）副语言

副语言又称伴随语言,主要是指人在说话时伴随言语所产生的一些发音行为和语音现象,如音域的宽窄、语调的高低、节奏的快慢等等。这些语音现象负载着一定的交际信息,可以起到辅助表达的作用。例如,声音提高或变尖往往是因为情绪激动,语调低缓往往是因为情绪低落或心情沉痛,加重语气则往往是为了强调什么。另外,一些发音行为方面的习惯还同人的身份、性格等方面的因素有关。例如,性格内向、沉稳的人大都语调平稳,性格外向、急躁的人大都说话又急又快,长期从事领导工作的人也有自己的说话方式。伴随语言虽然不是真正意义上的语言,但其交际功能也是非常值得重视的。

除了上述与语言同时发生的语音现象之外,哭声、笑声、叫喊声、咳嗽声等语音现象,通常也被划入副语言范畴。这些语音现象不仅可以辅助语言传递信息,而且其本身也有独立的传播功能。一般而言,哭声代表着悲痛,笑声代表着喜悦,叫喊声代表着强烈的感受或情绪,咳嗽声代表着疾病。如再分析得仔细一些,不同的哭声和笑声、不同的叫喊声和咳嗽声所负载的信息也是不一样的,放声大笑与低声浅笑、号啕大哭与小声啜泣给人的感觉肯定有所不同;叫喊声有的出于恐惧,有的可能出于兴奋;咳嗽声对于一般人来说可能无甚差别,但一名有经验的医生很容易从咳嗽声的细微差别中辨认出病灶所在。

总之,人的发音器官不仅能够发出语言符号,而且能够发出属于非语言符号的副语言,两者都有声音形式,也都有特定的含义,具备听觉型符号的基本特征。

第二节　人类传播中的意义

现代语言学的奠基人索绪尔,曾把语言符号比做一张纸,纸的这一面是形式(声音);另一面是意义(意思),二者合为一体无法分割开来。其实,不仅语言符号如此,任何一种符号也都如此。符号是由形式和意义两个要素构成的,而形式不过是意义的载体,是指引人们走向意义的路径。说到底,符号的解读也就是意义的探寻和理解。施拉姆指出:"无论人们怎样称谓符号,符号总归是传播的元素——能够释读出'意义'的元素。"[①]传播的实质是意义的传播,而传播中的意义正是蕴涵在每一个传播元素——符号当中的。

"意义"问题是一个十分复杂同时又非常抽象的问题,这里仅就其中几项与传播有关同时又比较容易理解的内容加以说明。

一、意义的定义

如同符号尚无一个明确的定义一样,对于什么是意义,人们也有不同的看法。正如英国语言学家、《语义学》一书的作者杰弗里·利奇所说的:

---

① 转引自李彬:《符号透视》,上海,复旦大学出版社,2003。

> "意义"这个词和它的相应的动词"意指"是英语中争议最多的术语之一,语义学家常花费很多时间来推敲"意义的各种意义",认为这是研究语义学的前提。……1923年 C. K. Ogden 和 I. A. Richards 出版了也许是有关语义学的一部最有名的著作,书名就叫《意义之意义》。在这本书的第186至187页上,他们从理论和非理论的不同观点出发,列出了"意义"这个词的22种定义。①

就其本质而言,对意义的种种看法大都可以在主观主义或客观主义的认识模式中找到根源。主观主义认为,意义是"绝对精神"的产物,是"超自然"的实体;客观主义相信,意义是外部世界的映现,是客观事物的写照。应当看到,纯粹主观主义或纯粹客观主义的认识都有失片面,对意义应当采取一种主客观相结合的认识方式。

本书认为,意义是主客观相结合的产物,是客观事物在主观意识中的反映,是认知主体赋予认知对象的含义,是符号所包含的精神内容。对这一定义应从以下几个方面进行理解:第一,外部世界的存在是意义形成的基础。意义是在认识主体与自然及社会的相互作用中产生的,没有外部世界的存在,没有认识主体与外部世界的相互作用,便无法产生意义。第二,积极、能动的意识活动是意义形成的条件。意义是对客观事物的反映,但这种反映绝非照相式的机械反映,意义是认知主体对认知对象的本质和特征进行概括的结果。对同一认知对象,不同的认知主体可能会有不同的认识,由此便会产生不同的意义。意义包含着认知因素,是属于精神范畴的东西。最后,意义是无形的,但意义可以固化于有形的载体之中,符号便是意义的固化物。

二、意义的分类

如同符号的分类多种多样,符号的意义究竟有多少种,如何为意义进行分类,并没有也不可能有任何定论。关于符号的意义,人们谈论得较多的是语言符号的意义即语义。语义的研究——语义学,已成为语言学的一个重要分支学科,而即便是在专门研究语义问题的语义学中,对语义分类问题的研究也并不十分充分。

在各种语义分类中,杰弗里·利奇的分类应当算是较为全面、系统的。而从传播的角度,或者说从符号解读的角度来看,下面几种意义的区分,可能显得比较简洁、实用,也比较容易把握。

1. 明示义与暗示义

明示义是指符号的本来意思或称表面意思,是意义的核心部分;暗示义是符号曲折表述的意思,是符号的引申义、比喻义或称转指义,是意义的边缘部分。例如,"东北虎"原指生活在东北地区的虎类动物,在某些场合也用以转指体格健壮、性情刚烈、行为勇猛的

---

① [英]杰弗里·利奇:《语义学》,1页,上海,上海外语教育出版社,1987。

东北人,前者是明示义,后者则为暗示义。再如,"火锅"本指一种炊具,但"今天吃火锅"中的"火锅"转指火锅中的菜肴,前者是明示义,后者为暗示义。从明示义到暗示义,一般是因为有隐喻或借喻这两种认知机制和表达方式在起作用。以"东北虎"转指东北人是一种隐喻说法,隐喻说法形成的前提是事物之间的相似性;以"火锅"转指火锅中的菜肴是借喻说法,借喻说法形成的前提是事物之间在时间或空间上的接近性或相关性。

2. 内涵义与外延义

符号的指称对象是内涵与外延的统一,符号的意义也是内涵义和外延义的集合。所谓内涵,是指符号所指事物的本质属性和基本特征,而内涵义则为反映事物的本质属性和基本特征的意义;所谓外延,是指符号所指事物包容的范围,外延义则为反映事物的包容范围的意义。例如,"桌子"的基本特征是"上有平面,下有支柱,在上面放东西或做事情的物体",这是"桌子"的内涵义;凡是具备这一特征的事物,不分具体形状、用途和材质,都包含在"桌子"的范围之内,这是"桌子"的外延义。了解一个事物,把握其内涵和外延是最基本的要求;解读一个符号,掌握其内涵义和外延义也是最起码的条件。

3. 概念义与情感义

符号的内涵义和外延义都可以归结为概念义,无论是反映所指事物的本质属性和基本特征,还是反映所指事物的范围,归根结底所反映的都是事物的自身状况,是符号对应的概念所具有的含义。概念是意义的主体部分,但不是意义的全部。除了概念之外,符号还可能负载着情感信息,带有感情色彩。例如,"母亲"和"妈妈"所指称对象的内涵和外延完全相同,两个语言符号的概念义一致。但前者显得庄重、神圣,多用于书面文字,后者显得亲昵、温馨,多用于口头语言,两个词语的情感义不同。使用不同的词语,自然会有不同的表达效果。

4. 精确义与模糊义

表达应以简明为原则,表达中所用符号的含义应当是明确的,而不应是含混不清的。例如,"会议召开时间:2000年1月6日上午9时整",意思非常清楚。再如"那个人很胖","那个人"的指称对象是固定的,"胖"的大致标准也是人们所熟悉的,因而整个句子的意思很容易被理解。应当说,上面两个实例的意义都很明确。不过,第一个实例用语十分精确,毫无模糊性可言;第二个实例的用语则带有一定的模糊性。体重达到多少斤叫"胖","胖"与"不胖"的界限在哪里,很难给出一个具体界定。"胖"的含义是模糊的,但同时又是明确的。模糊与明确并不矛盾,模糊与含混更不是一回事。在日常交际中,模糊语言有其独特的表意功能,完全舍弃模糊语言,一味追求用语的精确度,有时会适得其反,无法达到交际目的。波兰语义学家沙夫说过:

> 交际需要语词的模糊性,这听起来似乎是很奇怪的,但是假如我们通过约定的方式完全消除了语词的模糊性,那么,正如前面已经说过的,我们就会使我们的语言变得如此贫乏,就会使它的交际的和表达的作用受到如此大的限制,而其结果就摧毁了语言的目的,人的交际就很难进行,因为我们用以交际的那种工具遭到了破坏。①

其实,不仅语言符号的意义有其模糊的一面,非语言符号的意义有时更是模糊的。比如,我们在文学作品中经常看到诸如"他暧昧地一笑"、"他的表情似哭又似笑"之类的描写。

当然,强调模糊义的交际价值,并不是说精确义就不重要,有的交际场合是不能使用含义模糊的符号,而必须使用表意精确的符号。

三、传播过程中的意义

上述几种意义都是符号本身的意义,是符号的静态义。符号本身的意义同符号在传播过程中所实现的意义并不能完全划等号。可以说,传播过程中的意义是符号的动态义,是符号在使用中产生的意义。传播主体、传播对象和传播情境,是传播活动的几个构成要素,传播过程中的意义主要与这几个要素有关。

1. 动机义

动机义与传播者有关,是传播主体所要表述的意思和所要传递的信息。在传播活动中,传播者的动机并不一定都能得到实现,传播者所要表达的意思并不一定都能准确地表达出来。"词不达意"甚至"因词害意",是传播活动中常见的现象,也可以说是编码不当的结果。

2. 接收义

接收义与受传者有关,是传播对象读取的意义和获取的信息。符号的读解是一项复杂的精神活动,人的各种主观因素都会介入其中。对同一组符号,不同的受传者可能会有不同的解读方式,甚至符号的误读在传播中也并不罕见。为达到传播目的,传播者应当尽可能多地掌握受传者的情况,以便有的放矢,选用受传者能够顺利解码的传播符号。

杰弗里·利奇曾提到"要表达的意义"和"被理解的意义"两个概念,"要表达的意义是指讲话者在组织他的信息时头脑中考虑的那种意义;被理解的意义则指听话者接受信息时传达到他头脑中的那种意义。"②这里,"要表达的意义"相当于我们所说的动机义,"被理解的意义"则相当于接收义。

---

① 转引自陈原:《社会语言学》,271页,北京,学林出版社,1983。
② [英]杰弗里·利奇:《语义学》,31页,上海,上海外语教育出版社,1987。

3. 情境义

任何传播活动都是在特定的时空背景下进行的,都有特定的传播情境。所谓的情境义就是在特定的传播情境中产生的意义,是传播情境赋予符号的意义。广义的传播情境,是指与传播活动有关的各种因素的总和,如传播场合、传播时间、前后相续的符号(即语言交际中的前言后语或上下文)、参与者状况等等。传播情境的作用主要体现在以下两个方面。

第一,丰富传播符号的意义,加大符号的信息含量,使人不仅能读出"言内之意",而且能够领会"言外之意"。例如,"这儿有叉子吗?"如在商店使用可能仅仅表示询问,如在餐馆里使用就多了一层含义,除了表示询问还有祈使功能,附有"我需要叉子"或"你替我拿一把叉子"这样的附加义,后者便为情境义。再如,"你现在忙吗?"也许仅为出于对对方的关心而发出的询问,是简单的寒暄语,也许还附有请对方帮自己做点什么的意思,是委婉的请求语,究竟表示哪一种意思,只有在特定的情境中才能确定。符号的暗示义大都是传播情境所赋予的,因此应当放在特定的情境中理解。

第二,限定符号的意义,使概括的意义变得具体,使复杂的意义变得单一,使歧义得以消除。与客观世界的丰富多彩相比,符号的世界永远是贫乏的。大千世界,芸芸众生,天地万物,人们不可能给每一个具体的存在物都取一个名称,也不可能使每一个人的每一种感觉、每一种想法都有专门的表达方式。除了一些专有名词,可以说,绝大部分符号都是一类事物的代表,符号的意义都有一定的概括性。符号的意义是概括的,但传播中的符号实现的意义又必须是具体的,唯有如此,有限的符号才能适应无限的传播需要,才能卓有成效地履行交际职能。符号的意义由概括转向具体主要依靠传播情境,也就是说,特定的传播情境会使符号的指示对象得到明确。例如,"桌子搬来了"中的"桌子"本为通指性对象,所有的桌子都包括在内,但在特定的情境中,"桌子"是指哪一张或哪几张桌子,是非常明确的。

符号既有单义的,也有多义的,而即使是多义符号,在进入传播过程之后也应当是单义的。如果传播过程中的符号不能由多义转为单义,一个符号有多种解释,就会有歧义现象产生。例如,"我喜欢上课"中的"上课"既有老师教课的意思,也有学生听课的意思,究竟是指前者还是后者,只有了解说话人的身份才能作出判断。再如,"鲁迅的书很珍贵"和"小李的书很珍贵"都是多义结构,"鲁迅的书"可能指鲁迅先生写的书,也可能指鲁迅先生的藏书,"小李的书"同样如此。两个句子究竟表达哪层意思,孤立地看是很难加以判定的。只有把两个句子放在特定的交际情境中,听话人又具备理解一定背景的知识,即对"鲁迅"和"小李"的身份有所了解,句子的含义才能确定。

不仅语言符号会产生歧义,非语言符号有时也有歧义。例如,前面曾提到,笑声主要表示喜悦,但同时也有无可奈何的苦笑、暗藏杀机的冷笑等其他含义的"笑";哭声主要表示悲伤,但喜极而泣也不能排除在"哭"之外。对多义的非语言符号,也应结合传播情境去理解。

总之，符号本身的意义只是传播中的意义的基础，符号的意义会在传播过程中得到丰富或限定。解读符号不仅需要掌握符号本身的意义，更重要的是准确地读取符号在传播中实现的意义。

内容摘要

作为传播活动的基因，符号是意义和形式的统一体，是特定指示对象的代表物，是信息的物质载体。符号的功能，一是传递信息；二是帮助思维。

从不同的角度，依照不同的标准，可以将符号划分为不同的类型。本章介绍了两种常见的分类方法。

一是按符号与其指示对象之间联系方式的不同，将符号分为两大类：一类是信号；另一类是象征符。

信号就是反映指示对象的特征，与指示对象之间存在着自然因果关系的一类符号。同象征符相比，信号主要有以下特性：首先，信号与指示对象的关系不是人为规定的，而是自然形成的；其次，信号与指示对象的关系是必然的、固定的，具有因果性和连带性。

象征符是通过人为约定的方式用作指示对象的代表，与指示对象建立起非必然性联系的一类符号。与信号相比，象征符主要有以下特性：首先，象征符是人为设定的符号，而不是伴随指示对象自然生发的现象；其次，与前面一个特点相关，象征符作为人为设定的符号，不是指示对象本身所具有的特征，象征符与其指示对象之间的关系往往是非必然的设定性关系，而不是必然的因果性关系。象征符是人类特有的符号，唯有人类才能创造和使用象征符。

二是按符号自身形态的不同，将符号分为语言符号与非语言符号。语言符号与非语言符号作为两种不同类型的符号系统，具有各自的特点和功能。

语言符号的特点和功能主要体现为：首先，语言符号是构成严密、表意准确、使用便利的符号系统，是人类最为重要的交际工具；其次，在人类传播活动中，非语言符号的使用通常要以语言符号的使用为前提，如果没有语言符号的存在，非语言符号也将失去应有的功用。

非语言符号是指语言之外的所有传播信息的符号，常见的如体语、旗语、徽章、交通信号等等。非语言符号的用途主要体现为：首先，非语言符号有时可以代替语言符号，完成语言符号所无法完成的交际任务；其次，非语言符号经常用以辅助语言、配合语言符号完成交际任务。

非语言符号种类繁多。按照非语言符号被感知方式的不同,可将非语言符号相应地分为两大类:一类是视觉型非语言符号,另一类是听觉型非语言符号。前者同人类传播联系最为紧密的是身势语,后者的代表首推副语言。

身势语又称身体语言(简称体语),是指以表达者的身体为载体或与表达者的身体有关的非语言符号。在人际传播中,除了语言之外,人类最重要的交际手段当属身势语。身势语主要包括眼神、表情、手势、姿态、服饰等等。各种身势语有着各自的特点和用途。

副语言又称伴随语言,主要是指人在说话时伴随言语所产生的一些发音行为和语音现象,如音域的宽窄、语调的高低、节奏的快慢等等。除了这些与言语同时发生的语音现象之外,哭声、笑声、叫喊声、咳嗽声等语音现象通常也被划入副语言范畴之内。此类语音现象不仅可以辅助语言传递信息,而且其本身也有独立的传播功能。

符号是形式和意义的统一。如同符号尚无一个明确的定义一样,对于什么是意义,如何给意义下定义,人们也有不同的看法。

简单地说,意义是主客观相结合的产物:一方面,它是客观事物在主观意识中的反映;另一方面它又是认知主体赋予认知对象的精神内容。对这一定义应从以下几个方面去理解:第一,外部世界的存在是意义形成的基础。第二,积极、能动的意识活动是意义形成的条件。第三,无形的意义可以固化于有形的载体之中,符号便是意义的固化物。

从传播的角度,或者说仅从符号解读的角度,可以对符号的意义作出如下区分:①明示义与暗示义;②内涵义与外延义;③概念义与情感义;④精确义与模糊义。

这些意义都属于符号的静态义,与之相对的是传播过程中的动态义。动态义,是符号在使用中产生的意义,主要有以下几种:

(1) 动机义。动机义与传播者有关,是传播主体所要表述的意思和所要传递的信息。

(2) 接收义。接收义与受传者有关,是传播对象读取的意义和获取的信息。

(3) 情境义。情境义是指在特定的传播情境中产生的意义,也可以理解为传播情境赋予符号的意义。

传播情境的作用主要体现在两个方面:第一,丰富传播符号的意义,加大符号的信息含量;第二,限定符号的意义,使概括的意义变得具体,使复杂的意义变得单一,使歧义得以消除。

建议参考资料

1. 陈原:《社会语言学》,北京,学林出版社,1983。
2. 李彬:《符号透视》,上海,复旦大学出版社,2003。

3. [法]罗兰·巴尔特:《符号学原理》,王东亮等译,北京,三联书店,1999。
4. 石安石:《语义研究》,北京,语文出版社,1994。
5. 亚兰·皮兹:《人类行为语言》,孙志刚译,哈尔滨,哈尔滨出版社,1989。

思考题

1. 什么是符号？如何理解符号的定义？
2. 符号主要有哪些功能？
3. 什么是信号？信号主要具备哪些特性？
4. 什么是象征符？象征符主要有哪些特性？
5. 信号和象征符的区别主要体现在哪里？
6. 语言符号的特点和功能是什么？
7. 什么是非语言符号？非语言符号的用途是什么？
8. 什么是身势语？常见的身势语有哪几种？主要特点和用途是什么？
9. 什么是副语言？副语言的主要用途是什么？
10. 从传播的角度可把符号的意义划分为哪几种？各种意义的主要含义是什么？
11. 传播过程中的意义主要是指哪几种意义？
12. 什么是情境义？传播情境的作用主要体现在哪两个方面？

第三章 传播的过程与类型

人类传播的基本过程
- ◆ 传播过程的构成要素
- ◆ 传播过程的直线模式
- ◆ 传播过程的循环模式
- ◆ 传播过程的系统模式

人类传播的基本类型
- ◆ 人内传播
- ◆ 人际传播
- ◆ 群体传播
- ◆ 组织传播
- ◆ 大众传播

要点提示

1. 传播过程的构成要素；
2. 直线模式的结构特征；
3. 循环模式的结构特征；
4. 系统模式的结构特征；
5. 米德的"主我"与"客我"理论；
6. 库利的"镜中我"理论；
7. 从众与一致论；
8. 古典学派的组织传播观。

"横看成岭侧成峰",人类传播活动也不例外。比如,横着看,也就是按照时间的延续线索看,人类传播活动表现为一个起承转合的行为过程;而侧着看,也就是按照空间的并列关系看,它又显示为诸种不同的行为类型。本章的两节内容,其实讲的就是这两个问题——历时态的横着看和共时态的侧着看。第一节的内容是从横的方向解剖人类传播活动的发生过程;第二节的内容是从纵的维度分析人类传播活动的表现类型。

就具体的、实际的活动而言,人类传播就落在这一横一纵的坐标上。这个坐标的横轴是时间性的传播过程,着眼于传播行为的发生发展。关于这方面的研究,大致形成三种思路,一是从传播者到接受者的单向思路;二是传播者与接受者有来有往的循环思路;三是引入社会背景的系统思路。其中每种思路各有代表性理论。

这个坐标的纵轴是空间性的传播类型。一般来说,人类传播活动主要有五大类型——人内传播、人际传播、群体传播、组织传播和大众传播(大众传播将在下一章专门去谈,本章只讲前四种类型)。人内传播是发生在自身内部的信息流动过程,如沉思默想,它是我们认识外界和自我的必由之路。人际传播是个人与个人之间的信息交流,分为面对面的直接对谈和借助媒介如电话的间接沟通两种形式。如果说人是各种社会关系的总和,那么这些社会关系都有赖于人际传播。群体传播是发生在无组织的散漫人群之中,如同学朋友的互通声息。组织传播可以说是一种组织化的群体传播,涉及正式的组织如企业、军队、政府机关等,它是保障组织正常运行及有效实现组织目标的基础。需要注意的是,包括大众传播在内的这些传播类型,在人类精神交往活动中都不是特立独行各行其是,而是彼此兼容互相渗透,形成你中有我而我中有你之势。

第一节 人类传播的基本过程

所谓人的行为过程,无非是指行为的发生与发展。举个简单的例子,男女相爱,从一见钟情到喜结良缘再到白头偕老,就是一个人生过程。从哲学上讲,任何过程归根结底都导源于时间并受制于时间,过程的本质就是时间。正是由于不可抗衡、不可逆转的"时间之箭"在冥冥之中发挥作用,我们的行为才有了一种先起后续的性质,如古希腊哲学家赫拉克利特所说:人不能两次迈进同一条河流。

同人类的其他行为一样,传播活动具有明显的过程性,大大小小的每一个传播活动都在过程中实现,亦即在时间中实现。从过程上考察人类传播,我们会看到许多因素在起作用,类似说话的音调就有抑扬顿挫的诸多变化,而各种因素又可归纳为若干基本的要素,比如天气变化的过程,无非就是风雨冷暖等要素的纵横捭阖。所以,要把握传播过程的整体状况及规律,我们首先要分析它的基本构成要素。那么,传播过程有哪些构成要素呢?

一、传播过程的构成要素

先来看一个简单的、大家都很熟悉的事例：

> 清明时节雨纷纷，路上行人欲断魂。
> 借问酒家何处有，牧童遥指杏花村。

这是一个充满诗情画意的人生画面，也是一个典型的传播活动，具体说是一个人际传播活动的场景：

> 地点：路上
> 时间：清明节
> 人物：行人与牧童
> 行人（心情愁闷地）：小公子，可知何处有酒家？
> 牧童（手指着）：那边的杏花村里有一家。

这个传播过程虽然很简单，简单得只有一问一答，甚至连回答都没有，牧童可能只是用手指了指远处的杏花村而已，但是整个过程却包含了传播活动的一切基本要素。这些要素是什么呢？

首先，是发出讯息的一方，也就是传播主体，一般统称为传播者，又称信源即信息的源头，如此例中问话的行人。在任何传播过程中，传播者都是最活跃的因素，犹如引擎一般，起着引发并引导传播活动的作用。没有传播者，传播行为就无从发生。传播者既可以是单独的个人，也可以是集成的团体，如大众媒介。

其次，是与传播者相反相成的传播对象，也就是常说的受众或受传者，又称信宿即信息的归宿，如此例中的牧童。虽说受传者处在接受讯息的一方，但是接受并不意味着绝对的被动与消极，事实上受传者往往通过反馈而对传播过程施加主动而积极的影响。用传播学的术语来说，传播者与受传者的关系不是一方传播讯息而一方接受讯息，而是双方"共享"讯息，如课堂上老师与学生的教学相长。换言之，共享乃是传播这个概念的题中应有之义。甚至可以说，传播的过程就是人们共享讯息的过程。由于汉语里的传播、传播者、受传者等词语本身具有一种不可逆传的指向性，往往给人造成一种单向度的、你传我受的印象，所以这里需要特别强调一下传播的共享意味。另外，同传播者一样，受传者既可能是单独的个人，也可能是集成的团体。

传播过程的第三个构成要素是讯息，如此例中行人相问的"酒家何处有"和牧童回应的"遥指杏花村"均属讯息。我们在绪论里曾提到过讯息与信息的异同，两者的关系正如郭庆光先生所解释的那样：

> 一般来说,信息的外延更广,它包括讯息在内。讯息也是一种信息,其特点是能表达完整的意义。例如,甲向乙发电报希望乙马上回来,由于差错在电文中只写了一个"速"字。这个"速"字可以是一个信息,但不是讯息,只有"速归"才能构成一条讯息。①

简言之,讯息是一种意思具体而意义明确的信息,只有通过讯息,传播者和受传者才能同处于一个传播过程。

以上这三个要素,实际上就是亚里士多德在《修辞学》里所说的演讲人(传播者)—演讲稿(讯息)—听讲人(受传者)。除此之外,还有两个要素未曾被亚里士多德时代的认识水平所察觉,这就是媒介与反馈。

媒介,又称渠道或信道,通俗的理解就是传播方式、传播手段或传播工具,如自古及今的烽火、鼓声、驿骑、信鸽、泥版、竹简、帛书、碑刻、印刷、电话、电报、电影、书籍、报刊、广播、电视、网络以及日常的信件、文件、板报、壁报、留言等。有的媒介显而易见,如边关报警的烽火,而有的媒介隐而不彰,如流言扩散的渠道。不管是隐是显,媒介都是讯息得以传输的通道,没有这个通道,讯息就无法流动,其情形恰似河水的流淌得依靠河道。在所有媒介里,语言是最基本的媒介,其他一切媒介都不妨说是语言媒介的延伸。

反馈是指受传者对讯息的回应,是检验传播效果的现实依据。在一个传播过程里,传播者的传递与受传者的反馈是相互依存、相互作用的,正是传递与反馈两者的交互作用推动着传播活动进展。所谓传播的双向性和互动性,主要就体现在这里。在不同的传播类型中,反馈有不同的表现形式。比如,在人际传播里,反馈是以直接而迅速的方式表现出来的,传受双方同时从彼此的语言、声调、表情、姿态、眼神等方面感受到反馈信息,并由此做出即时反应,调节自己的言行。而在大众传播中,反馈常常显得比较间接而迟滞,类似发行量、收视率、读者来信、受众调查等反馈信息不仅滞后于传播过程,而且也损失了许多鲜活的内涵。

以上就是传播过程的五个构成要素,所有的人类传播活动都离不开这五个要素。从这五个要素的相互关系上,我们可以看出传播过程具有如下特征:

动态性——传播过程始终处在流动状态而非静止状态,传播者与受传者始终在对讯息施加作用和反作用,即传受双方始终在进行双向互动。即使在看似静止的读书阅报过程中,我们的精神事实上也一直在与阅读对象进行你来我往的对话。

序列性——如前所述,任何过程都受制于时间,从而显示出一种先起后续的次序。就一个传播过程而言,它总是由传播者发出讯息,再经过媒介而作用于受传者,然后由受传者做出反应。比如记者先写出报道,然后刊发的报纸上,读者看了以后再发表自己的

---

① 郭庆光:《传播学教程》,58~59页,北京,中国人民大学出版社,1999。

看法。

结构性——传播过程的各个要素之间形成一种相互勾连的总体结构,牵一发而动全身之势。比如同样是两个人之间的交往,由于使用了面对面的谈话和书信往来这两种不同的传播方式,于是整个传播过程就会呈现出不同的面貌。除了总体结构之外,每个要素本身还有各自的结构,如讯息中的符号与意义。

传播过程除了必须具有这五个要素之外,其实还有很多其他要素的参与,社会传播活动才会如此丰富多彩。如果将一次传播过程视为一个系统的话,那么这个小系统仍然是在整个社会的大系统中发生的。换句话说,无论是传播者、媒介、接受者还是传播内容、反馈者,都受到社会系统的深刻影响。只要人是社会的人,传播也就必然是社会的传播。社会影响传播的方面还不仅是人们所使用的符号或信息,更重要的形成传播的社会情境。

传播学者梅罗维茨在其著作《消失的地域》中阐明了这一观点:地点场所(情境)与媒介均促成了人们之间信息互动与社会信息流动的特定形式,换句话说,人们以何种方式传播、传播什么样的内容在很大程度上取决于传播所处的情境。俗话说,到什么山唱什么歌,人在不同的情境下会表现出不同的传播行为方式。比如一名教师在课堂上、在家庭中、在与朋友聚会中,都是以不同的方式传播、交流的。虽然情境一般以"谁处于哪个场所"来定义,但其中隐含的问题是其他人能观察得到的行为类型,换句话说,传播者能够意识到谁将接收到他传播的信息就是所谓的传播情境。社会现实并不存在于人们行为的总和中,而存在于情境中的行为的总体模式中。因此,当两个不同的情境间的分界线被移动或消除后,社会现实也随之改变。例如,一名员工在办公室与同事议论单位的上司,但没有意识到这位上司恰好在这个时候走进办公室听到了这些议论,那么这就意味着原先的情境被打破,接下来的自然就是这名员工处于情境转换中的尴尬和难堪。

所以,我们会发现,很多时候"下班回家"其实也是人们的一种心理选择,因为一旦人们处于"属于自己的时间里",他们往往也会力图使自己处在"属于自己的空间"。决定一个情境与其他情境分离程度的关键因素,是将情境与其他情境区分开的分界线的性质。每个人的家都是自己的城堡,"风能进、雨能进、外人不能进",人们只有在自己的家中才会感到这是属于自己的时间和空间。然而在电子媒介日趋发达的时代,人的隐私也面临空前的威胁,一不留神就会感到自己赤裸裸地暴露在公众面前。很多社会名流、演艺明星往往对"狗仔队"不堪其扰,甚至不惜对簿公堂,其实很多时候并不完全是因为暴露了什么敏感信息,而是源于自己私密的时间、空间或者社会情境被无情地践踏。电子媒介通过改变社会情境之间的分界线给予我们的不单单是更快、更完全地接近事物和行为的方式,而且是新的事件和行为。

分析了传播过程的结构要素及其特征之后,下面我们就来考察一下传播过程发生发展的实际运动。

二、传播过程的直线模式

在研究传播过程时,"模式"是传播学者经常用到的方法和手段,传播学的一大特点就是模式众多。为此,我们先来解释一下什么是模式。

1. 传播模式

在科学研究中,人们大量使用模式来说明复杂的理论问题,而传播学理论尤其以模式众多而著称。那么,什么是模式呢?模式,就是对现实事物的结构、关系和功能所做的一种直观而简洁的理论描述。这么说可能比较抽象,那么我们就用一些具体的例子来说明。

假如有个人从来没有见过飞机,你该怎样向他解释呢?一种办法就是用语言来描绘,说飞机像鸟一样可以在空中飞翔,它有机身,机身中部一边有一个展开的机翼,尾部还有两个类似船舵的小机翼,前边是驾驶舱,紧接着的是载人的客舱等。这样解释未尝不可,但给人的印象却很模糊,即便说得再详细再具体,如机翼长多少米,与机身成多大度角,听的人还是不大清楚。而这时你要是画出一个飞机的图形,那问题一下子就变得简单多了,人家一看就什么都明白了。

再举个更常见的例子。造船厂要造一艘新型客轮,先得有设计图纸,上面精确显示着这艘轮船的造型、结构、各部分的尺寸及其比例关系。同时,还可能按照实际的样子制作一个一模一样的船体模型,从而使人可以一目了然地在脑海中浮现这艘船的形状。此例中的设计图纸和船体模型以及上例中的飞机图形,跟我们所说的模式其实都是一回事——它们都是实际事物的一个缩略或简化的复本。在英文里,模式、模型、设计图样、样式、样本等意思都用的是同一个词,即 model。

与再现飞机、轮船、摩天大楼的模型图样相似,说明复杂现实及其理论的模式不仅省去了许多连篇累牍的口舌工夫,而且也以简明扼要的直观形式给人留下深刻的印象。比如,马克思的"原始社会—奴隶社会—封建社会—资本主义社会—社会主义社会—共产主义社会",就是一个十分有名的社会发展模式,它简洁而深刻地揭示了人类社会的发展过程和趋向。总之,模式就是理论的一种简化形式,可以向人提供事物的直观形象和明确信息,正如荷兰学者 C. A. 冯·皮尔森精当概括的:"模式乃是实际事实或理论的一个'缩略形式',目的是要说明一种特殊的秩序、关系或发展。"

与其他社会科学相比,传播学的突出特点之一就是模式较多,它的许多重要理论都是或者都能用模式来解说。其中最典型的就是著名传播学者丹尼斯·麦奎尔等的《大众传播模式论》一书,该书用一串模式概括了传播学有史以来的大多数经典理论。甚至,衡量一位传播学研究者在理论上是否有创建的一个简单标准,就是看他是否提出自己独到的传播模式。

模式之所以在传播研究上占据如此显赫的地位,是因为人类传播活动错综复杂,变幻万端,仅用理论进行阐述往往很难说清,甚至可能越说越乱,远不如模式来得直截了当。这就好比观察一个国家的幅员,哪怕你是乘着直升飞机一块一块地转悠,也不可能获得清晰而整体的印象;而铺开地图一看,一切便豁然开朗。这里的幅员恰似实际中的传播活动,而地图则犹如理论上的传播模式。进而言之,不同的传播模式就相当于同一国家的不同类型的地图——地形图、地貌图、交通图、资源分布图、军事布防图等,它们各自从不同的侧面呈现出传播王国的现实情状。

既然没有哪个理论能够穷尽现实,同样也没有哪个模式可以包罗万象。相反,作为现实的缩略形式,任何模式都不可避免地具有简单化的倾向,甚至为了凸显某个方面,有时不得不抓住一点而不及其余。用美国传播学者赛弗林与坦卡德的话说:"没有一个模式能概括一切,如果它能做到这一点的话,那它就反而违背模式的宗旨——简单地再现现实了。"

下面我们就来看看有关传播过程的一些主要模式。这些模式大致可以分为三类:一是立足传播者的直线模式;二是兼顾传播者与受传者的循环模式;三是着眼全局的系统模式。在直线模式中,人们最常提到的就是拉斯韦尔的 5W 模式和香农-韦弗的信息论模式。现在分别来谈这两个模式。

2. 拉斯韦尔的 5W 模式

我们在第一章"绪论"部分介绍四大先驱时,曾经提到拉斯韦尔的这个模式。麦奎尔等人在《大众传播模式论》里把它列入"基本模式"部分,并且排在第一:

> 1948年,美国政治学家哈罗德·拉斯韦尔在一篇论文的开头,就提出了一个也许是传播研究中最有名的命题:"描述传播行为的一个方便的方法,是回答下列五个问题:
>
> 谁?
> 说了什么?
> 通过什么渠道?
> 对谁?
> 取得了什么效果?"
> 此后,这句话就被称为"拉斯韦尔公式"而为人们所引用。①

而这也就是 5W 模式的原型。图 3-1 就是根据拉斯韦尔这段著名的论述而绘制的模式:

---

① [英]丹尼斯·麦奎尔等:《大众传播模式论》,祝建华、武伟译,16页,上海,上海译文出版社,1987。

图 3-1　拉斯韦尔的 5W 模式①

拉斯韦尔的 5W 模式,在传播研究上特别是在传播过程的研究上,具有首屈一指的重要意义。它以绚烂之极而归于平淡的形式,揭示了日常传播活动的普遍规律,看似寻常而蕴涵深刻,为理解人类传播的具体行为提供了通透的思路。所以,尽管半个多世纪以来,不断有人批评它的简单,但只要探讨具体的传播活动及其规律,只要思考实际的传播现象及其构成,就不得不从这个简单的模式入手,就不得不循着它的轨迹前行。

其实,简单有两种:一种是平凡的简单;一种是超凡的简单。前者固然浅显甚至浅薄,似家长里短;而后者则属"看似寻常却奇崛",如李白那些明白如话而诗意盎然的佳作,贝多芬那些雅俗共赏而哲思宏大的乐章,科学中那些简洁无比而涵盖无穷的公式(如勾股定理)。5W 模式也是如此,如果说它简单,那么也是一种超凡的简单,至少迄今为止还没有哪个传播理论能够达到这种境界。遗憾的是,现在不少传播理论不是把原本复杂的问题说得简单明了,相反往往把原本简单的问题说得玄而又玄。

当然,这并不是说 5W 模式十全十美,而是说它的问题并不在于所谓的简单,而在于任何理论都无法避免的缺失。以这个模式而论,"拉斯韦尔虽然考虑到了受传者的反应(效果),却没有提供一条反馈渠道,因而,这个模式没有揭示人类社会传播的双向和互动性质"②。也就是说,在考察一个有来有往的传播过程时,它只看到"来"的一面而未顾及"往"的一面。这与美国经验学派立足于传播效果的研究倾向相互吻合,对此麦奎尔等人做过精当的评论:

> 拉斯韦尔公式显示了早期传播模式的典型特性:它或多或少想当然地认为传播者具有某种打算影响接受者的意图,因此应该把传播主要看作是一种劝服性过程。这一模式还假定任何讯息总是有效果的。这种类型的模式无疑助长了过高估计传播(特别是大众传播)效果的倾向。另一方面,如果我们了解到拉斯韦尔当时关心的是政治传播与宣传,那么这就不会使人感到意外了。③

3. 香农-韦弗的信息论模式

几乎在拉斯韦尔提出 5W 模式的同时,1949 年信息论的奠基人香农和数学家韦弗也提出了一个颇为相似的信息论模式。在这个模式中,信息的传播也被描绘成一种直线性

---

① [英]丹尼斯·麦奎尔等:《大众传播模式论》,祝建华、武伟译,17 页,上海,上海译文出版社,1987。
② 郭庆光:《传播学教程》,60 页,北京,中国人民大学出版社,1999。
③ [英]丹尼斯·麦奎尔等:《大众传播模式论》,祝建华、武伟译,18 页,上海,上海译文出版社,1987。

的单向过程，它由信源(source)、发射器(transmitter)、信道(channel)、接收器(receiver)和信宿(destination)五个正面的要素和一个负面的要素即噪音(noise)所构成，如图3-2所示。

图 3-2　香农-韦弗的信息论模式①

我们知道，香农当时是贝尔电话实验室的一名电器工程师，他的信息论及其传播模式最初都是针对电信工程的，无怪乎他关心这样的问题：通过一定的线路如何传输最大数量的信号，同时又如何把噪音的干扰降低到最低程度。所以，最能说明这个模式的例子莫过于电话。

在打电话这个传播过程中，"信源"就是打电话的人，他的功能是发出"信息"(message)，也就是他所说的话。这些话不可能直接到达听电话的人即"信宿"那里（如果能的话，就没必要打电话了），而是需要经过一个传播过程。这个过程的第一步是"发射器"即电话的话筒，它把信息转换成可以在电话线路里传递的电流"信号"(signal)，这个转换过程被称为编码(encode)。编码是传播过程里一个必不可少的步骤或环节，不经过编码，任何信息都无法进入传播的流通渠道，这与货物必须装到汽车、火车、轮船、飞机等运输工具上才能运走是一个道理。最典型的编码，就是日常的说话：你心里有了什么想要表达的意思即信息，你得用语言说出来才行，不说出来，谁也不知道你心里想什么，而把抓不住、摸不着的心思变成可知可感的语言，就是一个典型的编码过程。

经过编码的信息成为信号以后，就开始在"信道"即电话线里传递了。当它传递到听电话的人那里时，还得经过一个与编码完全相反的过程即所谓译码(decode)，否则电流信号还是电流信号，对听电话的人来说没有任何意义。如果说编码是把信息加到传播媒介身上以便传播的过程，那么译码就是从传播媒介身上提取信息的过程。举例来说，在不懂外文的人看来，曲曲弯弯的外文就像是电码，看跟没看一个样，里面的信息无法破译出来，因为他无法译解这些外文代码。再以电话为例，译码其实就是把在电话线路里传输的电流信号，重新还原成打电话的人所说的话即信息，而这个还原过程是由"接收器"即电话的听筒来完成的。换句话说，接收器的功能就是把信号再还原为信息，就像发射器的功能是把信息转换成信号一样。经过还原的信息，最后终于到达了"信宿"——听电话的人。另外，信号在信道里传递时，会受到"噪音"的干扰，结果使得信息在传播过程中发生不同程

---

① ［英］丹尼斯·麦奎尔等：《大众传播模式论》，祝建华、武伟译，20页，上海，上海译文出版社，1987。

度的偏差,如电话的听筒里送出的声音与原来送入话筒的声音或多或少不尽一致。

香农-韦弗的信息论模式,不仅为描述物理信息的传递建构了经典的模式,也为考察人类传播的过程提供了有益的启示。其中最主要的有两点,一是香农-韦弗的信息论模式揭示了编码与译码这对相反相成的传播因素及其功能;二是香农-韦弗的信息论模式剖析了噪音这个过去一直未被察觉的隐患。在认识编码与译码之前,人们所理解的传播过程就是从传播者到接受者这么直来直去,中间最多只经过传播渠道这个环节:传播者—传播渠道—接受者;而现在人们发现,在传播者与接受者之间至少存在着如下环节:传播者—编码—传播渠道—译码—接受者。不经过编码,传播者的讯息就上不了传播渠道,因而也就无法传递;同样,不经过译码,传播渠道里的讯息就提不出来,因而也就无法为接受者所把握。这里,编码与译码的地位有点类似高速公路的入口与出口:两口之间是动态的信号——只有传播却无意义,如说话时的声波;两口之外是静态的讯息——只有意义却无传播,如话里的意思。

除了编码与译码,信息论模式最引人注目的就是导入了噪音的概念。按照信息论的思想:

> 噪音(noise)被定义为——不是信源有意传送而附加在信号上的任何东西。噪音可以有很多形式,最容易让人想起的是收音机中的静电干扰。在信息理论的术语中,噪音还可以是电话、收音机、电视机或电影的声音失真,或电视图像变形和变色,印刷模糊的复制图片,或电报传递时的错误。噪音还可以是说话者注意力分散的表现形式——增加了信号,但并非信源有意要传达的信息。①

一句话,噪音就是干扰正常传播的因素。噪音无所不在,任何传播过程都无法完全避免它的干扰。为了抵消噪音的作用,为了减少噪音的干扰,传播者有时不得不发出所谓"冗余信息",如不得不说的废话。举例来说,大家正在上课,一位迟到的同学推门而入,影响了同学们的注意力,于是,老师不得不把刚刚说的话再重复一遍,这句重复的话就属于冗余信息。事实上,我们平时说的话里有相当部分都是对付噪音的冗余信息。

作为传统的直线性与单向性模式,拉斯韦尔的5W模式和香农-韦弗信息论模式都存在一个共同的问题,即忽略了传播过程的反馈环节,而人类传播活动的双向互动性恰恰体现在这个环节上。1954年,施拉姆在其《大众传播的过程与效果》中,曾就此写道:

> 事实上,认为传播过程从某一点开始而到某一点终止,这种想法易使人误解。传播过程实际上是永无止境的。我们则是处理并通过不同路线递送大量永无止境的信息流的小小的中央交换台……②

---

① [美]沃纳·赛佛林等:《传播理论:起源、方法与应用》,郭镇之等译,51页,北京,华夏出版社,2000。
② [英]丹尼斯·麦奎尔等:《大众传播模式论》,祝建华、武伟译,23页,上海,上海译文出版社,1987。

正是针对上述问题,后来的研究者才提出了下面要讲的循环模式。

三、传播过程的循环模式

直线模式里的信息传播是有去无回,而循环模式里的信息传播则是有来有往。在各种循环模式里,一般常说的有两个:一个是施拉姆的模式;一个是德弗勒的模式。它们都是在信息论模式的基础上提出的,而且也是在这一基础上发展的。

1. 施拉姆的模式

上面说过,信息论模式着眼于考察电信工程领域的传播问题,只研究信息传播的物理特征,从而把信息中的意义这个要素排除在外。按照这个模式,信源、信宿、发射器、接收器等都是相互独立的。这对机械系统来说固然如此,但对人类系统而言就难以成立。因为,在人类传播活动中,每个人既是信源又是信宿,既是发射器又是接收器,或者说一方面在编码发出讯息;另一方面又在译码接收讯息,传播过程的每个要素都是密切相关的。

根据这一情况,美国社会心理学家C. E. 奥斯古德最先修正了香农的模式,他从强调传播的社会本质出发,提出了一个既能发出讯息又能接受讯息的概念——传播单位(communication unit)。他在1954年写道:

> 任何适当的模式至少应包括两个传播单位,一个信源单位(说话者)和一个信宿单位(听话者)。在任何两个这样的单位之间,将两者连接起来成为一个系统的,就是我们所说的消息(即信息——引者注)。①

受这个思想的启发,同年施拉姆在《大众传播的过程与效果》里,便提出了那个有名的人际传播模式(图3-3):

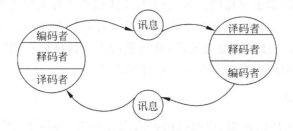

图3-3 施拉姆的人际传播模式②

这个模式不难理解,我们只需把它想象成两个人的对话就足够了。这个对话过程,从传播学的角度看就是一个讯息循环往复周流不息的过程,参与对话的双方同时具有

---

① [美]沃纳·赛佛林等:《传播理论:起源、方法与应用》,郭镇之等译,55页,北京,华夏出版社,2000。
② [英]丹尼斯·麦奎尔等:《大众传播模式论》,祝建华、武伟译,22页,上海,上海译文出版社,1987。

发出讯息和接受讯息的功能(前者体现为编码而后者体现为译码和释码),不存在什么主动的传播者和被动的接受者之别。所以,这个模式的主要意义,就在于凸显了信息反馈和传播互动等特征,揭示了双向交流与信息共享等关系。不过,其长处也正是其短处,由于它过于突出传播双方的对等互动,结果只能有条件地适用于人际传播而无法完全适用于大众传播等类型。为此,施拉姆又另外提出了一个大众传播的过程模式(图3-4):

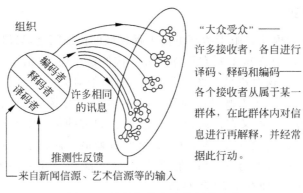

图3-4 施拉姆的大众传播模式[①]

这个问世于1954年的模式,在众多的、层出不穷的大众传播模式里可谓鹤立鸡群,至今仍以简洁明了而为人称道。显而易见,在这个模式里,重心或核心是媒介组织,它占据着传播的主导地位。媒介组织从信源输入讯息,如报社收到记者发来的稿件。这些讯息首先需要经过译码,比如编辑阅读来稿,然后通过编码如一系列的编辑程序而发出。由于媒介组织的放大作用,输出讯息的能量与输入讯息相比已有天壤之别:输入讯息只是针对媒介组织的个别人,而输出讯息却是面向成千上万的广大受众。如果说施拉姆的人际传播模式显示了人际传播的点对点关系,那么他的大众传播模式则展现了大众传播的点对面特征。关于这些情况,我们将在下一章详细论述。

2. 德弗勒的模式

在传播过程的循环模式里,德弗勒的模式也是独树一帜,尽管它明显脱胎于信息论模式。梅尔文·德弗勒是一位颇负盛誉的美国社会学家和传播学者,在传播学理论方面尤多建树。1966年,德弗勒直接在信息论模式的基础上提出了一个传播互动模式(图3-5):

---

① [英]丹尼斯·麦奎尔等:《大众传播模式论》,祝建华、武伟译,46页,上海,上海译文出版社,1987。

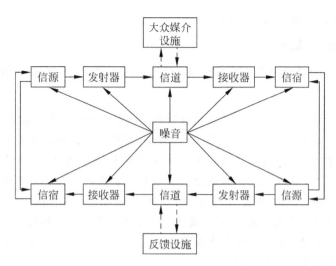

图 3-5　德弗勒的互动过程模式①

这个模式有三点值得注意。其一，在信息论模式里，一个传播过程只有"来路"，没有"回程"；而德弗勒的互动模式则是有来有往，双向互动。从图 3-5 我们可以看到，它其实是在信息论模式的来路上又增加了一条平行的回程，而且这两条平行的路线不是各行其是互不搭界，而是彼此勾连密切相关，形成一个同甘共苦休戚与共的整体。其二，这个模式不仅弥补了信息论模式常遭诟病的直线性缺陷，而且明确勾勒了反馈的环路，把反馈这个传播要素纳入了传播过程。其三，"这个模式还拓展了噪音的概念，认为噪音不仅对讯息而且对传达和反馈过程中的任何一个环节或要素都会发出影响，这一点加深了我们对噪音所起的作用的认识。"②

上述循环模式比起直线模式固然较为完善，但是它们又存在另外一个共同的问题，那就是把传播过程当做遗世独立与世无争的封闭回路来考察，往往单纯地就传播过程而谈传播过程，忽略了传播过程之外的许多社会环境因素（除了噪音）。针对这个问题，后来的研究者又进一步发展出传播过程的系统模式。

四、传播过程的系统模式

所谓系统模式，就是把微观的传播过程置于宏观的社会系统中进行考察，所以着眼点不在于透视传播过程的内在环节，而在于把握它的外在联系。这里，我们也主要介绍两个系统模式，一个是美国学者赖利夫妇 1959 年从社会学角度提出的；一个是德国学者马莱

---

① ［英］丹尼斯·麦奎尔等：《大众传播模式论》，祝建华、武伟译，21 页，上海，上海译文出版社，1987。
② 郭庆光：《传播学教程》，63～64 页，北京，中国人民大学出版社，1999。

茨克 1963 年从社会心理学角度提出的。

1. 赖利夫妇的系统模式

关于这个模式的要旨以及提出的学术背景,麦奎尔等在《大众传播模式论》里曾做过精练的阐述:

> 早期的传播模式易于使人产生这样的印象:传播过程是在社会真空中发生的,环境的影响不值一提。然而,人们逐渐认识到,人类传播是不同类型的社会结构的组成部分。约翰·赖利与马蒂尔达·怀特·赖利 1959 年发表的"大众传播与社会系统"一文,是趋向采取社会学观点这个进程中重要的一步。文章批评了传统的大众传播观点,赖利夫妇认为这种观点没有令人满意地解释传播研究的许多成果。作为这一批评的建设性的延续,他们提出了一个他们称之为工作模式的模式。其目的是通过把大众传播看作是社会上各种社会系统中的一个系统,用更富社会学的方法使之有可能来分析大众传播。①

下面这个模式(图 3-6),就是麦奎尔等根据赖利夫妇的这篇文章所绘制的:

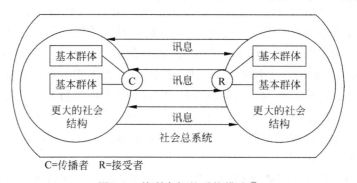

图 3-6 赖利夫妇的系统模式②

在这个模式中,无论是传播者还是接受者都处在多重的社会联系之中。首先,是他与所谓"基本群体"的联系。以学生为例,他的基本群体包括家庭、班级或学校,他的传播活动自然受到这个群体的制约。其次,他与基本群体,又受到"更大的社会结构"如党派组织、民族传统的影响,形成多维互动、交叉影响的态势。最后,这个拖泥带水、关系复杂的传播者或接受者,又都受制于包罗万象的"社会总系统",如主权国家或一体化的世界。

这个模式的主线虽然还是"传播者(C)—接受者(R)",但它同时也突出了人类传播活动的系统性、联系性及整体性,为深入探讨传播问题展现了开阔的思路:

---

① [英]丹尼斯·麦奎尔等:《大众传播模式论》,祝建华、武伟译,47 页,上海,上海译文出版社,1987。
② [英]丹尼斯·麦奎尔等:《大众传播模式论》,祝建华、武伟译,49 页,上海,上海译文出版社,1987。

> 从这个模式中我们可以看到，社会传播系统的各种类型，包括微观的、中观的和宏观的系统，每个系统既具有相对的独立性，又与其他系统处于普遍联系和相互作用之中。每一种传播活动，每一个传播过程，除了受到其内部机制的制约之外，还受到外部环境和条件的广泛影响。这种结构的多重性和联系的广泛性体现了社会传播是一个复杂而有机的综合系统。①

总之，赖利夫妇的系统模式，使我们清楚地看到传播活动这条活鱼是游动在人类社会这片大海之中的，不到水里去观鱼，结果见到的只能是死鱼。无论是人际传播还是大众传播，都是处于某种社会环境中的活动，不可避免地会打上社会的烙印。

2. 马莱茨克的系统模式

相比较而言，赖利夫妇的系统模式侧重于外在的社会关系及其作用，而马莱茨克的系统模式则侧重于内在的社会心理及其影响。这个模式（图 3-7）的思想，是马莱茨克在 1963 年的《大众传播心理学》一书中阐发的，1981 年麦奎尔等在《大众传播模式论》里又对它做出如下的描绘：

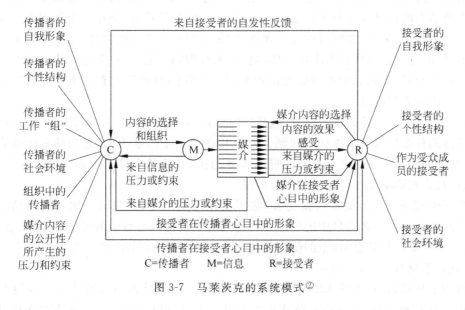

图 3-7　马莱茨克的系统模式②

这个模式内容丰富，涉及广泛，而且特别适用于大众传播，正如麦奎尔所概括的：

---

① 郭庆光：《传播学教程》，66 页，北京，中国人民大学出版社，1999。
② ［英］丹尼斯·麦奎尔等：《大众传播模式论》，祝建华、武伟译，55～56 页，上海，上海译文出版社，1987。

> 这个模式是数十年来从社会心理学角度研究大众传播之总结。尽管它已相对过时，但是仍然十分有用，因为它包含着一系列重要因素和关系，其中某些部分至今还没有加以彻底的研究。
>
> 该模式如此详尽，可以作为从社会心理学角度研究大众传播过程的相关因素的一份清单，因此，如果人们希望对这些过程的描述作分析的话，可以使用这个模式。①

这个模式的主干和要点，可以概括为"传播者—媒介—接受者"这样一个三点一线，其中每一点都受到多重社会心理因素的影响，而所有的关系又都处于一个整合的系统，即所谓"大众传播场"。我们先来看看传播者，即模式里的 C(communicator)。

我们可以看到，这里的传播者如记者受制于上下左右诸多因素，而这些因素都影响着他的传播行为。大致说来，这些因素可以分为三组：一组涉及传播者与信息的关系，一组涉及传播者与自身的关系，一组涉及传播者与接受者的关系。一般来说，传播者所发出的信息只是他所占有的诸多信息的一部分，换句话说，当他发出信息时得先从诸多的信息中进行选择。比如，你内心有各种各样的意念，你不可能嘟嘟噜噜都对人说，你总得根据不同的情况有选择地告诉别人。这种选择是双向的，一方面信息的选择受制于传播者；另一方面传播者的选择也受制于信息。对于前者，人们容易理解，毕竟一条新闻能否发布得由记者来决定。至于后者则可以这么理解，你是发布一条正式的消息，还是随意谈谈一些个人的感受，这对你选择和发出什么样的信息大有影响。另外，媒介也对传播者的选择构成"压力或制约"，如报刊记者与电视记者对同一事件的报道肯定有所不同。这是第一组关系——传播者与信息。

第二组关系——传播者与自身，包括"传播者的自我印象"等一系列因素，这些因素是经验学派的传播研究经常探讨的问题。以自我印象这个因素为例，它指的是传播者如何看待自己的角色，一个记者是把自己视为客观的镜子，还是事件的解释者，抑或是思想的捍卫者，将直接影响他对信息的选择及传播。

第三组关系——传播者与接受者，除了反馈因素之外，还包括一组双向互动的作用力，即"接受者在传播者心目中的形象"和"传播者在接受者心目中的形象"。拿前者来说，"当传播者在制作其信息时，他的脑海里总有一幅接受者的图像，即使后者并不是具体出现在面前(参见费林，1955年)"。②

解剖了传播者，这个模式的接受者即 R(receiver)，也就差不多清楚了。因为 C 与 R 的各种关系是相似的，只是位置彼此相对而已。不过，对接受者而言，媒介的作用就比较重要了。这里，一方面存在着来自媒介的压力或约束；另一方面存在着来自接受者的媒介形象。所谓媒介的压力或约束是指：

---

① [英]丹尼斯·麦奎尔等：《大众传播模式论》，祝建华、武伟译，57 页，上海，上海译文出版社，1987。

② [英]丹尼斯·麦奎尔等：《大众传播模式论》，祝建华、武伟译，55~56 页，上海，上海译文出版社，1987。

> 不同的媒介要求接受者作出不同的适应。每一种媒介都有其可能性和局限性，必须将媒介的特性看作是影响着接受者感受并受媒介内容影响的方式。因而对广播和电视播放的戏剧演出，我们的感受不完全一样。①

至于媒介在接受者心目中的形象，主要是指媒介的知名度和可信度。一个普通网民在网络上发的帖子，自然无法与《人民日报》的报道相提并论。此外，接受者对信息的选择也直接制约着传播过程。这种选择有三种心理上的作用形式，一是选择性接触（selective exposure），又称选择性注意（selective attention），如看报纸还是看电视，看新闻还是看广告，完全由你决定，媒介是无法强迫的；二是选择性理解（selective perception），如鲁迅先生说的，经学家、道学家、革命家、流言家等在同一部《红楼梦》里发现各自不同的含义；三是选择性记忆（selective retention），如接受者总是保留符合其意愿的信息而忘却有悖其立场的信息。

马莱茨克的系统模式告诉我们，人类传播活动是个复杂的过程，其间牵涉一系列社会的和心理的因素，所以我们在分析传播过程时必须综合地考虑各种关系及其作用，必须用系统论的思想去把握传播过程的诸多环节、诸多要素和诸多关系，以求获得一种符合传播实际的总体认识。

当然，所谓符合实际只是相对而言的，因为各种传播模式都有自己的出发点、着眼点和侧重点，都有自己适用的领域。因此，不可能有哪个模式是十全十美、包罗万象、放之四海而皆准的，否则也就违背了模式的初衷——"对现实世界进行简化的表达"②。用歌德的名言来说，生活之树常青，而理论总是灰色的。

第二节 人类传播的基本类型

按照实际传播活动的形态、结构和功能，人类传播可以划分为不同的类型，其中传播学所关注的基本类型主要有这么五种：

人内传播——"情人怨遥夜，竟夕起相思"
人际传播——"开轩面场圃，把酒话桑麻"
群体传播——"歌罢仰天叹，四座泪纵横"
组织传播——"都护军书至，匈奴围酒泉"
大众传播——"吾爱孟夫子，风流天下闻"

此外，由于全球一体化的进展，国际传播以及全球传播的研究也受到普遍重视。关于

---

① ［英］丹尼斯·麦奎尔等：《大众传播模式论》，祝建华、武伟译，51页，上海，上海译文出版社，1987。
② ［美］沃纳·赛佛林等：《传播理论：起源、方法与应用》，郭镇之等译，65页，北京，华夏出版社，2000。

大众传播与国际传播的问题,我们将分别在第四章和第八章专门进行考察。所以,下面我们只谈人内传播、人际传播、群体传播和组织传播。

一、人内传播

人内传播(intra-personal communication),也称自身传播、自我传播、内向传播等。顾名思义,这是一种发生在自身内部的信息传播过程,或者说是以人体为系统而进行的信息处理活动。按照甘惜分先生主编的《新闻学大词典》所下的定义,人内传播是"指个人独自进行的思维活动,是在外部世界的刺激下所引起的心理调节,由自我意识和自我感觉构成,是在'主我'(I)与'宾我'(Me)之间发生的信息交流活动。"① 由于个人是组成人类社会的原子,属于个人的人内传播也就成为各种人类传播的基础。换言之,正是由于个人具有这种或思考或表达的传播能力即信息处理能力,人与人之间才可能进行对话,才有人际传播、群体传播、组织传播和大众传播的可能。

下面,我们从两个方面来探讨一下人内传播,一是人内传播的特性;二是人内传播的过程。

1. 人内传播的特性

首先,从发生学的角度而言,人内传播与人类的社会生活和社会实践密不可分。众所周知,傻子和傻子无法对话,正如石头和石头不能交流。这个极端的例子说明,看似自然而然司空见惯的人内传播,其实存在着一套相当复杂的综合机制,包括生理如发声器官、心理如意识能力、社会如交往需求等。而这套机制既是生物进化的结果,更是社会发展的产物。按照马克思的精神交往论,人的精神交往取决于人的物质交往,而一切交往归根结底又在于生产的发展。没有生产,就没有交往,这是历史唯物主义的基本命题:

> 在劳动和社会协作过程中,人不仅要认识事物的表面现象,而且要认识事物的本质和规律,反复的社会实践,使人的意识超越了一般动物感觉和心理而达到更高的境界。②

在社会实践的过程中,无论对人类传播还是对人类社会都具有首屈一指意义的,就是语言的产生。人之所以为人,人之所以超越于动物,分水岭就在语言。语言,使人类的一切传播成为可能,其中包括人内传播。自言自语也好,苦思冥想也好,反躬自省也好,哪个都离不开语言。而任何语言都是社会化的,也就是说没有哪个语言是属于自己的(属于自己的只是对社会化语言的个性化使用)。所以,人内传播的发生追根溯源是人的社会化。

其次,从形式上看,人内传播涉及人的意识活动、思维活动、心理活动、情感活动等,一

---

① 甘惜分主编:《新闻学大词典》,58页,郑州,河南人民出版社,1993。
② 郭庆光:《传播学教程》,76页,北京,中国人民大学出版社,1999。

句话就是人的精神活动。依据一般哲学认识论的观点,这种精神活动是物质世界的反应,可以分为感性认识和理性认识两个层面,由感觉、知觉、表象、概念、判断、推理等环节或要素构成。作为精神活动,人内传播具有两重性:一是客观反应性;一是主观创造性。也就是说,人内传播并不是一面纯粹的镜子,只是被动地吸纳外界的讯息,相反它还要对各种讯息进行能动的加工、处理或创造,其间最典型的例子就是人的灵感。

最后,从功能上看,人内传播是一切人类传播的基础,正如原子的构成与运动是大千世界的本源。这一点显而易见,就不用再多说了。

总括起来,人内传播的特性可以概括为如下四点:

(1) 它是个体(个人)信息系统内的传播活动;

(2) 人内传播虽然与人体内部的生理机制密切相关,但在本质上是对社会实践的反映,具有鲜明的社会性和实践性;

(3) 人内传播的过程由感觉、知觉、表象、概念、判断、推理等环节和要素构成,是能动的意识、思维和心理活动,具有生产性和创造性;

(4) 人内传播是其他一切社会传播的基础,与其他类型的传播相互衔接、相互影响、相互作用。[1]

2. 人内传播的过程

从表面上看,人内传播过程似乎是自成一体的独立闭合系统,与其他讯息交往或精神交往活动毫无关联。你看,不管是自言自语,还是苦思冥想,不都是个人的事情吗?其实,与其他人类传播活动一样,作为心理活动的人内传播也是人的社会性的体现,因而同样存在一个双向互动的传播过程。

你可能会问,既然人内传播是自己对自己的传播,自我传播、自身传播等别称都更清楚地表明了这一点,那么所谓双向互动又从何谈起呢?总不能说是"我—我"的双向互动吧。我们说,人内传播确实是发生在人体自身的讯息流动与处理,但这并不意味着其间没有双向互动的关系,而且这个关系恰恰就体现在"我—我"之间。此话怎讲?让我们从米德的主我与客我理论讲起。

G.H. 米德(1863—1931),是美国哲学家、社会学家,芝加哥学派的代表人物,而芝加哥学派则是美国社会学领域最早的一大流派,对传播研究影响甚大。作为哲学家,米德对实用主义的哲学思想颇有建树,创立实用主义哲学的杜威就称自己极大地受惠于米德的哲学。作为社会学家,米德的贡献主要在社会心理学方面,尤以研究人的自我意识及其发展而著称。他从1894年起一直在芝加哥大学任教,深受学生欢迎,他的主要著作都是去

---

[1] 国务院学位委员会办公室编:《同等学力人员申请硕士学位新闻传播学学科综合水平全国统一考试大纲及指南》,74页,北京,高等教育出版社,1999。

世后由学生根据讲稿编辑出版的,其中包括其代表作《心灵、自我和社会》(*Mind, Self, and Society*)。

米德一生的学术精华,都凝聚于有名的符号互动论(symbolic interactionism),又称象征互动论(这个术语,是米德的弟子、符号互动论的集大成者赫伯特·布鲁默于1937年创造的)。按照这个理论,有意义的象征符如语言,乃是社会生活的基础。这一点可以从三个方面来理解。首先,没有象征符,我们就只能被局限在动物的水准上,因为我们无法区分各种社会关系,如父母与孩子、老师与学生、雇主与雇员等。其次,没有象征符,我们就无法协调自己与他人的行为,因而也就一事无成。比如,你和一位异性在一起时,你是把对方视为"朋友"还是"恋人",你的言谈举止就大不一样。最后,人的自我本身就是一个象征符,因为它包含着那些我们如何看待自己的种种思想观念。总而言之,符号互动论的关键在于符号(象征符),先有符号而后有互动,互动是在符号的基础上进行的。

米德的这个理论,对理解人的社会行为包括传播行为颇有启发。1992年,南伊利诺伊大学的社会学家 J. M. 亨斯林(James M. Henslin),曾用这个理论对美国社会的高离婚率做了研究,其中论及"爱情"这个象征符如何给正常的婚姻增加了"额外的负担"。他指出,当代美国社会充斥着大量所谓"真正的爱情"这类象征符,它容易使人对婚姻产生不切实际的期望,当人们拿着这个象征符去套实际生活时,往往不可避免地陷入失望而使许多婚姻归于失败。① 由此可见,内在的符号对外在的行为所具有的支配力。这里,语言学家萨丕尔的一句话给人的印象尤为深刻:

> 假如"自由"、"理想"这些词不在我们心里作响,我们会像现在这样准备为自由而死,为理想而奋斗吗?②

根据米德的理论,人的自我及自我意识是在社会互动中形成的,而这种社会互动不仅体现在人际传播上,同时也体现在人内传播中。人内传播就是一个以象征符为中介的互动过程,表现为"主我"与"客我"(又称"宾我")的相互作用(参见图3-8)。

何谓主我(I)?何谓客我(Me)?这是米德在分析自我的发展时区分的一对内涵深刻的概念。英语里有两个"我",一个是作为主语使用的"我"(I),如"我爱你"这句话里的"我";另一个是作为宾语使用的"我"(Me),如"你恨我"这句话里的"我"。前一个我是主动的,后一个我是被动的。米德借用这两个代词,来说明自我的两个

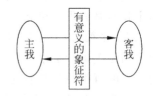

图 3-8　人内传播的双向互动③

---

① James M. Henslin, *Sociology: A Down-to-Earth Approach*, 2nd ed. (Boston: Allyn and Bacon, 1995), p. 20.
② [美]爱德华·萨丕尔:《语言论》,陆卓元译,第2版,15页,北京,商务印书馆,1985。
③ 郭庆光:《传播学教程》,79页,北京,中国人民大学出版社,1999。

方面：一个是"自主"的方面，一个是"他主"的方面；一个由特立独行的自主意识所构成，一个由社会互动的他人看法所构成。

举例来说，一方面我固然属于自己，可以按照自己的意愿去行事；但是另一方面，我又属于他人，是他人的父亲、儿子、老师、学生、丈夫、同事、下属、领导等，于是我又不得不遵从这些社会互动的角色规范。就前者而言，我是个能动的主体，想干什么就干什么，可以"为所欲为"；而就后者而言，我又是个被动的客体，受制于他人的要求和期望。借用美国传播学者斯蒂文·小约翰的概括：

> 主格的我是冲动的、无组织、无方向、不可预测的那部分自我。宾格的我就是被类化的他人，由与他人共同的、有序的和一致的类型构成。每一个行动都始于来自"主我"的冲动并很快受控于"宾我"。"主我"是行动的驱动力，而"宾我"则提供方向与指导。①

米德的"徒孙"——赫伯特·布鲁默之后新一代最杰出的互动论者 G. 戈夫曼（Erving Goffman），有个"前台"和"后台"的比喻，有助于我们理解米德的主我和客我理论。在其"拟剧分析"（dramaturgical analysis）理论中，戈夫曼把人的社会生活比喻为演戏，人的社会化过程就是学会在社会的舞台上扮演自己的"社会角色"（social role，该词由米德最早引入社会学）。而这个舞台也分为前台和后台，当你在前台面对观众时，你的自我就是客我；当你在后台卸妆时，你的自我就是主我。现代人之所以感到心灵疲惫，很大程度正因为客我对主我的束缚太多。

总之，主我是自身行为的主体，客我是各种社会关系的体现。再说简单一点，主我是个人心目中的自我，而客我是他人心目中的自我。人的自我，就是在这种主我和客我的互动过程中，逐渐形成、不断发展、日益更新的。所以，米德认为，自我是社会的产物，自我的产生离不开他人和群体："自我是某种发展的东西，它不是生来就有的，而是在社会活动过程中产生的。"②

可以说，人之所以有着自我意识，正是依靠这样的符号互动机制，而一般的动物不会思考，更不会使自己处于它所造成的地位上。进一步说，作为个体的人在与他人接触或交流时，其实同时也在无意中看着自己，像其他人看着我们一样。这样的"镜中人"的心理效应决定人的思维、态度和行为。正因为如此，米德才说，自我有这样一个特征即它是它自身的一个对象。

这样的思维机制保证了人在从事传播和交流活动时，表面是"我说话"，实际上是"我像他人一样看我说话"，他人的反应在这里成为个人自身的反应。就这样，我们不断在自

---

① ［美］斯蒂文·小约翰：《传播理论》，陈德民等译，287~288 页，北京，中国社会科学出版社，1999。
② 时蓉华：《社会心理学》，167 页，杭州，浙江教育出版社，1998。

身引起我们在他人身上引起的那些反应,尤其是通过有声的姿态,使我们在自己的行动中采取他人的态度。很多时候,所谓的心照不宣、配合默契等都是这样形成的。我们像影响他人一样影响自己,并通过对我们所说话的理解来传达社会情境。

米德对自我的这一区分,为解释人内传播的过程提供了经典的思路。按照这个思路,人内传播过程,实际上就是主我和客我的对话,是发生在两者之间的讯息交流。同其他类型的传播活动一样,这种对话也是通过有意义的符号进行的,体现着鲜明的社会性、双向性和互动性。主我与客我对话的一个典型例子,就是莎士比亚塑造的最有名的人物形象哈姆雷特。作为客我即一位王子的哈姆雷特,他应该履行社会所期待的职责,一箭刺杀那个毒死其父王、霸占其母后的叔父;可是,作为主我的哈姆雷特,却又是一位优柔寡断、举棋不定、充满形而上思虑的人,于是在他的主我与客我之间便形成了尖锐的对立和矛盾,从而也就有了那段千古流芳的内心独白:

> 生存还是毁灭,这是一个值得考虑的问题;默然忍受命运的暴虐的毒箭,或是挺身反抗人世的无涯的苦难,通过斗争把它们扫清,这两种行为,哪一种更高贵?……①

人内传播的内容,我们就讲这么多。通过这一部分的学习,大家应该认识到在整个社会传播过程中,人不但需要与他人进行传播,还需要与自己进行传播。这种表现为主我与客我互相对话的自我传播同样具有社会性,并不纯属于个人。只有通过自我传播,人才能够认识自己,改造自己,使自己社会化。

二、人际传播

人际传播(interpersonal communication),又称人际沟通。如果说人内传播是人类传播的基础,那么人际传播就是人类传播的主体。就其功能而言,前者犹如原子,后者恰似分子。在物质世界里,构成各种物质的基础固然是原子,但是决定各种物质属性的关键却在于分子及其结构。同样,在人类社会中,传播的发生基于人内传播,但是异彩纷呈气象万千的传播活动却主要取决于人际传播,它是人类传播活动中最普遍、最常见、最通行的类型。与此相应,人际传播学也就成为传播学里与大众传播学分庭抗礼的一大研究领域,严格意义上的传播学其实就是研究人际传播和大众传播这两种传播类型。比如,美国的经验学派在探讨传播活动的功效时,一方面着力揭示大众媒介的"效果"(effect);另一方面则悉心分析人际渠道的"影响"(influence)。

---

① 《莎士比亚全集》,朱生豪译,第9卷,63页,北京,人民文学出版社,1978。

1. 人际传播与人际关系

> 什么是人际传播？人际传播就是个人与个人之间借助语言符号和非语言符号而彼此交流信息、沟通情感、协调行为的社会活动。一般认为它有两种方式：①面对面的交谈。这是"人际传播"最基本和主要的形式。②通过中介进行的信息沟通。如通过电话、电报、电传等手段进行的交流。①

前者是直接的——"点-点"，后者是间接的——"点-中介-点"。其实，严格说来，面对面的交谈也得通过中介，这个中介就是语言。语言媒介与其他传播媒介不同，首先它不是外在于己而是内在于人的，其次它不是有形的而是无形的。对此，我们用电话媒介作为对比，就会看得更清楚。作为媒介，电话的基本结构就是两部电话机，中间连着一条电话线路。与此相似，有点对点的人际传播中，也有两部电话机（对话的双方），其中每一方都有一个话筒（发声器官）和一个听筒（听觉器官），而连接这两部电话机的电话线路就是传递声波的空气（在真空条件下声音是传不出去的）。可见语言系统也是一种媒介系统，借助语言的当面交谈自然也是通过中介进行的。进而言之，当面交谈不仅有媒介即语言参与其中，而且，按照郭庆光先生的形象说法，它还是一种真正意义上的"多媒体"传播。也就是说其中除了语言这种主要媒介之外，还有眼神、表情、姿势、神态、服饰、语气、环境乃至气息等多种媒介在发挥综合的作用、在传递多维的信息。我们不妨比较一下耳鬓厮磨之际的恋人絮语与天各一方之际的飞书传情，就可以直观地了解人际传播两种方式的不同了。据此，我们可以把人际传播的两种方式重新界定为："点-多媒体-点"和"点-单媒体-点"（媒体与媒介是近义词）。这两种形式各有长短：面对面的交谈长在感同身受，亲密自然，信息丰富、饱满、立体感强，而短在受制于时间和空间；相反，通过中介的传播长在突破了时间空间的局限，而短在损失了许多鲜活的信息。

我们在第一章里曾说过，传播是社会的黏合剂，社会的构成离不开传播，其中人际传播又是人们参与社会生活、建立社会关系所必不可少的主要活动，集中体现着人类传播活动的本质特征和诸多属性。这些特征及属性概括起来有如下几点：

> （1）人际传播传递和接收信息的渠道多，方法灵活。换句话说，传播者不仅可以使用语言，而且能够运用表情、眼神、动作等多种渠道或手段来表达信息；同样，受传者也可以通过多种渠道来接收信息。
>
> （2）人际传播的信息的意义更为丰富和复杂。这个特点和第一个特点密切相关，也就是说在面对面的情况下，多种渠道和多种手段的配合，会形成特殊的传播情景，这种特殊的情景会产生新的意义……

---

① 甘惜分主编：《新闻学大词典》，58页，郑州，河南人民出版社，1993。

(3) 人际传播双向性强,反馈及时,互动频度高。双方的信息授受以一来一往的形式进行,传播者和受传者不断相互交换角色,每一方都可以随时根据对方的反应把握自己的传播效果,并相应地修改、补充传播内容或改变传播方法。因此,人际传播是一种高质量的传播活动,尤其在说服和沟通感情方面,其效果要好于其他形式的传播。

　　(4) 与组织传播和大众传播相比,人际传播属于一种非制度化的传播……这里所说的非制度化,主要指传播关系的成立上具有自发性、自主性和非强制性,人际传播主要是建立在自愿和合意基础上的活动。①

　　至于人际传播的功能与意义,说到底无非体现在三个方面——沟通信息,联络感情,协调关系。第一个方面沟通信息,是人际传播也是所有传播活动的直接功能,而沟通信息的主要目的在于认知。所谓认知,既指向"世事"如天气情况,也指向"人事"如家长里短;既针对他人如知人知面,也针对自己如自知之明。第二个方面联络感情,是人际传播的基本需求。许多时候,人与人的交往与沟通并没有什么明确的意图,而仅仅是出于情感方面的需要,比如亲朋好友的聚会聊天。第三个方面协调关系,是人际传播的主要动机。我们知道,人生在世必须和各种各样的人保持各种各样的关系,而任何一种"关系网络"的建立都有赖于人际传播,一男一女如果既不说话也不来往,那么无论如何也不可能发生恋爱关系。这三个方面概括起来,就是中国古代哲人常讲的知、情、意。为了说明问题,我们把三者分开来谈,而在实际的传播活动中,它们总是融合在一起,形成三位一体的格局。比如,我和一位老朋友通电话,既是在了解他的情况,又是在表示我的关心,同时也是在保持和促进我们的关系。

　　人际传播的问题与人际关系的问题密切相连,人际传播的动机、目的和功能最终都要落实在人际关系上。一般说来,"人际沟通是人际关系的前提与条件;人际关系是人际沟通的进一步基础,两者的关系是相辅相成的"②。那么,什么是人际关系呢?按照马克思的说法,在其现实性上,人是各种社会关系的总和。在共同的社会生活和社会实践中,人与人之间建立了各种关系,如经济、法律、道德、宗教、血缘以及心理等关系,这些关系统称为社会关系(social relation)。其中最基本的自然是经济关系,而最直接的则是心理关系。心理关系存在于社会生活的各个层面,如生活里的亲属关系、工作中的同事关系、市场上的买卖关系等,而所有这些心理关系就统称为人际关系(interpersonal relations)。换句话说,人际关系就是人与人之间在社会生活中建立或保持的心理上的关系,或心理上的距离。为此,社会心理学一直十分重视研究人际关系,而这方面的许多研究也同社会心理学的其他研究一样,对传播学特别是美国的经验学派发生了影响。

---

① 郭庆光:《传播学教程》,64～83页,北京,中国人民大学出版社,1999。
② 时蓉华:《社会心理学》,357页,杭州,浙江教育出版社,1998。

按说，人际关系也好，人际传播也罢，都是由来已久的问题，可为什么直到20世纪以来才受到越来越多的关注呢？这里的根本原因还得从唯物史观所说的社会存在方面去寻找。由于资本主义的现代文明，打破了以往"小国寡民"时代的各种壁垒，使全球经济趋于一体化，也使社会生活趋于活跃的动荡，同时随着科技的进步特别是当今的高科技发展，社会生产越来越精密，越来越复杂，从而导致人与人的生产关系和社会关系越来越密切，越来越纷繁，于是自然就会带来许许多多涉及人际关系的问题，诸如紧张、焦虑、冲突、对立、协调、融合等等，而这些问题在刀耕火种的时代，在"鸡犬之声相闻，老死不相往来"的前现代化社会显然都不突出。所以，与大众传播一样，人际传播研究也是一个现时代的课题。

2. 人际传播与自我表达

人际传播的效果，取决于自我表达。因为人际传播的过程，实际上就是传播双方相互之间自我表达的过程。无论是沟通信息，还是表达情感，或是协调行为，表达是否准确，是否恰当，是否得体，都直接影响着传播的进程与结果。

前面说过，人际传播是一种真正的多媒体传播，其间除了语言媒介，还同时涉及人的音色、语气、表情、眼神、手势、姿态、发型、服饰、气味等诸多的传播媒体，亦即传播方式、传播渠道、传播工具，如图3-9所示。

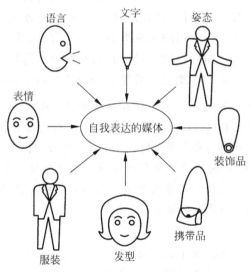

图3-9　自我表达的媒体①

---

① 郭庆光：《传播学教程》，86页，北京，中国人民大学出版社，1999。

这些传播媒体或表达方式,概括起来就是两大类型:一是语言;一是非语言。通过语言媒介进行的表达称为语言传播(verbal communication),通过非语言媒介进行的表达称为非语言传播(non-verbal communication)。对语言传播,西方的学术传统向来比较重视,从古希腊的论辩术到中世纪的修辞学,进而到现代的演讲学,都把如何使用语言即如何遣词造句、控制声调、抑扬顿挫以求打动人心,视为思维与表达方面的基本训练,而这一传统也为传播学提供了重要的资源。如今在美国的许多大学里,传播专业和演讲专业往往同处于一个大的传播系或传播学院,有的甚至就称言语传播(speech communication)。

非语言符号及非语言传播的意义,在人类传播活动中同样不可忽略。以研究非语言符号而著称的美国学者爱德华·霍尔(Edward T. Hall),在其名作《无声的语言》(The Silent Language)里,提出了10种完全独立的人类传播方式,他称之为"基本的传递信息的方式",10种方式里除了1种是语言,其余9种均为非语言。根据另外一位专攻身势体态语言并将此类研究称为"身势学"(kinesics)的人类学家伯德惠斯特尔(Ray Birdwhistell)的估计,在两人会话的情景中,语言传递的信息不到全部信息的35%,其余65%的"社会意义"(social meaning)都是通过非语言符号传播的。①

那么,什么是非语言符号,什么又是非语言传播呢?在诸多解释里,著名语言学家爱德华·萨丕尔对非语言符号的界定特别耐人寻味,他说非语言符号是"一种精致入微的代码——一种不曾形诸文字,也不为人所知,但又无人不解的代码"②。如果把语言符号比做人的意识,那么非语言符号就恰似人的潜意识——一个是露出海面的冰山一角,一个是藏在海底的冰山主体。实际上,意识的表现形态就是语言,而潜意识的表现形态就是非语言。而借助非语言符号传递信息的过程与行为,就叫非语言传播。不过,对于这个定义所指涉的对象人们看法不一,正如兰德尔·哈里森(Randall Harrison)所言:

"非语言传播"这一说法被用于各种各样的事件:从动物的地盘占据到外交官的礼节;从脸部表情到肌肉的抽动;从内心的、难以表达的感情到室外的公共纪念碑;从按摩给出的信息到用拳击表示的说服力;从舞蹈、戏剧到音乐、哑剧;从情感的流动到交通的流动;从超感官知觉到国际强权集团的经济政策;从时装、时尚到建筑和模拟计算机;从玫瑰的花香到牛排的滋味;从弗洛伊德的象征到星相学符号;从暴力的语言到袒胸舞女的语言。③

---

① Wilbur Wchramm and William E. Porter. *Men, Women, Messages, and Media: Understanding Human Communication*. New York: Happer & Row, Publishers, 1982, p. 63.

② Wilbur Wchramm and William E. Porter. *Men, Women, Messages, and Media: Understanding Human Communication*. New York: Happer & Row, Publishers, 1982, p. 63.

③ Randall Harrison, *Beyond Words: An Introduction to Nonverbal Communication*. Englewood Cliffs, N. J.: Prentice-Hall, 1974, pp. 24-25. 转引自斯蒂文·小约翰:《传播理论》,陈德民等译,132页,北京,中国社会科学出版社,1999。

一般认为下列种种均属于非语言符号(非语言媒介)以及非语言传播的范畴:鼓声、烽火、标志、图像、手势、眼神、表情、姿势、体态、装束、语调、气味等等,其中大多都与人体有关。在这些非语言符号里,身势语或曰人体语显然占据了首屈一指的地位。身势语(body language),是由人体发出或与人体有关的非语言符号,主要由眼神、表情、手势、姿势、服饰、气味和副语言(paralanguage)所构成。这些非语言符号,在人际传播活动中功效尤为显著,作用尤为突出,正如有的学者所指出的:"人类情景中所产生的,有时是大部分的意义是在借助或不借助言语的情况下,通过触摸、目光、发音的细微差别或面部表情来表达的。人们从认识到分手,同时使用各种感官:不但注意斟酌词句,也注意词语的停顿和语调、服饰和仪表、目光的流盼和面部表情。"[①]

3. 人际传播与"镜中我"

前面讲人际传播的三个功能时,我们曾提到认知,即人际传播的一大功能是交流信息,而交流信息的目的在于认知,认知既指对外界的认知,也指对自己的认知。对外界的认知大家容易理解,问题是怎么看待对自己的认知。这是人际传播理论的一个重要方面,下面我们就通过库利的"镜中我"来谈谈这一点。

C. H. 库利(1864—1929),是与米德生活时代相同、学术地位相当的美国社会学家,而且与米德一样也属于符号互动论流派,代表作有《人性与社会秩序》(1902)、《社会组织》(1909)等。自1894年起,库利一直在密歇根大学讲授社会学,在他诞辰100周年之际,密歇根大学还刊行了一本论文集《库利与社会分析》。

在《人性与社会秩序》里,库利主要探讨了自我如何在与他人的互动过程中得以确立。按照他的观点,自我意识的形成既是基于个人的实际经验,也是出自想象中的他人对自我的评价。由此产生了库利的基本学说,即心灵具有社会性,而社会是一种精神构成物。在《社会组织》里,他又具体分析了包括忠诚、正义和自由在内的诸多整合社会的价值观,指出它们都是源于首属群体(这个概念在下面的群体传播部分还会详谈)中面对面的关系,诸如家庭、邻里、儿童伙伴等。

与米德学说的标志性概念即主我、客我一样,库利学说中最核心的概念就是"镜中我"(looking-glass self)。这个概念是他在1902年提出的,用来说明自我如何在与他人的互动关系中不断形成的过程。所谓"镜中我",可以这么理解:它是一面想象中的社会镜子,存在于个人生活交往的各种社会关系之中,我们的自我就映照在这面社会镜子里,通过这面镜子我们才能认识自己。由此可见,"镜中我"其实就是"社会我",自我以及自我意识都是在与他人的社会关系中形成的。马克思曾说:"人起初是以别人来反映自己的。名叫

---

① [美]萨姆瓦等:《跨文化传通》,陈南等译,201~202页,北京,三联书店,1998。

彼得的人把自己当作人,只是由于他把名叫保罗的人看作和自己相同的。"①具体说来,"镜中我"的概念包括三层内容:

(1) 我们想象自己在周围人们心目中的个人形象。比如,我们可能会想,自己在别人眼里是高还是矮,是胖还是瘦,是君子还是小人等等。

(2) 我们对他人的这种认识进行解释。比如,我们根据想象里的他人看法得出结论,他们喜欢我高而瘦、不喜欢我矮和胖等。

(3) 由此形成自我和自我意识。想象中他人对自己的正面评价会导致积极的自我,比如,老师和同学的赞许可以促使自己表现更好,而负面评价则导致消极的自我,如自卑。

一言以蔽之,他人对自己的态度是认识自我的一面镜子,从中可以看到自己的形象。正如库利所指出的:

> 人与人之间相互可以作为镜子,都能照出他面前的人的形象。就像我们可以在镜中看到自己的面孔、体态和服装一样,人们之所以引起我们的兴趣,是因为他们与我们自己有关……我们在自己的映象中,努力设想自己的外貌、风度、目的、行为、性格、友谊等在他们的思想中怎样反映的,从而会以一定的程度影响着我们。②

根据库利的"镜中我"理论,自我认知在相当程度上取决于人际之间的交往与互动,人际传播不仅是认识世界、认识他人的重要途径,而且也是认识自己的必由之路。与他人的交往越频繁、越广泛、越活跃,对自己的认识就越准确、越清晰、越客观。也就是说,认识自己离不开人际传播,离不开人的社会化活动。

三、群体传播

群体(group),又称团体。从形式上看,它是大于个人而小于社会的一个社会结构层次,法国社会学家迪尔凯姆(又译涂尔干)把它比喻为个人与社会间的一个"缓冲带"(buffer),没有这个缓冲带,孤立的个人就将直接面对压力巨大、令人生畏的整个社会。从本质上讲,团体可是说是社会生活的核心。因为虽然大千世界丰富多彩,但是对个人而言,日常生活就局限在家庭、邻里、单位这些群体范围之中。于是,对群体问题的研究自然成为社会学和社会心理学的一大领域,其中有关群体传播的各种理论也就成为传播学的重要组成部分,比如,以创立团体动力学(group dynamics)而闻名的社会心理学家卢因,就被誉为传播学的四大先驱之一。下面我们先从总的方面谈谈群体问题,然后再来探讨群体传播的有关理论。

---

① 《马克思恩格斯全集》,第23卷,67页,北京,人民出版社,1972。
② 时蓉华:《社会心理学》,144~145页,杭州,浙江教育出版社,1998。

1. 群体概说

什么是群体？顾名思义，群体是一群个体的集合。那么，同在一架飞机上的乘客算不算群体，在一起看电影的观众算不算群体？答案是不算。为什么？这就涉及群体这个概念的核心含义，那就是组成群体的个体之间在心理上存在联系和互动。飞机上的乘客和影院里的观众，都是萍水相逢的"乌合之众"，只是临时凑在一起的一堆人或一群人，互相陌生，彼此隔膜，心理上毫无联系，所以不是群体。

在现实生活里，群体有很多种，如家庭、学校、教会、协会、俱乐部、党派组织等。

作为群体，它必须有群体目标（group aim）、群体规范（group norm）、群体意识（group consciousness）及群体分工（group division）等。区别群体与其他偶然组合人群的一个标志，就是群体成员总是自称"我们"，如我们家、我们班、我们学校、我们单位、我们的组织、我们的协会等。至此，我们可以为群体下个定义：群体，就是一群人按照个体的某种特征，在同一目标的指引和同一规范的约束下，心理和行为上彼此影响、相互作用、协调运动的一种社会性组合。

一个人从生到死，就生活在彼此交叉的许多群体中间。根据不同的标准，可以对群体进行不同的划分。库利曾区分了首属群体（primary group）和次属群体（secondary group）。前者指面对面交往而关系密切的群体，如家庭、朋友、团伙等；后者比起前者，不仅规模更大一些，而且组织也更正规一些，如大学班级、作家协会、党派组织等。库利曾把各种初级群体称为"生活之泉"（springs of life），其观点成为个人观察生活的透镜。

此外，还有内群体（ingroup）和外群体（outgroup）之分：当个人把自己归属于某一群体时，这个群体就是他的内群体；而与个人无关的其他群体就是外群体。比如这个年级与那个年级，就存在内群体和外群体的关系。按照规模，群体又被分为大团体（large group）和小团体（small group）。按照形成方式，则有组织群体和非组织群体之别。这里所讲的群体传播其实只是非组织群体的传播，至于组织群体的传播我们将在下一部分"组织传播"里介绍。

在群体研究里，人们还经常使用参照群体（reference group），这是赫伯特·海曼（Herbert Hyman）在1942年提出的概念。所谓参照群体，就是人们心目中所向往的群体。比如对一个酷爱艺术的人来说，艺术家就是他的参照群体，而对一个想赚钱发财的人来说，老板商人都是他的参照群体。每个人都有自己的参照群体，并以参照群体的目标、规范和价值约束自己，激励自己。

不管是哪一种群体，都有一个共同的特征，这就是促使群体成员同心同德的一种内聚力。内聚力（cohesiveness），又称凝聚力，是群体成员各种心理能量的汇聚，表现为认同感、归属感和有力感。其中的主要内容，一是隐性的群体意识；二是显性的群体规范，而这些都是在群体传播的过程中形成的。换言之，群体传播是形成和保持群体凝聚力的前提。没有群体传播,内聚力便无从谈起。

另一方面,内聚力一旦形成,又会对群体成员具有一种无形的控制力量,形成一种万众一心、同声相应的心理空间,同时自然也对群体的传播活动构成不可忽视的制约。这样一来,任何传播包括大众传播想要影响个人的态度和行为,就不得不首先面对个人所属的这个心理空间,就不得不考虑其中群体意识和群体规范的无形约束,就不得不首先冲破这个挡在个体前面的群体防线。大众传播学早期流行的"魔弹论"后来遭到摒弃的一个重要原因就在于它忽略了群体因素,只把个体当成无依无靠、任人扫射的"靶子"。

2. 群体压力与从众

社会学或传播学的群体传播研究,着力探讨的一个问题就是群体规范和个体态度的相互作用,其中尤其重视出自内聚力的群体压力对个人在各种传播活动里的无形制约。"所谓群体压力,即群体中的多数意见对成员中的个人意见或少数意见所产生的压力。在面临群体压力的情况下,个人和少数意见一般会对多数意见采取服从态度。"[1]

具体说来,群体压力在传播中的作用表现在两个方面,一是控制群体内部的信息流动,使之朝着有利于群体目标的方向运行;二是抗衡群体外部的信息干扰,使之对群体及其成员发生尽可能小的影响。可见群体压力是一把"双刃剑",当你想维持某个群体的一致和团结时,群体压力能够帮助你抗拒外来的宣传和影响;而当你想去打动某个群体及其成员时,群体压力又成为一堵坚实的城墙或一件坚硬的盔甲。群体传播以及群体传播研究说白了,就是在打磨这把双刃剑,要么是磨这一面,要么是磨那一面;要么是借助群体压力,使群体内部的传播活动开展得更为有效;要么是针对群体压力,使群体外部的传播影响发挥得更为深入。

关于群体传播的一个常被提及的例子,就是卢因在第二次世界大战期间所做的一项研究。当时,由于食品紧缺,以往一些被视为难登大雅之堂的食物如黑面包、牛杂碎等也开始出现在人们的餐桌上。为了使公众相信黑面包比白面包更有营养,牛杂碎比牛肉更有益于健康,就需要开展宣传活动。在这个过程中,究竟采取什么方式最有效,最能引导人们改变过去的饮食习惯而接受尚不习惯的事物呢?针对这个问题,卢因及其助手进行了这项群体动力学的研究。他们选择了一群家庭主妇作为实验对象,把她们分成两组:一组只听演讲,而另外一组除了听演讲,还一块儿展开讨论。结果表明,演讲组里只有3%的人表示愿意接受演讲者的观点,而讨论组的这一比例却达到32%。也就是说,讨论组里的态度改变人数比演讲组高出10倍。为什么会有这么大的差距,关键原因就在于讨论组里存在一个群体互动的因素。

由于群体压力而发生的"少数服从多数",在社会心理学和传播学的研究中被称为"从

---

[1] 郭庆光:《传播学教程》,94页,北京,中国人民大学出版社,1999。

众"(conformity)。何谓从众？1993年，D. G. 迈尔斯（D. G. Myers）在《社会心理学》(*Social Psychology*)一书里，为从众下过一个简单明了的定义：由于真实或想象的群体压力而导致的态度变化（态度包括认识、感情和行为三个要素）。常说的随波逐流、人云亦云等，都是从众的典型写照。至于对从众行为的研究，则以阿施的实验最为著名。

阿施（S. E. Asch，又译阿什、阿西、阿希等），是美国著名的社会心理学家。1955年，他做了一项十分有趣的实验（图3-10）。他请一位实验对象和他的四个助手一起回答一个并不难判断的问题，不过这位实验对象事先一点也不知道那四个人都是阿施的"托儿"，他们的任务是在实验过程中故意做出错误的判断。判断什么呢？说来很简单，就是判断下列A、B、C三条线，哪个同直线X的长度最接近：

图 3-10

现在让我们假定，你就是那位真正的实验对象：

> 这个判断对你来说是很容易的，显然B线是正确答案，而且当你要回答时，你肯定会说是B线。但现在并没有叫你回答，而是先叫了别人。第一个人仔细看了看，回答说："A线。"他的回答使你惊讶地张开了嘴，怀疑地看着他，并且自言自语地说："他怎么会认为是A线呢！他一定要么是瞎子，要么是疯子。"现在轮到第二个人了，他也选择了A线。这时你开始感到自己好像仙境里的艾丽丝。"怎么可能呢？"你问自己，"难道两个人都瞎了或疯了？"但是，当第三个人同样回答是A线时，你就会重新看看这些直线。"可能我才是唯一脑子糊涂的人吧？"你默默地念叨着。现在轮到第四个人了。他也判断A线是正确的。这时你会出一身冷汗。最后，轮到你了，你声明说："当然是A线，我早就知道了。"①

这段文字，是美国加州大学心理学教授E. 阿伦森对阿施这一经典实验所做的生动描绘。

本来，阿施的问题很简单，答案一目了然。如果让人独自判断，谁都会认为B线与X线的高度最接近。但是，当大家都选择A线为正确答案时，群体的压力竟使人放弃明白无误的选择，而遵从或屈从群体的意见。群体的无形压力和个体的从众行为，没有比阿施的这项实验表现得更明显更突出了。

后来，阿施又用不同的形式重复类似的实验，结果大致相同，并有许多新的发现。比如，在实验中如果不让实验对象当着大家的面公开回答，而是下来悄悄说出他的判断，那么实验对象都能选择正确的答案。这就进一步说明，造成实验对象判断失误的原因就在群体压力。再如，阿施逐渐增加"托儿"的人数，从1个到15个，结果发现3个人所形成的群体压力就已经接近饱和，此后不管怎么增加"托儿"的人数，实验对象的判断失误率都基

---

① ［美］E. 阿伦森：《社会心理学入门》，郑日昌等译，24页，北京，群众出版社，1985。

本维持在饱和时的水平上,没有更多的变化。换言之,3个人所构成的多数,已经足以让人的从众行为达到极点。这同我国古人讲的三人成虎、曾参杀人等故事里的道理,是一脉相通的。曾参是孔子的得意门生,素以贤良著称。第一次,一个与他同名同姓的人杀了人,当第一个人跑来告诉曾参的母亲时,曾参的母亲一点也不相信,继续织布,坦然自若。过了一会儿,又有第二个人跑来说曾参杀人,曾母还是不相信,照样不慌不忙地织布。可是,等到第三个人跑来这么说的时候,曾参的母亲就再也坐不住了,慌忙扔下梭子,翻墙而逃。于是,故事的作者不由地感叹道:"夫以曾参之贤,与(曾)母之信也,而三人疑之,则慈母不能信也。"(《战国策》卷四)。可见,3人多数就足以使人屈服于群体压力下的哪怕是显而易见的荒唐谬误。

一般来说,人们遵从或屈从群体压力的原因在于:一方面希望得到群体的接纳与赞赏,使自己获得一种归属感、安全感;另一方面害怕遭到群体的排斥和惩罚,使自己陷入一种心理上的孤立境地。

与少数服从多数的从众行为相对,还有一种多数服从少数的众从行为(minority influence)。1966年,欧洲的社会心理学家莫斯科维奇(S. Moscovici),在从众研究一边倒的情况下,另辟蹊径开始关注和考察群体中的少数人影响多数人这一反向问题,从而开辟了新的众从研究。众从研究与从众研究的结合,使我们对群体传播的认识更加全面,因为众从行为与从众行为的表现形式虽然相反,但是二者都涉及信息传播中的群体压力,而且都直接影响着群体传播的不同走势。

3. 一致论

在群体传播的发生过程中,我们可以看到一种明显的趋势,那就是个体态度与群体意识力求一致,所谓从众就是这种趋向一致的表现。而不管是不一致感的产生,还是不一致感的减轻或消除,显然都来自与他人或群体的沟通过程,亦即符号互动过程。对此,社会心理学做过大量研究。这些研究总称为一致论(consistency theory)。

一致论的基本思想,是说人的认知力求保持和谐或一致,如果不一致就会导致心理紧张,从而促使人们设法去消除或减轻不一致,以便重新达到一致。所谓认知,包括知与行两方面的内容,比如对一个人的了解是认知,与他的交往同样是认知。所谓和谐或一致,是说一个人不能同时持有两种相互矛盾、相互对立的认知,如一方面不喜欢他,另一方面又同他交朋友。关于一致论,我们可以举伊索寓言里那个"吃不到葡萄说葡萄酸"的狐狸为例来说明。狐狸想吃葡萄和够不着葡萄这两种认知是矛盾的、不一致的,这使它感到不舒服,于是就自欺欺人地说葡萄是酸的,不好吃,不能吃。既然不能吃,所以它也就不想吃,而不想吃和吃不到这两种认知是一致的。这样一来,狐狸对葡萄的态度就发生了变化,从开始的垂涎欲滴到后来的不屑一顾。

最早致力于一致论研究的,是美国社会心理学家海德(Fritz Heider)。他在1946年提出的"平衡论"(balance theory),被公认为一致论的先声。平衡论讲的是两个人与一个"第三者"(人、事、物等)之间的关系,这种关系分为平衡和不平衡两种。比如,一对恋人都喜欢同一部电影,那么,在这种爱屋及乌的情况下,他们的关系就是平衡的。如果双方一个喜欢而另一个不喜欢,这时他们的关系就是不平衡的。根据平衡论,平衡状态是稳定的,不受外界影响;而不平衡状态是不稳定的,它所导致的心理紧张"只有在状态发生变化、达到平衡时才能缓解"(海德):

> 这个观点便是传播者对该理论感兴趣之焦点所在,因为它包含着一个态度改变和抗拒态度改变的模式,由于不稳定,不平衡状态便容易向平衡状态改变。由于稳定,平衡状态便抵制改变。①

这实际上涉及一个人们怎样处理不一致信息、面临不一致信息时人们的态度如何变化的问题。这个问题引起传播学者的极大兴趣,因为它等于提示了一种态度改变的新思路:即不平衡状态在向平衡状态转化时,总伴有某一方的态度改变;而平衡状态由于稳定不变,则能抗拒任何形式的态度变化。

海德的平衡论虽然提出最早,但对传播研究特别是群体传播研究来说,纽科姆的均衡论影响更大。同海德一样,纽科姆(T. M. Newcomb)也是美国一位著名的社会心理学家。按照麦奎尔等的《大众传播模式论》一书的说法,他在 1953 年提出的均衡论(symmetry theory)——又称 ABX 模式,是对海德平衡论的扩充:

> 海德主要关心的是参与双方各自内部的认知过程,而纽科姆的发展则是将这种理论运用于两人或更多人之间的传播。他主张"对称的压力",由此传播活动可能会扩大相互一致的范围。他设想:"传播的基本功能是使两个或更多的个体相互之间对外部环境的物体同时保持意向。"因此,传播是一种"对压力的认识反应",我们可能发现传播活动(如信息的提供、寻求和变换)在不确定与不平衡的情况下将"更加频繁"。②

图 3-11 就是在传播学里有名的 ABX 模式。

严格说来,这是一个关于人际关系的理论和模式,只是它更强调传播的作用,因为在纽科姆看来,传播活动可以扩大人们之间相互一致的范围。在这个模式里,三个点分别代表两个个体 A 和 B,以及他们共同关注的事物 X。纽科姆认为,人类和自然一样也存在普遍和谐的态

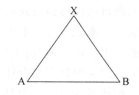

图 3-11 纽科姆的一致论模式③

---

① [美]沃纳·赛佛林等:《传播理论:起源、方法与应用》,郭镇之等译,156 页,北京,华夏出版社,2000。
② [英]丹尼斯·麦奎尔等:《大众传播模式论》,祝建华、武伟译,32 页,上海,上海译文出版社,1987。
③ [英]丹尼斯·麦奎尔等:《大众传播模式论》,祝建华、武伟译,31 页,上海,上海译文出版社,1987。

势,即他所说的"趋向均衡的持续张力"(persistent strain toward symmetry)。这种张力会不断刺激人际之间的传播,从而使A、B、X三者的关系趋于平衡:

> A与B之间对X的意向上的差异将刺激传播的发生;而这种传播的效果将趋向于恢复平衡,这种平衡被假定是一个关系系统的"正常状态"。①

比如一对恋人看了电影《廊桥遗梦》,一个说好,一个说不好,于是A与B的平衡关系由于对影片X的看法发生分歧而遭到破坏。这使双方心里都感到不舒服,彼此觉得别别扭扭,也就是所谓的心理紧张。为此,双方就得进行传播,交换思想,逐渐缩小分歧,以求恢复平衡。而且,"在对X的看法上A与B之间的对称越不足,则A就X向B进行沟通的可能性越大"②。

总之,纽科姆均衡论的基本设想在于,人际之间要求态度与关系一致的压力将会刺激传播,在A、B、X三者关系处于不均衡的条件下,传播交流活动将会"更加频繁"。另外,纽科姆的均衡论中隐含着或预示着这样的观点:即人们总是注意与其现存立场相一致的信息源,并寻求能够支持和证实他们实际行为的信息:

> 它重视选择性感知理论,并重视这种期望——传播(包括大众传播在内)的最可能的效果将是强化现存的观点、态度和行为倾向。③

这就是常说的"物以类聚,人以群分"的原因之一。

在第一章里我们讲过,传播学尤其是美国的经验学派曾长期依附于社会心理学,从社会心理学借鉴了许多命题、概念、方法和理论。其中最典型的表现,就在认知一致性的探讨上面。社会心理学研究一致性问题,主要是关注个体与群体的心理互动;传播学考察一致性问题,主要是关注个体与群体的符号互动。而不管是什么互动,最终都涉及某种态度的形成与变化。而态度问题,可以说是传播学与社会心理学的一个结合点。

四、组织传播

上面讲群体传播时我们说过,按照组成形式群体可以分为两种:一种是非组织群体如阶级;一种是组织群体如政党。所谓群体传播里的群体实际上是非组织群体,而现在要讲的组织传播里的"组织",则是组织群体:"与非组织群体不同的是,组织是一个结构秩序更为严密的社会结合体,有着更为明确的目标、制度、纪律,有着严格的分工和统一的指挥管理体系,因此,组织是人们为了高效率地完成分散的个人或松散的群体所不能承担的生产或社会活动而结成的协作体……现代社会是高度组织化的社会,也是组织传播高

---

① [英]丹尼斯·麦奎尔等:《大众传播模式论》,祝建华、武伟译,32页,上海,上海译文出版社,1987。
② [美]沃纳·赛佛林等:《传播理论:起源、方法与应用》,郭镇之等译,158页,北京,华夏出版社,2000。
③ [英]丹尼斯·麦奎尔等:《大众传播模式论》,祝建华、武伟译,33页,上海,上海译文出版社,1987。

度发达的社会。"①区别非组织群体和组织群体的一个明显而简单的标志,就是看其中有没有一个管理系统,有没有一个马克斯·韦伯说的"管理主体",所以组织传播学与管理科学联系密切。

1. 组织与组织传播

什么是组织?"大多数学者都认为,组织是通过协调活动来达到个人和集体目标的社会集合体(social collectivity)。"②显然,这个社会集合体的功能大于成员个人功能的简单叠加。对这一集合体的思考与研究,始于19世纪末20世纪初。按照组织传播的权威凯瑟琳·米勒教授的划分,这种思考与研究有基本学派和现代学派之别,前者包括古典学派、人际关系学派、人力资源学派,而后者包括系统学派、文化学派和批评学派。③

古典学派的代表人物有三位:一是法国企业家、"现代经营管理理论之父"亨利·法约尔(Henri Fayol);二是德国著名社会学家马克斯·韦伯(Max Weber);三是美国商人、创立现代科学管理理论的弗雷德里克·泰勒(Frederick Taylor)。受工业革命的影响,古典学派往往以"机械"作为组织的隐喻。也就是说,组织被古典学派看成是一种类似机械的装置,具有机器的主要特征:

(1) 专业化。如同机器装置的每个零件都承担特定的功能,组织的每个部门也各司其职。

(2) 标准化。如同相同的齿轮可以互相置换,组织的每个岗位也能由相同机能的人承担。

(3) 可预测性。根据组合与运作的原理可以推断机械故障的成因所在,组织也是如此。

根据古典学派的这种组织观念而形成如图 3-12 所示的组织传播理论:

传播内容	工作
传播流向	垂直式(从上到下)
传播模式/渠道	通常是书面的
传播类型	正式的

图 3-12 古典学派的组织传播④

古典学派虽然在实际操作中也曾被证明有效,但其忽视组织成员的个人需要也为人所诟病。

---

① 郭庆光:《传播学教程》,99 页,北京,中国人民大学出版社,1999。
② [美]凯瑟琳·米勒:《组织传播》,袁军等译,1 页,北京,华夏出版社,2000。
③ [美]凯瑟琳·米勒:《组织传播》,袁军等译,"前言"第 2 页,北京,华夏出版社,2000。
④ [美]凯瑟琳·米勒:《组织传播》,袁军等译,14 页,北京,华夏出版社,2000。

人际关系学派的先驱是 20 世纪二三十年代的霍桑实验(Hawthorne Studies),而其代表则是著名心理学家马斯洛创立的需求层次论(Hierarchy of Needs Theory)。霍桑实验,是 1924 年至 1933 年由哈佛大学的埃尔顿·梅奥(Elton Mayo)领导的实验小组,在伊利诺伊州西方电子公司的霍桑工厂进行的一系列有关企业管理的研究。霍桑实验不仅把组织成员看作按部就班的"组织人",而且也把他视为有血有肉的"社会人",强调人的心理、感情、情绪等因素对生产效率的作用。霍桑实验揭示了工人之间的人际关系有助于提高生产效率,群体间互动的影响甚至超过生产管理机制的影响。后来,马斯洛(Abraham Maslow)进一步指出,人的行为受制于五种由低级到高级的需求动机,即一温饱、二安全、三认同、四自尊、五自我实现——其中前三种为低级需求,后两种为高级需求。以组织为例(图 3-13)。

需要层次	组织中需要得到满足的例子
第五层:自我实现	在工作中可以尽量发挥创造力
第四层:自尊	内在:得到相应报酬的工作 外在:奖金
第三层:归属	和同事之间的社会关系
第二层:安全	确保生理安全的工作条件
第一层:生理	可以购买食物、衣物的"生活工资"

图 3-13 组织环境里的需求层次[①]

"与古典学派理论家的机械隐喻相比,能够用在人际关系学派中的隐喻是家庭隐喻。"[②]如果说古典学派是从"员工工作"角度看待组织的成员,那么人际关系学派就是从"员工感觉"角度看待组织的成员。所以,人际关系学派与古典学派在组织传播上就有如下区别(图 3-14):

	古典学派	人际关系学派
传播内容	工作	工作和社会
传播流向	纵向(从上到下)	纵向和横向
传播渠道	通常为书面	通常为面对面
传播类型	正式	非正式

图 3-14 古典学派和人际关系学派的组织传播[③]

[①] [美]凯瑟琳·米勒:《组织传播》,袁军等译,26 页,北京,华夏出版社,2000。
[②] [美]凯瑟琳·米勒:《组织传播》,袁军等译,31 页,北京,华夏出版社,2000。
[③] [美]凯瑟琳·米勒:《组织传播》,袁军等译,34 页,北京,华夏出版社,2000。

在重视员工的主体性方面,人力资源学派比人际关系学派又进了一步,因为它不仅强调员工的感觉及其作用,而且把员工当成能对组织的目标做出积极贡献的人力资源。拿其中的代表性理论之一、有名的领导方格理论来说,它就主张"对人的关心"和"对生产的关心"两者并重。领导方格理论,是由罗伯特·布莱克(Robert Blake)和珍·穆顿(Jane Mouton)提出的,最初称为管理方格(managerial grid),如图 3-15 所示。

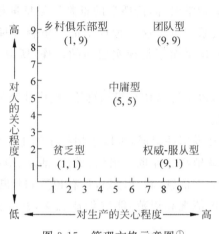

图 3-15　管理方格示意图①

其中,第一个方格是贫乏型管理,其特点是对人和对生产都很少关心,只是敷衍了事。第二个方格是乡村俱乐部型管理,其特点是对人非常关心,而对生产却很少关心,只求营造友好的人际关系和愉快的工作环境。与之相反,第三个方格的权威-服从型管理,则对生产非常关心而对人很少关心,只管追求最大的效率而漠视人的感情和需求。最好的管理是第四个方格即团队型管理,其特点是对人和对生产都高度关心,认为达到组织目标的最佳方式在于调动组织成员的积极性和创造性。据此,我们可以将人力资源学派的组织传播理论与上述其他两种组织传播理论对比,如图 3-16 所示。

	古典学派	人际关系学派	人力资源学派
传播内容	任务	任务或社会的	任务、社会的、创新
传播方法	垂直(从上到下)	垂直和水平	全方位,基本团队
传播渠道	通常为书面	通常为面对面	所有渠道
传播类型	正式	非正式	两者都有,但以非正式为主

图 3-16　古典组织、人际关系组织和人力资源组织中的传播②

---

① [美]凯瑟琳·米勒:《组织传播》,袁军等译,44 页,北京,华夏出版社,2000。
② [美]凯瑟琳·米勒:《组织传播》,袁军等译,49 页,北京,华夏出版社,2000。

上面三种基本学派的组织理论均为规范性理论,而现代学派的三种组织理论则是解释性理论。其中第一种理论即系统学派,是从系统论生发出来的,故把组织看作一个有机的结构,并以系统作为组织的隐喻。第二种理论即文化学派,则把文化视为组织的隐喻。在文化学派看来,每个组织都有自己的特性和行事方式,而决定这些特性和行事方式的根源在于文化。比如,是什么使IBM不同于惠普,又是什么使麦当劳不同于汉堡王,答案是企业文化。第三种理论即批判学派,同传播学的批判学派息息相通,着力于揭示组织中的意识形态背景和权力控制关系。由于这三种理论都是解释性理论而不是规范性理论,即它们针对的都是理论层面的运思而不是现实层面的运作,所以对开展实际发生的组织传播活动意义不大。

总之,不管是什么组织,也不管是什么组织理论,现代社会的组织都具有G.摩根以形象的隐喻所勾勒的四个特点:

(1) 组织是机器,由各种零部件组成,可以承担特定的生产和服务职能。
(2) 组织是有机体,与动植物一样也有出生、成长、活动、最后死亡的过程。
(3) 组织是大脑,能够处理信息,制订计划,具有智慧和判断能力。
(4) 组织是文化,具有价值观和规范,能够创造意义,并由共同的事件和仪式而代代相传。①

至于组织传播,简单说就是具有这类特点的组织所从事的信息传播活动,其功能在于通过信息传递而将组织的各个部分连为一个整体,以保障组织的正常运行的目标的有效实现。具体说来,组织传播的功能有四点:一是内部协调;二是指挥管理;三是决策应变;四是形成共识。人际传播研究方面颇具影响的关系理论倡导者卡尔·韦克(Carl Weick),甚至把传播作为组织形成的基础,认为组织并非由各种职位、角色所构成,而是由传播活动所构成,也就是说组织是人们通过一系列传播活动才得以形成的产物:

> 以经理和秘书的活动为例。经理向秘书布置一项任务(动作),接着秘书向他询问具体事宜(相互作用),经理再做出解释(双向相互作用)。或者,经理请秘书帮忙(动作),秘书完成工作(相互作用),然后经理向其道谢(双向相互作用)。很简单,对吗?的确如此。但韦克认为正是这些活动形成了组织。②

2. 组织传播的过程与形式

组织传播分为组织内的传播和组织外的传播两种类型。组织内传播表现为信息在组

---

① Gareth Morgan. *Images of Organization*. Beverli Hill, Calif.: Sage, 1986.
② [美]斯蒂文·小约翰:《传播理论》,陈德民等译,556~557页,北京,中国社会科学出版社,1999。

织内部流动。这样的信息可能包括组织成员共同认可的组织目标、规则、运转机制、文化环境等,也可能包括非显在的、人人心中有却口中无的潜规则。无论怎样,作为组织中的成员都必须依靠组织传播使自己的角色组织化,在组织中寻求自身的定位。从这个意义上说,组织内传播也是组织巩固和再生产自身的必要条件。

组织内的信息又沿着正式和非正式两条渠道进行传播。正式渠道的传播,指信息沿着一定的组织关系和环节在组织系统内流通的过程。它有三种形式:一是下行传播,如上级部门给下级部门的文件和指示;二是上行传播,如下级部门给上级部门的报告和请示;三是平行传播,如同级部门的协商和交流。

非正式渠道的传播,指制度性组织关系以外的信息传播。它有两种形式:一是组织内的人际传播,如员工业余时间的交谈、单位同事的各种交往等;二是各种小群体传播,如高校的各种社团活动。与正式渠道的传播相比,非正式渠道的传播具有如下特点:交流的信息广泛而自由;交流的关系平等而双向;交流的内容率真而感性。所以,一方面它是组织成员相互沟通感情的重要纽带,有助于缓解制度的压迫和化解组织的板结;另一方面它也可能成为矛盾冲突的根源,为挑拨离间、无事生非提供了空间:

> 总之,正式渠道中的传播体现了组织成员作为"组织人"的特点,而非正式渠道则体现了他们作为"社会人"的特点。对一个组织来说,能否充分发挥非正式传播渠道的作用具有重要意义。①

另外,从社会学的角度看,组织内部的传播也是组织成员完成其社会化的过程。如果说人的一生是个不断社会化的过程,那么这个过程很大一部分都与各种组织密不可分,如一个从士兵到将军的人,其社会化过程就离不开军队这个组织。所以,从某种意义上不妨说人的社会化也就是组织化。社会学家 A. 埃蒂斯尼说得好:

> 我们的社会是一个有组织的社会。我们生于组织中,在组织中接受教育,我们大多数人一生中大量时间在为组织工作。我们很多的闲暇时光用于在组织中娱乐、祈祷。我们大多数人会在组织中死亡,而当举行葬礼的时刻来临时,必须得到所有组织中最大的组织——国家的正式许可。②

有的学者把人的这个组织化过程分为三个阶段,即预期、磨合和转变,如图 3-17 所示。

---

① 郭庆光:《传播学教程》,104 页,北京,中国人民大学出版社,1999。
② Amatai Etzioni, *Modern Organizations*, Englewood Cliffs, N. J.: Prentice-Hall, 1964, p. 1.

阶段	描　　述
预期	发生在进入组织前的社会化,包括融入职业的社会化和融入组织的社会化
磨合	新员工进入组织后出现的了解阶段,新员工必须撇开旧的角色和准则,以适应新组织的期望
转变	这一状态在社会化过程的完成阶段达到,这时新员工被接受为一名组织内部人员

图 3-17　组织化过程的阶段①

不论哪个阶段,个人都需要了解两类信息:与角色有关的信息和与组织有关的信息。前者比较明确,它包括个人为完成自己的工作而应掌握的信息、技巧、规定等。如一名新秘书必须了解岗位的职责、任务,必须了解有关的工作程序,以便适应自己在组织里的角色。至于后者即与组织有关的信息则比较模糊,往往可意会而不可言传,因为它实际上涉及的是"组织文化"这么一个抽象的东西:"了解组织文化可能比了解与角色有关的信息更为复杂。与组织文化有关的正式文件很少,现有的成员要向新成员说明这些价值观也许是不容易的。"②1991 年,米勒和杰布林建立了一个新员工寻求信息的模式,其中概括了新员工寻求信息的 7 种策略,见图 3-18。

策　略	定　　义
直接的问题	新员工通过直接问有关信息目标的问题来获得信息
间接的问题	新员工通过问非询问式的问题或通过暗示来获得信息
第三者	新员工向次级来源(如同事),而非一级来源(如主管)询问来获得信息
探测底线	新员工通过违背或偏离组织规则并观察组织的反应来获得信息
掩饰性的谈话	新员工通过掩饰寻求信息的意图、自然交谈的方式来获得信息
观察	新员工通过观察在明显的情境中产生的行为来获得信息
推断	新员工通过揣摩过去观察到的各种行为来获得信息

图 3-18　新员工寻求信息的策略③

组织内的传播就讲到这里,下面我们再来看看组织外的传播。

组织外的传播,说到底是一个组织与其外部环境互通信息的过程,包括信息输入和信息输出两个方面。其中信息输出是组织外传播的主体,大致有三种活动形式:

---

① [美]凯瑟琳·米勒:《组织传播》,袁军等译,119 页,北京,华夏出版社,2000。
② [美]凯瑟琳·米勒:《组织传播》,袁军等译,121 页,北京,华夏出版社,2000。
③ [美]凯瑟琳·米勒:《组织传播》,袁军等译,126 页,北京,华夏出版社,2000。

（1）公共关系。公共关系（Public Relations），指社会组织与其社会环境里其他组织的关系。社会组织为了建立自己的良好形象，为了营造有利的生存与发展空间，就需要开展与公共关系有关的各种活动，如赞助公益事业、发放宣传品、举办新闻发布会等，这些活动就是一般所说的公关活动或公关宣传。

（2）广告宣传。广告是利用媒体进行的大规模的宣传活动，分为商业广告和非商业广告两种类型。它是社会组织输出其信息的一种最直接、最便利、最迅速的途径。

（3）企业标识系统。企业标识系统（Corporate Identity System），又称企业象征系统，简称CIS。所谓CIS是指企业组织以及其他社会组织使用统一的视觉或听觉符号系统，来塑造其独特形象的一种整体而系统的行为。它由三个要素构成：理念价值标识，如麦当劳的快餐理念；行为规范标识，如麦当劳的服务模式；视觉听觉标识，如麦当劳的金色拱门等人们熟悉的标志。

以上我们对大众传播之外的四种主要传播类型做了简要的论述。概括地说，人内传播讲的是自己对自己的传播，这是一切传播活动的基础。人际传播主要讲的是人与人之间面对面的交际，核心在于人与人的关系问题。群体传播一般是指非正式的小团体传播，其中必然包含人际互动的作用，因此人际传播的理论大多也都适用于此。组织传播则发生于较大的合作网络中，实际上涵盖了前三种传播类型。至于下一章要讲的大众传播，乃是通过媒体进行的公共传播，它同人内传播、人际传播、群体传播和组织传播都有关联。如果说认知是人内传播的关键，那么由此类推可以说："关系为人际传播的核心；决策为群体传播的中心；网络可使组织传播更为密切；而媒体是大众传播的主要构成部分。"①

最后，还需说明一点：传播活动的类型划分只是相对的而不是绝对的，每种传播类型在保持自己独特面貌的同时，又在许多方面与其他的传播类型互相兼容彼此交叉，如图3-19所示。

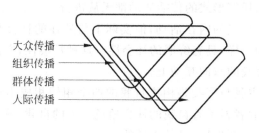

图3-19　主要传播类型的相互关系②

---

①　［美］斯蒂文·小约翰：《传播理论》，陈德民等译，451页，北京，中国社会科学出版社，1999。
②　［美］斯蒂文·小约翰：《传播理论》，陈德民等译，27页，北京，中国社会科学出版社，1999。

内容摘要

探讨具体的传播活动可从历时态和共时态两个维度入手：依据前者即时间的延续，可对发生发展的传播过程进行解剖；按照后者即空间的并置，可对不同类型的传播行为进行分析。

关于传播过程，大致形成三种理论模式：一是信息从传播者到接受者单向流动的直线模式；二是传播者与接受者双向互动"共享信息"的循环模式；三是把传播过程置于社会背景之中进行整体考察的系统模式。

直线模式以拉斯韦尔的5W模式和香农-韦弗的信息论模式为代表，它们在20世纪40年代末同时提出，从不同的学科角度揭示了传播过程的基本线索，所以一直被看作是传播学早期的经典模式。

循环模式是在直线模式的基础上发展而来的，可以说是两个直线模式的反向叠加，从而显示了传播过程的本质特征——信息的双向交流，其中最具代表性的是施拉姆的人际传播互动模式。

系统模式是从宏观的社会学角度对传播过程的观照，体现着一种整体的、系统的、有机的思想，其典型有赖利夫妇的模式和马莱茨克的模式。

关于传播类型，一般分为五种——人内传播、人际传播、群体传播、组织传播和大众传播。简单地说，这五种传播类型的人数是依次递增的。另外，在全球化的时代背景下，国际传播和全球传播也成为不可忽视的传播类型。

人内传播，又称自我传播、自身传播、内向传播等，是发生在自身内部的信息传播过程，沉思默想、自言自语等都属典型的人内传播。人内传播是其他人类传播得以展开的基础，没有人内传播能力，任何形式的传播活动都无从进行。

人内传播看似只是自我的内在活动，但实际上与外在的社会息息相关。即人内传播与所有的人类传播活动一样，具有鲜明的社会性。这种社会性，突出地表现在美国社会学家米德所说的主我与客我的双向互动上。

按照米德的理论，主我与客我是构成自我的两个相辅相成不可或缺的方面。前者体现着自我的主体意识，后者显示着自我的社会角色。人的自我，就是在这种主我与客我的互动过程中，逐渐形成、不断发展、日益更新的。

人际传播是个人与个人之间交流信息、沟通情感、协调行为的社会活动。这种活动有面对面的直接沟通和借助媒介（打电话、写信等）的间接交流两种形式。不管哪种形式，它都是人类传播活动最普遍、最基本、最通行的类型。

面对面的人际传播，是一种"多媒体"传播，因为它除了使用语言媒介，还同时调动许多非语言媒介，特别是与人体有关的所谓体语，如眼神、表情、手势、姿态、动作、服饰、气味等。

人际传播不仅是了解外界人事的渠道，同时也是认识自己的途径。根据美国社会学家库利的"镜中我"理论，自我意识中的外人对自己的看法犹如一面镜子，使人可以从中反观自己，认识自己，把握自己。

群体传播是一种发生在群体之中的传播活动。群体，又称团体，是由心理上存在互动与联系的个体所形成的集合体。区别群体与一般群集之众有两个显著标志：一是从形式上看，群体成员往往自称"我们"；二是从本质上看，群体中间具有一种内聚力。

内聚力(cohesiveness)，又称凝聚力，是群体成员各种心理能量的汇合，表现为认同感、归属感和有力感。其中的主要内容，一是隐性的群体意识；二是显性的群体规范，而这些都是在群体传播的过程中形成的。

在群体传播过程中，由于群体压力而导致的"少数服从多数"在社会心理学和传播学的研究中被称为"从众"(conformity)。按照 D.G.迈尔斯的定义，从众就是由于真实或想象的群体压力而导致的态度变化，如随波逐流、人云亦云等。

一般来说，人们遵从或屈从群体压力的原因有二：一是希望得到群体的接纳与赞赏，使自己获得一种归属感、安全感；二是害怕遭到群体的排斥和惩罚，使自己陷入一种心理上的孤立境地。

在研究从众与态度改变方面，有一派理论称为一致论。它认为，人的认知总是力求保持一致，认知失衡会使心里感到紧张，从而促使人们设法或减轻或消除认知的不一致。当认知处于一致状态时，人们就能抵御外来信息的影响和干扰。

组织传播是发生在社会组织中的传播活动。组织是通过协调活动来达到个人和集体目标的社会集合体(social collectivity)。区别组织和一般群体的标志，就是看其中有没有一个管理系统，即马克斯·韦伯说的"管理主体"。

组织传播的功能，就是通过信息传递而将组织的各个部分连为一个整体，以保障组织的正常运行和目标的有效实现。具体说来，组织传播的功能有四点：一是内部协调；二是指挥管理；三是决策应变；四是形成共识。

组织传播分为组织内的传播和组织外的传播两种类型。

组织内的信息又沿着正式和非正式两条渠道进行传播。正式渠道的传播，指信息沿着一定的组织关系和环节在组织系统内流通的过程。它有三种形式：一是下行传播；二是上行传播；三是平行传播。

非正式渠道的传播，指制度性组织关系以外的信息传播。它有两种形式：一是组织内的人际传播；二是各种小群体传播。与正式渠道的传播相比，非正式渠道的传播具有如下特点：交流的信息广泛而自由；交流的关系平等而双向；交流的内容率真而感性。

组织外的传播是一个组织与其外部环境互通信息的过程，包括信息输入和信息输出两个方面。其中信息输出，是组织外传播的主体，大致有三种活动形式：一是公关活动或公关宣传；二是广告宣传；三是企业标识系统。

企业标识系统(Corporate Identity System),又称企业象征系统,简称 CIS。所谓 CIS 是指企业组织以及其他社会组织使用统一的视觉或听觉符号系统,来塑造其独特形象的一种整体而系统的行为。它由三个要素构成:理念价值标识、行为规范标识、视觉听觉标识。

建议参考资料

1. [英]丹尼斯·麦奎尔等:《大众传播模式论》,祝建华等译,第二章,上海,上海译文出版社,1987。
2. [美]凯瑟琳·米勒:《组织传播》,袁军等译,北京,华夏出版社,2000。
3. [美]沃纳·赛佛林等:《传播理论:起源、方法与应用》,郭镇之等译,第三章、第八章、第十章,北京,华夏出版社,2000。
4. [美]杰弗里·亚历山大:《社会学二十讲:二战以来的理论发展》,贾春增等译,第十二讲、第十三讲,北京,华夏出版社,2000。
5. 时蓉华:《社会心理学》,第十章、第十一章、第十四章,杭州,浙江教育出版社,1998。

思考题

1. 一个传播过程主要有哪些要素?
2. 拉斯韦尔的 5W 模式和香农-韦弗的信息论模式有什么共同之处?
3. 施拉姆的人际传播模式与德弗勒的互动模式有什么共同之处?
4. 系统模式的主要特点是什么?
5. 怎么理解人内传播的双向互动性?
6. 为什么说面对面的人际传播是"多媒体"传播?
7. 如何用"镜中我"理论解释人际传播?
8. 什么是群体?判别群体与人群的主要依据是什么?
9. 什么是从众?从众对传播活动有什么影响?
10. 什么是组织?判别组织群体和非组织群体的主要依据是什么?
11. 组织外传播的三种主要形式是什么?

第四章　　大众传播

大众传播的特点与社会功能
- ◆ 大众传播的定义与特点
- ◆ 大众传播的社会功能

大众传播的产生与发展
- ◆ 大众报刊
- ◆ 广播
- ◆ 电视
- ◆ 网络

大众传播的社会影响
- ◆ 大众传播的社会影响
- ◆ 信息环境与人的行为

要点提示

1. 大众传播的定义；
2. 大众传播的特点；
3. 大众传播的社会功能；
4. 大众报刊的产生与发展；
5. 电子媒介的产生与发展；
6. 网络与大众传播；
7. 大众传播对社会的影响；
8. 大众传播对行为的影响；
9. 信息环境及其意义。

人类传播活动的类型一般分为五种，即人内传播、人际传播、群体传播、组织传播和大众传播。上一章我们讲了前四种传播类型，这一章重点讲大众传播。大众传播是我们这门课程的主要学习内容，由此而下的各章基本上都是围绕着大众传播而展开：第四章是对大众传播的总括性介绍，以使大家能对大众传播形成一个整体的印象；第五章着重考察大众传播得以进行的方式或手段，即所谓大众传播媒介；第六章和第七章都与大众传播的接受活动有关，一个是对接受者本身状况的分析即拉斯韦尔所称的受众分析，一个是对接受者感知信息的解剖即拉斯韦尔所称的效果分析；第八章涉及的是全球背景下的大众传播，包括国际传播和全球传播；第九章介绍大众传播学的研究方法。

我们经常听到有关大众传播的话题，"大众传播"一词也时时挂在人们嘴边。那么，什么是大众传播？如何界定大众传播？大众传播有哪些特征，又有哪些功能？它是如何产生，又是如何发展的？一句话，大众传播到底是什么？这些问题，许多人未必能够说得清楚，这也正是本章所要阐述的内容。

第一节　大众传播的特点与社会功能

我们生活在一个迅速变化的媒介环境之中。而今天，作为人类传播中最有影响力的形式，大众传播已经无所不在，它与我们的生活、学习、工作几乎融为一体。它让我们了解自己所置身的世界，从宇宙空间到地球人类，从世界政治风云到本国经济形势，乃至社区的各种情况，驳杂广阔，无所不包。当代社会倘若没有大众传播，那么人类生活该会多么不可思议。

一、大众传播的定义与特点

大众传播，绝不仅仅是一个简单的名词，事实上它是一种极为复杂的社会现象。要想知道什么是大众传播，首先得了解大众传播的过程，以及过程各部分的关联。

1. 大众传播的定义

在上一章里，我们已经了解了传播过程的5W模式，其中涉及传播过程的五个要素，即传播主体、传播内容、传播媒介、传播对象和传播效果。大众传播也可以分为这样五个环节：

> A. 传播者编制各种内容的信息（内容），以便呈现给公众中的各部分人（受众）；
> B. 传播媒介把这些信息公开、迅速、源源不断地传播出去；
> C. 然后，受众有选择地接受媒介的信息；
> D. 每个接受者都根据各自体会的含义来解释所选择的信息，而这种含义基本上与传播者所要表达的含义是一致的；

> E. 接受者因为自己的体会而受到影响，也就是说，传播产生了某种效果。①

大众传播的英文是 mass communication。Mass 的意义很复杂，大略说来可以分解为四层含义：为数众多的传播者；规模庞大的传播机构；大批复制的传播内容；人数众多的受传者。下面分别来谈。

1）为数众多的传播者

我们可以从以下几个方面来理解大众传播中的"传播者"（又称"传者"）：

第一，这里的传播者不同于人际传播。在人际传播中，传播者常常是个体，是单个人。而大众传播中的传播者却是一个群体，是在大众传播媒介中专门从事制作、采写、编辑和发送讯息的专业人员。心理学上把这样的群体称作"同质性群体"，他们的年龄、性别、性格、信仰、工作目的可能各不相同，但他们却从事着共同的工作，有着共同的身份——传播者。他们在一个媒介组织内共同承担传播内容的制作工作。他们发送的讯息可以是新闻，也可以是娱乐节目、戏剧文学等。

第二，传播者不是独立担当传播任务的。他们要依靠一批人来帮助他们制作和发送讯息，这些人包括创作人员、技术人员、资助者，还包括新闻通讯社、特稿辛迪加、广告机构、民意测验机构等等。创作人员有导演、演员、作家、作曲家、美术家等，他们把讯息编制成各种形式。技术人员主要负责传播媒介中的技术问题，如印刷机械、电子设备等方面的事务。资助者是为传播者提供资金的人，他们在传播内容或影响方面，都可能起到非常重要的作用。新闻通讯社、特稿辛迪加已经成为各种大众传播媒介的重要报道来源，即使实力非常雄厚的媒介，也需要通讯社、辛迪加等供应消息和其他形式的讯息。广告机构会设法帮助传播者获得更多的受众、产生更大的影响。专门从事受众调查的民意测验机构，会检验传播者的工作效果，并让传播者对传播的影响及受传者有更充分的了解。

第三，从这里我们也可以看出，无论是专业传播者，还是帮助他们的那部分人，都是一个群体。既然是"群体"，就是复杂的、多样的。这样，传播过程从一开始就不是一个简单的、客观的、技术的过程。它是一个由复杂的群体操作从而产生影响的过程。

第四，理想意义上的传播者，同时又应当是受传者。我们知道，传播是一个信息的双向流通的过程，所以，传播者在发出信息的同时，也在接受信息的反向传播，即反馈。上面我们谈到专门从事受众调查的民意测验机构，这些机构的主要目的就是为传播者提供受众方面的信息，了解受众对传播内容的反应，从而让传播者及时调整传播内容的方式。其他的反馈还包括受众来信来电等。

2）规模庞大的传播机构

在大众传播活动中，传播者将传播内容发送出去的渠道是规模庞大的传播媒介，又称

---

① ［美］梅尔文·德弗勒等：《大众传播通论》，颜建军等译，6页，北京，华夏出版社，1989。

传媒、媒体。这是大众传播不同于人际传播、组织传播的特征之一。虽然有的学者将人类最初的传播媒介如烽火、洞穴壁画之类也归入大众传播的范畴,但是,公认的大众传播媒介是指依赖精密技术以传递大批量信息的载体,包括报纸、杂志、通讯社、书籍、广播、电影、电视、网络等。关于传播机构即所谓媒体,我们可以从下面几个方面来理解。

第一,大众传播媒介,一般包括印刷媒介和电子媒介两类。这两类媒介各有其优势与缺陷,影响也有所不同。印刷媒介一般诉诸受众的视觉,依赖已经形成的阅读和书写习惯。对于文化程度很低的群体如儿童、文盲来说,报刊书籍是不能获得什么传播效果的。同时,印刷媒介的传播形式也限制了传播内容,只有一定种类的信息才能通过印刷媒介进行传播,这些信息是逻辑化的、抽象化的。报刊可以刊载剧本,却不能传播一出歌剧。印刷媒介的长处是易于保存,便于携带,可以反复阅读,可以刊载较深层次的信息,而受众也可以比较自主地进行选择。

传统意义上的电子传媒,包括广播和电视,它们在传播声音和图像方面显然优于印刷媒介。广播传播的是听觉信息,电视则在听觉信息上又增加了视觉信息,所以电视的传播内容比报刊及广播的传播内容更生动直观得多。施拉姆曾经说过:"视听媒介在传播一定数量的有关某种主题的信息上,要比单纯的听觉或视觉媒介更为优越一些。"[1]电视诞生之后,曾有人预言报刊将要消失。其实,各种媒介都有自己的长处和短处。拿广播电视来说,它的局限性就表现在传送的信息转瞬即逝,受众很难细细消化,选择余地也较小。

互联网诞生以来,广播电视的"优越地位"开始面临威胁,大众传播的理念也受到了挑战。网络传播几乎集报刊和广播电视的特点于一身,而且在与受众的互动方面拥有无可比拟的优势。当然,从大众传播媒介的历史来看,新媒介的出现并不意味着旧媒介的消失。一般的情形总是,新媒介促使旧媒介进行积极的调整,而新老媒介之间的竞争往往导致一种"同质化"倾向。比如,报刊刊载大量的图片以增加形象感;为了与电视竞争,广播开办了谈话节目(脱口秀)。新媒介并没有完全忽视旧媒介的优点,如电视的深度报道形式就是吸取了印刷媒介的长处。可以预期,网络的出现会进一步促进各种媒体的融合。

第二,大众媒介传播信息是一个快捷的过程,快捷是大众媒介的一个重要特征。1991年海湾战争期间,当多国部队的第一枚炸弹落在伊拉克境内的同时,美国有线电视新闻网(CNN)的报道也传遍了全世界,如同"现场直播"。正如有人所说,CNN改写了新闻的定义,它使新闻成为事件发生同时的报道。CNN的老板特纳有一句名言:"CNN播放着的就是世界上正在发生着的事情,直到地球停止转动。想知道地球是怎么毁灭的吗?还是要看CNN。"

现在,互联网更是展现了一种"生死时速"。我们最早体会到这一点,是在"科索沃危机"时期。1999年5月8日清晨5时50分,中国驻南斯拉夫大使馆遭到美国导弹的袭击,

---

[1] 李彬:《传播学引论》,129 页,北京,新华出版社,1993。

6时24分,新浪网就以标题快讯的形式发出报道,6时40分,新浪网又发出了详细的报道,《人民日报》的网络版也于9时25分发出了第一篇报道。而中央电视台直到中午12时才报道了这一震惊世界的新闻,新华社的报道发自午后。网络传播的速度,由此可见一斑。

第三,"荧屏连着你和我"的大众传播过程,并不像一个简单的生产流水线,其间会受到各种社会政治、经济、文化因素的影响。英国学者巴勒特在其《媒介社会学》中论述了媒介的社会环境,并用图4-1勾画了媒介机构所受的多方面的影响:

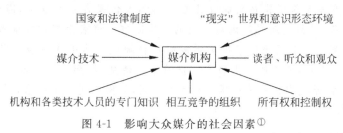

图4-1 影响大众媒介的社会因素①

如图4-1所示,国家和法律制度、意识形态、所有权等,都会对传播机构及其各类专业人员产生影响,而这些影响又会影响媒介的运作。

3)人数众多的受传者

大众传播的受传者(受众),是一个人数众多、成分复杂的"异质群体"。所谓"异质",是指群体成员有着各种特点、各种职业、各种文化背景;而"群体"在这里也只是一个偶然的集合,就像那些乘坐一辆公共汽车或彼此陌生却坐在一起观看球赛的人,他们只是不约而同地接受传播的信息。需要说明的是,所谓大众并不是因为数量众多,"大众"的出现源于现代社会生活以及人们的关系发生的巨大变化。这个词的含义,起源于20世纪初对现代社会性质的一种流行看法。当时,随着大批人涌入城市,不同民族和文化背景的居民混合在一起,人们不再以家庭或亲情为纽带,而以孤立或孤独的个人身份出现,从而形成一个成分复杂、关系松散的"孤独的群体",有人把这种群体比做"乌合之众"。最初所说的大众,实际上就是指这种"乌合之众",而当时理解的大众传播就是针对这些"乌合之众"的传播。

法国社会心理学家勒庞,早在1895年就在其《大众心理研究》一书中,谈到了编辑报纸的人(传播者)对大众的影响及其途径:传播者先是迎合大众的感情,然后把这些感情引入特定的行为渠道。虽然勒庞不可能预见广播电视这类影响巨大的新型媒介,但他所描述的媒介迎合受众、谋求自身发展的情形,至今仍然如此:

---

① [英]D.巴勒特:《媒介社会学》,赵伯英等译,56页,北京,社会科学文献出版社,1989。

> 至于过去引导意见的报业……它在群众势力面前也变得屈尊俯就。当然，它仍然有相当大的影响，然而这不过是因为它只一味反映群众的意见及其不断的变化。报业既然成了仅仅提供信息的部门，它便放弃了让人接受某种观念或学说的努力。它在公众思想的变化中随波逐流，出于竞争的必要，它也只能这样做，因为它害怕失去自己的读者。过去那些稳健而有影响力的报纸，如《宪法报》、《论坛报》或《世纪报》，被上一代人当做智慧的传播者，如今它们不是已经消失，就是变成了典型的现代报纸，最有价值的新闻被夹在各种轻松话题、社会见闻和金融谎言之间。如今没有哪家报纸富裕到能够让它的撰稿人传播自己的意见，因为对于那些只想得到消息，对经过深思熟虑后作出的所有断言一概表示怀疑的读者，这种意见的价值微乎其微。甚至评论家也不再能有把握地说一本书或一台戏获得了成功。他们能够恶语中伤，但不能提供服务。报馆十分清楚，在形成批评或意见上没有任何有用的东西，于是它们便采取压制批评的立场，只限于提一下书名，再添上两三句"捧场的话"。①

4) 大批复制的传播内容

大众传播的内容是大批复制的，如一家报纸发行成千上万份，一条电视新闻可以被全球的观众所收看。而受众对传播内容的理解，是根据自身的体会来进行的。各类传播的实质，就是传播者与接受者之间实现信息及其意义的交流与共享。而人们对信息的解释，要受多种因素的影响，于是面对同样的信息不同的受众常常产生不同的反应。正如李普曼在《舆论学》中所论及的：

> 报刊不能代替一些机构。它就像探照灯的光束一样，不停地照来照去，把一件又一件事从黑暗处带到人们的视阈内。人们不能够单凭这种光线来从事世界上的工作……他们工作的时候只能凭他们自己坚定的见解……②

受众接受信息之后，在某些方面会发生变化，也就是说传播产生了影响。有些变化是微不足道的，而有些变化则影响深远。浅层次的影响如根据广告信息去购买某种商品，而深层次上的影响则涉及受众的态度和信念。仅仅在几年前，中国普通大众还很少有人听说过 WTO、互联网、信息霸权等名词，而现在已经有很多人了解了它们，并知道它们对我们现实生活的意义。

从上面的解释和分析中我们知道，大众传播的确是一个复杂的社会现象，任何一个简单的定义都很难概括它的全部特征。下面就是几个有关大众传播的通行定义：

---

① [法] D. 勒庞：《乌合之众——大众心理研究》，冯克利译，126 页，北京，中央编译出版社，2000。
② [美] W. 李普曼：《舆论学》，林珊译，240～241 页，北京，华夏出版社，1989。

> 所谓大众传播，就是专业化的媒介组织运用先进的传播技术和产业化手段，以社会上一般大众为对象而进行的大规模的信息生产和传播活动。①
> 大众传播是职业传播者通过某种现代化的传播媒介向为数众多的不确定人群传递信息的活动。②
> 大众传播是一个过程，在这个过程中，职业传播者利用机械媒介广泛、迅速、连续不断地发出讯息，目的是使人数众多、成分复杂的受众分享传播者要表达的含义，并试图以各种方式影响他们。③

这些定义都从不同的侧面反映了大众传播的本质及属性。

2. 大众传播的特点

美国社会学家赖特(C.R.Wright)，1959年曾考察了大众传播的三个层面，即受众及其本质、传播实践及其本质、传播者及其本质，并由此概括了大众传播的主要特征：

（1）受众的性质——为数众多的、异质的、匿名的。
（2）传播实践的性质——信息公开而迅速传播，不具有耐久性，往往稍纵即逝。
（3）传播者的性质——一般是复杂的组织，或在复杂的机构中工作的一群人。④

关于这三个方面的特点，我们已在上面做过论述。这里需要进一步说明的有两点，一是技术方面的影响。大众传播是运用先进的传播技术和产业化手段，大量生产、复制和传播信息的活动。大众传播的出现和每一次重要的发展，都离不开技术的进步。目前，激光照排、电脑编辑、卫星通讯、数字化技术，已经使大众传播的规模进一步扩大，速度和效率大大提高。二是大众传播的内容属性。大众传播的内容既具有文化属性，同时也具有商品属性。一方面，大众传播是一个生产信息产品的产业，它的产品价值是通过市场得以实现的；另一方面，这些信息产品又与一般物质产品不同，受众对它的消费主要是精神方面的。

二、大众传播的社会功能

所谓大众传播的社会功能，是就大众传播的社会作用而言的。大众传播都有哪些功能，到底起什么作用？对此，不同的理论有不同的解释和结论。

美国新闻史上著名的专栏作家李普曼，在他的经典著作《舆论学》中间接地论述过大众传播的作用。在他看来，报纸上的新闻为我们描绘了一个虚幻的生活图景，我们就依据这些虚幻的现实去思考、去行动。他认为，多数情况下我们并不能直接把握自己生活的环

---

① 郭庆光：《传播学教程》，111页，北京，中国人民大学出版社，1999。
② 甘惜分主编：《新闻学大词典》，55页，郑州，河南人民出版社，1993。
③ [美]梅尔文·德弗勒等：《大众传播通论》，颜建军等译，12页，北京，华夏出版社，1989。
④ [美]沃纳·赛佛林等：《传播理论：起源、方法与应用》，郭镇之等译，4页，北京，华夏出版社，2000。

境,而是得通过一些中介环节如报纸去了解环境并适应环境。也就是说,我们的认识往往不是来自直接的生活经验,像农耕时代的人们那样,而是根据间接的媒介图景,大众传播的作用就是勾画这些媒介图景。

施拉姆则从另一个角度,说明了传播对个人所起的作用:

> 今天早上我从家里走出来,看见一个穿运动衫的人,我朝他笑笑说"早晨好"……我是不是祝愿他有一个"好"的就是说愉快的早晨呢?在某种程度上有这个意思,但是他看上去完全能够安排他自己的早晨,而事实上我感到相当恼火的是因为他能够在海边度过这个早晨,而我却必须去上班。那么我同他说话的意思究竟是什么呢?我能够作出的最合理的解释是,我是在履行我们自己的部族礼仪。我是在向他传播,我属于他的群体,属于他的文化,不是一个外人,不是一个反叛者,也不是一个威胁。换句话说,我是在证实一种惬意的关系。①

下面,我们就来介绍一些有关大众传播社会功能的理论学说。

1. 拉斯韦尔的"三功能说"

传播学四大先驱之一的政治学家拉斯韦尔,最早对传播的社会功能作出了比较全面的论述。他在1948年发表的《社会传播的结构与功能》一文中,将传播的基本社会功能概括为三个方面。

1) 环境监视功能

自然与社会环境是不断变化的,只有及时了解、把握并适应内外环境及其变化,人类才能保证自己的生存和发展。从这个意义来说,传播对社会起着一种"瞭望哨"的作用。

2) 社会协调功能

社会是一个建立在分工合作基础上的有机体,只有实现了社会各组成部分之间的协调和统一,才能有效地适应环境的变化。这里,传播是个联络、沟通和协调社会的重要系统。

3) 社会遗产传承功能

人类社会的发展建立在继承和创新的基础之上,只有将前人的经验、智慧、知识加以记录、积累、保存并传播,后人才能在前人的基础上发展和创造。这里,传播正是保证社会遗产代代相传的重要机制。

施拉姆在回顾拉斯韦尔的功能论时,用了一个比喻。他假设这幅传播的图像描绘的是住在洞穴里的石器时代的人,那么他们派一名哨兵调查环境以防遇到危险就是"监

---

① [美]威尔伯·施拉姆等:《传播学概论》,陈亮等译,23~24页,北京,新华出版社,1984。

视",如果有情况而举行一次会议就是"协调",至于男孩子学打猎则是继承前人的社会遗产。

2. 赖特的"四功能说"

美国学者赖特(C. R. Wright),继承了拉斯韦尔的"三功能说",并在此基础上又增加了第四个功能——娱乐。赖特把第二个功能即社会协调称为"解释和规定",把第三个功能即社会遗产传递称为"社会化"。下面是他的"四功能说"。

1) 环境监视

这项功能,是就大众传播收集和传达信息的活动而言的。它包括两个方面:一是警戒外来威胁;二是满足社会的常规性活动(政治、经济、生活)对信息的需要。这里,大众传播媒介的新闻报道起着特别重要的作用。

2) 解释与规定

这项功能,是指大众传播并不纯属"告知"活动,它所传达的信息通常伴随着对事件的解释,并提示人们应该采取什么样的行为反应。新闻信息的选择、解释和评价,将人们的视线集中于某些特定的事件,而社论或评论更是具有明确意图的说服或动员活动。解释与规定的目的,是为了引导和协调社会成员的行为,其含义与拉斯韦尔的"社会协调"是一致的。

3) 社会化

大众传播在传播知识、价值以及行为规范方面具有重要的作用。现代人的社会化过程既是在家庭、学校等群体中进行的,也是在特定的大众传播环境中完成的。这个功能与拉斯韦尔的"使社会遗产代代相传"的功能相对应。

4) 提供娱乐

大众传播中的内容有相当一部分是为了满足人们的精神生活与休闲娱乐,如文学的、艺术的、消遣的、游戏性的内容都旨在使受众产生精神上的愉悦。有的学者甚至认为,大众传播内容几乎都有一种普遍化的游戏或愉悦的功能。拉斯韦尔没有提及这个功能,"无疑是由于认为它并非政治进程的一个必不可少的部分而略去了"[①]。

拉斯韦尔提出的三大功能,加上赖特提出的娱乐功能,就比较完善地阐释了传播的主要作用。自此,监视环境(the surveillance of the environment)、联系社会(correlation of the components of society)、传承社会遗产(the transmission of the social heritage)及提供娱乐(entertainment),就被公认为传播以及大众传播的四大功能。

除了这些正面功能外,媒介还可能产生"功能障碍",或称负面功能。比如,如果过度强调危险和威胁,便可能导致社会的恐慌。拉扎斯菲尔德和默顿曾指出,大众传播具

---

① 郭庆光:《传播学教程》,114页,北京,中国人民大学出版社,1999。

有一种"麻醉精神"的功能：媒体对某一事件或问题大量报道，本意是增强报道效果，结果却可能产生相反的作用，不仅使受众对这些报道最终"熟视无睹"，而且还会产生逆反作用。

表 4-1 显示的是媒介的四大功能及其主要的"功能障碍"：

表 4-1　大众传播功能分析①

功　　能	负　功　能
1. 监视环境：提供并告知新闻 预警性新闻——自然界的危险情况 工具性新闻——对经济、公众和社会生活重要的新闻 宣扬规范——人物、事件	因过分强调危险可能导致社会恐慌 麻醉作用——漠不关心，被动，吸收过量 过度接触，极少思考
2. 联系功能：选择、解释、批评 强化社会规范——达成共识，将偏差行为曝光 赋予地位——意见领袖 阻止对社会稳定产生的威胁 监视并掌握公众的意见 制约政府，保护人民	强化遵从，将固定模式永久化 制造假事件、假形象或假"人格" 阻碍社会变革，阻止创新 尽量减少批评，实行多数意见专制 保护、扩张权力
3. 传承社会文化功能：教育 增强社会凝聚力——扩大社会共同经验的基础 减少社会无序性——疏离感 继续社会化过程——在学校教育之前和之后，提供帮助，进行整合	减少社会亚文化群，促进大众社会的形成 丧失个性，缺乏人际接触 标准化趋势，阻碍文化生长
4. 娱乐功能：娱乐 休息，调整，逃避压力，充实闲暇时光 创造大众文化，增加大众的文化接触 提高大众品位、偏好	鼓励逃避主义，纵情享乐 败坏精致艺术 降低大众品位，阻碍艺术发展

3. 施拉姆的功能理论

对拉斯韦尔和赖特的观点，施拉姆在其《传播学概论》中进行了总结。在这部书中，施拉姆把大众传播的社会功能，归结为政治功能、经济功能、一般社会功能三个方面，如表 4-2 所示：

---

① ［美］沃纳·赛佛林等：《传播理论：起源、方法与应用》，郭镇之等译，350 页，北京，华夏出版社，2000。

表 4-2　大众传播的社会功能[①]

传播起什么作用		
政治功能	经济功能	一般社会功能
监视（收集情报） 协调（解释情报；制定、传播和执行政策） 社会遗产、法律和习俗的传递	关于资源以及买和卖的机会的信息 解释这种信息；制定经济政策；活跃和管理市场 开创经济行为	关于社会规范、作用等的信息；接受或拒绝它们 协调公众的了解和意愿；行使社会控制 向社会的新成员传递社会规范和作用的规定 娱乐（消遣活动，摆脱工作和现实问题，附带地学习和社会化）

施拉姆将拉斯韦尔提出的三项功能都归入政治功能的范畴，而把社会控制、规范传递和娱乐等归入一般社会功能的范畴。这种划分没有明确的标准，正如他自己所言"各个范畴是模糊不清的"，也不见得十分确切。有的学者认为，施拉姆分类法的重要贡献是，他明确提出了传播的经济功能，指出大众传播通过经济信息的收集、提供和解释，能够启动经济行为。施拉姆在同一部书中有一段很有预见性的文字，专门介绍了"媒介的延伸：知识产业"。他认为："采用机械的媒介，尤其是电子媒介所成就的一件事，就是在世界上参与建立了史无前例的宏大的知识产业。"[②]也就是说，大众传播的经济功能并不仅仅限于为其他产业提供信息服务，它本身就是知识产业的重要组成部分，在整个社会经济中占有重要的地位。这种观点，已经为信息社会和知识经济的发展所证实，也成为当代"文化产业"的先声。

4. 拉扎斯菲尔德和默顿的功能观

关于大众传播的社会功能，还有一些学者从其他角度进行了论述，其中最常为人提及的就是拉扎斯菲尔德（P. Lazarsfeld）和默顿（R. Merton）的功能观。在这两位著名的社会学家看来，大众传播具有如下三种功能。

1）社会地位赋予功能

任何一种问题、意见、商品乃至人物、组织或社会活动，只要得到大众传播媒介的广泛报道，就会成为社会瞩目的焦点，就会获得很高的知识度和社会地位。正如俗话所说：

---

① 郭庆光：《传播学教程》，115 页，北京，中国人民大学出版社，1999。
② [美]威尔伯·施拉姆等：《传播学概论》，陈亮等译，155 页，北京，新华出版社，1984。

"说你行,你就行,不行也行。"他们认为,这种社会地位的赋予功能,会给大众传媒所支持的事物带来一种正统化的结果。

2) 社会规范强制功能

大众传播媒介通过将偏离社会规范和公共道德的行为公诸于世,能够唤起普遍的社会谴责,将违规者置于强大的社会压力之下,从而起到强制遵守社会规范的作用。他们指出,大众传播的这项功能主要来自它的公开性。在通常情况下,即使人们对违反规范的行为有所知晓,也不会发生有组织的社会制裁行动。但当大众传播媒介将问题公开化以后情况就不同了,一般公众就会感受到维护社会规范的"制度性压力",就会积极加入舆论制裁的行列。想想网上的"人肉搜索",对此就不难理解了。

3) 作为负面功能的"麻醉作用"

他们认为,人们过度沉溺于现代大众传媒提供的表层信息和通俗娱乐之中,而不知不觉地丧失了社会行动力,结果只是满足于被动的知晓而缺少主动的行动。比如,人们每天在接触媒介上花费大量的时间和精力,势必减少积极参与社会实践的热情与可能;他们只是在读、在听、在看、在思考,并且以为这些活动就是行动本身了。他们有知识、有兴趣,也有关于今后的各种打算,但是,当他们吃完晚饭、听完广播、读完晚报以后,也就到睡觉的时间了。

总之,大众传播作为现代社会中具有普遍影响的社会信息系统,其功能是复杂的、多方面的,大众传播既有积极的社会功能,也有消极的、负面的社会功能。传播学研究的一大使命,就是努力探寻积极发挥大众传播正面功能的机制和规律,同时设法减少大众传播负面功能对社会和人类造成的危害。

第二节 大众传播的产生与发展

我们知道,早在人类诞生之际,人类传播也就随之发生了。正如施拉姆所说,人类在学会书写之前已经互相交谈了几万年,而在大众媒介出现之前,知识和思想已经以文字的形式分享和保存了几千年。[①]

在传播的历史长河中,传播媒介始终处在不断的发展和变化之中。其间,最先出现的是面对面的传播,接着是通过媒介的传播;在通过媒介的传播中,先有书写媒介(如书籍、报纸、杂志),再有电子媒介;而在电子媒介中,先有有线的电子媒介(如电话),后有无线的电子媒介(如广播、电视)。这一媒介的发展顺序,可以用图4-2来表示。

---

① [美]威尔伯·施拉姆等:《传播学概念》,陈亮等译,14页,北京,新华出版社,1984。

图 4-2 媒介的发展顺序①

那么,大众传播是从何时开始的?目前,关于大众传播的起源问题,有三种代表性的观点。

第一种观点认为,大众传播始于15世纪中叶,其标志是德国工匠古登堡发明金属活字印刷术,成功地印刷了第一批《圣经》。施拉姆就把这个代表近代印刷术诞生的时刻,称为"大众传播开始的日子"②。

第二种观点认为,19世纪30年代,随着快速印刷技术和现代报纸基本理念的结合,才形成了第一种真正的大众媒介,由此拉开了大众传播的帷幕。③ 也就是说,大众传播的起点应该以大众报刊的出现为标志。

第三种观点认为,真正的大众传播应该从20世纪20年代广播兴起之际算起。

这三种观点都有道理,这里我们权且采用第二种观点,即以19世纪廉价报纸的出现作为大众传播的起点。

一、大众报刊

1. 产生的前提

1) 物质技术条件

随着社会的发展,近代生产方式已经达到一定水平,能够提供生产报刊等传播媒介的物质条件:印刷术的发展和普及;造纸业的发展;交通、邮政业的日益发达;城市的增加和发展,等等。其中尤以印刷术的发明和发展最为重要。马克思说过:印刷术是"科学复兴的手段",是"对精神发展创造必要前提的最伟大的杠杆"。可以说,正是印刷术的出现,使人类传播活动得以实现从人际传播到大众传播的革命性转变。

2) 社会需要

近代以来,迅速变化的社会需要大量的及时的信息,社会各个领域都提出了对信息及其传播的广泛要求。随着经济的发展和市场的扩大,国与国之间甚至整个世界都逐渐连在一起,资本主义的兴起更加速了社会的变化与动荡。在此情形下,大量的、迅速流动的信息,自然成为整个社会不可缺少的重要内容。

另外,19世纪的三大社会变迁,即工业化、都市化和教育的普及化,使西方社会从传

---

① 童兵:《理论新闻传播学导论》,25页,北京,中国人民大学出版社,2000。
② [美]威尔伯·施拉姆等:《传播学概论》,陈亮等译,15页,北京,新华出版社,1984。
③ 童兵主编:《中西新闻比较论纲》,7页,北京,新华出版社,1999。

统的农业社会转向工业化社会。工业化提高了印刷的速度和质量,都市化造成了人口的集中,教育普及增加了读报阅报的人数。正是在这一背景下,现代的大众报纸开始出现。

2. 廉价报纸

从19世纪30年代开始,先是在美国,后来在法国、英国等国家,涌现了一批廉价报纸,其代表有美国的三大便士报——《纽约太阳报》《纽约先驱报》《纽约论坛报》,法国的《世纪报》《新闻报》和英国的《每日电讯报》。这些报纸价格低廉,而且在各方面都与以前的政党报纸有很大的不同:

(1) 在政治上标榜独立,传播者已经是一些独立的经济组织。

(2) 在内容上以新闻、广告、娱乐为主,贴近普通大众的生活,尤其注重社会新闻及煽情内容。

(3) 在管理上采用企业经营方式,广告成为主要的收入来源。

(4) 发行量巨大。纽约三大廉价报纸创刊时发行量均不过千份,但在一两年内都超过数万份(当时纽约人口也只十几万),而且不断增加;创刊于1863年的法国《新闻报》,到19世纪末发行量竟达上百万份。

因此,廉价报纸后来又被称为大众报纸或大众化报纸(popular newspaper),它们在报道风格等方面有别于精英报纸或严肃报纸(elite newspaper or quality newspaper)。

从传播发展的角度看,大众报纸的诞生具有深远的意义:首先,报业开始从党派控制下解脱出来,成为一个独立的企业;其次,报纸开始成为真正意义上的"新闻纸",而不再是"观点纸"。从此,作为报道新闻、传播知识、提供娱乐的信息产业,报纸才成为现代意义上的大众传播媒介。

二、广播

人类传播活动中出现的第一个电子媒介是电报。1838年,美国画家塞缪尔·莫尔斯发明了第一台实用电报机。1844年,莫尔斯为了展示他的发明,在华盛顿特区与马里兰州的巴尔的摩之间铺设了40英里长的一条电报线,传送了历史上的第一份电文。到1861年美国就有了一条横贯大陆的电报线,而一个巨大的世界通信网络也在逐渐形成。

虽然电报本身不是大众媒介,但它标志着电信传播的开始。电信传播的英文是telecommunication,其字根隐含着"远距离传播"之意。在此之前,信息流、人员流、物资流的传播速度基本处在同一水平。但电报的出现,完全改变了这种情况,它为大众传播提供了快速有效的通信手段。世界第一家通讯社即法国的哈瓦斯通讯社,于1845年开始使用电报传送新闻,业务得到迅速发展。1850年英国与欧洲大陆的海底电缆铺设之后,这家通讯社已经普遍使用电报向法国各地以及欧洲许多城市的报纸供稿。1866年欧洲与美洲大陆海底电缆又铺设成功,两地信息便以过去邮船难以比拟的速度传递起来。

继电报之后出现的另一个影响广泛的电子媒介是电影。早在19世纪末,发明家爱迪生就发明了电影视镜("魔柜"),1895年法国的卢米埃尔兄弟在此基础上改进发明了电影装置,并生产出了影片,第一次把电影带给了大众。此后不到20年的时间,电影就由"一个新奇的玩意"成了一种主要的大众娱乐形式、一种新的大众传播媒介。据统计,1911年纽约的电影院已经有400家,每年观众人数达到150万人,其中工人阶层所占的比例为72%。[1] 到第二次世界大战结束后,电影已经成为包括生产、发行和放映在内的大规模的产业,成为艺术、娱乐、商业和现代技术的综合产物。

当然,电子媒介中第一个进入千家万户的还是广播。广播是多年来通讯技术发展的结晶。1906年的圣诞前夜,匹兹堡大学的费森登教授与通用电气公司的工程师合作,使用无线电技术向停泊在海上的船只播音。当晚在新英格兰海岸外面的船上,几个无线电报务员从耳机中突然听到有人在朗读《圣经》中的圣诞故事,接着是一段音乐,最后是一句"祝大家圣诞快乐"。一般认为,这是广播的第一次成功发射,它标志着一个新的无线电播音时代的到来。1920年11月,美国威斯汀豪斯公司(生产家用收音机的第一家公司)获得了从事标准广播的第一张正式营业执照,KDKA广播电台开始正式播音。到了20世纪40年代,美国的家庭收音机的普及率已经超过80%。即使在30年代的大萧条时期,广播的发展也没有受到影响,困境中的人们仍然在收听广播,苦中作乐。当时人们觉得,家具可以卖掉,汽车坏了也可以不修,但收音机却不能不听。广播的影响是如此之大,以至于美国著名的《编辑与出版家》杂志在1927年的一篇社论中甚至说:"如果公众通过广播获得了新闻,那么还有什么必要再买一份报纸呢?"第二次世界大战以后,随着半导体技术的发展,收音机越来越趋于小型化,便于携带,价格低廉,成为现代人获得信息和娱乐的便利媒介。

中国的第一座广播电台开播于1923年,第一座官办的广播电台创建于1926年。1940年12月30日,中国共产党主办的延安新华广播电台开播。经过数十年的发展,到2008年底,在全国2 069多家广播电视播出机构中,已有广播电台257座。[2]

三、电视

电视的出现可以说是大众传播发展史上一次伟大的变革,它给人类社会带来了深刻的影响。20世纪60年代中期,德国社会学家W.林格斯甚至把电视与原子能、宇宙空间技术的发明,并称为"人类历史上具有划时代意义的三大事件",认为电视是"震撼现代社

---

[1] 郭庆光:《传播学教程》,118页,北京,中国人民大学出版社,1999。
[2] 《中华人民共和国2008年国民经济和社会发展统计公报》,国家统计局,2009年2月。

会的三大力量之一"。①

电视是在20世纪20年代进入实验播放阶段的。1928年,美国通用电气公司开始试验远距离传送电视节目,播出了第一部电视剧。1930年,美国广播公司也开始试验性地播出电视节目。1936年,英国BBC正式播放电视节目。虽然第二次世界大战使电视机和电视设备的生产一度停顿,但战后电视获得了突飞猛进的发展,迅速成为当代最主要的大众传播媒介。美国新闻史学家E.埃默里在他的著作里这样描述了电视带来的宏大的社会景观:

> 电视的经济力量是惊人的,它对公共事件的报道也是如此。从50年代起,电视由于报道新闻事件而拥有大量观众。1953年艾森豪威尔总统就职时,约莫有6 000万人看到了他。1962年,约翰·格伦的第一次环绕地球轨道飞行吸引了1亿3 500万人凑近电视观看。1963年当肯尼迪总统被刺的消息传来时,纽约市电视观众从该市人口的30%激增到70%,而在全国为之默哀的葬礼举行的几分钟里,观众达到了93%。1969年人类第一次在月球上行走,实况转播被发回到地球上时,有1亿2 500万人收看了这一登峰造极的广播,而据估计,由卫星网带给全世界各地的观众有5亿。②

近20年来,电视的发展更是令人瞩目。20世纪80年代以后有线电视网蓬勃兴起,而90年代进入卫星电视时代以后,跨国广播电视和卫星直播电视开始进入普通家庭。短短的几年时间,地球的上空已经是"卫星广播大扩张",世界也因此分成"信息富国"和"信息穷国"。在这两个"国度"里,人们展开了一场太空入侵和反入侵的战争。③ 在此之前,从来没有任何一种媒介拥有如此众多的受众,产生如此广泛的影响。

电视的吸引力来自于它的媒介特性:电视集视觉听觉于一体,通过影像、画面、声音、字幕以及特技等多种形式,调动和刺激人的全部感应系统,给受众以强烈的现场感和冲击力。它不仅提供新闻和服务信息,而且还提供了娱乐和消遣内容。电视对受众文化水平的要求比印刷媒介低,所以可以获得更大数量的受众。电视不仅大大改变了人们的生活,而且对现代社会的政治、经济和文化的各个方面都产生了广泛而深刻的影响。下面是一项调查中描述的情景:

> 20世纪80年代,湖南省邵东县罗丰村在外地打工的村民带回了第一批12英寸的黑白电视机。对村民来说,一台12英寸的黑白电视机比墙上粗着嗓子唱歌的大喇叭不知强过多少倍。于是,人们抛弃了大喇叭,纷纷涌向有电视机的邻居家里。

---

① 郭庆光:《传播学教程》,118页,北京,中国人民大学出版社,1999。
② [美]E.埃默里等:《美国新闻史》,苏金虎等译,525页,北京,新华出版社,1982。
③ 马庆平:《外国广播电视史》,7页,北京,北京广播学院出版社,1997。

> 邻居家是如此拥挤不堪,连脾气最好的主人也忍受不了了。于是,大家定了一条不成文的规矩:凡是去人家看电视的,每人每次交5分钱。后来,电视机渐渐多起来,看电视收费的规定慢慢地也被取消了。现在,罗丰村每家每户都有了电视机。当夜幕降临时,劳累了一天的村民们各自召回自己的孩子,关上门,坐在电视机前,开始了一天中最为舒适的时光。乡村的夜晚,到处都是寂静,不再像过去那样传送邻里之间隔着篱笆墙的谈笑声。从电视机在罗丰村的出现以后至今,罗丰村的村民的生活方式、思想观念都发生了变革……①

从电视产生到现在,电视技术一直在不断发展,它经历了由黑白到彩色、由地上传输到卫星传输、由信号模拟到数字化等变革过程,每一次发展都大大加强了电视的影响力。在新世纪到来之际,电视媒介又面临一场新的革命,主要体现在四个方面:

(1) 数字压缩技术的进步使电视进入多频道化时代,电视媒体的内容更加丰富,选择性更强;

(2) 多媒体技术使电视的表现手段更丰富多彩,传输的信息质量更高;

(3) 电脑和网络技术进一步促进了电视传播的双向性和互动性;

(4) 卫星传输技术的普遍采用,使电视传播进入了一个跨国传播和全球传播的时代。②

就世界各国的情况而言,中国的电视事业发展最为迅速。中央电视台的主持人赵忠祥1994年访问美国之际,曾以亲身经历向哥伦比亚广播公司(CBS)的著名主持人丹·拉瑟描述了中国电视业的发展:

> 中国中央电视台1958年成立时,全国只有50多台黑白电视机。我做了三年新闻播音工作,走在大街上没有人认出我来。我的祖母一直到去世,始终都弄不明白她的孙子是做什么的。因为我家里那时没有电视机。1972年尼克松访华时,美国三大广播网组成庞大记者团来到北京,通过卫星,将你们总统在中国的一言一行当即传回国内,使美国公众能及时看到尼克松当时访华的情景。这使我们中国同行大吃一惊,当时我正在河南一个农场喂猪。1979年,我随邓小平首次访美,美国三大广播网的同行,尤其是你们CBS帮助我们通过卫星将邓小平在美国的情况传回国内,使我国人民每天看到邓在美国的一言一行……现在,中国已有2.5亿台电视机,有8亿多固定电视观众。我们的电视节目主持人在各地是家喻户晓的人物。③

根据国家广电总局发布的数字,截至2006年底,全国共有电视台296座,承载着2 984套节目的制作和播出,其中国家级电视台有中央电视台和中国教育电视台,每个省、

---

① 引自北京大学传播学专业99级硕士生赵久平的作业:《从湖南省邵东县罗丰村的一次实地调查看大众传播对农村文化的影响》,写成于2000年1月。
② 郭庆光:《传播学教程》,119页,北京,中国人民大学出版社,1999。
③ 转引自闵大洪:《传播科技纵横》,100页,北京,警官教育出版社,1998。

自治区或直辖市,每个地级或以上城市基本都有至少1座电视台。2007年全国全年制作电视节目255万小时,全年电视节目播出时间1 455万小时,电视综合人口覆盖率达到96.58%,有线电视用户达1.53亿户。目前全国电视机拥有量超过4亿台,正在实现从模拟电视向数字电视转换的阶段。1998年8月数字电视(HDTV)在美国市场亮相不久,中央电视台就在1999年国庆期间试播数字电视节目,并以地面数字节目传输的方式直播国庆阅兵式。截至2007年8月,全国的有线数字电视用户数已经达到了1 750万户,是2004年的16.4倍。中国已经从2008年开始全面推广数字电视广播,并计划于2015年停播所有模拟电视节目,在未来的时间,中国数字电视整体进程有望进一步加快。80年代中期,中国开始利用通信卫星传送广播电视节目,到2006年中国已有卫星收转站202万座,使用10颗卫星53个转发器传输242套电视节目。

四、网络

电视时代固然令人激动,可是我们尚未在此停留多久,一个新的媒介形态已经日渐凸显,这就是如日东升的网络。据统计,美国已经出现计算机的销量大于电视机的趋势,而且个人计算机用户已开始减少收看电视的时间。正如美国学者R.菲德勒所言,人类"具有迅速吸收新思想、新产品和新服务的独特习性,只要一旦他们发现这些东西能够与他们对现实所作的个人和文化界定相吻合"。①

过去我们一说到大众传播媒介,能够想到的就是报纸、广播、电视、杂志、书籍、电影这六种传媒,而又以前三者最为常见。自从互联网(Internet,因特网)出现之后,这种概念就受到了冲击。人们认识到,这种新的传播媒介,将成为继报刊、广播、电视之后"第四媒体"。②它把一台台孤立的计算机联成网络,可以用于连续的电子信息传递,包括电子邮件、文件传递以及个人或计算机群之间的双向传播,可以实现全球信息高速传递和共享。计算机的发明和改进只是提高了人类处理、存储信息的能力,而计算机的网络化却大大提高了人类交流信息的能力,它使communication成为真正意义上的"交流"而不只是"传播"。

事实上,国际互联网不仅具有报纸、广播、电视等传统媒介的一般特性,而且具有数字化、多媒体、适时性和交互式传递信息的独特优势。而流动在互联网上的信息有六大特点:丰富性、多样性、即时性、全球性、自由性和交互性。③另外,互联网在传播方式上也带来诸多变革,其中最主要的有以下三点:

(1)互动性。在互动的传播系统中,受众个人是主动的,而非完全被动。这在某种程度上改变了以往大众传播的单向特性;

---

① [美]罗杰·菲德勒:《媒介形态变化》,明安香译,1页,北京,华夏出版社,2000。
② 明安香主编:《信息高速公路与大众传播》,111页,北京,华夏出版社,1999。
③ 闵大洪:《传播科技纵横》,169页,北京,警官教育出版社,1998。

（2）小众化。传播媒介依据不同受众的不同需要提供信息，用"窄播"改变了以往大众传媒面对所有人的"广播"特性；

（3）接收信息的异步性。个人能够决定在自己合适的时间里接收信息，改变了以往接受大众传播媒介信息的同步性。①

总之，传播科技的发展，使以往大众传播系统中的主动权正由传播者向受传者转移。多媒体技术和多媒体通信技术的迅速崛起，为这种转移提供了可靠的基础。

大众传播发展是如此之快，以至于我们很难预测未来的局面。50年前南斯拉夫《今日科技》杂志曾经推测说：2000年的报纸将是手掌般大小的塑料盒子。在盒子的中心有一个小孔，通过小孔可以看到一条绕在线轴上的细线，线非常细，小小盒子里能装300多米。收到报纸的人把它放进一架特殊的机器里，然后按一下按钮，便可以看到世界各个角落的新闻。这架机器像一个大盒子，上面安着一个银幕，盒子的另一面有几个不同色彩的按钮，每个按钮适用于报纸的一个版面，其中一个按钮能让银幕上出现活动的图画，这些画面便是一天内重大事件的重演……②这种预测，正是现在的报纸网络版写照。那么，我们现在能想象出几十年后大众传播的情形吗？报纸、电视这些辉煌一时的媒介，会成为信息时代的"恐龙"吗？1994年，美国报业协会的副主席在一次技术大会上的发言中对40年后情景所做的预测，或许会对我们有所启发：

> 2034年的一天，一个商人来到一家旅馆。侍者领着他走进房间，打开了电灯和信息开关。床头对面墙上的灯亮了，传出一个声音："欢迎商人先生。我是你的信息提供者，能为你效劳吗？"有点饿了的商人先要了餐馆指南。他还请信息库提供最新的国内新闻。展现在他面前的有4种选择：①电子时事标题；②商业；③体育；④深度报道。他选择了④，一块壁板慢慢伸出，上面有一张彩印日报。他拿起报纸浏览，发现一篇文章很有意思。他想知道更多的背景情况，于是便按照文章末尾标明的代码打开了墙上的交互式电视，通过键盘提取了参考资料。他读完想读的文章，把报纸往胳膊下一夹，就去吃饭了。③

第三节 大众传播的社会影响

我们的时代是个信息时代，我们无时无刻不处在大众传播的包围之中。报刊、广播、电视、书籍、电影以及迅速崛起的网络，已经渗透社会生活的各个方面，小到个人的衣食住

---

① 闵大洪：《传播科技纵横》，164～165页，北京，警官教育出版社，1998。
② 刊于《新民报晚刊》，1957.12.8。
③ ［美］乔治·卡索：《报纸技术的过去、现在与将来》，古马译，刊《国际新闻界》1996(2)，78页。

行,大到社会的政治、经济、文化,无不与大众传播有着密切的关联。每一种大众传播媒介的出现和发展,都与社会形态及其变迁息息相关。那么,大众传播对现代社会到底有怎样的影响呢?

一、大众传播的社会影响

施拉姆曾经这样介绍美国人的生活与大众传播的关系:美国人几乎把平均醒着的 1/4 的时间用在大众媒介上,而且这个数字还在继续增加。至 1979 年秋,美国已有 98% 的家庭拥有电视机,这些电视机平均每天有 7 小时处于开机状态。这就是说,那时每台电视机每年要开 2 500 小时以上,相当于 100 多个日夜。如果一个人一直在收看,那么等于 10 年中有整整 3 年是在看电视。同时,美国成年人中有 75% 的人,每天平均大约要花 30 分钟读报。另外,美国 99% 的家庭和 90% 的汽车上有收音机,估计每天用于收听广播的总时数达 1 亿 5 000 万小时。再加上用在杂志、书籍和电影上的时间,美国人每天花在大众媒介上的时间实在相当可观。如今,网络也开始大量占用人们的时间,1998 年 6 月由 Pew Research Center 公布的一份研究报告表明,那时每周有 3 600 万美国人从网上获取新闻。丹佛 Paragon 研究公司同时期的另一项调查表明,美国有 16% 的家庭阅读网上报纸。[1]

即使像中国这样的发展中国家,大众接触媒介的时间也是相当可观的。据中国互联网信息中心 1999 年 7 月 14 日公布的统计数字,中国网民在半年内就从 210 万攀升至 400 万,而到 1999 年年底上网人数更飙升至 890 万。截至 2007 年底,中国网民达 1.72 亿,位居世界第二位,2009 年,中国网民已达 3 亿,位居世界第一位。

大众传播何以在现代人的生活中占据如此重要的地位?它为我们的社会生活带来了什么?概括地讲,大众传播为我们提供新闻、信息和知识,帮助我们了解外部世界的动向和变化;大众传播为我们提供关于生活所需要的信息,帮助我们安排日常活动;大众传播为我们提供娱乐,使我们能够从工作、学习和生活的紧张压力下解放出来,获得轻松和休息。这是大众传播实用的一面。但是,仅仅从实用或有用这一面去考察大众传播的影响,还是非常肤浅的。作为一种改造社会、推动历史的力量,大众传播还对现代人的意识和行为产生了深层的影响,它给人类的政治生活、经济生活和文化生活都打上了十分鲜明的烙印。

关于大众传播对人类社会的影响,很久以来一直是社会学家们争论的焦点问题。在这个问题上,一直有两种不同的观点:一种是基于乐观主义的肯定态度;另一种是基于怀疑主义的忧虑态度。

早期的乐观主义观点,以美国政治学家 J. 布莱士为代表。他在 1889 年出版的《美利坚民主国》一书中,围绕报刊在舆论形成中的作用问题,探讨了大众传播与政治民主进程

---

[1] http://computerworld.beijing.cn.net

的关系。他认为,报刊有三种重要的功能,从而使它成为舆论形成的重要推动力。这三种功能是:(1)作为事件的报道者和讲解员的功能;(2)作为政治主张代言人的功能;(3)反映社会读者一般意见的"测风标"功能。报刊通过这三项功能,使舆论超越个人意见的简单相加而成为组织化的有机整体。这样形成的舆论,才能在民主政治中发挥主导作用。

此后,西方许多学者也都对大众传播寄予厚望。在这种潮流中,一些学者按照"媒介是社会发展的动因"这种假设,提出了一些理论学说。其中最有影响的思想之一,是传播媒介能促进社会现代化,代表人物包括勒纳、施拉姆、罗杰斯等。勒纳在其经典著作《传统社会的消逝——中东的现代化》中,称大众传播是国家发展的"奇妙的放大镜"。他们的主要思想,就是媒介能在国家发展中扮演如下角色:

(1) 媒介可以提供有关国家发展的讯息;
(2) 媒介的报道和反馈功能,使民众有机会参与决策过程;
(3) 媒介能教导必需的技术。[①]

然而,历史并没有完全按照这些学者的愿望发展。首先,进入20世纪后,西方资本主义国家的大众传播媒介,不但没有成为一般公众参与政治的手段,反而越来越成为垄断资本和少数特权阶层的舆论工具。如第一次世界大战期间,大众传播成了帝国主义列强进行大规模宣传战和心理战的新型武器。而在第二次世界大战中,侵略势力更是利用大众传播煽动民族仇恨。人们认识到,大众传播既可能给社会带来光明,更可能成为可怕的、破坏性的力量。第二次世界大战后媒介内容的低俗化、煽情化,进一步招致学者对大众传播的激烈批评。上面提及的拉扎斯菲尔德和默顿等关于大众传播的"麻醉功能"、"功能障碍"的观点,正是在这种背景下产生的。日本学者清水几太郎认为,现代社会是一个由"信息的大量复制"所支配的社会,大众媒介一方面作为"赢利企业";另一方面作为"宣传机构",将广大受众淹没在表层信息的"洪水"中,使他们丧失了对重要的公共事务进行理性思考和判断的能力。他甚至说,大众传播对现代人来说类似于一种"心理暴力"。美国精神医学家E.D.格林在《电视与美国人的性格》中嘲笑说,电视的煽情性和刺激性使许多美国人退化到了只会"边看电视边吸吮手指"的地步。

美国著名专栏作家李普曼曾经在《舆论学》一书中对现代传媒的痼疾作了清醒的反思。李普曼指出,在社会生活层次上,所谓人对于环境的调整其实是通过各种媒介建构起来的图景进行的,李普曼将其称为"拟态环境"。正是这样的拟态环境造成了人们很多时候其实是在毫无根据的基础上形成了自以为准确的判断,而这样的判断一旦形成就成为一种难以改变的刻板印象。现代社会存在内在的不稳定,正是因为它以这样的概念为基础。当大多数人把持一致的成见以至于形成了社会舆论的时候,这样的成见就像滚雪球

---

① 陈世敏:《大众传播与社会变迁》,19页,台北,三民书局,1983。

一样在社会中不断放大效应,其影响更是根深蒂固、难以消除。当人们对现代大众传媒能够在瞬息之间聚敛民意沾沾自喜、赞叹不已的时候,李普曼发出了这样的告诫:舆论如果是健全的,就应当组织起来为报刊所用,而不是像今天这样的情况,由报刊来组织。前面在说到语言符号的时候,我们曾探讨过关于人们过度依赖符号的理论,这里其实说的也是这个意思。

关于大众传播对社会产生影响的具体问题,我们将在第七章"大众传播的效果"里再详细论述。

二、信息环境与人的行为

一个国家的政治制度是开放还是封闭,一个地方的经济是发展还是停滞,一个民族的文化是繁荣还是落后,都与大众传播密切相关。大众传播既可以推进现代化、促进民主政治建设,也可以蒙蔽舆论,制造谎言,腐蚀受众的心灵。所以,营造一个健康的社会信息环境事关重大。

一般来说,人与环境的关系包含 4 个基本要素:客观环境本身、人对环境的认知、人的行为、人的行为对客观环境的反馈或影响。在这里,人的行为决策是建立在对环境的认知基础上的。对不同时代的人来说,由于环境的规模不同,对环境的认知方式也不同。在社会生产和社会交往的规模都十分有限的传统社会里,人们对环境的认识和把握往往建立在第一手信息的基础之上,如图 4-3 所示。

图 4-3　传统社会中人与环境的互动关系①

但是,近代以来的工业革命以及 19 世纪的"交往革命",迅速改变了这种互动关系模式。大工业生产和全球贸易的发展,使整个世界变为一个巨大的市场;各种交往手段的发展进一步扩大了人们的活动空间。马克思早在 1855 年就描述了这个巨大的变化:"电报已经把整个欧洲变成了一个证券交易所;铁路和轮船已经把交通和交换扩大了 100 倍。"这时候,人类的环境变得越来越复杂,人对环境的认知方式也发生了根本性的变化。

具体说来,由于现代社会巨大而复杂的环境已经远远超出个人的经验范围,人们必须通过媒介系统才能去把握它。这种媒介系统,就是伴随着人类交往革命而诞生的大众传播。大众传播是以传达信息、提示外部环境变化为基本职能的社会信息系统,但由于这个

---

① 郭庆光:《传播学教程》,125 页,北京,中国人民大学出版社,1999。

系统受到内部组织结构和活动规律的制约,它向人们提示的环境并不能简单等同于客观环境本身,而最多只是环境的再现,这就是所谓的信息环境。于是,在大众传播时代,人与客观环境的互动关系就发生了重大变化,如图4-4所示：

图4-4 大众传播时代人与环境的互动关系①

从图4-4中我们不难看出,在现代社会里,人与环境的互动过程中增加了一个重要环节——信息环境。信息环境是由大众传播建构的拟态环境,具有如下特性：

(1) 构成信息环境的基本要素,是具有特定含义的语言、文字、声音、图画、影像等信息符号。

(2) 一系列的信息符号按照一定的结构相互组合,便构成具有完整意义的讯息。大部分讯息传达的并不仅仅是消息或知识,而且包含着特定的观念和价值,它们不仅仅是告知性的,而且是指示性的,因而对人的行为具有制约作用。

(3) 当某类信息的传播达到一定规模时,便形成该时期和该社会信息环境的特色和潮流。因此,信息环境具有社会控制的功能,是制约人的行为的重要因素。

大众传播在形成信息环境方面的优势,主要体现在两个方面：首先,大众传播通过信息的大量生产、复制和传播,能够在短时间内将同类信息传遍整个社会,造成普遍的信息声势；其次,大众传播的信息具有公开性、权威性和显著性,这样,大众传播就拥有了其他类型的传播所不可比拟的强大力量。

上文曾提及李普曼的一个观点,即当代社会的客观环境太复杂、太庞大,超出我们亲身感知的范围。为此,他提出一个"拟态环境"(pseudo-environment)的说法。所谓"拟态环境",也就是我们所说的信息环境,它并不是现实的再现,而是媒介通过对象征性事件或信息进行选择加工、重新加以结构化以后向人们提示的环境。李普曼指出："我们必须特别注意到一个共同的因素,这就是在人与他的环境之间插入了一个拟态环境,他的行为是对拟态环境的反应。但是,正因为这种反应是实际的行为,所以它的结果并不作用于刺激引发了行为的拟态环境,而是作用于行为实际发生的现实环境。"也就是说,大众传播形成的信息环境,不仅制约着人的认知和行为,而且通过人的认知和行为,对客观的现实环境又发生了实际的作用。随着大众传播的发达和信息社会的发展,大众传播所提示的信息环境越来越具有演化为现实环境的趋势,这就是所谓"信息环境的环境化",或者说"信息环境的现实化"。

---

① 郭庆光：《传播学教程》,125页,北京,中国人民大学出版社,1999。

这种观点,对我们理解大众传播与现代人行为之间的关系是很有启发的。大众传播具有形成信息环境的力量,并通过人们的环境认知活动来制约人的行为,这是大众传播发挥其社会影响力的主要机制。

内容摘要

所谓大众传播,就是专业化的媒介组织运用先进的传播技术和产业化手段,以社会上一般大众为对象而进行的大规模的信息生产和传播活动。

关于大众传播的社会功能,主要有拉斯韦尔的"三功能说"、赖特的"四功能说"、施拉姆的功能理论、拉扎斯菲尔德和默顿的功能观等。

拉斯韦尔在1948年发表的《社会传播的结构与功能》一文中,将传播的基本社会功能概括为三个方面:①环境监视功能;②社会协调功能;③文化传承功能。赖特在1959年发表的《大众传播:功能的探讨》中,又增加了第四个功能——提供娱乐。

1982年,施拉姆把大众传播的社会功能归结为政治功能、经济功能、一般社会功能三个方面。他的重要贡献是明确提出了传播的经济功能,指出了大众传播通过经济信息的收集、提供和解释,能够启动经济行为。

拉扎斯菲尔德和默顿在1948年发表的《大众传播、通俗口味与有组织的社会行为》中,特别强调了大众传播的下述三项功能:①社会地位赋予功能;②社会规范强制功能;③作为负面功能的"麻醉作用"。

大众传播时代的到来,以19世纪30年代大众报刊的诞生为标志。大众报刊,也称廉价报纸、便士报。与此前的政党报刊相比,大众报刊具有以下几个特点:价格低廉,一般人能买得起;内容以新闻、信息及娱乐为主,贴近普通人的生活;面向普通读者,发行量大;广告收入成为报纸经营的主要财源。

随着电子媒介的出现,特别是电影、广播和电视的兴起,大众传播开始进入一个全新的、影响越来越大的阶段。作为继报刊、广播和电视之后而方兴未艾的"第四媒体",网络又给大众传播带来更加广阔的发展空间,它的巨大潜力正引起人们的强烈关注。

关于大众传播对人类社会的影响,很久以来一直是社会学家们争论的焦点问题。在这个问题上,存在两种不同的观点:一种是基于乐观主义的肯定态度;另一种是基于怀疑主义的忧虑态度。

关于大众传播对社会到底产生了何种影响,我们既不能盲目乐观,也不能一味悲观,而是要结合具体的历史背景和社会条件进行分析。大众传播既可以推进现代化,促进民主政治建设,也可以蒙蔽舆论,制造谎言,腐蚀受众的心灵。所以,营造一个健康的社会信息环境事关重大。

对不同时代的人来说,环境的规模不同,对环境的认知方式也不同。在社会生产和社会交往的规模都十分有限的传统社会里,人们对环境的认识和把握往往建立在第一手信息的基础之上,如下所示:

但是,近代以来的工业革命以及 19 世纪的"交往革命",迅速改变了这个互动关系模式。

现代社会巨大而复杂的环境已经远远超出个人的经验范围,人们必须通过媒介系统才能去把握它。于是,在大众传播时代,人与环境的互动关系就发生了重大变化,如下所示:

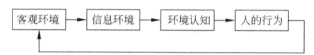

信息环境,就是由大众传播所建构的一个拟态环境。

所谓"拟态环境",并不是现实的再现,而是媒介通过对象征性事件或信息进行选择加工、重新加以结构化以后向人们提示的环境。随着大众传播的发达和信息社会的发展,大众传播所提示的信息环境越来越具有演化为现实环境的趋势,即所谓"信息环境的环境化"。

建议参考资料

1. [美]梅尔文·德弗勒等:《大众传播通论》,颜建军等译,第一编、第二编,北京,华夏出版社,1989。
2. [美]威尔伯·施拉姆等:《传播学概论》,陈亮等译,第一章、第二章、第八章、第九章,北京,新华出版社,1984。
3. [英]D.巴勒特:《媒介社会学》,赵伯英等译,第三章,北京,社会科学文献出版社,1989。
4. [美]W.李普曼:《舆论学》,林珊译,北京,华夏出版社,1989。
5. 闵大洪:《传播科技纵横》,北京,警官教育出版社,1998。

思考题

1. 什么是大众传播？大众传播有哪些特点？
2. 大众传播的基本社会功能有哪些？
3. 什么是大众传播的"麻醉功能"？大众传播有哪些负面影响？
4. 廉价报业的特点有哪些？
5. 电报、电影、广播在大众传播发展中起到了什么作用？
6. 简述电视媒介的特性。
7. 网络媒体对传统媒体有什么影响？印刷媒介会消亡吗？
8. 试述大众传播社会影响的两种代表性观点。
9. 什么是信息环境？何谓"信息环境的现实化"。

第五章　大众传播媒介

大众传播媒介的性质与作用
- ◆ 大众传播媒介的含义
- ◆ 大众传播媒介的性质
- ◆ 大众传播媒介的作用

传播制度与传媒控制
- ◆ 传播制度
- ◆ 媒介控制

媒介规范理论
- ◆ 集权主义媒介规范理论
- ◆ 自由主义媒介规范理论
- ◆ 社会责任理论
- ◆ 民主参与理论
- ◆ 发展中国家的媒介规范理论
- ◆ 社会主义传播制度和媒介规范理论

要点提示

1. 大众传播媒介的概念及其特点；
2. 新媒介的发展趋势及其特点；
3. 大众传播媒介的组织目标、公共性与公益性；
4. 媒介传播者的作用和特点；
5. 传播制度的概念；
6. 媒介控制的几个主要方面及其具体内容；
7. 媒介规范理论的主要类型；
8. 发展中国家的媒介理论和我国的媒介规范理论。

大众传播媒介已经渗透到社会的众多领域，在人类生活中发挥着重要作用。如何全面、科学地界定大众传播媒介及其含义？如何正确认识大众传播媒介的性质和作用？如何正确使用大众传播媒介，使之更好地为社会发展服务？对此，传播研究做过大量探讨，形成许多颇有价值的理论。本章就来介绍一下这些问题、研究及理论。

第一节的内容结合大众传播媒介的现实情况，说明大众传播媒介的基本概念、性质和作用。第二节把大众传播媒介作为社会整体的一部分，从宏观角度阐述社会制度尤其是社会传播制度与大众传播媒介的关系，阐述国家和社会对大众传播媒介进行调控的一般形态与方法。第三节集中介绍几种有代表性的媒介规范理论，这些理论是国家和社会制定媒介调控政策的基础。

第一节 大众传播媒介的性质与作用

一、大众传播媒介的含义

按照通常的理解，传播媒介有两种含义。第一，它是指传递信息的手段、方式或载体，如语言、文字、报纸、书刊、广播、电视、电脑、电话、电报等。第二，它是指从事信息采集、加工、制作和传播的社会组织，如报社、出版社、电台、电视台等。在传播学中，传播媒介包括以上两种含义。细分起来，如果是指传播活动的手段、方式或载体，那么一般就用"媒介"这个词；如果是指传播活动的组织、机构或人员，那么一般就用"媒体"这个词。

所谓大众传播媒介，特指专门用于大众传播活动的媒介。前面已经讲过，大众传播是专业化的媒介组织运用先进的传播技术和产业化手段，以社会上一般大众为对象而进行的大规模的信息生产和传播活动。那么，哪些媒介可以称为大众传播媒介呢？一般来说，报纸、杂志、广播、电视、电影、网络和图书等几种媒介，通常被认为是大众传播媒介这一概念的外延。至于其内涵，不妨作出如下界定：大众传播媒介，是指能够向社会大众大规模传播信息的专业化媒介组织和信息载体。

1. 作为信息载体的大众传播媒介

作为信息载体的大众传播媒介，包括印刷媒介和电子媒介两大类。

1）印刷媒介

所谓印刷媒介，主要指报纸和书刊。其优点是造价低廉，便于传播和保存，同时，相对于广播、电视等沿着时间序列线性传播的媒介来说，印刷媒介不仅承载量大，而且能够给受众充分选择的自由度，其中包括对不同印刷媒介物的选择、对媒介传播内容的选择以及接触媒介的时间、地点、方式的选择等等。印刷媒介的弱点也比较突出，如要求受众具有一定的文化水平，从而不如电子媒介更易接近受众、吸引受众。

印刷媒介中的报纸，是以较短的定期间隔连续向公众发行的散页出版物。报纸的种类很多。根据报纸的主办单位，可以把报纸分为党和政府部门的报纸和民众自办的报纸；根据报纸的发行地域，可以把报纸分为全国性报纸和地区性报纸；根据报纸的内容，可以把报纸分为综合性报纸和专业性报纸；根据报纸的读者对象，可以把报纸分为老年报、青年报、妇女报、儿童报或工人报、农民报、军队报等；根据报纸采用的文字，可以把报纸分为中文报纸、外文报纸和少数民族文字报纸；根据报纸的出版周期，可以把报纸分为日报、周报等。报纸的主要特点是造价低廉，制作简便。文字(图像)、印刷、纸张是制作报纸的三个条件，只要具备这三个条件，人们就能制作报纸。因此，即使是临时组建的小团体，也可及时创办满足其特殊需要的专门性报纸。这一点是电子媒介所无法比拟的。报纸的不足之处，首先在于受文字媒介的制约，文化程度较低的人和文盲无法使用和享有这种媒介，从而限制了这种媒介的受众范围；其次，尽管报纸越来越多地采用现代技术以提高制作、发行速度，使信息传播更加及时，但与广播、电视等电子媒介相比，在传播及时性方面依然处于劣势；最后，报纸缺乏生动性和直观性，在生动直观方面显然不如电子媒介。

印刷媒介中的期刊(又名杂志)，是指有固定刊名，以期、卷、号或年、月为序，定期或不定期连续出版的印刷读物。期刊的种类也有多种。通常，人们根据期刊内容涉及的范围，把期刊分为综合性期刊和专门性期刊两种。综合性期刊的主要特点是内容的多样性和普遍性。专门性期刊的主要特点是内容的专门性，一般只涉及某一领域。除此之外，人们还根据内容的性质把期刊分为学术性(学科性)期刊、新闻性期刊、文艺性期刊和生活类期刊；根据期刊的刊期间隔把期刊分为周刊、旬刊、半月刊、月刊、双月刊、季刊、半年刊、年刊等。

图书也是一种印刷媒介。图书是独立成册出版的印刷物，也有以成套丛书形式出版发行的。图书的种类很多，其中最具有大众传播特点的是畅销书，这类图书不仅传播速度快，而且传播范围广。但一般来讲，相对于报纸和期刊来说，图书传播的时效性和广泛性要差一些，但图书内容的完整性、系统性、专业性和可保存性是一般大众传播媒介不能比拟的。

2) 电子媒介

所谓电子媒介，是指以电子技术和设备为信息传递的物质手段的媒介。目前被人们作为大众传播媒介使用并且影响巨大的电子媒介，主要是广播、电视和网络。

广播媒介只能传送声波信号，不能传送图像信号。其基本工作原理是通过广播电台或广播站把声音转化成电信号，再利用有线方式或无线方式传送出去，最后通过收音机或扬声器接收、还原并播放。根据传输信号的方式，广播可以分为无线广播和有线广播；根据传播范围，可以分为地方广播、国内广播、国际广播(也称对外广播)；根据调制方式，可以分为调频广播和调幅广播；根据使用的波段，可以分为长波广播、中波广播、短波广播、超短波广播等。

电视，是通过无线电波或导线向一定区域播送声像节目的大众传播方式。声音广播的关键技术是解决声电转换问题,电视广播则要求在此基础上解决光电转换问题,即把光影图像转换成电信号,再通过接收器把电信号还原为光影图像。换句话说,电视广播的关键技术是把摄录的人、物、景等影像及声音转换成电信号,然后通过无线电波或导线把电信号传送出去,最终通过电视接收机重现这些影像及其声音。

电视也分为无线电视和有线电视。无线电视的特点是传播范围广,可自由接收,但易受外界环境干扰,发送信号不稳定,接收效果不如有线电视。有线电视也称"闭路电视",其特点是频道多,容量大,传播内容针对性强,不易受外界干扰。有线电视的传输线分为电缆和光缆两种,采用这两种缆线的有线电视广播分别称为电缆电视和光缆电视。

电子媒介的优势,首先自然是传播速度快、传播范围广。其次,从受众范围讲,电子媒介拥有庞大的受众群。传统的文字媒介主要以文字为信息符号,因此,其受众范围局限于具有相当文化水平的人群。而电子媒介主要以声音、图像为信息符号,因此,几乎社会各个阶层的所有成员都能成为其受众。再次,电子媒介生动逼真、感染力强。

电子媒介最突出的不足是线性播出,而且保留性和选择性都差。不管是广播节目还是电视节目,都只能按照时间顺序依次传输,具有"线性"特点,而受众也只能按照节目播出顺序收听收看,处于被动接收状况。另外,播出的节目转瞬即逝,不容易保存。为了克服电子媒介的这些缺陷,广播电视工作者做出了许多努力,如有针对性地改进节目播出内容,增添收录机、录像机等接收设备等。网络的兴起则大大改变了这一格局。

2. 作为社会机构的大众传播媒介

作为社会机构的大众传播媒介,主要包括通讯社、报社、杂志社、出版社、电台、电视台以及媒介集团等,它们是从事信息的采集、加工、制作和传播的社会机构。在我国,这些社会组织被统称为新闻出版单位。

作为社会机构的大众传播媒介,由人员、设备和组织三大部分组成。人员,即从事信息采集、加工、制作和传播的记者、编辑以及其他业务人员、后勤人员和管理人员,他们是大众传播的主体,也是构成媒介机构的主体。这些人通常不是以个人的身份进行信息传播活动,而是在传播组织的统一管理和支配下,代表组织进行信息传播活动。设备,指物质设备和技术手段,它们是进行大众传播的物质基础,如果没有信息传输、印刷制作、出版发行等设备和技术,媒介机构就无法开展传播活动。组织,是保证大众媒介正常运行的必要条件,尽管通讯社、报刊社、出版社、电台、电视台等组织结构和部门分工各有不同,但它们基本上都由管理部门、业务部门、后勤服务部门组成,大众传播活动就是通过组织内部的统一管理、分工协作来完成的。

由于采用的信息载体和传播技术手段不同,各类大众媒介也各有自身的优势和特点。以通讯社为例,它是专门搜集和发布新闻类信息的机构,作用主要在于向报社、电台、电视台等提供新闻电讯、新闻图片和各种新闻资料。因此,同其他媒介相比,通讯社具有以下特点：(1)拥有人数众多的记者网，采集的信息量大，特别是国际性的大通讯社如新华社，其新闻触角伸向世界各地，能够及时搜集大量信息。(2)通讯社一般只向报社、电台、电视台等大众传播媒介提供信息，而不直接向受众传播信息。也有些通讯社向商业机构提供财经金融信息等，如路透社。(3)发布信息的时效性、连续性强。现代大通讯社几乎能够即时提供世界各地正在发生的重大新闻，随时追踪事态的发展。

另外，媒介集团是指拥有报纸、杂志、图书出版公司、民意调查组织、广播电台、电视台、有线电视系统、音像制品公司以及发行机构等多种媒介业态的综合性媒介组织。随着现代社会的发展，媒介集团化的趋势日益成为潮流。

3. 新媒介及其发展趋势

新媒介是一个相对的概念，指伴随社会发展而产生的新型媒介。在世纪之交的今天，跨国卫星广播电视、电子出版物等都堪称新媒介，但当今影响最大的新媒介，还是由多媒体电脑和信息高速公路构成的网络媒体。

多媒体电脑，是指通过增加配置而集印刷媒介和电子媒介功能于一身的电脑。具体说来作用如下：能够播放 CD 盘、VCD 影碟，通过电视节目接收卡还能直接接收广播、电视节目，从而具有了广播媒介和电视媒介的一般功能。能够通过互联网传播报纸、期刊、图书资料等内容，随时供电脑用户阅读和查看，从而具有了印刷媒介的一般功能。不仅如此，多媒体电脑还能直接传播网上广告、文字信息、图片，具有活动画面和有声的其他信息等。另外，它也具有人际传播功能，如在网上洽谈生意、聊天、交流思想等。总之，多媒体电脑具有计算机、文字处理机和报纸、广播、电视、电话、录音、录像、传真等多种媒介的功能。因此，多媒体电脑正以惊人的速度向全世界普及，并日益凸显其作为现代大众传播媒介的作用。

信息高速公路，是指快捷的现代电子信息传输网。信息高速公路是一个比喻的说法，因为这个现代电子信息传输网络是一个传输速度非常快的网络。它由通讯网、计算机网、数据库和各种电子设备组成。遍布各地的通讯网通过光缆连接起来，进一步扩展成通往全国甚至全世界的信息通道。与通讯网相连的是负责提供传输信息的计算机网、数据库和相关传输设备，以及供集体或个人接收信息的多媒体接收设备。信息高速公路上按一定规则和通道运行着多种多样的信息，这些信息的传输不仅是快捷的、抗干扰的，也是交互性的、有条不紊的。信息高速公路的概念最早由美国人提出。1993 年 9 月，美国政府公布了"国家信息基础设施计划"。这个计划的核心是利用高科技的计算机技术和通信技术，建设一个贯通美国各大学、研究机构、工矿企业、医院、商店、银行、娱乐场乃至千家万户的全国信息网。有了这个网络，将使全美的计算机处理能力提高 1 000 倍，通信能力提高 100 倍。1994 年，美国副总统戈尔发表了题为《全球信息系统将促进发展》的文章，进一步提出更为大胆的设想，即将世界各国的信息基础设施网络连接起来，构成全球性的

"信息高速公路"。这一设想抛出后,在世界各国,尤其是欧洲、日本等工业发达地区和国家中引起强烈反响。各国纷纷投入人力和物力进行研究,许多国家迅速拿出自己的应变方案,并开始具体实施。一时间,"信息高速公路"成了全球性的热门话题,世界信息革命进入一个具有划时代意义的新阶段。近年来,信息高速公路建设迅速,许多国家和地区纷纷进入全球信息网,目前世界信息高速公路已初具规模,贯通的信息高速公路正在繁忙的使用中不断改进、完善和发展。如果全球信息高速公路建成贯通,全球信息系统将成为整个世界的神经中枢,圆形的地球就如同一个具有智慧的大脑。

考察电脑网络媒体的情况,可以看出新媒介具有以下发展趋势:

(1) 传播媒介的双向传播功能增强。传统的报刊、广播、电视等大众传播媒介仅仅具有单向传播功能,受众的信息反馈环节薄弱,从而使大众传播不能像人际传播、组织传播那样具有良好的沟通和交流效果。在长期的大众传播实践中,从业人员为弥补大众传播媒介的这一缺陷作出了诸多努力。新媒介的产生和发展,将为彻底消除这一缺陷创造条件,因为网络等新媒介同传统媒介相比,提供了双向传播功能,广播、电视等传统媒介的改造也将向这个方面发展。

(2) 多种媒体的功能相互融合。作为信息载体的新媒介,是传统媒介与新兴媒介的融合,网络已基本显示了这种趋势。在网络媒介中,基本实现了文字、声音、图像传播一体化,体现了传统报刊、广播、电视媒介功能的融合,同时,新的传播技术还将使大众传播媒介进一步融合人际传播的功能。另一方面,目前的传播媒介机构功能也越来越趋于融合。

(3) 新媒介具有传播超大信息量的能力。新的技术、材料和设备的开发,使传播媒介不断提高承载信息数量的能力和传播信息的速度、质量,今后的传播媒介仍然会沿着这个方向发展。

二、大众传播媒介的性质

从大众传播媒介的构成上不难看出,大众传播媒介具有物质和社会的双重属性,也就是说它既是信息的载体,又是专业的组织。

1. 信息的载体

大众传播媒介是向为数众多的社会公众传播信息的载体和工具。报纸、书刊、广播、电视等大众传播媒介,都属于人类使用的传播工具和技术手段。有了这些物质基础和技术手段,人类才得以从依赖语言和文字媒介的人际传播时代发展到大众传播时代,才得以大量复制信息、传递信息,从而极大扩展了人类接受信息和传播信息的空间。

在研究大众传播媒介的工具性方面,麦克卢汉的观点较有影响。麦克卢汉(Marshall McLuhan)是享誉世界的加拿大传播学家,20世纪60年代曾以一系列振聋发聩的学说而声誉鹊起,他在1960年出版的《探索传播》(*Explorations in Communication*)一书里提出的"地球村"(global village)概念如今已是家喻户晓。90年代以来,随着网络的迅猛发展,他的理论再次引起了人们的兴趣与关注。正如斯蒂文·小约翰所说:"他妙趣横生,不同寻常的风格以及奇特而富于启发性的思想吸引了人们的注意,不管你同意与否,他的思想的影响力之大已不容忽略。"①麦克卢汉的著作,主要包括:《机器新娘》(1951年)、《古登堡群英》(1962年)、《理解媒介:人的延伸》(1964年)、《媒介即讯息》(1969年)以及他逝世后出版的《地球村》(1980)等。

麦克卢汉的媒介观,是在另一位加拿大传播学家英尼斯(Harold Adams Innis)的思想基础上发展而来的。英尼斯和麦克卢汉都把媒介视为文明的动力或关键,认为历史是由各个时代占优势地位的媒介决定的。在英尼斯看来:

> 近代以前传播媒介可分为以时间为重点的媒介和以空间为重点的媒介,由此规定社会流通知识的数量、性质,以及社会的形态。重点放在时间上的媒介,虽有耐久性,但不适于搬运;重点放在空间上的媒介,轻便,能搬运,但没有持久性。前者为石头、黏土、羊皮纸,后者为纸草、纸。时间的媒介制造出地方割据的等级制社会组织,空间的媒介造成中央集权的大规模的政治组织。②

麦克卢汉借讨论媒介结构发展了英尼斯的思想。其媒介观最基本的假设是,人们通过某种感官比例(sense ratio)来适应外界。感官比例,是指我们使用各种感觉器官的平衡关系。一个时代的主导媒介使人产生特定的感官比例,从而影响人们把握世界的方式。按照他的说法,每一媒介都是人们某一器官的延伸:"车轮……是腿脚的延伸;书本是眼睛的延伸……衣服是皮肤的延伸……电子线路则是中枢神经系统的延伸。"③他指出,在印刷媒介发明之前,部族成员主要靠听觉接受信息,对他们来说"耳听为实"。但是,印刷媒介的出现使一种新的感官比例诞生了,这就是视觉主导一切,它迫使人们进入一种线性的、连续的、逻辑的知觉模式。而随着电子媒介的兴起,听觉再次成为主导,被印刷媒介所破坏的感官比例重新恢复了平衡,人类社会再次部落化,世界成了一个"地球村"。他说:

> 信息电子线路将人与人实实在在地联系在一起,信息飞快地、不断地向我们涌来。信息刚一获得,又有更新的信息将它替代。我们的已具电子型的世界迫使我们放弃数据归类的习惯,进入模式识别的方式,我们不再能一块一块、一步一步地建立数据,因为瞬时交流保证了外界和个人经历的所有要素同时存在于积极的相互作用中。④

---

① [美]斯蒂文·小约翰:《传播理论》,陈德民等译,577页,北京,中国社会科学出版社,1999。
② [日]竹内郁郎:《大众传播社会学》,张国良译,20页,上海,复旦大学出版社,1989。
③ [美]斯蒂文·小约翰:《传播理论》,陈德民等译,578页,北京,中国社会科学出版社,1999。
④ [美]斯蒂文·小约翰:《传播理论》,陈德民等译,578~579页,北京,中国社会科学出版社,1999。

总之，麦克卢汉认为，各种媒介都是对人体不同功能的延伸，所以，影响人类生活决定历史发展的，不是传播媒介所传递的讯息内容，而是传播媒介的运作形式。这也就是他那个广为人知的著名命题——"媒介即讯息"（The media is the message）。这里的"媒介"并不是指承载信息的技术实体，而是指新媒介技术赋予人们的全新的知觉模式。

麦克卢汉认为，任何媒介所产生的个人与社会后果来自新技术逐一引进人类事务的新的尺度。这样的尺度或者说直觉模式是麦克卢汉用来理解媒介的一把钥匙。在麦氏看来，媒介的概念几乎涵盖了一切影响到人类扩展自身的技术范畴，而其中最伟大的转折是从电开始。它通过事物即时化而终止了事物的序列，或者说，信息传播的速度几乎等于事物发生的速度。这种即时化速度使人们重新审视事物的起因，不再局限于过去那种线性思维方法，一个事物发生在另一个事物之后，这本身不具备任何解释力量。传统时代，事物的发展和信息的传播都伴随着一个比较缓慢的过程逐次展开，人类的认知在这样缓慢的节奏中已经习惯于一种线性的模式。电气化时代的到来将信息传播引入立体主义的新尺度，第一次使人们对环境整体产生瞬间感知，通过捕捉即时的整体感觉，这样的立体主义尺度即宣布"媒介即讯息"。

正因如此，麦克卢汉才说，媒介的"内容"蒙蔽了我们对媒介性质的认识，其实所有媒介的"内容"都是另一种媒介。推而广之，人的很多社会行为其实都可以从一种基本模式中寻找到其深层的原因。比如古代社会将暴力犯罪视作令人悲哀的行为，对罪犯的态度就如同我们对待癌症患者一样。我们按照技术的统一性与持续性模式提出要求，如有不适应者无法达到这种要求，有知识的人就倾向于将之视为可悲的人。

当然，麦克卢汉并不是一个纯然的技术乐观主义者，他在对媒介技术进步给予充分的估计和肯定的同时，也表达了深刻的忧虑。在麦克卢汉看来，美国的生活方式就是在古登堡技术的基础之上形成和发展的，由于不了解印刷文化的偏见，我们制定了无数极为愚蠢的标准。如智商测定假设统一性与持续性是智力的标志，从而排除了那些主要依靠听觉和触觉的人。

真正令人担忧的是，技术并非只在概念或意义层面产生效果，它稳定地改变了感觉的比率或感知的形式，而不会遭遇任何抵抗。严肃的艺术家是唯一与技术打交道时具有免疫力的人，因为他们是感知与知觉变化的专家。麦克卢汉不无洞见的指出，货币媒介的渗透，引起了缓慢但不可抗拒的革命，重组了人们的感官生活，因为它是我们感官生活的延伸。同样的，对媒介效力的简单和潜意识的接受，使媒介成了使用者的没有围墙的监狱。每一种媒介环境的形成都是对这种媒介使用者的一种束缚和框范，正如心理学家荣格指出的：每个罗马人都被奴隶伺拥，奴隶与奴隶心理泛滥于古意大利，每个罗马人都变得内向并且不自觉地成为奴隶。人们始终生活在奴隶的氛围之中，无意识地受到奴隶心理的感染和影响，没有人能使自己免于这种影响。时至今日，我们不得不惊讶地发现，麦克卢汉曾经的预言或多或少已经成为现实，而且有的是惊人地相似。对于麦克卢汉的媒介观很多人都曾经不解甚至批驳,但今天或许我们更应该冷静的思考一下麦克卢汉的这些并不过时的观点。

2. 专业的组织

大众传播媒介不仅是一种传递信息的载体和工具,同时也是一种采集、加工、制作和传播信息的专业化社会组织。

显而易见,大众传播媒介是以一种组织的形式存在和发挥作用的。任何一种大众传播媒介都不是,也不可能是以纯粹物质载体的形式而直接发挥其传播信息的功能,它都是在一定的组织机构中,由充当大众传播者的人,借助一定的物质条件和技术手段来实现采集、加工、制作和传播信息的行为目标,实现从信息到受众之间的桥梁作用。因此,从基本属性上说,大众传播媒介又是一种专业化的社会组织。

作为社会组织,大众传播媒介具有以下两个方面的内容:

第一,大众传播者是大众传播媒介的主体。

大众传播媒介是一个以生产信息为主的、规模巨大而受众广泛的专业组织,在大众传播媒介中从事采集、选择、加工、复制和传播活动的人被称为大众传播者。大众传播者是大众传播组织中的主体,同其他类型的传播者相比,他们具有如下特点:

(1) 传播者的角色固定。在人际传播过程中,传受双方的角色往往是相互转换的,而在大众传播过程中,记者、编辑、播音员、节目主持人等大众传播者的角色地位是固定的,读者、听众、观众等受传者只能处在单向接受而不能双向交流的地位。

(2) 具有组织成员性质,以组织行为方式进行传播活动。大众传播者是大众传播媒介的组成部分,他们虽然常常单独完成某项任务,但他们的行为不是个人行为,而是以组织代表的身份进行所有传播活动的。如记者通常以"××报(或电视台等)记者"的身份进行采访,而不是以个人身份采访。同时,这些专业传播者的活动是在一定的组织原则下进行的,传播者采集、加工的信息以及在信息中体现的个人判断和观点,要经过传播组织内部层层把关,传播出去的时候已不再是纯粹的个人作品,而变成了组织的产品。

(3) 他们是大众传播生产资料的控制者和使用者。大众传播的生产资料综合了各种先进的传播技术,广播、电视传输网也是国家以某种制度方式委托给大众媒介组织的公共传播资源。从这个意义上讲,大众传播者是传播特权的拥有者,他们所拥有的传播能力和权力都远远超过作为个人的社会成员和一般社会群体。

(4) 在信息生产过程中具有"把关人"的作用。大众传播媒介是现代社会中主要的信息提供者,由于大众传播媒介的信息传播能力巨大,提供的信息量无比丰富,传播非常及时,以致给人一种感觉,似乎大众传播媒介无所不报。然而,事实上,任何大众传播媒介传播的信息都只是无限丰富的客观信息的一小部分,大众传播媒介必然也必须要对信息进行筛选和过滤。这个筛选和过滤的过程就是所谓的把关,其中包括记者、编辑、部主任、主编,以及其他各级相关部门在信息采集、加工、复制、传播各个环节的把关。

第二,大众传播媒介具有一定的经营目标。

在现代社会里,作为社会组织的大众传播媒介都具有经营性质,属于信息产业的一部分。绝大部分大众传播媒介需要自筹全部或部分经费以维持业务活动,他们需要购买昂贵的技术设备,需要保证信息生产和传播活动进行的流动资金,需要支付雇员工资,需要为扩大再生产积累资金等。因此,绝大多数传媒组织都把经营目标放在重要的地位。

大众传播媒介的经济收益主要来自两个方面:其一是广告收益;其二是信息产品的销售收益,如报纸、杂志的发行收益,电视的收视费收益等。也就是说,大众传播媒介面对的市场因素主要是广告主和作为消费者的受众。在这二者之间,作为消费者的受众是市场中的决定性因素,因为大众传播媒介生产的信息越受受众欢迎,媒介的影响越大,其广告价值就越高。除此之外,媒介组织还面临市场变化和行业竞争等多种因素的压力。就经营而言,大众传播媒介具有如下特点:

(1) 大众传播媒介是为一定社会集团服务的精神生产机构。大众传播媒介生产的是信息,信息生产是一种精神生产,大众传播媒介传播的每种社会信息都不可避免地包含一定的价值观念和意识形态,这种信息的传播对社会意识和社会行为具有重要的引导和控制作用。因此,世界上绝大多数国家都利用大众传播媒介来宣传某种思想、提倡某种信念或制造其他社会效应等等,即各种大众传播媒介在进行传播活动时都是有宣传目标的,而这些宣传目标往往与控制大众传播媒介的利益集团的目标相一致。

大众传播媒介的宣传目标主要通过两种活动实现:一种是发表言论,一种是组织报道。大众传播媒介经常对一些重大事件和热点问题发表带有自己立场和观点的言论,包括社论、评论员文章及其他小言论等,这些言论是一种直接的宣传。但是,实现大众传播媒介目标最有效的方式是组织报道,即通过对客观信息的取舍选择、加工编排、系统报道等贯彻某种意图和方针,获得潜移默化的效果,间接实现宣传目标。

(2) 大众传播媒介具有公共性和公益性。它既不同于单纯的营利企业,也不同于一般政治团体或其他社会组织的宣传媒介,大众传播媒介是一种受公共性和公益性制约的传播媒介。大众传播媒介首先是作为一种"社会公器"而存在的,即它是供社会公众共同交流信息的传播媒介,同时也是为社会公众提供信息服务的传播媒介,而不是大众传播组织中的大众传播者宣传个人意志的"个人私器"。因为作为稀有公共传播资源的大众传播媒介(如电波频率、信息传输基础设施等)是社会的共同财产,传播者享有的各种权利也来自人民的赋予,职业大众传播者只是受托使用者。因此,大众传播媒介应该是满足现代社会公众普遍信息需求的公共服务机构。同时,由于大众传播媒介巨大的开放性和影响力足以对社会的政治、经济、文化、道德甚至普遍的社会秩序和公共生活产生巨大作用,因此,它的各种传播活动必须具有公益性,必须受到社会公众的制约。公共性和公益性是大众传播媒介的权利基础,也是大众传播媒介进行信息传播活动的基本原则。传媒组织的营利目标和宣传目标都必须保证在不损害公共性和公益性的原则下实现,否则,就会受到社会和公众的唾弃,最终受到传播规律的惩罚。

三、大众传播媒介的作用

大众传播媒介的社会影响和作用是巨大的。概括起来,这些作用可以从以下两个方面进行考察。

1. 对人类传播的作用

虽然作为信息载体的传播媒介,只有通过人才能在传播活动中发挥作用,但是,各种传播媒介本身对传播活动的影响也是毋庸置疑的。人类早期主要以语言为传播媒介,因此其传播活动主要是口耳相传,局限于人际传播和群体传播。文字产生以后,人们可以借助书信等进行远距离的传播。随着印刷媒介和电子媒介的出现,人类已经能够进行不同形式的人际传播、群体传播、组织传播和大众传播。可以说,每种新的传播媒介的产生对人类传播活动都产生了深刻的影响。一般来说,大众传播媒介对人类传播活动的作用主要体现在以下几个方面:

(1) 大众传播媒介将人类的传播活动推向了公共阶段。大众传播媒介产生以后,"以往以个体形式为主的传播活动因为新媒介的出现而逐步退居次要位置,大规模协作开展的公共传播活动成为人类传播的主要形式。"[①]首先,大众传播媒介被认为是"社会公器",是为全社会所有成员服务的具有公益性和公共性的集体财富。尽管它们的实际拥有者可能是某个人或某些人,但由于利用大众传播媒介进行信息传播所能产生的巨大社会影响和社会作用,使得社会要求任何人使用大众传播媒介进行的信息传播活动都必须遵循公共性原则和公益性原则。其次,大众传播媒介的产生使得从事信息传播的活动不再是某个人的单一行为,也不是几个人的行为,而是广大社会成员共同参与的行为。在大众传播活动中,大众传播媒介组织中的成员是直接从事信息传播的群体,广大社会成员是大众传播的受众,受众不仅仅是信息的接受者,还是信息的选择者和检验者,有时还是信息的提供者。广大受众在整个传播活动中起着重要作用,受众的需要制约着传播者的信息采集、加工、传递等传播活动,而受众的选择和评价体现着传播活动的效果。因此我们说,大众传播媒介使得人类传播活动进入了公共传播阶段。

(2) 大众传播媒介使人类的传播活动进入系统化、网络化时代。大众传播媒介的出现使得人类传播活动不再是一项简单的活动,而是由众多人参加的大规模活动。因此,在传播活动中,就需要将传播活动组织起来,使之系统化、网络化。大众传播的范围越广,对传播活动的系统化、网络化要求越高。早期大众传播活动还是由单一的传播机构在较为

---

① 段京肃、罗锐:《基础传播学》,262页,兰州,兰州大学出版社,1996。

封闭的范围内进行的,但人们很快就认识到,大众传播媒介为人们提供了向无限广阔的空间进行信息传播的可能性,而要实现这种可能性,不是单靠哪一个传播机构就能实现的。比如一个传播机构不可能将自己的记者派往世界上的所有国家和地区,因此,每日每时发生的大量信息要依赖众多媒介机构的传播者共同协作,相互配合,以便最有效地实现大众传播。目前,不仅各个传播组织内部都具有自身的传播活动系统和传播网络,包括由采写、编辑、制作、发行或播发等人员组成的专业队伍,而且各个国家的大众传播媒介也形成了本国内部分工合作的传播系统,包括区域分工合作、行业分工合作、内容分工合作等,其至世界范围内的国际传播网络也已基本形成。各个传播机构的传播活动,都在这种大规模的传播网络中进行竞争,共同寻求发展。

(3) 大众传播媒介使人类传播的活动更加技术化、专业化。大众传播媒介采用先进的技术和设备作为信息的传播手段和物质载体,从事大众传播的人必须掌握这些技术,熟悉设备的使用与维护。特别是广播、电视、网络等电子媒介,由于设备复杂、技术含量高,因此,其中的大众传播者较以往的传播者更加专业化,而其间的专业分工也越来越细。

2. 对人类社会生活的作用

(1) 普遍提高了人们传播和接受信息的能力,建立了社会群体之间的快速信息通道。麦克卢汉关于媒介是人体某种功能的延伸的论断,对我们认识大众传播媒介的作用具有启发意义。按照麦克卢汉的看法,任何媒介不外乎是人的感觉和感官的扩展和延伸:文字和印刷媒介是人的视觉能力的延伸,广播是人的听觉能力的延伸,电视则是视觉、听觉和触觉能力的综合延伸。撇开麦克卢汉关于媒介是人体的延伸的深层论述,结合大众传播媒介对人类的现实影响,我们不难理解,报纸、书刊、广播、电视及网络等大众传播媒介确实提高了人们传播和接受信息的能力。有了这些媒介,人们不仅能够向广泛的人群传递消息,而且能够及时接受来自四面八方的大量信息,从而普遍提高了人们传播和接受信息的能力。

(2) 大众传播媒介改变了人类的生活方式。从读书、看报到听广播、看电视、上网浏览信息,人们越来越离不开大众传播媒介,大众传播媒介在人类生活中的地位越来越重要。有了大众传播媒介之后,人类的生活方式发生了巨大变化,与传统社会相比,面对面的人际交往和群体活动在人们生活中的比重大大减少,而与报刊、电视、电脑等单独相处的时间大大增加——无论是儿童、青少年还是成年人、老人,都是如此。而且越是发达社会,人们接触大众传播媒介的时间越长。从大众传播媒介中获得信息和精神愉悦,已经成为人们的一种普遍生活方式和主要生活内容。通过大众传播媒介发布广告和通过电脑网络从事电子商务等活动,也正在成为社会时尚。人们越来越多地通过大众传播媒介了解社会,认识他人,甚至从大众传播媒介所展示的虚拟社会中寻求认同感、行为示范和可效仿的时尚等。

（3）大众传播媒介使不同的人接触信息的机会越来越不均等。由于大众传播媒介主要借助先进技术设备大规模地传播信息，因此，越是发达的国家和地区，大众传播媒介就越是先进、辐射能力越强；同一国家和地区，越是经济发达的地区、越是社会地位高的阶层，大众传播的普及率就越高。相反，越是那些不发达的国家和地区、越是那些经济收入和社会地位低下的阶层，通过大众传播媒介接触信息的机会就越小。这样一来，原本就已存在的、接触信息机会不对称的差距，在大众传播时代就越来越扩大了。

第二节 传播制度与传媒控制

一、传播制度

制度有两种含义：其一是指要求大家共同遵守的办事规程和行动准则，如工作制度、财政制度等；其二是指在一定历史条件下形成的政治、经济、文化等方面的体系及其运作规程，如资本主义制度、社会主义制度等。这两种含义是相互联系的。传播制度，既是用来规范传播行为的规程和行动原则，也是在一定历史条件下形成的传播活动体系及其运作规程。

传播制度是整个社会制度的一部分，是与社会的政治、经济、文化等制度交融在一起的。事实上，传播制度在一般社会制度中并不是独立存在的，而是具体体现为一定社会制度中对大众传播活动直接或间接地起着制约、控制作用的部分。概括地分析，传播制度的组成部分主要包括：传播媒介的所有制、传播组织的运行机制和利益分配制度、媒介与政府的关系、媒介与不同社会集团和广大受众的关系、媒介传播权利与法律的关系、传播者所应承担的责任和义务等。

国家的社会制度不同，其传播制度也就不同。如资本主义国家的传播制度和社会主义国家的传播制度，就存在明显差异。资本主义与社会主义两种社会制度的不同，决定了传播制度的不同，它们的根本区别体现在以下几个方面。

1. 所有制

资本主义的传播制度是建立在资本主义私有制经济基础上的，多数传播机构属于私人所有。而社会主义社会实行的是以生产资料公有制为主体的经济制度，所有传播机构都属于社会公有。

2. 管理体制

在社会主义社会，传播机构属于事业单位，隶属于各级政府或国有企业、事业单位等，各个传播机构的领导是由传播机构所属的各级政府或单位任命的。我国在改革开放之后,对于传播机构的人员聘用制度和管理制度进行了适度改革,改变了对传播机构实行全额拨款的做法,在一定程度上吸收了企业化管理的经验,对个别传播机构实行了全部自主经营、自负盈亏的做法,引入了竞争机制。但从整体上说,社会主义的信息传播业基本还属于事业性质。

在资本主义社会,私人所有的传播机构属于企业性质。除了少数属于政府、政党、团体的传播机构享有政府、政党、团体的经费资助之外,绝大多数传播机构的运作经费完全来源于发行和广告收入。董事会在传播机构行使最高决策权力,机构内部的大众传播从业人员是老板的雇员,报纸、刊物、广播电视节目是传播机构生产的产品,当它们被传播出去时,就成了拿到信息市场上销售的商品。传播机构效益的好坏全靠这些"商品"的销售情况而定。于是,这些传播业也像其他私人企业一样,经营得好就可以扩大、发展,经营得不好就要破产倒闭或被兼并。

3. 调控方式

在资本主义国家,媒介组织及其从业人员一般直接对法律负责,对他们通常不使用行政干预手段。社会主义媒介组织及其从业人员除遵守法律规定外还直接接受各级行政部门的管理,在党和政府的各级组织领导下开展工作,对党和政府及人民负责。

4. 组织目标及实现手段

资产阶级通过金钱垄断和其他隐性手段控制传播媒介,使其为资产阶级整体利益服务。无产阶级明确提出社会主义新闻事业是党和人民的耳目喉舌,是党和人民的舆论工具,通过党对新闻传播事业明确、强有力的领导,保证传播媒介为无产阶级政党和广大人民群众的利益服务。

以上通过对两种不同传播制度的差别所做的分析,我们可以初步了解传播制度与社会制度其他方面的密切联系,同时也初步认识到,传播制度主要是通过对媒介组织及其成员在社会中的地位和活动进行调控,来实现一定的社会目标。从根本上说,信息传播作为一种精神生产活动,作为上层建筑中的意识形态活动,必然为一定社会中的统治集团的利益服务,因此传播制度必然体现统治阶级的意志。下面我们就来具体分析一下调控传播媒介的主要社会因素及其作用。

二、媒介控制

媒介控制,是指传播制度中通过某些环节或因素对传播媒介进行约束和施加影响,使其符合社会利益和社会发展需要的过程。能够产生媒介控制作用的环节或因素是多方面的,其中主要包括国家和政府的政治力量、各种利益集团和经济势力、广大受众的社会监督和传播媒介的内部控制等。

1. 政治控制

国家和政府的政治控制是媒介控制的主要方面,其形式表现为通过确立大众传播体制、制定法律、法规和政策,来保障媒介为国家制度、意识形态以及各种国家目标服务。尽管各个国家传播媒介与政府的关系不尽相同,但古今中外的任何国家都对传播媒介进行不同形式的控制,以保证信息传播活动与国家的目标相一致。具体说来,政治控制的内容主要包括:

（1）确立媒介机构的所有制形式。"规定所有制形式是政治控制的主要内容,是确立传播体制的前提。"[①]采用什么样的所有制形式,主要取决于国家政治制度、经济制度和社会历史文化传统。此外,传媒本身的性质也对所有制形式的确立产生重要影响。在西方资本主义国家,政府对报纸、书籍等印刷媒介的控制较为间接,一般采用私有企业制度,而对广播、电视等电子媒介的控制则比较严格。例如,英国和日本的广播电视事业采用以公营为主、私营为辅的制度,像英国最大的广播电视机构BBC(英国广播公司)属于公共媒体,日本NHK(日本广播协会)作为唯一的全国性公共广播电视机构属于日本政府。至于德国和部分欧洲国家,则采用公营和私营的"双轨制"。在社会主义国家,所有大众传播媒介都实行公有制。

（2）通过立法和行政管理控制传播媒介的活动。宁新先生在《西方新闻理论评析》一书中指出:政府与新闻媒介的关系在各国的表现情况虽然不尽相同,但都曾先后、长短不一地经历了几个共同的阶段,即作为政治斗争工具的政党、政论媒体阶段,争取独立经营和自主报道的阶段,以立法手段管理新闻传播、逐步完善新闻法制的阶段,要求情报公开、实现信息产业化的阶段。[②]不仅新闻传播媒介如此,一般的大众传播媒介也是如此。但无论在哪一个发展阶段,政府作为国家政治力量的代表,都对传播媒介的活动实施特定的行政控制或法律控制,使之适应不同历史时期的国家需要。目前,有些国家制定了专门的新闻法或大众传播法,有些国家在宪法和其他法规中设立了有关传播活动的条款,还有些国家则主要通过行政手段管理传播活动。一般来说,对大众传播媒介的立法管理和行政管理主要包括以下内容:

第一,对传播媒介的经营管理作出规定。如对传播媒介的创办进行审批、登记,分配传播资源,对媒介活动进行多方面的监督管理等等。在广播电视领域,由于电波频率是一种有限的公共资源,许多国家一般对这种资源的使用实行分配制和特许制。这样做的目的,一方面是为了防止电波相互干扰而产生混乱的局面;另一方面也是为了使广播电视机构对社会和公众承担责任和义务。此外,由于大众传播是信息产业的一个重要组成部

---

① 郭庆光:《传播学教程》,130页,北京,中国人民大学出版社,1999。
② 徐耀魁主编:《西方新闻理论评析》,250～253页,北京,新华出版社,1998。

分，因此，对媒介经营活动的规范化管理也是国家和政府控制的一个重要内容。在许多国家，商法、反垄断法、反不正当竞争法等经济法规对传媒活动也同样适用。

第二，对传播媒介的业务活动原则作出规定。国家和政府都通过立法或制定政策法规等手段控制传播媒介的业务活动，这集中体现为限制某些信息内容的传播。这在世界范围内都是通行的，当然在不同国家和不同社会制度下，限制的具体内容和范围是不同的。大多数国家对传播媒介规定以下几个方面的限制要求：不允许传播颠覆国家制度的内容；不允许传播涉及政治、国防、经济、军事、科学技术机密及其他危害国家安全的内容；不允许传播煽动骚乱、破坏社会秩序的内容；不允许传播诽谤、侵权等信息；不允许传播淫秽和非法出版物；不允许传播对公众利益和社会文明风气有害的其他内容。有时政府也提出积极的传播政策，从宏观上规定一定时期的传播活动目标和政策方针。如我国经常通过党和国家领导人讲话、中共中央宣传部的文件形式对媒介机构下达政策指示，指导媒介传播活动与党和国家政策的整体步调相一致。H. H. 弗里德利克归纳了美国各种法律和政令中严格限制或禁止传播的七种内容，其中包括名誉诽谤、侵犯隐私、淫秽色情、国家和国防机密、虚假广告、世界共产主义宣传、外国人在美国的政治宣传等。不难看出，美国的限制或禁止内容同样有着鲜明的意识形态性。[1]

第三，对传播事业的发展制定总体规划或实行国家扶助。国家和政府对传播媒介的控制不仅仅是限制性的，还包括积极的指导和扶持。在历史上，许多国家都为传播事业的发展制定过优惠政策，例如降低印刷品邮费、对某些亟待发展的媒介行业实行免税制或津贴制等等。近年来，随着信息时代的到来，各国政府都对发展传播事业给予高度的重视。例如美国政府为了保障美国在"21世纪的领导地位"而提出了信息高速公路计划，并通过《1996年电信法》，积极推进传媒产业的结构调整，为传媒垄断和资本扩张扫清道路，力图为本国传媒参与国际竞争打下宽松有利的制度基础。我国近年来也在信息产业方面制定了各种促进发展的政策和规划，加大了国家对信息传播业，尤其是电脑网络的支持力度。

2. 社会控制

大众传播媒介作为一种对社会各界具有广泛而巨大影响的社会存在，必然与社会各种利益集团发生相互作用。社会上各种利益群体（政党、财团、组织、民间团体等）为保障和维护自身利益，往往利用各种方式对大众传媒施加影响，进行直接或间接的控制。如利用经济势力进行媒介垄断，直接创办和经营为集团利益服务的传播媒介，利用政治影响和社会影响控制传播媒介的活动等等。由于这些控制也是在一定社会制度和传播制度的范围内进行的，因此也带有明显的制度性因素。媒介的社会控制表现在以下几个方面：

（1）政党与团体对传播媒介的控制。作为一种具有组织纲领、组织纪律、组织目标和

---

[1] 郭庆光：《传播学教程》，131页，北京，中国人民大学出版社，1999。

形式以及物质、精神力量的社会群体,政党对当代社会生活产生着多方面的影响,对传播媒介也具有相应的控制力量。执政党往往借助国家和政府的力量对传播媒介进行调节和控制。非执政党往往借助其政治影响以及它所代表的阶级、阶层的物质力量和精神力量对传播媒介发挥控制作用。社会中的其他团体和组织也都具有特定的利益追求、精神追求,同时也具有一定的物质力量和精神力量,这些组织和团体同样想把传播媒介作为实现其目标的一种工具,同时要维护本组织和本团体的利益不受传播媒介的侵害。现代大多数国家都允许社会各阶层、政党或团体创办自己的媒介,我国的民主党派、少数民族、工人、农民、知识阶层、妇女、青少年群体等等,一般也都有自己的媒介或主要面向他们的媒介。这些社会群体可以通过传播媒介来维护自身的利益,传播自己的主张,参与国家的政治、经济、文化和社会生活。不过由于他们所处的社会地位不同,对传播媒介的调控能力也有所不同。

(2) 经济集团对传播媒介的控制。在市场经济条件下,传播媒介还在相当程度上受各种经济集团的控制。在现代资本主义国家,经过激烈竞争,经济活动已经越来越集团化,形成了经济实力强大、经营范围广泛、对社会政治、经济、文化都具有重要影响的财团。而大众传播媒介在现代生活中的重要地位和作用,使得这些财团无不把控制传播媒介作为他们的主要目标之一。这些财团对传播媒介的控制方式主要有三种:

第一,直接创办大型媒介联合体。他们以强大的资本做后盾,成立超大型媒介联合企业,对大众传播事业的主要部分实行垄断。例如在美国,20世纪80年代初有1 700种日报、11 000种杂志、9 000家广播电台、1 000家电视台、2 500家图书出版公司、7家电影制片厂。这样庞大的媒介产业,实际上绝大部分控制在50家最大的媒介公司手中。控制权的高度集中,保证了少数垄断资本在大众传播过程中的支配地位。美国学者本·巴格迪坎认为,这50家占支配地位的媒介公司在控制国家日常舆论上,比任何个人,也常常比任何政府机构作用更大。[1] 进入新世纪以后,美国传媒产业又发生了一系列的大型兼并事件,集中垄断的程度更高,形成少数几家"巨无霸"式的媒介垄断集团。

第二,通过提供广告或赞助间接地控制和影响传播媒介。随着市场经济的建立和发展,商业广告对传播媒介的控制不断加强。如在美国,20世纪90年代初,广告约占报纸版面的60%,杂志版面的52%,广播时间的18%,电视黄金时间的17%和非黄金时间的27%。[2] 美国的广播电视媒介完全依赖广告收入,报社收入的4/5来自广告费,杂志的一半收入来自广告。所以,对一些相对独立的中小媒介来说,广告决定着媒介的生死存亡。

---

[1] [美]本·巴格迪坎:《传播媒介的垄断——一个触目惊心的报告:五十家大公司怎样控制美国的所见所闻》,林珊等译,5页,北京,新华出版社,1986。

[2] Leo Bogart, *The American Media System and Its Commercial Culture*. Gannett Foundation Media Center at Columbia University in the City of New York, Occational Paper No. 8, March/1991, p. 6.

第三,通过财团控制的政治集团和其他社会力量间接控制媒介。在美国以及西方其他国家,这一点主要表现在财团利用他们控制的议会党团或院外活动集团对传播媒介的活动进行干预。但是,从另一方面讲,美国和其他西方国家的传播媒介是在资本主义市场经济的大环境下运行的,就其根本经济利益和经营方式而言,传播媒介已完全融入资本主义经济体制的大系统之中,传播媒介机构是在竞争中求生存、求发展的,其活动必须遵守社会价值观和信息传播客观规律的要求。因此,不仅控制传播媒介的不同利益集团之间常常处于矛盾对立之中,而且在特定条件下,传播媒介与金融界、工商界和其他利益集团也常常处在矛盾对立之中。这就是为什么西方传播媒介经常揭露各种丑闻的原因。但是,这样的揭丑也只产生个案的意义,不会上升到对社会制度的质疑。

正如传播学者施拉姆在《大众传播的责任》一书中指出的,以往政府出面干预的威胁已迫使(美国)广播网就范,但迄今几乎不曾有什么威胁加到广告代理商身上,根本没有一点加到节目制作商身上。试问又有什么力量可以使他们就范?进而,施拉姆总结道:那些较新的规范,无一不是保护性的、旨在减削批评者的锐气、免除政府的干预,并又帮助传播者不再使他们的成品中含有招致外人抵制的审查或可能惹上其他麻烦的材料,从而在追逐利润的过程中没有任何掣肘。因此,对于这样的传媒更应该强调的不是媒体的技术能力或发展规模,而是其社会责任。一般而言,国家强制性的规范只在防止媒体内容超越所可接受的范围,而未做到加强媒体的责任。同时,每一个社会中的个人也应该运用一切可能性,使自己成为机警而又有鉴别能力的人。

3. 受众控制

在现代社会里,大众传播对人们生活的各个方面无不产生重要的影响。许多传播内容,如报道的新闻或传播的信息是否真实、刊登的广告是否可靠、提供的文化和娱乐内容是否健康有益等等,都会直接影响受众的利益。因此,广大受众有权对传播媒介的活动进行监督和控制。

受众对媒介活动进行社会监督和控制的手段可以分为以下四种:

(1) 个人的信息反馈。即以来信、来电和来访等形式直接表达对媒介活动的意见、建议、批评或抗议。这是一种最常见的受众监督方式。

(2) 以消费者团体方式施加影响。例如日本有一个"大众传播市民会议"的受众团体,他们从一般受众的立场出发对传媒活动进行分析和批评,并发行自己的月刊《传媒市民》,具有较广泛的社会影响。

(3) 诉诸法律手段。如果媒介提供的虚假报道或广告直接损害了受众的实际利益,或媒介内容侵犯了公民的名誉权或隐私权等等,公民可以向法律机构提起诉讼,要求对传播媒介进行法律制裁。

(4) 通过影响媒介的销售市场来制约媒介活动。大多数传媒机构都有经营目的,发行量和收视率是它们的生命线。对那些性质恶劣的媒介或信息产品,受众可以采取拒买、拒看、拒听的行动,这也是受众对媒介活动发挥控制影响的最后手段。

由于大众传播是一个公共性和公益性很强的事业与产业,在任何一个现代国家,受众的社会监督力量都不能忽视,即使是在媒介集中和垄断程度最高的美国,"公众利益"也是制约传媒活动的一个重要的社会力量,从而使垄断资本不能利用他们控制的媒介为所欲为。例如美国 1934 年电信法中设有一个"公正原则"(the fairness doctrine)。尽管美国政府在这个原则的解释和适用上一贯倾向于媒介,但是民众同样也可以利用这个原则维护自己的利益。1970 年宾夕法尼亚州的 WXUR 电台的许可证更新遭到拒绝,就是民众团体联合抗争的结果。WXUR 是一家由极端右翼势力控制的电台,它的广播内容充满了露骨的种族歧视、性别歧视和宗教歧视的宣传,为社会所侧目。因此,当 1970 年该台许可证期满时,国际妇女和平自由联盟美国分部、犹太人劳动工会以及黑人组织等 18 个民众或宗教团体,以该台违反"公正原则"为理由,要求联邦通信委员会不再为它发放新的经营许可证。在强大的社会压力下,联邦通信委员会终于取消了给 WXUR 发放新许可证的决定。

4. 内部控制

政治力量的控制、社会集团的控制和广大受众的控制,都是对传播媒介的外部控制,它们从整体上确立了传播媒介的社会地位和作用,规定了传播媒介的运行规则。但是,传播媒介的实际运行是依靠传播者进行的,是通过传播者的行为来实现的。因此,对传播媒介的控制还包括另一个重要方面,那就是媒介内部的直接控制。媒介内部控制包括制定媒介编辑和报道方针,对传播工作者的职业道德和行为规范进行约束等内容。

(1) 通过制定媒介编辑方针和报道方针控制传播媒介。媒介的编辑方针和报道方针,是媒介机构的负责人与编辑、记者等传播者共同制定的指导传播者活动的原则。传播者必须遵守这些原则,以保证媒介成员共同实现统一的媒介目标。不言而喻,编辑方针和报道方针的制定,必然受到执政党、政府、财团和其他外部力量的影响和制约。

就像传播学者吉伯尔·麦克莱恩所说:单个传播者的作用并不重要,个体是被动而无重要区别特征的,他们就像是传媒机器中可互换的齿轮。媒介的内部控制看起来表现为个人的行为,但实际上在背后是一条条媒介内部人员共同遵守的潜规则在发挥作用。因此,美国学者怀特在研究分析了一家报纸编辑筛选稿件的过程后得出结论:信息把关抉择是一个人为操作而不是组织控制的过程,但个体抉择既受个体特征和价值观影响,又受组织的约束。从另一个方面来说,媒介的控制也是当下大众传播时代所必须的,别的姑且不论,光是媒介每天应对的海量信息的选择就必然要求有一定的规程去把关和控制。比如说,新闻记者将各种事件归入几种类别,如"硬新闻"或"软新闻"等,这样,就能将每天大量涌入的信息处理得有条不紊,如果不采用这种归类法,他们的工作就可能陷入混乱失控的困境。当然这里说的还仅仅是客观因素,实际情形要比这里的分析复杂得多,也丰富得多。

（2）通过职业道德的规范和调控实现传播者和媒介组织的自律。世界不同国家、地区和一些国际性行业组织，先后就大众传播活动制定了一系列"公约"、"规范"、"守则"等，它们是在长期的传播实践中，为维护传播活动的有序进行和传播行业的健康发展而不断形成、不断完善的，也是在不同国家和民族的传统道德及文化背景的基础上产生的。世界各国的传播职业道德既有差异，也有共性，如世界上所有的国家都要求传播者不得剽窃、不得欺骗、不得侵犯公民隐私等。传播媒介的道德控制是一种软控制，它主要通过声誉、舆论等对传播媒介产生制约和影响。

第三节 媒介规范理论

前面讲到，传播制度是直接或间接地对大众传播形成控制和制约作用的社会规范体系。但是，究竟应该用什么样的规范体系约束大众传播活动，在不同的时代、不同的社会以及在同一社会中的统治阶层和被统治阶层之间，其观点是不同的，甚至是矛盾对立的。一个社会中的传播制度，实际上所体现的不过是上升到统治地位的规范体系。

任何一种制约大众传播活动的规范体系，都包含以下几个方面的主要内容：对大众传播社会影响力的认识；对大众传播社会功能的期待；基于这些认识和期待对传播制度或传播体制的构想。英国学者 D. 麦奎尔，曾经将各种规范体系中所蕴涵的观点和主张，称为关于传播制度或媒介制度的"规范理论"，并归纳了六种主要类型：集权主义理论、自由主义理论、社会责任理论、苏联的共产主义媒介理论、民主参与的媒介理论和发展中国家的媒介理论。这些理论，有的属于现实的传播制度，有的还处于萌芽和形成状态。与前面的传播模式论一样，将媒介规范理论作这样简单化的概括难免以偏概全，甚至有价值预设的倾向，但为了大致了解这个问题，也不妨有所借鉴。

一、集权主义媒介规范理论

集权主义理论是维护专制统治的理论，集权主义媒介规范理论同样体现了集权主义政治制度的本质，其最大特点是主张媒介必须以最高权力意志为转移，一切为最高统治者服务。这种理论兴起于 15 世纪中叶近代印刷技术发明之初，当时欧洲各国都处在封建专制统治下。众所周知，印刷术的发明催生了近代报刊，随着文艺复兴和宗教改革的发展，欧洲各国出现了不少反对封建专制、宣传新兴资产阶级思想的书籍和报刊。封建王朝和专制政府把这些出版物视为对自己统治地位的巨大威胁，迅速采取了严厉的管制和镇压措施。在英国，国王亨利八世 1529 年公布了第一个禁书法案，1530 年建立了第一个出版特许制度；1559 年伊丽莎白女王发布禁令，规定由大主教管制出版；到了 16 世纪后期，英国已形成了一套完整的出版管制制度,如都铎王朝1586年发布的《星法院法令》。

集权主义的媒介制度以及它所蕴涵的规范理论正是在这个历史背景下形成的。它的主要内容包括:

（1）报刊必须对当权者负责,维护国王和专制国家的利益;
（2）报刊必须绝对服从于权力或权威,不得批判占统治地位的道德和政治价值;
（3）政府有权对出版物进行事先检查;
（4）对当权者的批判属于犯罪行为,应给予严厉制裁。

在集权主义媒介制度下,报刊出版受到的管制是严厉的,甚至是残酷的。例如,按照英国《星法院法令》的规定,对违反条例的出版者不仅处以罚金,而且可以判处徒刑,包括戴枷示众、笞刑、烙印、截去手足、直至死刑等等,对反对封建统治的"思想犯"或"政治犯",可以进行秘密审判,不经辩护程序即可作出判决。

在17、18世纪,资产阶级革命取得决定性胜利之前,集权主义传播制度在欧洲统治了数百年,法国、德国、俄国都有过漫长的集权主义统治。我国在1840年鸦片战争以后进入半殖民地半封建时代,清政府的传播制度也具有半殖民地半封建的性质:一方面,清政府对以列强为靠山的外国报刊给予"治外法权",把管理主权拱手让给租界当局;另一方面,对民族报业和报刊则实行高压政策,对宣传进步和革命思想的报刊采取严厉的制裁措施。1902年制定的《大清报律》规定:报纸不得揭载"诋毁宫廷之语"、"淆乱政体之语",并规定发行前要接受审查。① 这些内容,与西方集权主义的媒介规范也是一脉相承的。

近代集权主义传播制度随着资产阶级革命的胜利而崩溃,但在现代史上也出现过死灰复燃的现象。第二次世界大战中的德意日法西斯的传播体制就是一种现代集权主义,它的特点是通过强制性改造使传播媒介成为国家宣传机器和战争宣传机器,它对人类社会带来的危害超过了古典的集权主义。法西斯主义集权制度虽然被世界人民的正义战争送入坟墓,但在现代仍存在着以改头换面的形式重新复活的条件。

二、自由主义媒介规范理论

自由主义媒介规范理论也称报刊的自由主义理论,其核心反映了自由资本主义的观点,即认为报刊应该是"观点的自由市场",是实行自律的自由企业。自由主义理论的主要内容包括:

（1）任何人都拥有出版自由而不必经过政府当局的许可;
（2）除人身攻击以外,报刊有权批评政府和官员,这种批评是正当合法的;
（3）新闻出版不应接受第三者的事先检查,出版内容不受任何管制;
（4）在涉及观点、意见和信念的问题上,真理和"谬误"的传播必须同样得到保证。

---

① 刘哲民:《近现代出版新闻法规汇编》,31~34页,上海,学林出版社,1992。

自由主义媒介规范理论是在17、18世纪资产阶级革命时期，在同集权主义制度及其规范理论的斗争中形成的。英国诗人约翰·弥尔顿在1644年出版的政治小册子《论出版自由》，一向被视为自由主义媒介规范理论的先声，在历史上产生了持久的反响。在这部小册子中，他根据"主权在民"和"天赋人权"的思想，对封建专制制度的思想控制和媒介控制进行了犀利的揭露和批判，并提出出版自由是人们与生俱来的权利。弥尔顿认为，限制言论出版自由就等于压制真理，因为真理只有在"自由而公开的斗争"中才能战胜谬误，证明自己的真理性。实行许可制和查禁制，实际上等于伤害真理本身。弥尔顿的这些思想，为自由主义媒介规范理论奠定了重要的理论基础。现代自由主义理论中的两个重要原则——"观点的公开市场"和"自我修正"，就是从弥尔顿的思想发展而来的。

除了弥尔顿以外，对自由主义理论的形成产生过重要影响的，还有19世纪英国的哲学家约翰·斯图亚特·密尔（又译穆勒）以及美国独立战争时期的思想家和政治家托马斯·杰斐逊等人。密尔在1859年出版的《论自由》一书中特别强调自由传播的重要性：

> 假如全人类都意见相同，而只有一个人持有反对意见，即使在这种场合，人类也没有迫使这个人沉默的权利。反过来说也是如此，即使这个人拥有迫使全人类沉默的力量，他也没有这样做的权利……迫使意见沉默带来的弊害在于，这种做法剥夺了人类的权利，不仅是现代人的权利，而且包括他们子孙的权利。如果这种意见是正确的，那么反对的人们就会失去抛弃谬误、服从真理的机会；如果这种意见是错误的，他们则体验不到由真理和谬误的冲撞所带来的对真理的鲜明知觉和印象——这与舍弃谬误服从真理同样是有益的。①

杰斐逊在反对英国殖民统治的斗争中，把自由主义理论的一些原则写入《独立宣言》。1789年，在他的坚持呼吁下，包括言论出版自由、宗教信仰自由以及集会、结社、请愿等内容，以宪法修正案的形式正式纳入美国宪法。

早期自由主义理论，对打破集权主义专制制度、等级支配观念和确立自由、平等、权利观念起了巨大的作用。关于自由主义理论提出的"出版自由"思想，马克思、恩格斯等无产阶级革命家都给予了高度评价和肯定。他们认为，资产阶级在反封建王权的斗争中以人民的名义为自己要求的出版自由，同样可以被人民用来反对资产阶级的统治。马克思和恩格斯创办革命报刊，从事工人运动，也是充分利用了资产阶级革命后相对宽松的言论和出版自由的环境。

然而，自由主义理论是与资本主义的政治和经济制度结合在一起的，这种制度所保障的并不是全体社会成员的利益，而是私有资本的利益。恩格斯曾一针见血地指出这种自

---

① 关于密尔的这个经典思想，可以参阅其《论自由》中译本的第二章"论思想自由和言论自由"，16~58页，北京，商务印书馆，1959。

由的本质:在一切以资本和金钱为转移的条件下,"出版自由就仅仅是资产阶级的特权,因为出版需要钱,需要购买出版物的人,而购买出版物的人也得要有钱"[①]。以后的历史发展也证明,自由主义理论没有也不可能实现它最初设想的社会理想。相反,随着资本主义发展到垄断阶段,自由主义理论本身也发生蜕变,成了维护垄断资本利益的新自由主义理论;在全球信息化的今天,则进一步演变为个别传播大国推行文化帝国主义的理论。

美国著名的批判学者赫伯特·席勒曾经一针见血的指出,资本主义越来越普遍使用和依赖于相似的设备、系统和程序。一个不可抗拒的、人类以外的、技术性的强制规则似乎正在起作用。技术神秘化的外表,掩盖了资本主义的标准,资本的控制迅速渗透到各个角落,包括以往甚少受到影响的领域——文化进程及意识本身。媒介技术改良本身是复杂的社会力量造成的后果,但人们视之为自发的力量,并由此成为资本主义制度优越性的证据。

在所谓民主自由的国度里,国家不管是积极干预还是采取表面消极的态度,都是在照应它能觉察到的有产阶级中最有权有势的那部分人的要求。在这样的市场规则的操控下,伴随着物质商品生产的急剧增长,越来越多的东西被从人们身边取走,然后以商品和服务的形式卖给他们。可以说,对技术和经济力量的依赖是美国在20世纪称霸世界的主要支柱,它运用这种强权对付弱国时,尽可能不去注意其动作原理和动作背景。对此,法国前总统顾问皮埃尔·德雷福斯也反省道:如果一个美国银行家参考一种给予苏联的经济模式,我们会认为这可靠么?我们不会采用这种模式,因为我们认为这一模式是有偏见的,可我们自己正在对世界其他国家做同样的事情。我们将自己的模式强加给他们,而他们不得不以我们的模式处理他们自己的信息。这意味着,我们在某种程度上正在改变他们的文化形态。

除此之外,对于自由主义理论在具体实践中的表现也应该进一步反省。阿特休尔在《权力的媒介》这部具有鲜明的批判意味的著作中就对美国的传媒现状做了深刻的剖析。阿特休尔认为,资本主义、社会主义和发展中国家所采取的不同的媒介规范制度就像三种乐章一样在世界范围内一起奏响,市场经济乐章和马克思主义乐章以及进步中世界乐章实质上都起着教育民众的作用。

在美国,人们习惯于夸口自由的媒介制度和客观公正的新闻报道,但是当人们说美国的新闻媒介超脱政治时,其意思常常是说新闻媒介超脱了党派政治,但新闻媒介确实具有政治性质,因为它要发挥三大作用——抗衡、监督和确定议程。那些心醉于客观报道这一追求的人忽视了一点,就是新闻记者绝不是超党派的,客观报道只是确保社会现状的手段,是维护社会秩序和社会制度的工具。然而,现存的一切可能根本就不存在什么公正,

---

① 《马克思恩格斯全集》,第2卷,648页,北京,人民出版社,1957。

保持中立无异于赞同现状。美国媒介的客观报道允许个人提出批评,哪怕批评的对象是总统或议员,但并不允许批评政治、经济或社会制度本身。在这样带有种种潜在限制的所谓自由主义媒介规范下,人民知情权只是新闻媒介有权告知人民它想知晓什么的一种婉转辞令。可以这样说,当今世界没有哪一个国家公然反对言论自由的思想,但在所有社会制度中,主要限制都置于言论自由的权利。

三、社会责任理论

社会责任理论是继自由主义理论之后出现的又一种媒介规范理论,它由美国"新闻自由委员会"在 20 世纪 40 年代提出,其代表作是 1947 年出版的《自由与负责的新闻事业》调查报告。社会责任理论强调大众传播媒介的社会责任和义务,是对自由主义理论的一种修正。自由主义理论受到修正的背景是:(1)媒介垄断的加剧使"观点的公开市场"的理念与现实发生了尖锐的矛盾;(2)自由主义理论强调的只是传播者的权利而没有涉及受众的权利;(3)自由主义理论谈论的对象是意见、观点和思想的自由,而没有考虑到作为私有企业营利活动的信息传播的性质和影响。

当然,社会责任理论并不是对自由主义理论的全盘否定,它只是对自由主义理论的改良。其主要内容有:

(1)大众传播具有很强的公共性,媒介机构必须对社会和公众承担一定的义务和责任;

(2)媒介的新闻报道和信息传播应该符合真实性、客观性、公正性等专业标准;

(3)媒介必须在现存法律和制度的范围内进行自我约束;

(4)公众有权要求媒介从事高品位的信息传播,这种干预是正当的。

社会责任理论提出的动机有几方面:一是为了防止传播事业高度垄断而引起的社会矛盾激化;二是为了防止由媒介内容的浅薄化、煽情化和刺激化而引起的社会道德和文化传统的堕落;三是由于自 20 世纪初以来,美国报刊历经黄色新闻浪潮之后复归理性,故事趋向的新闻报道逐步让步于信息趋向的报道模式。1920 年代以后,美国报刊秉持纯客观报道模式,这个时期的记者只被允许如实转述事实的表象,而被严格禁止对事实的原因和本质作出任何解释或判断。恰如李普曼说,报纸只能报道发生的事情,不可能揭示真相。于是在 1920 年代末期的经济大萧条中,民众亟需了解的这场经济危机的原因得不到解释,在 1920 年代和 1950 年代两次反共浪潮中,报刊也成为右翼政客玩弄于掌股之间的传声筒,新闻之"客观"实质上成为"不作为"的代名词,时人谓麦卡锡利用新闻客观性规则得尽便宜,操纵记者之娴熟如巴甫洛夫之于狗。经历了这些之后,新闻记者逐渐开始不再相信事实就足以说明、解释一切,不再相信新闻事实的有效性,人们开始期待报刊能够更多的发挥能动的、积极的作用,承担应有的社会责任。由于社会责任理论仅仅把希望寄托于"媒介自律",落实到现实里往往无异于与虎谋皮,故其效果微乎其微。

四、民主参与理论

20世纪70年代以后在西方国家出现了新的媒介规范理论——民主参与理论,其背景是社会信息化的发展和受众权利意识的提高。民主参与理论要求大众传媒向一般民众开放,允许受众的自主参与。其主要观点有:

(1) 任何个人和弱小群体都拥有知晓权、传播权和媒介接近权;

(2) 媒介应主要为受众而存在,而不应主要为媒介组织、职业宣传家或广告赞助商而存在;

(3) 与大规模的、单向的、垄断的大媒介相比,小规模的、双向的、参与的媒介更合乎社会理想。

民主参与理论的核心价值是多元、小型、双向互动、传播关系平等。民主参与理论反映了一般民众对社会责任理论的失望心理,因为这种理论并没有改变少数人垄断媒介的现状。在信息已经成为一种基础资源的今天,民众唯有自己行动起来才能争取到自身的传播权和媒介接近权。在西方资本主义国家,民主参与理论属于一种体制外的规范理论,但由于它是社会公众的呼声,其力量也是不容忽视的,特别是在公共性较强的广播、电视、有线电视以及社区媒介领域,民主参与理论产生了广泛的影响。例如,在美国、德国等西方发达国家,不少地方自治体规定,商业有线电视必须开设"开放频道"(open channel),允许一般受众自主参与。在这些频道里,受众个人或团体可以根据排队原则(queuing principle),按申请时间的先后顺序播出自己制作的节目。在德国,到1993年为止,已有8个联邦州的30多个城市有线电视台开设了这种开放频道。

民主参与理论虽然具有一定的影响,但它不过是作为民众的要求在体制外起着一种牵制作用。而在资本主义的排他性私人占有制下,受众的传播权和媒介接近权在客观上是很有限的。特别是20世纪末以来,随着所谓"新自由主义"的全球扩张以及对大众媒介行业的冲击,长久的民主参与等更如秋风扫落叶一般纷纷瓦解。实际上,当代资本主义国家占统治地位的媒介规范仍然是自由主义理论和社会责任理论,政府和法律机构主要通过这两种理论来协调和平衡国家内外的传播关系。以美国为例,当媒介的垄断和集中引起普遍的社会不满之际,政府和法律机构就利用社会责任原则对大媒介的活动加以某种制约,防止社会矛盾进一步激化;而在需要保障垄断资本的利益时,则往往以自由主义理论为决策依据。

五、发展中国家的媒介规范理论

20世纪70年代以来,发展中国家的媒介制度和理论越来越受到了人们关注。这些国家经济大多欠发达,政局不稳,有些国家其至经常面临内战、政变和外来颠覆的威胁。就大众传播的状况而言,在硬件和软件两个方面对西方发达国家的依赖程度都很高。发展中国家的媒介制度和理论大致反映了这种现实状况。根据英国学者 D. 麦奎尔的归纳和概括,发展中国家的传播制度和媒介规范理论大致包含了以下几个要点:

(1) 大众传播与国家政策保持一致,以推动国家的发展为首要目标;

(2) 媒介的自由必须伴随相应的责任和义务;

(3) 传播内容突出本国文化,优先使用民族语言;

(4) 在新闻和信息合作领域,优先发展同地理、政治和文化比较接近的其他发展中国家的关系;

(5) 在事关国家利益和社会稳定的利害问题上,国家有权对传播媒介进行检查、干预、限制乃至管制。

总体上看,大多数发展中国家所采用的传播制度符合自己的国情和国家利益。生存和发展问题是发展中国家面临的最大课题,这里不仅包括经济和政治上的生存和发展,而且也包括民族文化的生存和发展。在跨国传播和全球信息化飞速发展的今天,西方发达国家的文化产品正像洪水一样涌入发展中国家,造成了这些国家民族传统文化的危机。在这种状况下,为了抵御来自少数传播大国的"文化侵略",不少发展中国家在维护"信息主权"的口号下,从制度上采取了保护和发展民族文化的措施,并加强了对外来信息的自主管理。

六、社会主义传播制度和媒介规范理论

社会主义传播制度是当今世界的主要传播制度之一。社会主义制度下的媒介规范理论,与资本主义制度下的媒介规范理论有着不同的理论渊源和实践背景。我国社会主义媒介规范理论的形成,经历了革命战争、社会主义建设和改革开放三个时期,并且正处于不断发展、完善和探索的过程之中。

1. 理论渊源

社会主义媒介规范理论,是在无产阶级革命的理论和实践的基础上产生的。近代资产阶级革命虽然推翻了封建专制制度,但它所建立的资本主义制度保障的只是资产阶级和少数垄断资本的利益。因此,推翻资产阶级统治,建立普遍平等和自由民主的新型社会这个任务就历史地落到了无产阶级身上。在无产阶级与资产阶级的斗争中,工人和劳动大众不断走向成熟,并产生了作为自己指导思想的马克思主义理论和自己的先锋队组织——共产党。其间,利用报刊等传播媒介来批判资本主义制度、宣传革命思想、动员和组织工人运动,也就成了无产阶级革命的一个重要方面。

无产阶级的思想家和政治家们都十分重视报刊在革命中的作用。据统计,马克思和恩格斯一生中亲手创办和主编的报刊有 5 种,对办报方针产生直接影响的有 7 种,此外还为 60 多家报刊撰写过文章。他们在早期提出的"人民报刊"思想,高举"出版自由"的旗帜

为劳动阶级和一般大众争取言论和出版的权利。1848年,他们在欧洲革命风暴中创办了《新莱茵报》,并在领导和组织这张"革命无产阶级最好的机关报"的过程中,将"人民报刊"思想进一步发展成为无产阶级报刊思想和党报思想。我国新闻学学者成美认为,马克思和恩格斯确立了无产阶级党报的基本指导思想和工作原则,其要点包括:党的报刊宣传活动是工人阶级政治行动的一部分,必须接受党的领导;党的政治纲领是党报传播活动的最高准则,党的一切传播工作必须严格遵循党的政治纲领;必须调节处理好党报和党的领导机关以及无产阶级群众三者之间的关系;必须依靠人民并由工人自己提供资金,坚持作为工人阶级群众性舆论工具的独立性等等。

列宁在领导俄国无产阶级革命的过程中,进一步丰富和发展了马克思和恩格斯的报刊思想。列宁指出:报纸的作用并不限于传播思想,还能进行政治教育和吸引同盟军;报纸不仅是集体的宣传员和集体的鼓动员,而且是集体的组织者。

在中国共产党领导的新民主主义革命中,毛泽东、刘少奇、周恩来等老一代革命领袖也十分重视党报工作。在他们的指导和参与下,党的新闻工作逐步形成了一些基本的理论原则和方针,其中包括关于新闻的起源和本源的唯物主义观点、新闻的真实性原则、新闻工作的党性原则、全党办报和群众办报方针以及理论联系实际、密切联系群众、批评与自我批评的党报工作三大作风等重要内容。新中国成立以后,这些原则、方针和作风同样是我国社会主义媒介的基本指导思想。2008年,胡锦涛总书记在纪念人民日报创刊六十周年的讲话中,进一步重申了这些基本原则。

2. 苏联模式

1917年,俄国十月革命获得胜利,建立了世界上第一个社会主义国家。根据无产阶级革命的既定目标,苏联党和政府对资产阶级新闻事业进行了彻底改造,并建立了一套全新的传播制度。1918年,第五次全俄苏维埃代表大会通过了第一部苏联宪法,其中第14条规定:"为保障劳动者享有真正表达自己意见的自由,俄罗斯社会主义联邦苏维埃共和国消灭出版事业对资本的从属关系,技术与物质手段一律交归工人阶级与农民掌握并保障此等印刷品在全国自由的传播。"在报刊和出版领域对旧的制度进行改造的同时,社会主义苏联还创办了自己的通讯社和广播、电影等传播事业。经过两次世界大战,无产阶级革命在东欧和亚洲一些国家取得了胜利,社会主义传播制度成为与资本主义传播制度抗衡的主要力量。

概括起来说,以苏联为代表的社会主义国家的传播制度具有以下几方面的原则和规范:

(1) 传播媒介和传播资源属于公有财产,不允许私人占有;

(2) 传播媒介必须为工人阶级服务,必须接受工人阶级先锋队——共产党的领导;

(3) 媒介必须按照马列主义原理、社会主义的意识形态和价值体系开展传播活动,宣传、动员、组织和教育人民；

（4）在服务于社会"总体目标"时，媒介应该满足广大群众的愿望与需求；

（5）国家有权监督和管理媒介，取缔反社会主义的传播内容。

3. 我国的传播制度和媒介规范

我国的传播制度是伴随各项社会主义制度的建立而形成的。1949年11月，中央人民政府政务院新闻总署成立，成为领导和管理全国新闻出版事业的政府机构。新中国成立初期，我国的新闻传播事业为推动对旧制度的社会主义改造、恢复国民经济的发展和贯彻党在过渡时期的总路线作出了重大贡献，新闻传播事业本身也成为蓬勃发展的社会主义事业的重要组成部分。

当然，我国新闻传播事业的发展并不是一帆风顺的。1957年反"右"运动以后，随着极"左"思想在党内占据主导地位，新闻传播事业的各种复杂的社会功能，开始为单一的"阶级斗争工具"的功能所取代。在十年"文革"中，新闻传播媒介曾一度蜕化成反革命集团操纵舆论、煽动动乱、迫害异己的重要工具。

1976年粉碎"四人帮"和1978年党的第十一届三中全会的召开，使我国社会主义传播事业进入新的历史时期。经过"拨乱反正"，被"四人帮"践踏多年的党的新闻工作基本准则和优良传统得到恢复。随着党的工作重心向经济建设的转移，随着改革开放和社会主义市场经济的发展，新闻传播事业开始在国家的政治、经济、文化和社会生活的各个领域执行更加全面的功能。

我国正处在社会主义初级阶段，建设高度的物质文明和精神文明是我国社会发展的首要任务。因此，目前的传播制度及其基本规范包含以下几个方面的内容：

（1）新闻传播事业实行社会主义公有制，这是防止私人和资本垄断、保障媒介和资源掌握在全体人民手中的根本制度，也是实行社会主义新闻自由的重要基础。

（2）我国社会主义新闻传播事业是中国共产党领导下的事业，必须坚持党性原则。党性原则的具体要求是：在思想上，要宣传党的理论，以党的指导思想为新闻工作的准绳；在政治上，要贯彻党的纲领路线、方针政策，使之成为亿万人民的实际行动；在组织上，要接受党的领导，遵守党的组织原则和新闻宣传工作的纪律。人民的利益是党的最高利益，因此坚持党性原则与服务于人民的根本利益是一致的。

（3）社会主义新闻传播事业执行报道新闻、传递信息、引导舆论、提供娱乐等多方面的社会功能。报道新闻、传递信息是新闻传播事业的基本功能，传播媒介应坚持新闻的真实性原则，向广大群众提供高品位、高质量的新闻和信息服务。引导舆论包括反映舆论、影响舆论、组织舆论、代表群众进行舆论监督等几个方面的内容，是吸引群众关心国家大事、参与社会公共事务、发扬社会主义民主的重要途径。与此同时，社会主义传播媒介还应该是丰富多彩的文化和娱乐活动的提供者，满足广大社会成员精神生活的各种需求。

（4）社会主义新闻传播事业具有重要的经济功能。这种功能包括两个方面：第一，新闻传播事业通过沟通生产、流通和消费而对国民经济发展起着重要的服务作用；第二，新闻传播事业本身也是社会主义市场经济的重要组成部分，是新兴的信息和知识产业的骨干，新闻传播事业的发展可以推动国家和社会的全面发展。目前，我国新闻传播媒介大多以事业机构采用企业化经营的方式参与市场活动，而且力争在国际市场上占有一席地位。

在新的市场经济条件下，我国的新闻传播事业也面临着一系列新的课题。例如，企业化经营为媒介机构带来了经济利益，推动了媒介之间相互竞争，有利于提高传播活动的质量；但也为商业主义和营利主义的抬头提供了条件。一些媒介出现了片面追求发行量或收视率而不顾社会效益的倾向，另外不正当竞争、虚假新闻、变相广告、传播内容的低俗化和煽情化等现象也日益严重。这种状况使得传播媒介的社会责任问题、经济效益和社会效益的关系问题、职业道德和行为规范问题、传播媒介的自律问题、社会和广大受众对媒介活动的社会监督问题等，都摆到了我们的面前。

总之，我国的社会主义传播制度及其规范体系还处在改革和发展的过程之中。我们只要在实践中不断摸索和总结经验，就能建设和完善具有中国特色的社会主义传播制度及其规范体系。

内容摘要

传播媒介有两种含义：一指传递信息的载体、渠道、中介、工具或手段；一指从事信息采集、加工、制作和传播的社会组织。

新媒介，是伴随卫星通信、数字化、多媒体、计算机、网络技术而发展起来的新兴媒介，具有传播方式的双向性、传播功能的融合性、传播技术的先进性和传播内容的全球性等特点。

大众传播媒介，是指用于大众传播活动的传播媒介，其外延小于传播媒介，但其内涵与传播媒介基本相同。

大众传播媒介的组织目标包括两个方面：一是经营目标，这是维持生存和发展的前提；一是传播目标，主要通过言论和报道来实现。

各种传播媒介都扩大了人类传播信息与接受外界信息的范围，尤其是书刊、报纸、广播、电视及电脑网络等大众传播媒介的产生和发展，给人类社会生活带来了巨大的变化。

传播媒介作为社会组织有其特殊的性质特征，突出体现在组织目标的公共性和公益性、传播者的主体性和把关作用。

传播媒介的运行要受一定制度和社会因素的控制和制约，其中主要包括国家和政府的政治控制、社会利益集团的社会控制、公众的监督与控制和媒介组织的内部控制。

政治控制,是媒介控制的主要方面。内容包括:确立媒介机构的所有制形式;对媒介活动进行法制和行政管理;限制某些信息的传播;为传播事业的发展制定总体规划或实行国家扶助。

社会上各种利益群体(政党、团体、组织)和经济势力,为自身利益也往往利用各种方式对大众传播媒介施加影响,进行直接或间接的控制。

社会公众对大众传播媒介的监督和控制,主要有以下几种方式:个人信息的直接反馈;以消费团体的方式施加影响;诉诸法律手段;制约媒介市场。

传播媒介的内部控制,包括制定编辑方针和报道方针,对传播者的职业道德和行为规范进行自律约束等方面。

在世界各国的传播实践和人类历史进程中,形成了一些有影响力的和已经在现实中被应用的媒介规范理论,其中比较有代表性的是集权主义理论、自由主义理论、社会责任理论、民主参与理论、发展中国家的媒介理论和社会主义媒介规范理论。

集权主义理论是封建专制制度控制传播媒介的规范理论,核心是绝对的控制。与此相反,盛行于自由资本主义时代的自由主义理论,则强调放任自流,奉行绝对的不控制。社会责任理论,是对自由主义理论的修正,在坚持自由原则的前提下,开始考虑传播媒介的社会责任。民主参与理论,又是对社会责任理论的发展,突出传播媒介的多元化、小型化、双向性和平等性。发展中国家的媒介理论,是适应第三世界国家国情、以发展为主导价值的媒介规范理论。

社会主义的媒介规范理论,还在发展和探索之中。目前,它的主要内容有:传播事业实行社会主义公有制,防止私有资本的垄断,保障社会主义的新闻自由;坚持党性原则,服从党在政治上、思想上和组织上的领导;执行报道新闻、传播信息、引导舆论、提供娱乐等多方面的社会功能;通过沟通生产、流通和消费而服务于国民经济发展,其本身也是新兴的信息和知识产业的重要组成部分。

建议参考资料

1. [美]施拉姆等:《报刊的四种理论》,中国人民大学新闻系译,北京,新华出版社,1980。

2. 徐耀魁主编:《西方新闻理论评析》,第四章、第五章、第六章,北京,新华出版社,1998。

3. 童兵等:《新闻传播学原理》,新闻媒介编,北京,中央广播电视大学出版社,1999。

4. [美]沃纳·赛佛林等：《传播理论：起源、方法与应用》，郭镇之等译，第六篇，北京，华夏出版社，2006。

5. 陈龙：《现代大众传播学》，第二章、第四章，苏州，苏州大学出版社，1997。

思考题

1. 传播媒介与大众传播媒介的概念有什么联系和区别？
2. 大众传播媒介的特征是什么？
3. 如何理解大众传播媒介的公共性和公益性？
4. 如何理解大众传播媒介的组织目标和制约因素？
5. 传播制度与社会制度是什么关系？
6. 在一定传播制度下，传播媒介主要受哪些因素调控？
7. 社会责任理论的基本内容是什么？它的现实影响如何？
8. 社会主义媒介规范理论的基本内容和特点是什么？
9. 发展中国家的媒介规范理论的主要内容和特点是什么？

第六章 大众传播的受众

"大众"与大众社会理论
  ◆ "大众"的概念
  ◆ 大众社会理论的形成和变化
  ◆ 大众社会论的受众观

几种主要的受众观
  ◆ 作为社会群体的受众
  ◆ 作为"市场"或"消费者"的受众
  ◆ 作为权利主体的受众

受众行为理论——"使用与满足"
  ◆ "使用与满足"的研究
  ◆ 受众的满足

受众媒介观念
  ◆ 媒介了解程度
  ◆ 媒介信任程度
  ◆ 媒介参与程度
  ◆ 我国受众接触媒介的情况

要点提示

1. 大众社会理论的形成与演化；
2. 大众、受众的概念及其要点；
3. 受众在大众传播过程中的基本权利；
4. 受众媒介接触动机和使用形态的基本类型；
5. 作为"社会群体成员"的受众观；
6. "受众即市场"的受众观；
7. "使用与满足"理论；
8. 受众媒介观念的内涵及衡量。

大众传播的对象是受众，目的是使受众得到信息与满足，只有明确了受众的内涵和特征，传播活动才能有的放矢，才能设法对症下药地提高传播效果。本章所要解决的就是对受众的认识问题。

本章讨论的内容，涉及如下几个方面。一是大众社会理论的形成及概念，重点要弄清"大众"这个概念，以及大众与公众、群众等概念的区别。二是几种主要的受众理论：作为社会群体的受众，只是被动地接受大众传播的内容；作为市场和消费者的受众，开始主动地选择信息；而作为权利主体的受众，则具有更大的选择权和判断权。三是如今较为盛行的受众理论——"使用与满足"。按照这种理论，受众接受大众传播的行为，主要是由自己的需求及其满足的情况决定的。这些受众理论，为下一章的效果理论提供了不可缺少的基础。四是受众媒介观念的内涵及衡量。受众媒介观念，是受众接触媒介行为的指导，显示着受众把握媒介的理性程度，这种程度主要从受众对媒介的了解程度、信任程度和参与程度三个方面进行衡量。

第一节 "大众"与大众社会理论

按照非学理的说法，大众泛指大多数社会成员，是各种社会群体的集合；按照学理的界定，大众特指进入工业社会以后的社会人群，这类人群处于一种分散的、隔离的存在状态。大众传播学的"受众分析"，研究的正是媒介与这样的人群之间可能发生的各种互动关系。

一、"大众"的概念

进入20世纪，西方发达国家率先走出传统农业社会，进入现代工业社会。新旧社会形态之间有很大的差别：从宏观上看，社会分工越来越细化，社会生活越来越动荡；从微观上看，个人的生活空间显著扩大，人与人的交往更具功利性。这种新的社会结构被社会学家称为"大众社会"(mass society)。正是面对这种新的社会形态，"大众"(mass)作为一个代表现代工业社会基本特征的概念被社会学理论提了出来。

按照社会学家的分析，现代社会与传统社会的区别并不在于人数的多少，尽管现代社会的人数的确远远大于传统社会，二者的根本差异在于人与人之间关系的改变。在传统社会里，人们的生活植根于土地，家庭和村落是其主要的生活圈，彼此关系很密切，传统、信仰、习俗、规矩等成为联系人们的共同纽带。而随着工业化、城市化和现代化的展开，人与人之间的关系开始发生意义重大的变化。一方面，人们的关系比以往任何时候都更加紧密，比如机械化的大工业生产需要成千上万的人相互配合；另一方面，人们又比以往任何时候都更深地陷入无依无靠的状态，比如一个企业的员工除了雇用关系和工作关系，没有什么血缘、亲情、邻里等背景。正如美国社会学学者布鲁姆(Leonard Broom)和塞尔兹尼克(Philip Selznick)在其《社会学》一书中所指出的：

> 现代社会由大众组成，其意义是"出现了大量隔绝疏离的个人，他们以各种各样的专业方式相互依赖，但缺少中心统一的价值观和目的"。传统联系的削弱，理性的增长以及分工创造了由松散的个人所组成的社会。在这个意义上，"大众"一词的含义更接近于一个聚合体，而不是一个组织严密的社会团体。①

这一变化，决定了大众社会中的大众具有如下特点：

(1) 心理隔绝。在大众社会里，人们不像农业社会中那样进行小而全的劳动，而是专心于自己工作范围内的、具有局限性的劳动对象，分工让人们了解他人的愿望减低，人们之间的信息交流和感情沟通较之以往大幅度减少。同时，过去那种大家族不断分化，家庭规模越来越小，彼此交往也越来越少。

(2) 非人格化。整个社会像一部大机器，人就是这部机器上的一个零件。作为一个零件，主要的功能是完成自己的工作，不影响其他部分的正常运转。职业化成为一种社会准则与时尚，人与人之间的联系主要通过职业关系来体现。

(3) 组织松散。社会的流动越来越便捷，越来越迅速。不论是工作的稳定度还是家庭的稳定度，都大大降低。

(4) 个性凸显。社会对个人的约束力量越来越弱，道德、伦理的标准不断变化，总体上更加宽松，伸缩余地更大。加之个人的闲暇时间增多，个人的活动空间随之拓展，个性也越来越凸显。

于是，在这样一个大众社会里，人们自然愈发依靠大众媒介来了解环境，获取信息，以此作为行动的依据。

二、大众社会理论的形成和变化

大众社会理论形成于社会学研究，而随着社会学的发展，对大众社会的认识也经历了一个逐渐深化的过程。以下介绍的是几位对大众社会理论影响较大的学者，他们对社会人群的分布、特征及原因进行了深刻的描述和思考。

1. 作为有机体的社会

现代社会学的创始人是法国的孔德(Auguste Comete, 1798—1857)。他认为，关于社会的理论科学和关于行为的系统研究可以促进社会的发展，并以 sociology(社会学)一词命名这一新的学科。② 孔德提出社会是一个有机体的概念。在他看来，社会具有某种结

---

① [美]德弗勒等：《大众传播学理论》，176 页，台北，五南图书出版公司，1995。
② Richard T. Schaefer and Robert P. Lamm, *Sociology*, New York: McGraw-Hill, 1995, p. 11.

构,结构中的各部分共同发挥作用,并且处于进化之中。社会的有机性是以专业化的社会分工为基础的。在《实证哲学》一书中,他认为:

> 社会优于单个有机体的主要原因是,由越来越独特而又相互连接的机构完成的功能具有较显著的专业性;因此,目标的一致越来越与手段的多样化相结合……无数个性不同而且在某种程度上独立存在的人们却持续地会集在一起,虽然他们相信自己遵循的是个人动机,虽然才能和性格不一,但在许多方式上,他们却越来越趋于相同的发展,尽管他们当中的大多数人未经协调,甚至没有这种意识……这种个人努力与合作奋斗的调和随着社会日益复杂和扩展而变得越来越显著,它构成了人类"在社会水平上"行动的根本特点。①

英国的斯宾塞(Herbert Spencer,1820—1903),是现代社会学的另一位创始人。他接受了达尔文的进化论思想,将其运用到社会学研究中,并用"适者生存"来解释为什么社会上存在贫富差距。② 在《社会学原理》一书中,他指出:

> "社会"经历着不断的成长。随着它的成长,它的各部分变得不同:它显示了结构的增长。不同部分同时担当不同种类的活动。这些活动不仅仅是不相同。它们的差异互相联系,从而使各自的运作有可能进行下去。由此产生的互惠互助形成了各部分彼此的依赖。彼此赖以生存和为彼此而生存的各个部分,在与单个有机体相同的普遍原理的基础上构成了一个聚合体。③

这两位社会学的主要创始人都对社会秩序作了有机进化的描述,但处在工业革命之前和早期的他们,都没有料到新的生产方式对社会结构产生的巨大影响。

2. 礼俗社会和法理社会

对现代社会的分析吸引了大量社会学研究者。德国一位名叫滕尼斯(Tönnies)的年轻人,1887年出版了一部社会学著作,题为《礼俗社会与法理社会》。他将工业社会前后的人类社会,分别称为礼俗社会(gemeinschaft)和法理社会(gesellschaft)。他认为,在礼俗社会中,人们靠传统习俗、家庭关系、友谊亲情等相互联系;而在法理社会中,社会契约成为彼此联系的关键:

> 在法理社会中……每个人都独自活动,与其他人之间存在着紧张状况。他们的活动范围明确,所以每个人都拒绝他人接触或进入他的范围,即这种介入被视为敌对行动。彼此之间这种负面态度成为正常,是构成个人之间关系的基础,它也代表

---

① [美]德弗勒等:《大众传播学理论》,176 页,台北,五南图书出版公司,1995。
② Richard T. Schaefer and Robert P. Lamm, *Sociology*, New York: McGraw-Hill, 1995, p. 11.
③ [美]德弗勒等:《大众传播学理论》,176 页,台北,五南图书出版公司,1995。

了法理社会的特征。没有人想要为他人制造任何东西,也不打算毫不吝啬地给予他人任何东西,除非是为了换取价值相等的礼品或劳动。①

3. 机械团结和有机团结

越来越细化的社会分工,使人们彼此在物质方面的依赖越来越强,而在精神方面的沟通却越来越少。尽管有人担心过分物质化会带来社会分裂,可事实上这种状态带来的社会结构却是稳定的。对此,法国社会学家迪尔凯姆(Emile Durkheim,又译涂尔干,1858—1917)的观点耐人寻味。迪尔凯姆在法国和德国接受教育,具有很高的学术声望,是法国最早的社会学教授之一。他认为,社会分工是保障社会团结的重要因素,随着社会分工的改变,社会的结合力量也发生改变。"大型政治社会只能通过任务专业化来维持自身的平衡,分工即使不是唯一的,至少也是首要的社会团结源泉。"②

在分析了社会分工的合理性后,迪尔凯姆将社会的团结形态分为两种:机械团结与有机团结(mechanical versus organic solidarity)。前者适用于社会分工很少的社会,在这种社会里,整体上仅存在初级分工,人们的行为方式接近,思维方式接近,个性很少,整个社会的结合如同无机物的分子聚合,个体没有太多与他人不同的自由活动空间。后者存在于充分分工的社会形态中,异质的社会成员之间的团结是建立在彼此依托的基础上的。在1893年出版的《社会分工》一书中,他阐明了这两种社会聚合的根本差异:

> 前一种"团结"意味着个人彼此近似,后一种则意味着他们的区别。前一种只有在个人的个性被集体的个性所吸收时方有可能;第二种只有在每个人都有独特的活动范围(这构成个性)时才有可能。因此,集体意识有必要为个人意识留出一席之地,以便让它不能管制的专门功能建立其中。这一范围越扩展,由这种团结所产生的聚合力就越强。③

迪尔凯姆对社会分工的积极意义作了深入分析,但也指出过度分工或专业化所产生的弊病,比如心理隔绝、社会混乱等。

4. 新中产阶级与权力精英

进入20世纪中期,越来越多的学者开始思考社会权力的归属问题。公民到底能否真正通过选出的代表掌握国家?在诸多理论中,米尔斯(C. Wright Mills)的权力精英模式(power elite model)具有相当的影响力和代表性。

米尔斯在1956年出版的著作《权力精英》中,形象地将美国社会的结构用一个金字塔

---

① [美]德弗勒等:《大众传播学理论》,176页,台北,五南图书出版公司,1995。
② [美]德弗勒等:《大众传播学理论》,176页,台北,五南图书出版公司,1995。
③ [美]德弗勒等:《大众传播学理论》,176页,台北,五南图书出版公司,1995。

来表示。居于金字塔顶端的是大公司老板、政府首脑和军方领导人,中间部分是地方舆论领袖、政府立法部门成员和特殊利益群体负责人,最下面是无组织的、被剥削的大众。①

处在金字塔顶端的权力精英们人数很少,但却掌握着国家的大量财富和权力,构成一个自我意识很强和联系很紧密的小群体。他特别指出,其中最有权力的是那些大公司老板,而不是政府或军方的领导人。

处在金字塔底端的大众,其构成与过去相比有了巨大变化。过去由农场主和中小企业家组成的"旧中产阶级"已经转变为由管理人员、专业人士等组成的"新中产阶级"。这些新中产阶级拥有基本的生活财富,工作节奏紧张,在现代大企业中被动承担着各种角色。由于无法触及权力核心,这一人群对权力漠不关心,工作之余仅对娱乐、体育等感兴趣。这一群体的数量在增加,但从本质上被排斥在权力集团之外。

5. 大众社会理论的当代认识

随着19世纪的结束,统一的社会形态在越来越多的国家和地区消亡。伴随着这种社会形态的变迁,大众社会理论逐渐形成。这些对大众社会理论不同发展阶段的认识,为我们理解大众社会提供了不可或缺的思想资源。

进入20世纪后期,大众社会的覆盖地域日趋广泛,其特征也日趋突出。日本学者二上俊治在1986年的日本《新闻学评论》上撰文《大众社会论的系谱》,认为大众社会的成立有六个基本条件,即:①产业化的大量生产和大量消费的存在;②社会的平权化或民主化的发展;③大众传媒的发达以及大量信息、娱乐产品的传播;④生活水平的全面提高;⑤传统的中产阶级的衰退和以白领为主的"新中产阶级"的扩大;⑥社会组织中的官僚化发展。②

总之,"大众社会论并不是一个严密的理论体系,而是一种看问题的视角或方法",而这种视角或方法的"一个主要问题是它的精英史观"。③

三、大众社会论的受众观

按照大众社会理论,处在现代社会里的大众,数量不断增加,内部不断分化,彼此隔离,联系松散,这些特点都为大众传播提供了绝好的施展身手的传播对象,也日益强调了大众传播在现代政治、经济、文化生活中的信息建构作用。

按照大众社会的理论,传播流程基本上是单向的。这种单向性是由多种原因造成的。

首先,传播者是组织化的,而受众是非组织化的。传播者在数量上远远少于受众,比如我国新闻从业人员不过几十万,而面对的是13亿的受众。尽管前者的数量少,但他们

---

① Richard T. Schaefer, Robert P. Lamm, *Socilolgy*, New York: McGraw-Hill, 1995, p.436.
② 郭庆光:《传播学教程》,171页,北京,中国人民大学出版社,1999。
③ 郭庆光:《传播学教程》,171页,北京,中国人民大学出版社,1999。

却有着紧密的组织联系；相反，受众虽然人数众多，但分布广泛，特征各异，很难形成合力。一个报社、电视台、广播电台每天可以收到成百上千封受众来信，其数量也许远远超过该新闻机构的工作人数，但这些受众并不能形成足以影响、对抗传播者的力量。组织上的松散是造成这种不平等的内在原因。

其次，大众传播活动是一个技术性很强的工作，技术壁垒制约了大多数受众的介入。比如一个读者对某条新闻不感兴趣，认为其写得不好看，但如果他没有受过新闻写作的训练，那他就不知道该怎样修改。同样，尽管许多受众对中国电影不满意，但由于他们中的大多数对拍电影一窍不通，不了解其内在运作，因此这种不满只能停留在情绪层面，不能上升到理性水平，更无法付诸行动。

再次，大众传播是一项具有限制性的工作，不是任何人都可以随意进入的。这种限制源于大众传播对社会稳定的巨大影响力以及统治集团对其统治的维护，这主要体现在政治与经济两个方面。在中国，新闻单位作为维护国家稳定、促进社会进步的党和人民的喉舌而存在，个人或组织不能随便组建新的报社、电视台、广播电台。而在美国，少数几个大型垄断集团几乎控制了全国所有的主要媒体，尽管个人可以随意建立新的报社、电视台、广播电台，但这种新机构根本无法与CNN、CBS、纽约时报相抗衡。

受众的被动与传播的单向，是大众社会中传播行为的基本特征。从某种意义上说，这也反映了受众在大众传播中的地位。不过，随着社会的民主化进程和以网络技术为代表的新媒体的发展，更具交互性的、平等的传播模式会逐渐改变受众所处的位置。

第二节　几种主要的受众观

受众指的是大众传播中信息的接受者，主要包括读者、听众和观众。大众传播的受众具有鲜明的特征：①差异性，受众因其性别、民族、教育、地理等差异分为不同的类型；②分散性，受众之间没有正式的、组织性的联系；③庞杂性，受众的数量众多，远远超过传播者的数量；④匿名性，受众体现出的仅仅是宏观的、整体的、统计意义的特征。

一、作为社会群体的受众

按照大众社会的理论，受众的分散性决定了这个人数庞杂的群体只能是"乌合之众"，只能听任传播者的摆布。事实上，受众的存在状态并不完全如此。首先，他们分属于不同的群体，而每个群体的人数都非常可观。正如我们在群体传播部分谈到的，群体成员彼此之间存在着一种内聚力，这种体现为心理联系的内聚力往往是大众媒介无法轻易打破的。

事实上，人在本质上是各种社会关系的总和。同样，作为受众的每个人，也是通过各种社会关系网络而分属于不同的社会群体。社会群体的差异性表现在人口统计与社会关系两方面:前者包括性别、民族、职业等指标,后者包括家庭、党派、宗教等指标。比如,中国和日本的受众,对柔道比赛的电视转播就表现出评价上的区别,男性受众和女性受众对时装表演也表现出兴趣上的差异,这些都说明这种差异性的普遍存在。

早期传播学研究者忽略了这种社会背景的存在,将受众视为无联系的、均质的个体,只是被动地接收大众传播的信息。后来,实验方法的引入让研究者认识到,原本被认为是毫无个性的大众实际上有着很大的差别。如社会地位、宗教信仰、经济收入等等,都能造成社会群体彼此间鲜明的差异。城市化、现代化、阶层化、社会分工等,又造成现代社会的不断分化。于是,社会分化论逐渐得到人们的认可,类似亚文化的研究受到越来越多的关注。

就在心理学与社会学相继提出新的理论并影响大众传播研究时,1940 年 5 月到 11 月在美国俄亥俄州伊利县进行的一项传播研究,为认识大众传播的受众和效果问题提供了新的视角。

当时,拉扎斯菲尔德等人设计了详细的研究方案,希望由此了解公众是如何选择同政治选举有关的媒介材料以及这些材料对其投票意向的影响。调查结果令研究者惊讶:多数人并不因大众传播中的信息而改变自己的预定立场。随着调查的深入,研究者还发现一个有意思的现象,即"每当要求被采访者报告他们最近接受竞选传播信息时,他们提到的政治讨论比提到听广播或看报的次数要多得多"。"事实上,竞选期间每天与他人非正式交流看法的人比直接从媒介接受竞选材料的人要多 10% 左右。"[1]这促使研究者在中途调整了调查策略,人际接触成为调查的重点之一。而社会关系也因此逐渐成为影响大众传播效果的一个不可忽视的重要因素。

这次调查的结果表明:仅有 8% 的投票者因为受到大众传播媒介的影响而改变了自己最初的态度;而 53% 的人则通过媒介强化了自己已有的认识。在 1948 年出版的《人民的选择》一书中,拉扎斯菲尔德等人据此分析:家庭和朋友比媒介具有更大的影响力;媒介对不同的人产生不同的效果;关于候选人的主要信息源自其他人而不是大众传播媒介。[2] 也就是说,人际传播在这里比大众传播更有效果。

总之,在接收大众传播信息时,有些人直接接触信息,有些人并不直接接触信息。前者往往习惯于选择与他们的认知结构相一致的内容;后者通过别人的传递、解释而接受过滤后的信息。

二、作为"市场"或"消费者"的受众

将受众视为大众传播产品的消费者这种受众观,在大众传播的实践中也非常普遍。按照这种观点,受众读报纸、听广播、看电视与其在超市购买商品一样,能否满足个人的需

---

[1] [美]德弗勒等:《大众传播学理论》,213 页,台北,五南图书出版公司,1995。
[2] Shirley Biagi, *Media/Impact: An Introduction to Mass Communication*, California: Wadsworth, 1992, pp. 383-384.

求是最重要的标准。传播者与受众是一种买卖关系,大众传播者是信息产品的制造企业,受众是信息产品的购买者。

从近代新闻业的发端来看,16世纪中叶在意大利的威尼斯出现的手抄新闻,正是源于商人们了解商情的需要,而后来出现的廉价报纸浪潮完全是在市场原则的指导下掀起的。

19世纪中后期,英、法、美等国先后实现了工业革命,报业进入了"大众化"时期。这期间的报纸价格低廉,一份报纸甚至只卖一便士(一分钱),被称为"便士报";内容编排尽量迎合大众口味,突出人情味、离奇性,只要是大众喜爱看的就可以成为报道内容;政治立场上标榜"超党派";经营上逐渐趋于企业化管理。这种所谓的廉价报纸,到19世纪末20世纪初终于取代政党报纸而成为报业的主体。①

当时,美国有两名著名的报人普利策和赫斯特,被视为这种报业潮流的代表。普利策最成功的办报成果是《纽约世界报》。他于1883年买下该报社,以煽情性的新闻刺激销量,比如创刊号的头版头条是新泽西州特大风暴造成的百万元损失,其他新闻还有对一名判刑的杀人犯的访问记,华尔街的跳楼自杀事件等。以后的报道中,还有大量这样的内容:"是新娘但不是妻子"、"爱情与毒药"、"一个传教士的背信弃义"等等。② 这种极力迎合多数读者的办报方针确实使得报纸的销量直线飙升。

赫斯特于1887年接手了《旧金山考察报》,模仿《纽约世界报》的办报方式,在煽情方面有过之而无不及。1895年他又获得《纽约日报》的经营权,与《纽约世界报》展开竞争。当时,《纽约世界报》星期刊中有一个漫画栏目,描写下层人的生活,中心人物是一个穿着肥大的黄色衣服、没有牙齿、咧嘴而笑的小孩,这个"黄孩子"(yellow kid)很受读者欢迎。为此,赫斯特不惜重金把其创作人员挖过来,在自己的报纸上开设相同的栏目,而普利策也不甘示弱,又另起炉灶与赫斯特展开较量。一时间,纽约公共场所充斥着两报所做的"黄孩子"的招贴广告,纽约报界被"黄孩子"闹得乌烟瘴气,并由此形成所谓的"黄色新闻"(yellow journalism),即以耸人听闻为基本特征的新闻传播风格。③

美国著名传媒评论家本·巴格迪坎,在1983年出版了一本震动一时的著作《传播媒介的垄断》。书中描述了美国50家大公司如何控制传媒,并与其他跨国公司和跨国银行在经济上形成密切的连锁关系。作者掌握了大量第一手资料,提示了这些媒介管理者们在想什么、做什么。美国无线电公司的秘书长和全国广播公司的乔治·莫里斯说:"你确实必须与那些大投资者们打成一片……我办公室有一个人终年除了跟掌握美国无线电股份的许多机构打交道以外,什么事也不干。"美国最大的报团甘尼特公司董事会主席纽豪

---

① 张隆栋等:《外国新闻事业史简编》,209页,北京,中国人民大学出版社,1994。
② 张隆栋等:《外国新闻事业史简编》,212页,北京,中国人民大学出版社,1994。
③ 陈华:《古今新闻逸趣》,46页,广州,广州文化出版社,1987。

斯说："华尔街不在乎我们是否在尼加拉瓜瀑布城出版了一份好报纸。他们只想知道我们的利润是否会在15％～20％之列。"①

美国记者汤玛斯·麦尔1966年写了一部《媒体帝王——美国最富有的传媒大王纽豪斯传》，很快成为全美的畅销书。在书中，作者详细记述了纽豪斯帝国及纽豪斯本人的成长经历，其中对编辑政策、经营理念的介绍尤为深入。作为总资产达120亿美元的媒体帝王，纽豪斯创办的任何新刊物，都"主要取决于生意的观点——市场研究和人口结构分析，而不在于发扬新闻自由推展文化建设"，"纽豪斯出版事业堡垒的四周是他旗下的报纸——拼命赚钱保卫堡垒的壕沟，要设法消灭竞争对手，争取独占市场，才能确保可能的最大赢利"。②

英国传播学者威廉斯对此有着清醒的认识：在时下所谓的公众趣味和公共舆论的运动中，媒介也许不能开创一种倾向，但可以强调某种现存的倾向。在这一过程中，媒介可能会扭曲兴趣的平衡或限制本来可能的反应范围。正如我们今天所看到的大众报刊上热点新闻层出不穷，令大众应接不暇，但是真正重要的问题有时不是无人问津就是昙花一现。换句话说，实际上传媒眼中的公众趣味并不能反映真正的公众需要，即便相当一部分受众热衷于追逐那些鸡零狗碎的花边新闻，也不能说公众的兴趣和诉求就是如此。

事实上，在很多大众传媒的眼中，"大众"这个词汇只意味着模糊的人群，而不是一个个鲜活的个人。因为一味强调利润，传媒不会付出足够努力尝试新事物，这也就造成了媒体虽然争相追逐，喧闹无比，但还是难以掩饰无聊和单调的实质。媒体由于强调作为广告销售渠道的压力，就不断有压力使受众进入"购物的正确心理框架"中。受众在传媒眼中，除了是信息的接受者外，还是可以出售给广告商的商品。在这样的整体传媒环境中，真正伟大的作品如果"叫好不叫座"的话，也将难以进入主流的传媒市场。当媚俗的作品以讨好的方式赢得受众的时候，那些伟大的作品被抛在一边，而当伟大传统被局限于某一少数文化之时，它又总是面临着被庸俗化的危险。

"受众即市场"的观点，引导着多数大众传媒的经营活动，不但国外如此，中国也在转变。自改革开放以来，关于新闻商品性的讨论日趋深入，尤其是20世纪90年代末组建报业集团的趋势，更强化了受众的消费者地位。

"受众即市场"的观点有其积极的意义。一方面，它强化了受众的主体地位，突出了受众的主动性，避免了"传而不通"的零效果或负效果现象；另一方面，它也反映了大众传播业运作的一些规律和特征。不过，这种将受众仅仅视为消费者的观点也存在一些问题：

第一，传播者不仅仅是经营者、牟利者。大众传播对现代社会的政治、经济、文化建设肩负着巨大的、不可替代的作用，正如我国新闻学的先驱徐宝璜先生在其1918年完成的

---

① ［美］本·巴格迪坎：《传播媒介的垄断》，林珊等译，5页，北京，新华出版社，1986。
② ［美］汤玛斯·麦尔：《媒体帝王——美国最富有的传媒大王纽豪斯传》，17页，海口，海南出版社，1996。

《新闻学》一书中明确指出的:新闻的任务包括供给新闻、代表舆论、创造舆论、灌输知识、提倡道德和振兴商业。①

第二,受众不仅仅把大众传播视为物质消费。对受众来说,大众传播带来的不仅是娱乐价值,还有信息价值、教育价值,尽管感官的刺激可以满足一时的需求,但并不能让受众得到更深层的、更长久的满足。

第三,信息产品不同于物质产品。衣食住行的产品与信息产品不一样,前者关注物质的丰富,后者重视精神的提升。信息产品的影响力是物质产品远远不能匹敌的。

因此,简单的买卖关系是不能用来定义大众传播的传受关系的,只有全面看待大众传播产品的物质属性与精神属性才能真正发挥大众传播的社会功能。

在这一点上,英国学者斯图亚特·霍尔的研究值得一提。

霍尔用结构与能动的关系来说明传播的过程,他指出生产建构了信息,而阅读(消费)产生了意义。在此过程中,受众解读信息主要有三种方式:①主导—霸权式解码。受众在主导符码范围内进行解码,受众解码与传播者编码所用的符码一致,受众与传播者的立场也一致。②协商式解码。受众一方面承认传播者意识形态的权威和吸收他所用的符码;另一方面,又保留自己与之不相同的独特意见,形成协商的立场。③对抗式解码。受众接收到传播者采用的符码,了解了它的意图,但是"以一种俨然相反的方式去解码信息。"显然,在大众传播中,这三种状态都是同时大量存在的,受众以何种方式去解码取决于众多因素,但无论怎样,将受众仅仅看作是信息产品的消费者的看法是片面的。正如有人说"眼睛只能看到心灵愿意理解的事物"那样,一百个受众就有一百个哈姆雷特,鲁迅在《中国小说史略》中也曾这样评述人们对《红楼梦》的多种理解:"经学家看见《易》,道学家看见淫,才子看见缠绵,革命家看见排满,流言家看见宫闱秘事……"今天的大众传播又何尝不是如此呢?

当下媒介高喊进入了"读图时代",影像正在以高保真、高还原的符码征服人们的心理防线,使得人们不由自主地忽略了自身和电视图像之间的镜头中介,人们似乎生活在一个完全仿真的信息环境中,在这样的环境中是否再强调受众自身的独特解码作用已经不合时宜?霍尔指出,视觉表现手法将三维世界转换到二维平面中的表现,这种表现当然不可能是它所指称的事物或概念。自然化的代码运作,不显示语言的"透明度"和"自然度",而显示出正在使用的代码的深度以及它被人们习以为常的性质和这一性质的普遍性。正如符号学家艾柯所说,图像符号看上去像是现实世界中的物体,是因为它们使知觉过程中的条件再现于观众心目中。然而,无论怎样,图像符号或者说自然化的符码并没有脱离符码虚拟现实、隐含意图的一般本质,因此强调受众的独特性仍然是必要的。

---

① 徐宝璜:《新闻学》,7~9页,北京,中国人民大学出版社,1994。

三、作为权利主体的受众

作为社会成员,受众在参与大众传播活动时还是重要的权利主体。这里,受众拥有的基本权利包括传播权、知晓权和传媒接近权,这些权利是任何个人或组织都不能剥夺的。

1. 知晓权(right to know)

这种权利指的是公众有权通过大众媒介了解政府、社会变化的权利,从其原初意义上说,知晓权更强调通过新闻媒介对政府工作的了解和监督。1945年,美国合众社总经理肯特·库柏首先提出了这一概念。在1953年出版的《人民的知晓权》一书中,他进一步阐述了自由交流的重要性,认为信息不能自由流通,其他自由就很难保证。

总的来说,西方学者对这一概念有四种论证角度:

(1) 知晓权是公民行使一切民主权利的基本前提,没有知晓权,言论自由权就无从谈起,因为不了解情况,就没有发言权;

(2) 知晓权是现代民主政治的基础要素,如果公众不能充分了解政府的运作,就不能做出明确的判断,所以,没有知晓权也就没有真正的选举权和参政权;

(3) 知晓权作为公众的一项社会权利和政治权利,是信息化社会的必然趋势,社会高度复杂化和信息化,一方面使得个人对信息的要求越来越迫切,另一方面使得个人不得不依赖媒介搜集信息;

(4) 知晓权是防止官员腐败的必要条件,民主和公正的政府必须时刻接受公正的监督才能避免滥用权力。[1]

2. 接近权(right of access to mass media)

1967年,美国学者J.巴隆发表《接近媒介———一项新的第一修正案权利》一文,首先提出了"媒介接近权"的概念。这种权利与知晓权密切相关,主要指作为信息接受者和利用者的公民,有权接近和利用大众媒介表达自己的主张、意见,有权要求大众媒介刊登或播发其意见、广告、声明、反驳,有权要求大众媒介传播自己想要传播的有关信息。接近权实际上是对公民知晓权的一个补充,对受众来说,这种权利可以促使其更好地自由表达自己的意见。[2] 这一权利更多地体现了民主社会的平等诉求。

3. 传播权(right to communicate)

1969年,法国学者让·达尔西在一篇题为《电视转播卫星与传播权》的文章中首先提出了这一概念,他说,我相信总有一天人们会承认一种比《世界人权宣言》中阐述的基本人

---

[1] 徐耀魁主编:《西文新闻理论评析》,187~188页,北京,新华出版社,1998。
[2] 徐耀魁主编:《西方新闻理论评析》,276页,北京,新华出版社,1998。

权更重要、更全面的权利概念,即传播权。这一主张在关于世界信息与传播新秩序的国际论争中受到广泛重视,1980年联合国教科文组织下属的世界传播问题研究委员会发表的著名报告《多种声音,一个世界》中专有一节讨论传播权问题。

传播权的理论主张大致分为四点:

(1) 传播活动是人与生俱来的本能行为之一,人的生存与发展都有赖于这种传播行为,因此,传播权是人的基本权利之一;

(2) 传播权不仅是每个人的自然权利,而且应该是公民的社会权利;

(3) 传播权不仅有利于个人个性的发展与完善,而且有助于促进社会的发展,同时也促使人类的传播手段更好地发挥其功能;

(4) 传播权可以包含迄今为止人类已享有的传播方面的权利,如现今已被广泛认同的知晓权、接近权以及有关出版自由、通信自由、表达自由等权利概念。①

第三节 受众行为理论——"使用与满足"

受众为什么接触大众传播媒介?这种接触会产生什么作用?"使用与满足"理论(uses and gratifications approach)给出了一个带有普遍意义的答案,即受众是为了满足自我的某种"需要"而接触或曰"使用"大众传播媒介的。

一、"使用与满足"研究

早先的大众传播研究,仅仅将传播视为一个传播者主动发布信息而受众被动接受信息的过程,这种先决的主从位置引起一些研究者的怀疑。从20世纪40年代开始,人们越来越关注受众在接收大众媒介时的主动性,"使用与满足"论由此萌芽。这一理论与传统受众理论的根本区别在于:"以研究人们如何处置媒介取代了研究媒介如何对付人们。"②

1944年,美国学者赫佐格对收听连续广播剧的妇女听众进行了一次调查,她对100名听众进行了长时间的采访,对2 500名听众进行了短时间的采访,并作了题为《我们对于白天播放的连续节目的听众究竟知道些什么?》的论文。在文中,作者将妇女喜欢收听广播连续剧的原因归纳为:一是把连续剧当作发泄感情的方式,广播剧代替她们对某些现象进行反抗,并使她们有了哭的机会;二是以连续剧来满足自己的痴心妄想,以忘记自己的烦恼,以剧中主人公的成功来弥补自己生活中的失意。③

1949年,贝雷尔森抓住纽约报界工人罢工的时机,进行了"没有报纸对人们意味着什

---

① 徐耀魁主编:《西方新闻理论评析》,277页,北京,新华出版社,1998。
② [英]丹尼斯·麦奎尔等:《大众传播模式论》,祝建华等译,102页,上海,上海译文出版社,1997。
③ 戴元光等:《传播学原理与应用》,120页,兰州,兰州大学出版社,1994。

么"的研究。调查结果显示,大多数读者期待的并不是某一特定的信息,他们只是觉得没有报纸,就感到好像"离开了世界",好像"不在"这个世界上了。看报已经成为类似吃饭、穿衣一样的基本生活内容。①

"使用与满足"理论的基本假设是:

(1) 受众是积极的。不论媒介播发什么内容,他们会有选择地使用节目内容。

(2) 受众自由地选择能够最大限度满足他们所需的媒介内容,不同的受众也许以同一内容来满足不同的需要。

(3) 媒介不是满足的唯一来源。外出度假、体育锻炼、跳舞等,都可以发挥如媒介一样的用途。

(4) 在特殊情况下,人们能够主动或被动地意识到自己的兴趣和动机。

……②

卡茨等人进而提出一个"使用与满足"模式:

(1) 具有社会和心理根源的
(2) 需求,引起
(3) 期望,
(4) 即大众媒介和其他信源(的期望),它导致
(5) 媒介披露的不同形式(或从事其他活动),结果是
(6) 需求的满足,和
(7) 其他或许大都是无意的结果。③

"使用与满足"论指出了一个事实:许多受众在接收大众传播信息之前就已经具有一个先入为主的愿望,这种愿望促使受众有选择地接收能够满足自己愿望的信息。比如风靡国内的电视连续剧《还珠格格》,尽管其中有大量不符历史事实及明显夸张的处理,但却吸引了从6岁到60岁的观众,尤其是女性观众,究其原因,正是剧情满足了观众固有的愿望。我们曾就此问题作过一个小型调查,结果显示:片中最受欢迎的角色是小燕子。具体说,中小学生爱看,是因为课业负担重,天天沉浸在题海中没有喘息的机会,而小燕子的不学无术让其受到大家的喜欢;青年人爱看,是因为工作压力大,竞争激烈,天天小心谨慎,不断自我加压,而小燕子挥洒自如活得潇潇洒洒;中年人爱看,是因为现实生活复杂的人际关系与彼此的隔离状态给人以冷漠之感,而片中浓郁的亲情、友情、爱情让他们感动不已。如此种种需求,有其现实的社会心理根源,它们引起了观众的理想期望,即使不可能在自己的生活中实现,坐在电视机前投入地观看也会从中得到满足。剧中传递的人

---

① 张隆栋主编:《大众传播学总论》,181~183页,北京,中国人民大学出版社,1995。
② John Fiske, *Introduction to communication studies*, New York: Routledge, p.155.
③ [英]丹尼斯·麦奎尔等:《大众传播模式论》,祝建华等译,103页,上海,上海译文出版社,1997。

物行为趋向及生活场景正是观众内心渴望的图画,观看该片使得各种类型的观众都得到了满足。

当《还珠格格》第一部演过后,观众反应强烈,希望续写的呼声一浪高过一浪,原本并无这个打算的琼瑶按捺不住创作的激情,迎合观众的这种需求,赶写了第二部。相对第一部,第二部简直就是按照观众的愿望而量身定做,小燕子的戏进一步突出,其性格中的夸张性进一步加大,这些都极大地满足了观众的愿望,也让该剧获得空前的成功,其跟片广告的数量及价格创造了各电视台的纪录。《还珠格格》第二部前期的制作及后期的轰动效应,成为"使用与满足"论的一个鲜活的案例。这进一步证明人们是如何根据自己的需要来使用媒介的。

二、受众的满足

在"使用与满足"论的众多模式中,引用最广泛的模式是罗森格伦模式。[①] 这一模式的最大优点在于涵盖了影响受众"使用与满足"的多重因素。从需求产生的原因上看,有三个方面的来源,即人类共同的需求、个人特有的需求及社会结构的影响。这三方面共同作用,产生了问题及其解决办法。有了问题,又找到了解决办法,就促使受众选择能够表现这种解决办法的媒介形式。这种媒介形式与其他行为方式结合,可以满足自我需要,同时也会影响媒介结构及相关的社会结构。

按照这一模式,在制作大众传播内容时,关键要明确受众的需求。其中首先涉及人类共有的需求,除了生理、安全等基本需求外,就是被尊重、被关怀及自我实现的需求。其次,是各个社会群体、社会类型、社会时期所特有的需要,比如现代社会的感情问题、收入问题等等,都是带有鲜明时代特征的内容。最后,这些需求要与既存的社会结构,即我们的社会制度、媒介体制相适应。

有的研究者对受众的各种需求分类归纳,认为受众使用媒介得到的满足包括:

(1) 娱乐;
(2) 想看到当权人物的升迁或遭贬谪;
(3) 欣赏美;
(4) 汲取他们的经验和教训;
(5) 满足好奇心和成为消息灵通者;
(6) 为了与上帝在一起;
(7) 为休闲和消除烦恼;
(8) 与他人同欢乐,共悲伤;
(9) 在无须顾及法律的情况下,尽情感受爱和恨;

---

① [英]丹尼斯·麦奎尔等:《大众传播模式论》,祝建华等译,104~105 页,上海,上海译文出版社,1997。

(10) 寻求模仿的偶像；

(11) 为获得对自我的肯定；

(12) 获知世界各地的信息；

(13) 坚定我们的正义感；

(14) 对浪漫爱情的追求；

(15) 相信神怪、魔法和不可思议的奇幻；

(16) 想看他人犯错误；

(17) 希望看到世界在有秩序地运转；

(18) 参与感；

(19) 消除不愉快的情感；

(20) 在无犯罪负担的环境中，宣泄性的欲望；

(21) 没有危险的冒险；

(22) 满足对丑的好奇心；

(23) 强化道德、精神和文化的价值观；

(24) 看坏蛋捣鬼并遭惩罚。[1]

进入信息社会,大众媒介更加发达,受众选择信息的渠道日趋多样,这强化了受众的主动性,也使得"使用与满足"论的现实意义越发突出。对各媒体来说,尊重并服务受众的需求,使受众得到最大限度的满足,传播才能取得良好的效果；反之,则不是事倍功半,就是徒劳无功。这一理论在影视剧的传播中表现得非常突出。

观众对影视剧的选择具有极强的先决愿望。他们看言情片,是寻求美满浪漫的感情；看武打片,是寻求祛邪扶正的英雄气概；看现实题材,是体验自我的酸甜苦辣；看历史题材,是希望褒贬现实生活中难以言述的苦衷。而看影视剧,完全是一种消遣性的活动,它不如新闻类节目、服务类节目那样具有不可替代性,要让观众掏钱买票,要让手中的遥控器停在某一个台上,一定是节目本身让观众觉得满足了自己的某种需求。

1964年,哈佛大学心理学家鲍尔(R. A. Bauer)发表了一篇影响深远的论文《固执的受众》。在这篇论文里他指出,以往的传播研究总是站在传播者一方考虑如何传播的问题,而没有站在受众的角度研究如何接受的问题。在他看来,传播研究应该从"信息如何作用受众"(what can the message do to the audience),转向"受众如何处理信息"(what can the audience do with the message)。

总之,所谓"使用与满足"理论,正如施拉姆所生动比喻的那样：受众接受信息,就如同到自助餐厅就餐,想吃什么就拿什么,传播也是如此。

---

[1] 张隆栋主编：《大众传播学总论》,181~183 页,北京,中国人民大学出版社,1995。

第四节　受众媒介观念

受众媒介观念是支配受众使用媒介的基本看法,其本质是受众的媒介理性,通过受众的媒介了解程度、媒介信任程度、媒介参与程度来衡量。

一、媒介了解程度

媒介了解程度,指受众对媒介基本知识的掌握情况,主要涉及三方面的内容:第一,传播理论;第二,传播技术;第三,媒介发展状况。

传播理论,是媒介了解程度中最基本的内容,包括新闻性质、新闻价值、传播规律、传播效果等知识,这些知识决定了受众对媒介的总体评价:是批判性接受还是依赖性接受。

在受众看待媒介的观念中,有两个基本概念是应该反复强化的:"把关人"与倾向性。在实际生活中,相当多的受众认为,只要是媒介上传达的信息、观点就是多数人认可的,因此,容易盲目相信而不加分析。殊不知,自己最终接收到的信息是许多道"把关人"选择的结果,而"把关人"的立场由其政治、经济和社会环境所制约,其中的倾向性是不可避免的。因此,具有高度媒介理性的受众应该多方了解、独立分析,通过自己的思考来判断传播内容的准确与否、合理与否。

对传播技术的了解,既是培养媒介理性的需要,因为这种了解可以使受众在选择接触的媒介对象时更加主动、有效,也是现代信息社会对个体生存发展提出的新要求,就建立在知识与信息基础上的经济发展模式而言,信息传播手段显然是个体发挥自己能力的必要条件。

现代媒介的发展,既包括物质方面的硬件建设,也有媒介法规方面的软件建设,了解这些可使受众更准确地把握媒介状况。如果说对传播技术的了解是一种微观的认识,那么了解全社会媒介的发展状况就是一种宏观的把握。电视、广播的覆盖率有多少,报纸、杂志的种类与印数有多少,国家法规中对新闻报道有什么要求,报道者与受众能够享有哪些权利等等,这些原本属于专业人士掌握的信息,现在已经成为大众认识媒介环境的一些基本素养。

从目前的状况来看,我国受众对媒介的了解程度非常低。根据1992年在北京所做的一项调查表明:对"新闻报道可以对事实进行合理的想象和适当的夸张"表示明确"不赞成"的只有56.5%,含糊表示"不太赞成"的与表示"说不准"、"基本赞成"或"很赞成"的分别为14.1%与27.7%。这也就是说,有近42%的受众对这一违反新闻真实性原则的问题没有明确的认识。同样,对"新闻报道和广告宣传没有多大区别"的问题,超过40%的人没有清楚的正确的认识。当问及"你知道调频广播的优点吗",58.2%的受众说"不知道",

7.9%的受众回答说"能收听短波广播",只有30.9%的受众说出正确答案"抗干扰性好,保真度高"。当问及"新闻法"的问题时,有61.4%的人不知道我国是否制定新闻法,还有26.8%的人回答说已经制定了,仅有8.1%的受众明确回答说目前还没有颁布《新闻法》。[1]

二、媒介信任程度

媒介信任程度是受众对媒介信任感的整体评价,主要标准在于媒介是否是一个可靠的信息源。

判断媒介信任程度可以从两个方面进行:一是媒介栏目的忠诚度;二是传播内容的可信度。前者是考察受众对某一固定栏目接受行为的稳定性,反映了受众对栏目的喜爱程度;后者是考察受众对传播内容的信任度,它与媒介在受众心目中的位置及受众以往接收的经验紧密联系。

应该说,我国媒介在受众心目中的地位是比较高的。人们在日常生活中为了证明自己的观点,经常说的一个论据就是"报纸上说了……"或是"电视上播了……"这种信任的根本原因在于我们的新闻媒介是由党和政府主办,而我们的大众传播工作强调社会责任远远超过强调其经济利益。因此,近50多年来,一方面,党和政府希望并努力通过新闻媒介来指导实际工作;另一方面,受众也比较信赖媒介上的信息,常常把媒介上的传播内容作为自己决策的主要依据。

在各种媒介中,中央电视台无疑影响是巨大的,新闻联播、焦点访谈等名牌栏目的收视率始终居高不下。在国外,一个栏目的收视率有10%就已不错,而在我国,"新闻联播"的收视率一直稳定在45%到50%之间,"焦点访谈"的收视率则稳定在30%左右。正是稳定的收视率,才给中央电视台带来了稳定的巨额广告收入。有人说,"中国消费者是全球最依赖广告的消费群体"[2]。这种依赖性使得商家为了争夺黄金广告段位不惜一切代价。1996年,山东秦池酒厂以6 666万元夺得中央电视台黄金段位标王时,从厂家到外界,都怀疑竞标者的决策失误,但事实是该厂的销售额从1995年的1.86亿猛增至9.5亿元。显然,这与受众对媒介的高度信任有关。

美国传播学者施拉姆认为,公众收看、收听新闻,"是为了获得新闻所提供的或早或迟的补偿。"[3]这种补偿可以分为两种:即时性补偿和延迟性补偿。能带来即时性补偿的是事故、灾害、体育以及各种趣味性新闻,而带来延迟性补偿的则主要涉及公共事务、经济活动、社会问题、科学、教育等新闻。

按照这个理论,受众接受新闻后都会有一个心理预期,盼望得到某种补偿,比如了解

---

[1] 陈崇山等:《媒介·人·现代化》,144页,北京,中国社会科学出版社,1997。
[2] 凌月:《公众到底信不信广告》,刊《中华周末报》,1996.12.20。
[3] [美]梅尔文·L.德弗勒等:《大众传播通论》,颜建军等译,449页,北京,华夏出版社,1989。

第六章 大众传播的受众

事故、灾害新闻以满足好奇心理,而延迟性补偿则关系个人生存、发展的重要内容。从这个角度说,延迟性补偿要比即时性补偿重要得多。

虽然一般说来,我国受众对新闻媒介特别是中央级主流新闻媒介信任度较高,但问题依然存在。1997年三四月,《中国青年报》和《希望月报》杂志社做了一项旨在了解新闻媒介对公众影响程度的调查。结果显示,57.2%的调查对象不同意简单地说"新闻是可信的",而且,调查对象的文化水准越高,对新闻媒介的信任度越低。具有小学及以下文化程度的调查对象中,75%的人同意"新闻是可信的",而具有大学本科及以上文化程度的调查对象中,这一比例只有32.1%,大学教师对新闻媒介的信任度最低,仅有29.2%。①

三、媒介参与程度

1967年,美国学者J.巴隆最早提出受众参与权的问题。他在《接近媒介——一项新的第一修正案权利》一文中,主张为了维护受众的表达自由,保障他们参与和使用传播媒介的权利,宪法应该承认公民对传播媒介的参与权。1980年,联合国国际传播问题研究委员会的报告也指出:"不要都把读者、听众和观众当做消息情报的被动接受者,负责管理交流工具的人应该鼓励他们的读者、听众和观众在信息传播中发挥更加积极的作用,办法是拨出更多的版面和更多的广播时间,供公众或有组织的社会集团的个别成员发表意见和看法。"②

上述论述都强调给受众以足够的重视,将受众从被动的地位转变到主动的地位。实现这种转变的关键,是使受众从单纯被动地接受信息向多方面主动地接触媒介转变。受众对媒介的参与,主要有两种形式:一是浅层次的,如对媒介中已有的信息进行评价,以一般参与者的身份介入媒介信息的制作等;一是深层次的,如对媒介长远的发展提出建议,以主动制作者的身份参与媒介信息的制作。

目前来看,我国受众最经常的主动接触媒介行为,是针对某一具体内容给媒介写信、打电话,提出自己的看法。这种媒介与受众联系的方式,在我国有着深厚的传统。从20世纪40年代起,中国共产党就一再强调新闻工作要走群众路线,提出全党办报、群众办报的口号。因此,各媒介对群众的反应都非常重视,一般都设有专门的"读者来信"、"编读往来"等栏目,刊登大量的群众意见,并就一些典型问题进行深入讨论。这些都极大地调动了受众参与的积极性。

20世纪90年代,随着媒介竞争的日益加剧,为了拉近媒介与受众的关系,许多媒介,尤其是广播,都搞起热线点播之类的活动,受众成为这些传播活动中的参与者改变了以往

---

① 《中国青年报》,1997.5.24。
② 联合国教科文组织国际交流问题研究委员会:《多种声音,一个世界》,368页,北京,中国对外翻译出版公司,1981。

简单地接受媒介内容的情形。但是,这种形式毕竟只是受众的被动参与,主持人、导演让做什么就得做什么,说到底,这里的受众只是一种更活泼的道具,并没有太大的主动性。正因如此,当这种形式完全推广开后,当受众从起初的热情中冷静下来后,对这种简单参与方式的疑问也越来越多。

就受众参与媒介的程度而言,主动介入媒介内容制作是一种最积极、最有效的方式。其途径可以多种多样,比如为媒介提供新闻线索与新闻稿件,对媒介的报道方式提出意见和建议,对媒介发展作出长期展望。在这些参与活动中,受众的主动性全面发挥,真正与传播者处于平等地位。

四、我国受众接触媒介的情况

受众接触大众传播媒介的情况可从两个方面考察:一是公众接触媒介的时间;二是公众对媒介刊播内容的兴趣。

我国学者从20世纪80年代中期开始进行传播效果的调查,进入90年代,这样的调查越来越频繁,越来越正规,从而为传播学研究提供了不可缺少的第一手资料。

从公众接触媒介的时间来看,接触媒介已成为多数人的基本生活行为。浙江省广播电视厅受众研究组与中国社会科学院新闻研究所受众研究课题组合作,于1991年4月中旬至5月中旬对浙江省杭州市、宁波市等10个市县的城乡居民进行了抽样调查,了解人们接触报纸、广播、电视三大新闻媒介的情况。结果表明:电视稳定受众(一周内有三天以上通过电视了解新闻并且能回答接触时间长短的受众)的数量,城市为78.8%,农村为65.2%,这一数据还不包括那些看不到电视而以报纸、广播为了解新闻主要手段的受众。调查中还发现:城市受众一天内读报的时间平均是26.8分钟,最长为250分钟;一天内收听广播的时间平均为22.9分钟,最长为280分钟;一天内收看电视的时间平均为113.2分钟,最长为720分钟。而农村受众一天内读报的时间平均为8.6分钟,最长为150分钟;一天内收听广播的时间平均为26分钟,最长为480分钟;一天内收看电视的时间平均为78.3分钟,最长为480分钟。[①]

根据2007年底国家统计局进行的第五次全国电视观众抽样调查结果,内地电视观众总数已经达到12.05亿人,比20年前第一次调查时观众增加了一倍;观众平均收看电视频道32.4个,比5年前增加一倍;99.89%的家庭拥有电视机,其中25.41%的家庭拥有两台电视机;近5年来,有线网络和卫星天线接收进入更多家庭,机顶盒用户从无到有,已经占全部电视用户的7.31%;农村观众中,通过有线网和卫星接收天线收看电视的比率也有了大幅提高。另外,调查显示,虽然不同类型媒体的竞争日趋激烈,但电视依然是

---

① 闵大洪等:《新闻传播与受众现代观念相关研究》,《中国新闻年鉴》(1992年),北京,中国社会科学出版社,1993。

人们接触的主要媒体,95%的人几乎每天看电视,而且每天看电视的时间都在3小时以上,比5年前增加了半个多小时。

公众接触媒介的时间长短还不足以说明媒介在人们生活中的重要性,因为媒介的内容是多样的,所以还得了解公众接触媒介的动机。根据各种调查显示:目前的受众接触媒介的首要动机是了解信息。

1998年9月25日,中央电视台公布了由其牵头联合16家省市电视台所做的"全国观众调查",结果显示:10.94亿观众看电视的第一动机是"了解国内外时事"。同一天,《南方周末》公布其所做的读者调查情况,发现读者最爱看的是"第一版",其次是"特别报道"、"时事纵横"等,读者最看重的报纸功能是"了解国内重大新闻事件"与"了解重大新闻事件发生的背景、原因和可能的前景"。同时,有近六成的读者希望增加"热点问题讨论"、"批判与揭露性报道"、"揭秘新闻、内幕新闻"、"社会舆论分析"内容。[①] 这些调查结果说明,接触媒介是公众闲暇时间最重要的行为,而新闻报道是公众最重视的也是新闻媒介最重要的内容。

内容摘要

在传播学和社会学中,"大众"是伴随大众社会理论的形成而出现的一个特定概念。这种理论认为,19世纪末20世纪初是人类进入大众社会的分界点。作为工业革命和大众传播发展的结果,大众社会打破了以往传统社会的结构、等级秩序和价值体系,社会成员失去了统一的行为参照系,变成孤立的、分散的、原子式的存在,即所谓大众(mass)。

根据这一观点,受众在大众传播媒介有计划、有组织的传播活动面前缺乏抵抗能力,只能任由宰割。传播研究早期盛行的"子弹论"、"靶子论"或"皮下注射论"等,都建立在这一受众观之上。

这一受众观显然失之偏颇。因为,现代社会的受众除了接触大众传播媒介,还参与各种能动的社会实践,有着丰富的社会关系,而这些关系和实践都对他们接触大众传播发生不可忽视的影响。也就是说,受众不仅是被动的,而且还是能动的。

作为社会群体成员的受众观,是与大众社会理论的受众观相对立的。它认为,受众并不是孤立的个人集合,而是分属于不同的社会集团或社会群体。受众接触媒介虽然属于个人行为,但是这种活动通常受到他所属的集团或群体及其规范的制约。所以,大众传播媒介并不能随心所欲地左右受众。

[①] 罗建华:《新闻要当传媒的家》,刊《北京青年报》,1998.10.14。

19世纪30年代后,随着大众传播媒介采取企业化经营形态而形成了作为"市场"或"消费者"的受众观。在这种观点看来,大众传播媒介通过竞争向潜在的消费者提供信息服务,而受众就是这些消费者的集合体。

这种观点反映了大众传播的某些属性,如经营性、商品性和竞争性等,但其局限性也很突出:它把复杂的传播关系简化为单纯的买卖关系;它主要着眼于受众的有关商品购买行为,而忽略了更深层次的问题如意识形态;它容易把"商品销售量"——收视率和发行量作为大众传播媒介的唯一评判标准,而把社会公益标准置之度外;它只从媒介的立场而不是受众的立场考虑问题。

受众并不仅仅只是大众传播活动里的消费者,作为社会共同体的成员,他们还拥有正当的传播权利。这些基本权利包括:传播权——即一般意义上的表达自由权利;知晓权——通过大众传播媒介获得信息的权利,尤其是对公共机构及其活动的知情权或知察权;媒介接近权——利用大众传播媒介阐述主张、发表言论以及开展各种社会和文化活动的权利;媒介监督权——由于大众传播媒介的活动涉及社会公众的广泛利益,所以他们有权对此进行监督。

"使用与满足"的研究始于20世纪40年代,后来一度沉寂。60年代后再次活跃起来,并产生越来越广泛的影响。它把受众看作有特定需求的个体,把他们接触媒介的活动视为满足这种需求而对媒介的使用。

"使用与满足"研究的意义是:把受众的媒介接触看作是基于自己的需求对媒介内容进行选择的过程,这种选择具有某种自主性,有助于纠正"受众绝对被动"的观点;揭示了受众对媒介的使用的多样性,强调了受众需求对传播效果的制约;指出了大众传播对受众的一些基本效用和影响。其局限性在于:过于强调个人和心理因素的作用;脱离内容的产生过程,单纯考察受众接触媒介的行为,因而不能揭示受众与媒介的多重社会关系。

建议参考资料

1. 郭庆光:《传播学教程》,第十章,北京,中国人民大学出版社,1999。
2. 陈崇山等:《媒介·人·现代化》,北京,中国社会科学出版社,1997。
3. 徐耀魁:《西方新闻理论评析》,第六章、第七章,北京,新华出版社,1998。
4. 郭建斌:《独乡电视》,济南,山东人民出版社,2006。
5. 赵月枝:《维系民主?》,北京,清华大学出版社,2007。

思考题

1. 大众社会理论的内涵是什么？这种理论的现实依据是什么？
2. 如何理解"作为社会群体成员"的受众观？
3. 如何理解"受众即市场"的受众观？
4. 作为权利主体的受众拥有哪些权利？如何理解这些权利的现实意义？
5. "使用与满足"理论的主要观点是什么？如何评价这种理论？
6. 受众媒介观念的内涵是什么？有哪几个认识层面？

第七章 大众传播的效果

传播效果研究及其历史
　　◆ 传播效果的概念及含义
　　◆ 效果研究的发展阶段及主要理论

效果的形成和制约的因素
　　◆ 传播主体与传播效果
　　◆ 传播技巧与传播效果
　　◆ 传播对象与传播效果

大众传播的宏观效果理论
　　◆ "议程设置"理论
　　◆ "沉默的螺旋"理论
　　◆ 意义构成与"培养"理论
　　◆ 知识沟与传播效果沟
　　◆ 媒介系统依赖论

要点提示

1. 传播效果的概念及含义；
2. 效果研究中的基本术语；
3. 效果研究的几个发展阶段；
4. 大众媒介的议程设置功能；
5. "沉默的螺旋"理论及其现实意义；
6. 意义构成与培养理论及其现实意义；
7. 知识沟与传播效果沟及其现实意义；
8. 媒介系统依赖论及其现实意义。

不言而喻,大众传播的出发点和落脚点都在于传播效果。早期的传播学研究,就是为了揭示传播效果而展开的,如今在整个传播学中,关于效果的研究还是占了相当大的比重。不夸张地说,效果研究是大众传播学中历史最悠久、成果最丰富的部分。

本章的主要内容包括四个方面:一是关于传播效果的基本概念,对传播效果有不同的理解,只有在理清这一概念的内涵及外延的前提下,具体的研究与评价才能展开;二是传播效果的形成过程和制约因素,包括传播主体与传播效果、传播技巧与传播效果、传播对象与传播效果;三是传播效果研究的历史与发展,将介绍从子弹论到有限效果论的一系列学说,其间各家理论此起彼伏,异彩纷呈;四是大众传播效果的宏观理论,主要涉及"议程设置"理论、"沉默的螺旋"理论、意义构成与培养理论、知识沟与传播效果沟、媒介系统依赖论。

第一节 传播效果研究及其历史

一、传播效果的概念及含义

对传播效果的理解有两种基本模式:心理动力模式(psychodynamic model)与社会文化模式(sociocultural model)。前者注重的是:"效果主要是发送人所预期的效果;它们是短期的(即立即的和暂时的);它们必然与个体的态度、信息或行为的改变有关;它们相对来说又是非间接的。"而后者强调的是:"长期的、无计划的、间接的以及集体产生而不是个体产生的影响。"其涉及的问题包括:"对社会角色或规范的非正式学习(社会化);基本社会价值观念的传送与强化;媒介传达不明确的意识形态的趋势;意见气候的形成;社会中知识分布的差异;文化、机构甚至社会结构的长期变化。"[①]简言之,心理动力模式着眼于个体化的效果,而社会文化模式着眼于社会化的效果。

心理动力模式的效果观,主要关注大众传播活动中即时的、对个体的影响,比如加湿器的电视广告中讲北京空气干燥,对居民健康不利,建议大家采用加湿器调节室内湿度,这样的广告对观众会产生直接的影响,一种原本并不为人所注意的现象会引起人们的重视,于是加湿器很快成为家庭用品之一。社会文化模式的效果观,主要关注大众传播长期的、宏观的影响,比如中国的大众媒体上经常反映家庭美满、儿女孝顺的内容,对社会的道德伦理产生潜移默化的规范引导作用。这两种效果观从不同侧面揭示了传播效果,也为我们认识传播效果提供了思路。

---

① [英]丹尼斯·麦奎尔等:《大众传播模式论》,82~83页,上海,上海译文出版社,1997。

一般来说,传播效果可以分为三个层面:认知层面、情感层面、行为层面:

(1)认知层面的效果,体现在改变受众的知识体系和经验储备方面。大众传播媒介每天都在为受众提供新的信息,这些信息使受众不断补充、调整、覆盖已有的知识与经验。现代社会里,任何人都离不开大众传播媒介,否则就会感觉与世隔绝,这种隔绝感首先来自对外界信息的隔绝,这从反面也凸显了大众传播对受众认知体系的强大效果。

(2)情感层面的效果,体现在影响受众的价值体系和心理态度方面。信息时代的大众传播媒介,已经成为促进个体社会化和整合社会文化的主要工具,主流价值往往通过大众传播媒介不断灌输给受众,使受众主动或被动地调整自己判断是非曲直的标准,将个体对事物的评价引导到社会主流意见一致的方向上。

(3)行为层面的效果,体现在指导受众的实践活动和行为趋向方面。这是大众传播效果最直接的表现,通过改变认知,影响情感,最终指导受众的行动。

这三个层面的效果从程度上看是不断加深的,有一个累积的量变引起质变的过程。当认知积累到一定程度时,情感发生变化,当情感积累到一定程度时,产生行动。比如1998年夏季,我国长江、松花江、嫩江发生特大洪水,媒介在引导舆论中发挥了重大作用。当时人们通过大众传播媒介的报道,不断增加对险情的认识,了解国家对灾害处理的措施,当这些信息越积越多时,受众对这场人与自然斗争的严酷性有了准确估价,对人民子弟兵的奉献感到由衷的钦佩,而当这种情感累积得足够浓厚时,捐款捐物就自然成为全社会的普遍行动。《中国青年报》社会调查中心1998年8月8日在北京做过一次调查,结果显示:21%的人为灾区做过捐赠,到16日再做调查,发现这一比例上升到88%。两次调查结果显示:北京人的捐赠意愿与行动都有了明显提高。[①] 这无疑与大众传播的巨大影响力分不开。

对于传播效果,不同立场和范式的学者对其认识也有不同。在经验主义研究中,传播效果首先是由若干可以被观察和验证的变量呈现的,这些变量往往也是总体的样本,对于总体的估计常常就来自于对这些零散数据的统合分析。在批判学派看来,经验主义的传播效果研究没有探索累积的、延迟的、长期的和用以维持现状却看不出明显意图的效果。立足于样本定量分析的经验效果研究只关注孤立个体的有限变量,是对受众进行人为分割、舍弃受众人性的一面,并把受众从其社会文化中分离出来。当然,批判学派对于传播效果的分析也往往囿于缺乏实证依据从而难免缺乏说服力。本书下面的内容主要介绍的还是经验学派的传播效果研究。经过几十年的研究积累,传播效果研究已经成为大众传播学成果最为丰富的一个分支,理论层出不穷,案例极其丰富,虽然一时的见解难免偏颇,但是这也正体现了学者们对于客观事物的认识是一步步向前推进的。

---

① 《〈我们万众一心〉赈灾义演晚会受到广泛关注》,刊《电视研究》,1998(9)。

二、效果研究的发展阶段及主要理论

效果研究自20世纪初发端,迄今已有百年历史。以效果的强弱为标准,人们的认识大致经历了三个阶段:强效果阶段——20世纪初到30年代末;弱效果阶段——40年代到60年代;超强效果阶段——70年代至今。

其间,随着现代科技以及大众传播媒介的发展,随着社会民主化和信息化的推进,受众的意识、构成、需求也在不断变化,这些都推动了传播效果的研究及其演变。

1."子弹论"

"子弹论"(bullet theory),又称"魔弹论"、"靶子论"、"皮下注射论",是效果研究早期通行的理论。它的基本思想是大众传播具有强大的传播效果,其情形犹如子弹(大众传播媒介的信息)射向坐以待毙的靶子(受众)。从20世纪初传播学逐渐形成自己的理论体系开始,关于大众传播的强大效果就成为研究者关注的焦点。结合社会学、心理学等社会科学理论的发展及大量实证研究,大众传播的强效果观首先在"子弹论"上得到确立。按照这一理论,大众传播媒介具有无法抵抗的传播效力,受众只能被动地接受信息的刺激。

大众社会理论为"子弹论"提供了理论基础。因为在它看来,大众就像一盘散沙,其数量的增加及内部的分化为大众传播提供了绝好的施展功效的传播对象。而且从20世纪初开始,大众传播在人们的日常生活中也确实发挥着显赫的作用。

媒介威力的首次充分展现是在1914—1918年的第一次世界大战期间。当时,各交战国都利用大众传播媒介散布对敌方不利的信息,为了煽动民众,甚至不惜编造假新闻。

美国政治学家拉斯韦尔,在其1927年出版的博士论文《世界大战中的宣传技巧》中认为,"在作出种种保留,消除种种过高估计以后,事实仍然是:宣传是现代世界上最有力的工具之一。它上升到现在的突出地位,并与改变社会性质的复杂环境相呼应。""在大型社会,用战争的火炉来把任性的个人熔为一体已不再可能。必须用新的更微妙的手段将成千上万甚至上百万人铸成一个具有共同仇恨、意志和希望的大集体。新的火焰必须烧尽分歧的溃疡,锤炼钢铁般的战斗热情。社会团结的这一新锤砧的名字是宣传。"[1]

大众传播媒介的宣传威力到了第二次世界大战期间得到进一步强化。各种势力都把掌握大众传播媒介、利用大众传播媒介作为主要手段。1933年,德国法西斯政党上台后,纳粹宣传部长戈培尔欢呼道,"现在继续斗争就容易了,因为我们能够使用国家的一切力量,广播电台和报纸随时都可供我们使用,所以要给大家看一个宣传的杰作,而且这一次,当然不愁没有经费了。"[2]战争开始后,戈培尔全面调动大众传播媒介为侵略服务。他在

---

[1] [美]德弗勒等:《大众传播学理论》,176~177页,台北,五南图书出版公司,1995。
[2] 张明明等:《希特勒的宣传部长——戈培尔博士》。123页,乌鲁木齐,新疆人民出版社,1996。

德国各个驻外使馆都设立了宣传专员,指示说,"我们的宣传对外必须加强……必须用一种巧妙的方式把没有达成一个和平解决办法的责任推到那些反对德国的正当要求的人身上……对这一点要不引人注意地不断以不同的方式加以强调……我们至少要使世界上一部分的公众舆论相信,在当今的情况下,德国除了拿到它应该得到的之外,别无选择。"①

大众传播媒介在战争中的巨大作用让人们不再怀疑它的威力,此外,20世纪兴起的广播影响力也非同一般。1938年,哥伦比亚广播公司(CBS)在万圣节前夕播出了由著名演员奥森·威尔斯制作的广播剧《火星人入侵地球》。由于威尔斯惟妙惟肖的表演加上人们对广播技巧不熟悉,数百万听众信以为真并由此引发了巨大的社会恐慌。在此种情形下,"子弹论"应运而生。按照这一理论,一盘散沙的"大众"即所谓"乌合之众",在接受大众传播媒介传来的信息后立刻就能作出直接的反应。这里,大众传播中的内容犹如子弹一般射向齐刷刷的靶子——受众,所有的受众中弹后只能应声而倒,毫无抵御能力。

"子弹论"凸显了大众传播的强大效果,对于刚刚接触大众传播并经历世界大战的人们来说自然容易接受,但它过于夸大媒介的作用也留下了很大的漏洞。随着社会学、心理学及传播实践的发展,人们发现,受众是由特征不同的群体构成的,而个人之间也存在极大的差异。因此,媒介的刺激往往不能直接带来受众的一致反应,它的影响必须经过社会类型、社会关系、个人差异等环节的"过滤"。

对"子弹论"的质疑导致了新的效果理论的出现,这就是"有限效果论"。

2. "有限效果论"

20世纪以来的心理学家发现,尽管人们的行为方式具有相当的一致性,但他们在思维、态度、认知方面存在很大差异。差异的原因究竟在于后天的学习还是先天的遗传,曾在心理学研究中有过长期争论。后来,学习论逐渐占据上风,这对效果研究也发生了影响。从40年代到60年代,个人差异论是大众传播研究的一个主要方面,由此形成的基本看法是:受众心理或认知结构上的个人差异,是影响他们对媒介注意力以及采取行动的关键因素。②

社会学在20世纪初期也有了进展,实验方法的引入让研究者们认识到,原本被认为是毫无个性可言的大众实际上有着很大差别。社会地位、宗教信仰、经济收入等等,都能造成社会群体彼此间鲜明的差异。城市化、现代化、阶层化、社会分工等,更是造成现代社会的不断分化。分化论随之得到人们的认可。这里有三个因素在大众传播的效果研究中受到关注,这就是受众的个人差异、社会类型和社会关系,它们都制约着大众传播的接受效果,所有的信息在到达受众之前,都要经过这三道屏障的吸收、缓冲或反射。由于每个

---

① 张明明等:《希特勒的宣传部长——戈培尔博士》,171页,乌鲁木齐,新疆人民出版社,1996。
② [美]德弗勒等:《大众传播学理论》,199页,台北,五南图书出版公司,1995。

受众的个人差异、社会类型、社会关系差别很大，因此这种吸收、缓冲或反射的情况也是千差万别，最终的效果也是各不相同。

第二次世界大战结束后，传播效果的研究进入第二个阶段。从研究队伍上看，美国先后建立了一批大众传播研究机构；从研究方法上看，更加注重社会调查法和心理实验法，更加强调实证；从研究重点上看，关于传播效果产生的机制成为关注的焦点。其间，对"传播流"的研究使得研究者对传播效果的评价更加深入、客观。

"传播流"意指大众传播信息经过一系列中间环节流向受众的过程。根据这种观点，信息在最终达到受众之前，往往要受到各种中介因素的过滤，因此对受众造成的影响也是间接的。

"有限效果论"的观点主要体现在哥伦比亚学派的研究中。以拉扎斯菲尔德和贝雷尔森为代表的哥伦比亚大学的一批研究者，采用实地调查法，深入考察了总统选举中的传播问题。1960年，该学派的主要成员约瑟夫·克拉珀（Joseph Klapper）出版了《大众传播效果》（*The Effects of Mass Communication*）一书，对该学派的效果理论进行了系统梳理。克拉珀认为，效果的实现有三层内容：

（1）大众传播是通过一些中介因素而发生作用的；
（2）这些中介因素一般总是使大众传播成为强化现有状态的一个动因；
（3）这些中介因素在一定情况下可以使大众传播改变受众原有的态度。

克拉珀列出了四项最重要的中介因素：受众的心理倾向性和选择过程；群体和群体规范；人际影响；自由市场社会中的大众传播媒介。

受众接受信息的行为具有选择性，这种选择过程包括三个环节：选择性注意（selective attention）、选择性理解（selective perception）、选择性记忆（selective recall）。面对大众传播的大量信息，受众第一步的选择是要不要注意它、接触它，一般来说，受众总是习惯于接受与自己既有认知框架比较吻合的信息，同时尽量排斥与自己原有观点不一致的信息。比如一般老年人对充满奇装异服的时装表演会不屑一顾，这就是一种选择性注意。选择性理解指的是当受众接触到与自己既有倾向不符的信息时，会按照已有的观点曲解信息的意义。比如爷爷在孙女的要求下不得不观看时装表演会，但依然会不停地评价这些衣服如何如何难看。至于选择性记忆，指的是受众在接触并理解了媒介的信息后，通常会记住自己赞同的内容，而忘掉不赞同的内容。这是一种潜意识行为。

受众的选择性接受行为非常普遍，对传播者来说，重视这种选择行为的特征，了解其内在机制，才能真正实现预期的传播效果，按照这一思路，我们首先必须让受众注意传播内容才有可能用传播内容去影响受众，如果连受众的注意力都不能吸引，那么传播内容根本就不可能有什么作用。当然，让受众注意传播内容还只是实现预期传播效果的第一步，我们还要关注受众的认知结构。比如一部推广高科技产品的广告片，利用电脑动画作出各种光怪陆离的超现实场景，显示现代生活的迅速变化，这对青少年受众来说极具感召力,因为这个群体渴望时代感、追求变化,而对大多数老年受众来说,就不会产生太强的共鸣,甚至由于追求平和生活的惯性而排斥新产品的使用。这种差别需要传播者在传播之初就予以注意,千万不能将受众当作毫无差别的反应机器,而应有针对性地开展传播。

拉扎斯菲尔德等人1940年在伊利县的实验表明:来自媒介的信息总是先到达一小部分意见领袖,再由这些意见领袖传递给他们周围的受众。这个过程被称为两级传播(two-step flow of communication),即"媒介信息→意见领袖"和"意见领袖→广大受众"。他们的研究结果表明,人际关系对公众的影响比大众传媒更显著。媒介信息大多通过意见领袖的过滤后才能影响受众。意见领袖具有鲜明的特征:一方面,他们与受其影响的人群具有基本一致的生活环境与行为特征;另一方面,他们对某一方面的事务具有更专门的兴趣与了解。比如对味精的不同广告,家庭主妇往往更有辨别力,而男主人常常在大家电的广告上更具判断力。

"有限效果论"虽然对受众具体的、微观的态度做了深入的分析,但对大众媒介长期的、宏观的效果关注不够,这就促成了新的效果理论诞生。

3. 宏观效果理论

继"子弹论"后,研究者相继提出了"影响不一论"、"有限效果论"等来描述大众传播的有限效果,这些理论从不同角度强调了受众的差异性及主动性,为理解大众传播的效果问题提供了有益的理论框架。较之"子弹论",这些理论在认识上都弱化了大众传播的强效果,然而大众传播的力量事实上依然巨大,而且随着计算机网络、通信卫星、电子排版等传播技术的发展,大众传播越发成为左右人们生活的现实力量,并影响着社会的发展趋势。于是,传播研究又对效果问题进行了重新审视。20世纪70年代初期,"议程设置论"与"沉默螺旋论"的相继问世,就代表了这一新的研究趋向。这两种理论因其对传播效果的深刻阐释而受到广泛关注,至今仍为传播研究所青睐。之后,关于"知识沟"与传播效果沟的研究、意义构成与"培养"的研究以及媒介系统依赖论的研究等,都从更宏观、更长远的角度探讨了大众传播的强大效果。这些理论,我们将在第三节专门介绍。

第二节 效果的形成和制约的因素

实现预期的传播效果是所有传播者的普遍愿望,但在实际的大众传播中,效果往往不能尽如人意,要么事倍功半,要么事与愿违。为此,我们只有了解并适应传播规律,才能使大众传播真正发挥其积极的社会功效。下面我们就从传播者、传播技巧和受众三方面来阐述有关传播效果的规律。

一、传播主体与传播效果

传播主体方面影响传播效果的主要因素是传播者的可信度和权威度。对此,我们仅凭生活常识就能理解。同样是喝酒过多不利身体健康的观点,分别由医学人士和非医学人士来讲述,受众无疑会更信任前者,因为医学人士在健康问题上具有较高的可信度和权威度。

早在 2000 多年前,古希腊哲学家亚里士多德就对演讲效果做过论述。他认为演讲者、演讲内容、听众,是影响演讲效果的三个重要因素。对于演讲者,他说:

> 与其他人比较,人们更容易和更坚定地相信完美的人;无论是什么问题都是这样,而且当一个问题意见分歧又不能确切断定时,更是这样。某些作者在有关雄辩术的论文中认为,讲演者表现出的人格的完美丝毫不能增加其劝导能力,这种看法是错误的。恰恰相反,他的个人特点可以永远被看作是他所拥有的最有效的劝导手段。

同样,中国先秦诸子在说服术的研究中,也强调传播者必须有可信度。《论语·子张篇》记载子夏的话说:"(君子)信而后谏,未信,则以为谤己也",其意思就是,要规劝别人,自己首先要有可信度,否则适得其反。宋朝的袁采在《袁氏世范》中也说:"勉人为善,谏人为恶,固是美事,先须自省,若我之平昔自不能为人,岂惟人不见听,亦反为人所薄。"[①]

在对态度改变的研究上,以霍夫兰为代表的耶鲁学派作出了巨大贡献。他们通过实验方法,检验了一个又一个假说,探究能够影响传播效果的各种因素。

为了检验传播者的可信度与传播效果的关系,霍夫兰等人在 1951 年设计了一个实验。他们选择了四个在当时引起争议的主题:抗组胺药品无医生处方能否在市场销售,美国近期内制造核潜艇的可能性,钢铁供应不足的责任是否在钢铁行业,电影院的数量是否会因家庭电视的增加而减少。然后,他们选择了一批实验对象,把他们分为两组,然后发给实验对象每人一本相同的小册子,其中涉及以上四个问题。但对第一组实验对象,研究者告诉他们文章是由可信度很高的传播者写的,而对第二组实验对象,研究者告诉他们文章是由可信度较低的传播者写的。之后,研究者比较同一篇文章对两组实验对象的影响。

有关药品销售一文,高可信度来源被设定为《新英格兰生物与医药学报》,低可信度来源被设定为一份大众化的图画月刊杂志;有关核潜艇制造一文,高可信度来源被设定为"原子弹之父"奥本海默,低可信度来源被设定为苏联的《真理报》;有关钢铁供应一文,高可信度来源被设定为《国家资源计划委员会公报》,低可信度来源被设定为一个反劳工、反

---

① 孙旭培主编:《华夏传播论》,356 页,北京,人民出版社 1997。

新政的"右翼"报纸专栏作家；有关电影院数量一文，高可信度来源被设定为《财富》杂志，低可信度来源被设定为一位女性电影闲话专栏作家。

调查结果显示，第一组实验对象大多按照文章内容调整了自己的观点，而第二组实验对象的态度几乎没有受到任何影响，如表7-1所示：

表7-1 实验对象由于高可信度和低可信度来源而改变态度者的百分比

	高可信度来源(%)	低可信度来源(%)
抗组胺药品	23	13
核潜艇	36	0
钢铁短缺	23	4
电影院的未来	13	17

资料来源：[美]沃纳·赛佛林，小詹姆斯·坦卡德：《传播理论：起源、方法与应用》，182页，北京，华夏出版社，2000。

类似的研究还有不少。社会心理学家阿伦森进行了两项有趣的实验。第一项实验请一群女大学生对几首现代诗发表意见。研究者将这些女大学生分为两组，当她们觉得某首诗不好时，研究者对其中一组说曾获得诺贝尔文学奖的著名现代诗人艾略特认为这首诗不错，而对另一组说一位普通女大学生认为这首诗不错。然后研究者再让这些女大学生重新对该诗作出评价，结果改变态度的人中多数受到艾略特的影响。

第二项实验是请两组六年级小学生分别听关于算术用途及重要性的演讲，并告诉一组小学生说演讲者是名牌大学毕业的工程师，而对另一组小学生说演讲者是饭店的洗碗工人。结果显示，工程师的演讲对小学生的影响要大得多。

这些研究都证明了传播者的可信度和权威度对传播效果的影响力。在现实生活中，可信度与权威度往往密不可分，有权威的人自然值得信任，值得信任的人往往具有权威。对传播者来说，具备可信与权威的形象无疑会提高传播效果。

那么，是不是传播者的可信度和权威度在任何情况下都有效呢？不见得。还以上述霍夫兰的实验为例，实验的当时，两组实验对象的差别十分明显，可是等到四个星期之后再来考察两组实验对象对那四个问题的态度时，研究者们却惊奇地发现他们的差别已经消失，彼此的观点已经十分接近。霍夫兰把这种现象称为"休眠效应"(sleeper effect)。按照他的解释，产生这种现象的原因，是由于随着时间的流逝，实验对象对传播者的印象已经淡漠，保留在记忆里的只有传播内容本身。也就是说，他只记得某人说过的话，至于话是谁说的已经淡忘了。

休眠效应的存在，使我们对传播者的可信度和权威度在传播活动里的意义重新进行估量。为了提高传播效果，我们固然需要重视传播者的可信度和权威度，但关键的问题还是在于传播内容。倘若内容不能感染人，打动人，使人心悦诚服，那么就算它是来自信誉极佳的传播者也终归无效。相反，如果信息本身真有新意，真有道理，那么即使传播者属无名之辈,久而久之也照样能够产生效果。我们不是经常听到这样的话吗:"记不得是谁说的了……"

二、传播技巧与传播效果

传播是一项技巧性很高的活动,不同的传播方式往往带来不同的传播效果。所以,要提高传播效果,就要掌握必要的传播技巧。否则,也难免出现"传而不通"的局面。

先秦的韩非子对说服术颇有研究,他指出有12种言谈方式会引起误解:

> (1) 说话恭顺奉承,洋洋洒洒,听者会误以为此人说话好听而不实在;
> (2) 说话端正敦厚,耿直缜密,听者误以为此人笨拙而不合人情;
> (3) 说话繁复,旁征博引,会让人误以为空言无益;
> (4) 言语简洁,不注意修辞,会让人误以为疾言唐突,不会说话;
> (5) 严辞批评君主所亲近的人,揭露人之私情,会让人误以为诬陷谮谗不知礼节;
> (6) 言辞夸大广泛,有如天马行空,难以测断虚实,会让人误以为荒诞难信而无用;
> (7) 说话像闲谈家务小事,三言两语,听者将认为浅薄简陋;
> (8) 言辞迁就世俗,不敢拂逆人主,则会让人误以为贪生怕死,谄媚阿谀;
> (9) 说话超脱世俗,游戏人间,则将让人误以为荒诞不经;
> (10) 口才敏捷,富于文采,可能让人误以为徒具虚文,不够踏实;
> (11) 言辞不注意文学修饰,质朴直言,人主将误以为没有修养,浅陋鄙俗;
> (12) 言谈老是引用诗书,援引古事为法例,人主将误以为只会背诵诗书,泥古不化。①

可见,要说服别人按照自己的意图改变态度,理解问题,付诸行动,就不能不重视传播方式以及传播技巧。古今中外,许多思想家、政治家、学者对传播之术孜孜以求,为我们提供了丰富的成果,而在当代的研究中耶鲁学派的研究至今依然富有启示。耶鲁研究对说服艺术的探讨可以总结为四个方面:正反之选,前后之选,明暗之选,情理之选。

1. 正反之选

要说服受众接受一种观点,是把这种观点的正反两面都讲出来好,还是只讲一面之词好?比如教师劝导学生不要过于沉溺于电视,是只讲看电视的坏处呢,还是既讲其弊端又讲适度使用的益处呢?多数情况下,一味地否定或简单地肯定,都很难说服受众、达到传播者所预期的效果。

---

① 孙旭培主编:《华夏传播论》,355~356页,北京,人民出版社,1997。

对此,耶鲁研究也做过许多探讨,得出了这么一些结论:

(1) 如果受众一开始就倾向于反对传播者的观点,那么把正反两面的意见都提出来就比只谈一面之词更为见效。因为这样做受众会觉得你是站在比较客观公正的立场上看问题,因而对你的意见就比较重视。

(2) 如果受众原来就倾向于接受传播者的观点,那么只讲正面就比正反两面都讲更好。因为这时对受众来讲,正面之词投其所好,进一步巩固了受众的预存认识。

(3) 对教育程度较高的受众,应将正反两方面的意见一并陈述。假如对他们只讲一面之词,他们会觉得传播者轻视他们的理解力与辨别力,同时会认为传播者怀有偏见,内心发虚,害怕或无力面对反面事实。当然,正反都说并不意味着各打五十大板,不置可否。而是说在宣传正面主张的同时,举出主要的反面论点,并进行分析与反驳。

(4) 对教育程度较低的受众(比如既没有受过高等教育,也没有受过中等教育者),最好是只说一面之词。因为把正反两方面的意见都摆出来,会使他们感到混乱,迷惑不解。特别是当反面观点也表达得十分充分,显得很有道理时,情况就更糟。他们会觉得正面意见固然很好,而反面意见似乎也不错。真是公说公有理婆说婆有理。到底谁是谁非他们可能比接受传播之前更加糊涂,不知所措。因此,对他们最好只讲一面之词。

总之,在这个问题上,我们必须根据受众的固有立场和文化程度来选择使用一面之词还是"两面之词"。

2. 前后之选

观点提出的先后次序,即自己的观点放在开头说好还是放在最后说好,对传播效果也有影响。比如,同一场演讲比赛,有时排在最前边的选手会先声夺人,有时排在最后边的选手会后来居上,这里除了演讲者自身的因素之外,先讲还是后讲也不无影响。

1925 年,有的研究者曾提出"说服中最先的法则",认为先说有好处;1950 年,有的研究者又认为后说占便宜;而 1952 年,霍夫兰等人进一步发现,先说后说其实并没有太大差别。

先说后说之选,涉及人在学习与记忆方面的规律:学习上追求新鲜感,越新越吸引人,印象也就越深刻;记忆上强调牢固性,越近的事记得就越牢。这就是心理学中讲的首因效应和近因效应,即放在最前面的内容最容易引起受众注意——首因效应,而放在最后面的内容最容易被受众记住——近因效应:

> 由此看来,放在前面的观点容易引起注意,而放在后面的观点容易得到记忆。用施拉姆的话说,"首先提出的论点在引起注意上是有利的;而最后提出的论点在被记住上是有利的"。如果目的在于让人了解自己的观点,那么先说为好;如果想让人记住它,那么后说为佳。新闻写作中有所谓金字塔结构与倒金字塔结构。倒金字塔结构是把最重要的情况放在新闻的开头,金字塔结构则是把最重要的情况放在

结尾。前者是为了造成首因效应,后者则是为造成近因效应。也就是说倒金字塔结构有利于唤起人们的注意,金字塔结构有利于加深人们的印象①

3. 明暗之选

结论是由传播者明白给出还是由受众自己得出,对传播效果会发生不同的作用。有时,鲜明的态度有利于受众接受;有时,暗示的方式有利于受众接受。

《淮南子》中记载了一则故事,说鲁哀公准备向西扩建住宅,史官劝谏说向西扩建不祥,但哀公听后很生气,对史官的数次劝谏都不予理睬。后来,哀公转而问宰折睢。宰折睢说:天下有三不祥,而向西扩建住宅不在其中。哀公很高兴地问"三不祥"是什么。宰折睢说:不行礼义,一不祥也;嗜欲无止,二不祥也;不听强谏,三不祥也。哀公听后"默然深念,愤然自反,遂不西益宅。"②

宰折睢之所以能说服鲁哀公不向西扩建住宅,用的就是暗示之法。他并没有将向西扩建住宅列入"不祥"之中,但通过他所列出的"三不祥",鲁哀公可以自然得出"向西扩建住宅不祥"的结论。

1952年,霍夫兰等人选择了两组听众,以"美国是否应该实行货币贬值政策"的演讲,来实验"明示结论"和"暗示结论"的效果。结果显示:在听"明示结论"的一组实验对象中,"纯说服效果"(态度向赞同方向变化的比例减去向反对方向变化的比例)达48%;而"暗示结论"的一组中"纯说服效果"只有19%。

"明示结论"与"暗示结论"的使用有一定的规律:

(1) 在论题和论旨比较复杂的场合,明示结论比暗示结论效果要好;

(2) 在说服对象的文化水平和理解能力较低的场合,应该提出明示结论;

(3) 让说服对象自己得出结论的方法,用于论题简单、论旨明确或对象文化水平较高、有能力理解论旨的场合。因为在这种场合,如果再明确提示结论则有画蛇添足之嫌,容易引起对象的反感而对说服效果产生负面影响。③

4. 情理之选

在说服性传播中,有动之以情和晓之以理两种方法:前者力图引发受众的情感共鸣;后者摆事实、讲道理,力图让受众心悦诚服。两种方式孰优孰劣,依然不能简单确定。

研究者通过对选举、政策宣传等传播活动的调查,发现情感型劝说往往要比理智型劝说更有效。尽管理智型劝说提供大量事实和严谨逻辑,但选民面对不同政党的候选人,更容易受到那些带有情绪性的目标和气氛的影响。战争宣传在很大程度上也正是基于这一点。

---

① 李彬:《传播学引论》,198~199页,北京,新华出版社,1993。
② 孙旭培主编:《华夏传播论》,348页,北京,人民出版社,1997。
③ 郭庆光:《传播学教程》,206页,北京,中国人民大学出版社,1999。

当然,动之以情的方法也不是一定就强于晓之以理的方法,准确地说,两者都有着各自的适用范围。前者适用于政府、政党对公众进行的政策宣传,后者适用于理论问题的探讨、争论;前者适用于一对多的传播,后者适用于一对一的传播。

三、传播对象与传播效果

除了传播主体与传播技巧对传播效果的影响外,受众的差异与特征也是影响传播效果的重要因素。这里,主要有三个受众变量影响着传播效果,即所谓听从性、恐惧诉求和免疫论。

1. 听从性

在现实生活中,有的人容易听取别人的意见,有的人不容易听取意见,前者就是听从性高的人,后者就是听从性低的人。对大众传播者来说,面对听从性高的受众自然容易实现其传播效果,反之则比较困难。

霍夫兰等人根据实验提出一些决定听从性高低的个人特征:

(1) 心怀敌意的人比心怀善意的人,更难接受他人思想的影响;
(2) 想象力贫乏的人比想象力丰富的人较难劝服;
(3) 内向性的人比外向性的人更难说服;
(4) 观念保守的人比具有进步倾向的人更难劝服。

2. 恐惧诉求

在传播信息中掺入一些恐怖的、威胁性的信息,使受众产生畏惧心理,往往可以促成传播效果的实现,这就是恐惧诉求(fear appear)。比如每年春运时为了防止旅客携带烟花爆竹等易燃易爆品,火车站就在出入口张贴一些旅客被炸致死的照片,希望以一种惨不忍睹、触目惊心的恐惧信息达到传播的目的。

至于威胁性信息的强度是否与说服效果成正比,不同的实验得出的结论不同。有的实验表明,恐惧强度越大,传播效果就越好;而有的实验说明,过强的恐惧反而会使受众心理产生抑制,从而降低传播效果。

耶鲁学派的贾尼斯等做过一次实验,以检验威胁性信息的传播效果。他们以牙齿保健为主题,然后用一个班的高中生做实验对象。他们将这个班分为四组,其中三组接受程度不同的恐惧信息,另一组为控制组,不接受任何恐惧性信息。恐惧性信息的程度由讲座的图解材料来体现:在恐惧程度最低的信息中,图解显示的是健康牙齿中的蛀牙洞;在恐惧程度中等的信息里,图解显示的是轻微损坏的牙齿;在恐惧程度最高的信息上,图解显示的是非常严重的龋齿和牙龈疾病。控制组则接受了关于人类眼睛构造与功能的讲座。

在受试者接触到这些信息后,调查者请每位实验对象回答牙齿清洁方面的问题,根据调查结果来判断不同信息对受试者态度的影响。结果显示,恐惧程度最低的信息对受众

产生了最大的效果,而恐惧程度最高的信息对受众产生的效果最小,如表 7-2 所示:

表 7-2

	强度恐惧诉求(%)	中度恐惧诉求(%)	轻度恐惧诉求(%)	控制组(%)
遵从增加	28	44	50	22
遵从降低	20	22	14	22
没有改变	52	34	36	56

资料来源:(美)沃纳·赛佛林,小詹姆斯·坦卡德:《传播理论:起源、方法与应用》,186 页,北京,华夏出版社,2000。

1964 年,又有研究者做了另一个实验,得出的结论与上述实验的结论完全不同。这次实验以劝诫受众戒烟为主题,用三种不同恐惧程度的信息:高度恐惧的信息是切除肺部的一段彩色影片,中度恐惧的信息是没有切除肺部情景的彩色影片,低度恐惧的信息则不放影片。结果显示:接受高度恐惧信息的受众,其态度改变的幅度最大。

对恐惧信息作用的不同理解,源于传播内容的复杂性。换言之,不能一概而论地评价恐惧强度与传播效果的关系。一般来说,关系到受众的性命时,用强烈的恐惧信息更能打动受众;而不关系受众的性命时,用轻微的恐惧信息更有效果。

3. 免疫论

在健康上,有两种方法可以增强人的抵抗力:一种是通过运动、饮食等,达到强健体魄的目的;另一种是通过给人注射少量毒素疫苗而使人产生免疫力,从而抵抗疾病的侵袭。同样,在传播活动中,传播者也可以通过给受众介绍少量反面信息,而使他们增强对这种反面信息的抵抗力。"这种做法的指导原则是,假如一个传播对象终归会听到敌对的观点,那么先让他听到一些相反的论点让他在精神上有所准备,他们就很可能抵御后者的劝说。"[①]

事实上,早在 20 世纪 50 年代,中共中央毛泽东主席决定扩大《参考消息》订阅范围,让更多人了解西方主要通讯社——美联社、合众国际社、路透社和法新社的消息时,用意之一也是为了给阅读者打预防针。

要有效利用这种做法有两个基本条件:确信受众的确不可避免地要接触到反面信息;事先给予受众的应该只是少量的反面信息。

如果受众必然要接触到反面信息,那么由传播者主动地预先提出,可以适度地销蚀其负面作用;反之,如果让受众在毫无思想准备的情况下接触反面信息,那么他们就会受到强烈的冲击,结果态度很可能发生变化。

当然,提前提供反面信息只是为了防止正面信息受到干扰,如果反面信息提供得过多,以至于超过正面信息的解释力度,那就等于替对方宣传了。

[①] [美]威尔伯·施拉姆等:《传播学概论》,230 页,北京,新华出版社,1984。

第三节 大众传播的宏观效果理论

进入 20 世纪 70 年代以后，越来越多的研究者开始从宏观的角度研究大众传播长期的、潜在的效果，形成了一些富有解释性的理论，本节重点介绍其中的"议程设置"理论、"沉默的螺旋"理论、意义构成与涵化理论、知识沟与传播效果沟理论和媒介系统依赖论。

一、"议程设置"理论

议程设置（agenda setting），是大众传播的一项重要功能。有关这一功能的理论，是 1972 年由美国学者 M. 麦库姆斯（Maxwell E. McCombs）与 D. 肖（Donald L. Shaw）提出的。他们在当年第 36 期的《舆论季刊》上发表文章《大众传播的议程设置功能》，阐述了 1968 年美国总统选举期间大众媒介的报道对选民的影响，并将"议程设置"作为一种理论假说提了出来。其基本思想是：媒介报道什么，受众便注意什么；媒介越重视什么，受众就越关心什么。换言之，媒介的议程不仅与受众的议程相互吻合，而且受众的议程就来自媒介的议程。该理论从问世至今，始终受到学界的普遍关注，成为传播学效果研究中最具生命力的理论之一，而 M. 麦库姆斯也因此成为继拉斯韦尔、施拉姆等传播学先驱之后新一代传播学研究的代表人物。

1973 年，芬克豪泽在《舆论季刊》上发表文章，公布了自己的一项研究成果。该研究旨在考察新闻报道与公众对事件重要程度的感知两者之间的关系。芬克豪泽以 20 世纪 60 年代美国社会重大事件为主要研究内容，然后把盖洛普民意测验关于"美国面临的最重大问题"的调查结果作为公众的议程，把《时代》周刊、《新闻周刊》和《美国新闻和世界报道》中的各种报道作为媒介的议程。研究结果显示，媒介的报道频率与公众对事件的关注程度具有较强的相关性，如表 7-3 所示。

表 7-3

各种议程	文章数目	媒介排序	公众排序
越战	861	1	1
种族关系（和城市暴乱）	687	2	2
校园骚动	267	3	4
通货膨胀	234	4	5
电视和大众传媒	218	5	12
犯罪	203	6	3
毒品	173	7	9
环境和污染	109	8	6

续表

各种议程	文章数目	媒介排序	公众排序
吸烟	99	9	12
贫穷	74	10	7
性（道德下降）	62	11	8
妇女权利	47	12	12
科学和社会	37	13	12
人口	36	14	12

资料来源：[美]沃纳·赛佛林，小詹姆斯·坦卡德：《传播理论：起源、方法与应用》，186页，北京，华夏出版社，2000。

"议程设置"理论的核心思想在于，大众传播媒介不能决定公众怎么想，但能决定公众想什么。媒介选择集中的报道对象，以此制造社会的中心议程并左右社会舆论的形成。麦库姆斯与肖在1976年春季号的《传播杂志》上发表文章《构造"看不见的环境"》，进一步阐述了这一观点：

> 受众通过媒介不仅了解公众问题及其他事情，而且根据大众媒介对一个问题或论题的强调，学会应该对它予以怎样的重视。例如，在反映候选人在一次竞选运动中讲了些什么内容时，大众媒介显然决定了哪些是重要的问题。换句话说，大众媒介决定了竞选运动的议题，这种影响个人中间认知变化的能力是大众传播的效力最重要的方面之一。[1]

"议程设置"理论具有很强的现实意义，其根本价值在于凸显了大众媒介的一个重要功能：对公众的关注热点可以实施有效的转移。

就在"议程设置"理论提出的1972年，曾经在抗日战争期间到延安采访的美国记者白修德，在其所著的《总统的诞生》中阐述了对报纸的看法：

> 报纸在美国的力量是一种原生性的力量。它安排公众讨论议程，而这种席卷一切的力量是不受任何法律的限制的。它决定人民要读些什么和考虑什么——一种在任何别的国家为专制统治者、教士、政党和达官贵人所享有的权力。
>
> 没有一项美国国会重要法案，对外冒险活动，外交行动，伟大的社会改革，在没有报界使公众有了思想准备的情况下，会在美国取得成功。当报界抓住一个大问题塞入到谈论的议程之中，它自己就会带来行动——环境问题，民权问题，越南战争的结束，而达到顶峰的水门事件，首先都是由报界列入议程中的。[2]

---

[1] [英]丹尼斯·麦奎尔等：《大众传播模式论》，84～85页，上海，上海译文出版社，1997。
[2] [美]威尔伯·施拉姆等：《传播学概论》，234页，北京，新华出版社，1984。

1990年,我国举行第十一届亚运会,新闻媒介投入很大的力量进行宣传。根据首都八家新闻单位和新闻舆论研究机构组成的调查组所做的调查,我国新闻媒介的亚运会报道成功实现了社会心理热点的转移,使得亚运会获得举国上下的热情关注。受众规模也达到创纪录的历史最高水平,电视观众为98.1%,广播听众为78.7%。综合分析表明:我国承办亚运会最大的收益是亚运会及其宣传带来的政治效应:民族精神振奋,爱国主义激扬,人际关系和谐,社会凝聚力重建。[①]

"议程设置"理论引起了学术界的广泛关注,许多学者对此进行了阐述。施拉姆认为,"议程安排的理论是基于两个观点:即各种媒介是报道世界上的新闻的必不可少的把关人(它们对极为大量的消息不作严格的选择是不可能作新闻报道的),其次,人们经常感到需要对复杂的政治世界为他们指出方向。这就是说,把关人帮助他们决定那些超出他们有限感受的哪些事件和哪些问题,是值得关心和加以注意的。"[②]德弗勒说,"议程理论认为,新闻媒介提供给公众的不是世界的本来面目,而是新闻媒介的议程——是对世界上发生的事件有选择的报道。提出议程理论的人试图描述和解释:(1)消息是怎样选择、编辑和提供的——即所谓的'把关'过程;(2)产生议程;(3)这一议程对公众的影响(研究人们对新闻媒介报道的问题的重要性的看法)。"[③]

麦库姆斯在1996年发表了一篇题为《制造舆论:新闻媒介的议程设置作用》的论文,公布了他对该理论的最新研究成果。他认为,新闻媒介对社会发展的影响是多方面的,为了实现这些影响,媒介通过四种形式来设置社会议程:专业的不偏不倚、有目标运作、吹捧宣传、公众新闻。[④]

"议程设置"理论之所以在近几年里得到人们的青睐,关键在于其对媒介效果的比较准确、适中的定位。在它看来,大众传播的效果既不像"子弹论"那样强烈,也不像"有限效果论"那样微弱。当社会进入信息时代后,公众的文化水准、自主意识空前提高,任何外界力量强制性决定个体思考的企图已经很难实现;但与此同时,信息的复杂化、专业化又使公众更加依赖大众传播媒介。这两种因素共同作用,形成了当代大众传播媒介不可替代的基本作用:凸显事物以引起公众关注。至于对该事物如何看待、评价,则由受众依据大众传播提供的材料独立作出判断。

二、"沉默的螺旋"理论

1974年,德国社会学家伊丽莎白·内尔-纽曼(E. Noelle-Neumann)在《传播杂志》上

---

① 喻国明等:《中国民意研究》,181~189页,北京,中国人民大学出版社,1993。
② [美]威尔伯·施拉姆等:《传播学概论》,276~277页,277~278页,北京,新华出版社,1984。
③ 李彬:《传播学引论》,143页,北京,新华出版社,1993。
④ [美]麦克思韦尔·麦考姆斯:《制造舆论:新闻媒介的议题设置作用》,刊《国际新闻界》1997(5)。

发表了《沉默的螺旋——一种舆论理论》一文,提出了"沉默的螺旋"(spiral of silence)理论。该理论以人的从众心理为依据,认为人们总是避免处于孤立状态,当自己的意见与大多数人的意见不相符时就不会说出自己的观点来。因此,"占支配地位的或日益得到支持的意见就会甚至更得势:看到这些趋势并相应地改变自己的观点的个人越多,那么一派就显得更占优势,另一派则更是每况愈下。这样,一方表述而另一方沉默的倾向便开始了一个螺旋过程,这个过程不断把一种意见确立为主要的意见"。① 如图 7-1 所示。

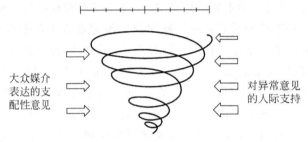

图 7-1

资料来源:[美]沃纳·赛佛林,小詹姆斯·坦卡德:《传播理论:起源、方法与应用》,298 页,北京,华夏出版社,2000。

在现实社会中,尽管决定一个群体中主导意见的因素很多,比如社会关系、社会群体等,但由于大众媒介与社会主流及主要控制力量的密切关系,大众媒介传递的信息往往决定了什么样的观点占优势。当大众媒介提出并支持某种观点时,持有与之相反意见的公众就会按捺自己的观点,并逐渐接受媒介的观点。内尔-纽曼认为大众传播媒介能以三种方式影响"沉默的螺旋":①对何者是主导意见形成印象;②对何种意见正在增强形成印象;③对何种意见可以公开发表而不会遭受孤立形成印象。

"沉默的螺旋"理论将一种普遍的心理规律用于效果分析,提供了一个有效的理解途径,因此,很快得到传播学界的重视与认可。

"沉默的螺旋"理论揭示了媒介的强大力量。现实中具有从众心理的公众,会按照占据强势的意见调整自己的观点,而媒介意见常常作为社会的强势意见而呈现。因此,大众媒介往往就成为社会舆论的引导者。这里,最典型的例子就是新闻传播:

(1) 新闻传播代表舆论。新闻传播者在选择报道对象时,往往以热点、焦点反映公众共同关心的问题,表达他们的意见,而公众在遇到需要社会关注的问题时,也会首先想到通过新闻媒介予以传播。前者体现了传播者寻找并代表舆论的意识,后者表现了公众依

---

① [英]丹尼斯·麦奎尔等:《大众传播模式论》,93 页,上海,上海译文出版社,1997。

靠新闻媒介放大舆论的意愿。在代表舆论时,新闻媒介选择多数人的意见进行报道,使得原本就已强势的舆论更加强大,按照"沉默的螺旋"理论,原本就居于劣势位置的少数人会更容易按照媒介的报道调整自己的观点。

（2）新闻传播引导舆论。当社会舆论出现一致状态时,新闻传播只需简单地进行表现就可以了,而当社会舆论处于纷繁甚至激荡状态时,新闻媒介就必须进行选择、引导。徐宝璜先生指出,"新闻纸不仅代表舆论已也,对于不正当之舆论,应指导之而入正途；群众误解之事理,予以明白之解释,使得正确之批判,造成真正之舆论。"① 比如当许多人认为传销能挣钱时,新闻媒介大量报道因传销而家破人亡的事件,批评这种经济领域混乱的流通形式,就有效地打消、改变了许多人的这种念头。

（3）新闻传播控制舆论。相对于代表和引导舆论来说,控制舆论更强调某种目的性、强制性。这主要体现在政治舆论的形成上,一般由政党、政府等政治力量决定。事实上,从现代政党诞生之日起,新闻媒介就成为一种斗争的工具,在西方,英、法等国进行资产阶级革命时,新闻自由是他们猛烈抨击封建专制政体的主要手段；在我国,从资产阶级改良派的维新运动开始,就非常重视言论的重要性,梁启超首先提出了报纸的"耳目喉舌"说,之后孙中山领导的资产阶级革命运动也办了大量报纸宣传革命主张,而中国共产党更是将以报纸为主要载体的宣传工作作为主要的斗争手段之一,党的领导人亲自审阅每一篇重要稿件,甚至亲自撰写报刊文稿。

总之,"沉默的螺旋"理论从社会心理机制的角度入手,突出了大众传播在构造意见环境方面发挥的巨大作用,为大众传播的强效果模式提供了新的理论依据。

三、意义构成与"培养"理论

1922年,美国政论家李普曼出版了著名的《舆论学》一书。在书中,作者提出了一个非常严峻的事实：人们身边的现实世界与其头脑中的感知世界存在着巨大差别。李普曼认为：

> 人们不是根据真实发生的情况采取行动,而是根据由报刊提供的叙述而信以为真的情况采取行动,这种叙述的意义和解释与真实发生的情况相符的程度常常有限。它可以导致与"外部世界"真正性质不大相干的不适当行动。②

由此,李普曼第一次提出了大众媒介在意义构成和现实构建方面的作用。尽管当时他主要是针对报刊说的,但随着广播、电视等媒介的发展,这种论断就越来越具有普遍适用的价值。

---

① 徐宝璜：《新闻学》,111页,北京,中国人民大学出版社,1994。
② [美]德弗勒等：《大众传播学理论》,291页,台北,五南图书出版公司,1995。

美国传播学者在1946年曾对美国短篇小说中少数民族形象做了一个调查,结果显示:小说的男女主角难得是少数民族,他们都比一般"纯"美国人要处于较低下的地位。在一些具体指标里,"纯"美国人被描写从事非法的"可疑活动"的人仅占1%,而"其他"民族的人却占了15%,在写到职业关系时,少数民族、外来民族多处于从属地位,他们是为"纯"美国人服务的。调查者也承认:"在这些小说中,世界是属于美国人,并由他们主宰的。"其实,我们只要看看当前风行世界的好莱坞影片,就能明白同样的问题。

媒介的意义构成及其效果,为美国学者的另一项实验所验证。1951年,C. E. 朗(C. E. Lang)和K. 朗(K. Lang)借麦克阿瑟从朝鲜战场回国的机会,对有关欢迎活动的电视报道做了一次研究。他们事先挑选了两组实验对象,一组观看电视报道;另一组分布在沿途迎候的人群中。这样安排为的是让一组实验对象感受媒介建构的现实;而另一组实验对象则直接接触实际发生的现实。研究结果显示,在现场的实验对象并不怎么激动,甚至感到有点厌烦。因为,他们得等半天,而好不容易等到了,麦克阿瑟的车队又一晃而过,还没欢呼两声,事情已经结束了。与此相反,观看电视报道的实验对象却非常兴奋,情绪激动。因为,架在麦克阿瑟后面那辆车上的电视摄像机,时而把镜头对着面带笑容的麦克阿瑟,时而又把镜头朝向欢迎的人群,推拉摇移,给人以隆重热烈、胜利凯旋的印象。显然,电视报道通过精心的选择,构筑了一幅与现场不同的画面,形成了一种偏离实际的意义。

与意义构成理论相近的另一个理论是"培养"理论(cultivation theory)。这一理论起源于20世纪60年代后期在美国进行的电视暴力如何影响人们信念的研究。这项大规模的研究表明,电视内容能对人们的信念发生潜移默化的巨大影响。也就是说,人们长期接触大众媒介,难免就把媒介中呈现的东西当作实际发生的现实。比如,在现实生活里人们遇到暴力事件的概率实际上不到1%,但如果长期收看电视中的暴力内容,他们就会把这一概率高估为10%。

大众传播的意义构成与培养效果在当今的媒介社会日趋显著,有时甚至完全代替了受众的思考。这里的一个典型例子,就是北约轰炸中国驻南联盟使馆后美国媒体的报道及其倾向性。

1999年5月8日,中国驻南联盟使馆被炸。这一罕见的恶性事件严重伤害了中国人的民族感情,中国国内掀起了反对美国的抗议浪潮。事件发生后,美国国内主流媒体一致忽略被炸事件本身,而把大量的注意力集中在中国大学生的游行抗议上,并对此作了歪曲性的解释。在一篇篇社论、评论中,美国媒体使用其惯用的新闻背景添加术,回忆20世纪初的义和团运动,认为中国人在整个20世纪始终都是反对美国的。美国媒体上大量有关美国使馆被砸、被污的照片提醒美国读者,这是一场野蛮的、冲动的、不文明的群众运动。民族主义成为此次事件的标签,其基本内涵就是无理智的反对西方文明。与此配合,美国国会及媒体又开始大肆炒作所谓的中国窃取美核技术案。

这种煽动性的报道和倾向性的解释，带来的效果是显著的，美国人头脑中关于中国的意义发生了变化。6月2日，《时代》周刊与CNN有线电视台公布的民意测验说，美国人认为中国是比伊拉克、南斯拉夫更大的敌人：46％的调查对象把中国看作是个威胁，而与此同时仅有34％的人认为伊拉克是个威胁，认为南斯拉夫是个威胁的占16％。

再如，美国媒体从北约轰炸南联盟开始，就紧密地配合政府的军事行动，大肆煽动对南联盟领导人米洛舍维奇的仇恨。在美国的媒体上，天天充斥着谴责米洛舍维奇对科索沃阿族进行种族清洗的报道，美国新闻署的重点报道对象是75万被赶出科索沃的阿族难民。这种一边倒的报道提供给受众的只有一种印象：科索沃阿族人的安全受到侵犯，美国正在保护他们重返家园。这样的印象长时间地包围着美国受众，渐渐使他们心悦诚服地接受战争的必要性与正义性。于是，一场没有得到联合国批准、受到世界舆论谴责的军事侵略，在美国国内竟然得到了公众的广泛支持。

媒介的意义并不总是直接地、鲜明地表达出来，老练的传播者会将自己的倾向和观点隐藏在字里行间，通过日积月累的重复出现，达到"润物细无声"的效果。这方面，美国的传播者具有特别高超的技巧。他们常常将美国人对第三世界或敌对国家的看法融入自己的影视作品，用不起眼的细节表达其观点。比如1999年底在中国上映的美国大片《国家公敌》揭示了现代通讯、媒体对公众隐私的侵害，对人们客观认识现代信息技术的价值提供了一个生动的例子。而片中有一个细节值得玩味：当作为主人公的黑人律师被追赶至一家宾馆时，走投无路之下他闯入一间客房，而客房内住的是一对老年华人夫妇；情急之中，这位律师发现身上有跟踪器，于是立刻手忙脚乱地脱衣服，而那位原本被惊呆的华人老太太突然高兴起来，傻呵呵地开始拍手并不停地说"真好玩"；当追兵闯入时，两人又再次吓得战战兢兢。

在这个细节里，房门上挂的客人姓名牌上很突出地写着"吴先生"，强调这里边住的是中国人；整个细节里那对中国夫妇非常懦弱、胆怯，而当男主人公脱衣服时中国老太太又表现出不正常的猎奇心态。这个细节的长度不过三四十秒，在片子里占的篇幅几乎可以忽略不计，而且与片子的整体情节也没有太大的关联，但其中包含的对中国人的丑化倾向却是显而易见的。

试想，这样的细节累积起来，中国人在外国公众心目会是什么形象？事实上，这样的细节在美国大片中比比皆是。当无数个此类细节累积起来后，它们就能成为影响受众深层心理的传播要素，并具有无法估量的传播效果。因为沉浸在鲜明艺术形象与曲折情节中的观众，会不由自主地拆除心中的心理防线，而使影视作品中的观念毫无阻碍地长驱直入。很多电视剧播放过程中插播广告也是基于此种策略。

于是，媒介意义就这样得以构成，培养效果就这样得以形成，而现实世界与媒介世界的距离也就越拉越大。

四、知识沟与传播效果沟

随着信息社会的到来,大众传播事业日益蓬勃发展,人们获取信息的机会及途径日益增加。理论上讲,这种增加对每一个人都有益处,但一些研究者发现这种增加事实上却带来了另外的问题,这就是类似贫富差距的信息差距。1970 年,卡茨曼、蒂奇纳等发表《大众传播流动和知识差别的增长》的论文,提出了有名的知识沟假说(Knowledge-gap Hypothesis):

> 随着大众传媒向社会传播的信息日益增多,社会经济状况较好的人将比社会经济状况较差的人以更快的速度获取这类信息。因此,这两类人之间的知识沟将呈扩大而非缩小之势。①

也就是说,"信息流的增长往往会产生负效果,即在某些群体内知识的增长远远超过其他群体;'信息沟'将会出现并扩大一个社会群体与另一个社会群体之间在某一特定问题上的知识距离。"② 围绕这种现象,研究者提出两个概念:一是知识沟;一是传播效果沟。前者认为,"当一个社会体系中的信息流增长时,那些受过较好教育、具有较高社会经济地位的人们,将比受教育较少、地位较低的人们能更好地吸收信息。这样,信息增长导致了知识沟的扩大而不是缩小。"后者在前者的基础上进一步认为,"信息不仅导致知识沟的扩大,而且还导致在行为和态度上产生沟壑。"③ 从传播过程来看,知识沟的形成只是其效果之一,大众传播还导致一系列类似的沟壑产生如信息沟,因此以"传播效果沟"命名这一包罗广泛的传播效果更为贴切。

卡茨曼、蒂奇纳等认为,知识沟的存在源于五种情况:

(1) 社会经济状况好的人和社会经济状况差的人在传播技能上是有区别的。他们的文化程度通常存在差异,而人们基本的信息处理工作如阅读、理解、记忆等均需靠教育打下基础。

(2) 在现存的信息数量或先前获得的背景知识等方面也存在差异。社会经济状况好的人基于其所受的教育,可能对某个问题早有了解,或者也可能通过以往的媒介接触而对此有更深入的了解。

(3) 社会经济状况好的人可能有更多的相关社会联系。也就是说,这类人可能与同样了解公共事务的人们有广泛交往,并且可能与他们就此类问题展开讨论。

(4) 选择性接触、接受和记忆的机制也可能发挥作用。社会经济状况较差的人可能

---

① [美]沃纳·塞佛林,小詹姆斯·坦卡德:《传播理论:起源、方法与应用》,郭镇之等译,261 页,北京,华夏出版社,2000。
② [英]丹尼斯·麦奎尔等:《大众传播模式论》,祝建华等译,95 页,上海,上海译文出版社,1997。
③ [英]丹尼斯·麦奎尔等:《大众传播模式论》,祝建华等译,96 页,上海,上海译文出版社,1997。

找不到与他们的价值观和态度相协调的涉及公共事务的信息,于是他们就可能对此类信息兴味索然。

(5) 大众媒介系统自身的本性就是为较高社会阶层的人而用的。印刷媒介上的许多公共事务以及印刷媒介本身,就是以较高社会阶层的人及其兴趣和口味为取向的,一切均以他们之马首是瞻。①

知识沟和传播效果沟的理论,提出了一个与一般看法不同的命题:信息的无限增大并不能带来社会信息享有权的均衡,其结果只是使有信息特权者获得的信息比没有信息特权者获得的更多,而且越来越多,因此两者之间的差距不断拉大。这就像社会经济资源分配上常说的马太效应即"富的越富,穷的越穷"。

在形成知识沟的过程上,文化程度的差异首当其冲。对待同一条新科技成果问世的新闻,教育水平较高的受众会举一反三地想到其他的可能应用及成果,而受教育程度较低的受众仅仅是将之视为一条与新服装上市同等的消息。显然,两者之间的知识差距会进一步加大,而带来的行为差距就更大。

文化程度的固有差别带来传播效果的差别。这里,传播效果沟中一个显著的表现,就是大众传播对受众现代化观念的影响不同。

现代化理论认为,社会现代化的关键是人的现代化。"一个进步的国家首先要有进步的人民,除非他们发展他们的精神和人的潜力,就不能发展物质的、经济的、政治的或者文化的力量,所有未开发国家的基本问题,不是自然资源的贫乏,而是人力资源没有开发。"②在促进人的现代化的进程中,大众传播发挥着重要作用。"现代社会可以说是依赖媒介的社会,传播媒介提供了有关政治、经济、宗教、教育等重要的信息,不仅改变了生活方式,也改变了人们对家庭、两性之间、生存价值等观念。"③

既然大众传播对人的现代化有如此重要的作用,那么大力发展大众传播自然就成为推进社会进步的重要步骤。于是,扩大报纸种类、版面,增加电视、广播频道,推动新媒体技术,就成为发展中国家现代化进程中的基本手段。

然而,研究者们发现,一味地扩大传媒并不一定会促进受众观念的现代化,而且,不同媒介与观念现代化之间的相关性也有很大差别。比如,就不同媒介对观念现代化的影响程度而言,印刷媒介要比电子媒介更有效果。尽管在当前的媒介大战中,电视占据了绝对优势,但不少调查显示,电视对受众的观念现代化甚至存在负效应。④

这种负效应与受众的文化程度及接触媒介行为的相关性有很大关系。1992 年的北

---

① [美]沃纳·赛佛林,小詹姆斯·坦卡德:《传播理论:起源、方法与应用》,郭镇之等译,274 页,276 页,北京,华夏出版社,2000。
② 转引自陈崇山等:《媒介·人·现代化》,2 页,北京,中国社会科学出版社,1997。
③ 转引自陈崇山等:《媒介·人·现代化》,4 页,北京,中国社会科学出版社,1997。
④ 转引自陈崇山等:《媒介·人·现代化》,118 页,北京,中国社会科学出版社,1997。

京受众调查显示,在同等经济收入的居民中,文化程度高的人较之文化程度低的人更有可能订阅或购买报刊。1993年的全国受众调查显示,文化程度与接触媒介行为显著相关,尤其是与印刷媒介相关性较高。文化程度和电视收看率呈负相关倾向。也就是说,文化程度越低,看电视的频率越高,而同时使用印刷媒介的频率越低。①

分析传播内容与观念现代化的关系,也可看出这种差别。在1993年的全国受众调查中,研究者将传播内容分类,研究其与受众观念现代化的关系。以电视为例,研究者将电视传播内容分为五类:

第一类:国产、进口的电影、电视剧;
第二类:国内外新闻、时事政论;
第三类:体育、广告、音乐舞蹈、动画木偶、综艺、文艺节目;
第四类:教育节目、科技文化知识、生活服务;
第五类:曲艺、戏剧。

这五类节目与受众观念现代化的相关系数分别为:$0.1414, 0.2986, 0.1708, -0.0048, -0.1139$。②

这一结果显示:新闻类节目与受众的观念现代化显著正相关,文娱类节目次之,科教类与传统类节目则与受众的观念现代化负相关。当然,这项研究仅供参考,并不一定具有普适的意义。

了解受众的文化程度与使用媒介的关系,可以加深传播者对传播效果沟的认识,可以帮助传播者有针对性地设计传播内容。

五、媒介系统依赖论

大众传播研究进入20世纪70年代后期,各种效果理论异彩纷呈,人们一方面为理论的丰富而感到鼓舞;另一方面也越发注意到各个理论视角的局限。更重要的是,对于在社会中日益显赫又复杂多变的大众传播现象,过于微观的理论已经很难加以全面解释。在这种情况下,美国学者梅尔文·德弗勒(Melvin L. DeFleur)和桑德拉·鲍尔-洛基齐(Sandra Ball-Rokeach)提出了媒介系统依赖论。他们在《传播研究》1976年第3期上发表了《大众传播效果的依赖模式》一文,提出了一种认识大众传播效果的宏观模式。

在1989年出版的《大众传播理论》一书中,他们又全面分析了目前已有的主要效果理论,对各种理论的社会学根源及优劣进行了探讨。他们认为,"这些彼此竞争的理论中,究竟哪种能最好地解释大众媒介与它们传布信息的社会中的人们之间的联系,却仍然是很不清楚的。没有一种解释能充分地预测这种关系……没有一种现行理论对大众传播的

---

① 转引自陈崇山等:《媒介·人·现代化》,118~119页,北京,中国社会科学出版社,1997。
② 转引自陈崇山等:《媒介·人·现代化》,121页,北京,中国社会科学出版社,1997。

所有影响做了完整分析。"①为此,他们提出了媒介系统依赖论,试图把已有的零散的理论连缀成一个"单一结构"。

媒介系统依赖理论是一种"生态"理论,它着重探寻系统内部与各个系统之间的关系。这种理论将社会视为一个有机体,而媒介体系是这个有机体的一个重要组成部分。个人、组织对媒介体系具有很强的依赖性,因为媒介系统作为有效的信息系统,掌握着个人、组织赖以生存、发展的信息资源。

具体说来,媒介系统掌握了三种信息资源:收集或创造信息,比如记者采访新闻,选择他们认为重要的事情进行报道;处理信息,比如编辑对记者的稿件加以修改、润色,选择合适的版面或时间予以传播;传播信息,比如电视台每天将新闻传给千家万户。由于掌握了这三种信息资源,就使个人与组织必须依赖媒介体系获取信息、传递信息。对于任何个人与组织来说,媒介体系既是接收信息的来源,又是传播信息的渠道。

德弗勒和鲍尔-洛基齐认为,大众传播媒介提供的娱乐节目也具有很强的信息性。其原因在于:人们利用娱乐内容了解自己、了解自己的领域或超出他们直接经验范围之外的许多领域,娱乐内容提供的信息在人们社会化的过程中具有重要作用;娱乐在个人和社会生活中有着不可替代的位置,往往能促成一些动机的形成。②

媒介系统控制着个人、组织甚至整个社会的信息资源,但这种控制也是双向的、互动的。一方面,社会其他方面依靠各种媒介资源以达到各自不同的目标;另一方面,媒介系统也依靠社会其他方面所控制的资源实现自身的发展。媒介系统为了达到自己的目标,也必须遵守法律法规,培育受众市场,适应社会发展的整体节拍。

媒介系统与政治系统的关系是一对典型的"结构依赖关系"。在现代资本主义国家,媒介系统的主要目标是获取利润,同时,还要获得存在的合法性及某些基本权利,比如新闻自由、舆论监督,而这些权利必须由政治系统所赋予。当然,政治系统也需要媒介系统为其政党竞选、政权巩固、政策推行提供信息支持。这种你离不开我、我离不开你的关系,体现了两者之间紧密的互动性。

德弗勒和鲍尔-洛基齐认为,个人对媒介系统的依赖性体现在理解、定向、娱乐三方面。人们通过媒介信息了解自身与外界的发展,增长个人的知识与信念——理解;媒介信息还告诉人们,小到如何穿衣打扮大到如何处理困难的行为方式——定向;而通过娱乐,人们能够获得精神上的放松以及与他人感情上的交流——娱乐。

尽管大众媒介对于人们的理解、定向、娱乐起着重要作用,但这种重要性并不是无限的,因为大众传播不是达到这些目标的唯一途径。与亲友的交往、不断接受的教育及文化的熏陶等等,都能促进一个人达到以上三种目标。而且,每个人在接触媒介时也会有不同

---

① [美]德弗勒等:《大众传播学理论》,333~334页,台北,五南图书出版公司,1995。
② [美]德弗勒等:《大众传播学理论》,340页,台北,五南图书出版公司。1995。

选择。选择电视或报纸,选择这种报纸或那种报纸,这些都赋予受众很大的主动性。当然,在同质性的媒介环境中,这种受众自由会有很大限制。

德弗勒和鲍尔-洛基齐提出媒介系统依赖论的主要目的,就是"解释为什么大众传播有时具有强大的效力,而有时又只具有间接的和相当微弱的效力。"[1]他们避免了以往理论中普遍存在的微观色彩,广纳众家之长,探寻大众传播的内在规律。结构功能论者强调社会稳定,冲突论者强调变化,进化论者强调社会适应,象征互动论者强调意义构成,认识论者强调个人因素,而媒介系统依赖论者则吸收了所有这些理论的要点,结合大众媒介在社会系统中的位置及关系,提出了一种整体化与系统化的描述。这种描述解释了大众传播的作用及形成机制,解释了大众传播效果的多样性,堪称效果研究中一种宏观理论。

总之,随着传播技术的提高,现代传播手段越来越发达,我们进入了一个能够左右我们视线的媒介社会:

> 在这个社会中,没有什么事物不是和媒介发生联系的——一些事物或是由媒介发起,或是受媒介的影响,或是被媒介强化了,或者由媒介居间联系。没有在媒介中报道的事物,等于社会中根本不存在。一个事物在传播媒介中争得一席之地,是为了在社会上争得立足之地,在产生一切作用之前,首先争取让社会注意它。[2]

从另一方面说,媒介在大众传播中发挥作用其实也离不开诸多的社会因素。大众传播通常不作为受众效果的必要且充分的原因而发挥作用,与此相反,大众传播处在中介性的各种因素和各种影响力的连锁中,并通过此连锁而发挥作用。由于存在着中介性的各种要素,大众传播在强化现存的各种条件的过程中,不是唯一的原因,而往往是起促进作用的原因之一。媒介的作用方向更趋向于维持现存社会状况而非引起变化。作为促进的作用因素,大众传播的效力受到来自媒介、传播自身以及传播状况的各种层面的影响。

内容摘要

传播效果具有两层含义:一是在狭义和微观的层面上,指具有说服或宣传意图的传播活动在传播对象身上引起的心理、态度和行为的变化;一是在广义和宏观的层面上,指大众媒介的信息传播活动对社会和受众产生的一切影响和结果的总和。

传播效果依其发生的逻辑顺序和表现阶段分为三个层面:第一,外部讯息作用于人们的认知系统,引起知识构成的变化;第二,作用于人们的情绪或感情,引起心理或态度的

---

[1] [美]德弗勒等:《大众传播学理论》,339页,台北,五南图书出版公司,1995。
[2] [德]赫尔曼·麦恩:《联邦德国大众传播媒介》,5页,北京,德意志联邦共和国驻华大使馆,1994。

变化；第三，这些变化外化为人们的言行，最终成为行动层面的效果。这个从认知到态度再到行动的过程，实际上就是效果累积、深化和扩大的过程。

效果研究可以分为三个时期。

第一个时期，是20世纪初至30年代末。这一时期盛行的是一种强效果论，即后来常说的"子弹论"、"魔弹论"、"靶子论"或"皮下注射论"。它认为，大众传播媒介具有不可抗拒的强大威力，能够迅速改变人们的信念，甚至直接支配人们的行动。这是一种唯意志论的观点，其理论依据是本能心理学和大众社会论。

第二个时期，是40年代至60年代。这个时期效果研究的重点在于揭示制约传播效果的各种因素和条件，基本结论是大众传播的影响十分有限，媒介并不能直接改变受众的态度，其间还存在一系列错综复杂的环节，如社会关系、群体背景、个性差异，故称有限效果论。其代表性理论或观点，包括传播流、选择性因素、意见领袖、两级传播等。

第三个时期，是70年代至今。这个时期的效果研究，在对强效果论和有限效果论进行批评和反思的基础上，形成一批新的效果理论，包括"使用与满足"、"议程设置"、"沉默的螺旋"、"培养分析"、"知识沟"等。它们的共同特点是：集中探讨大众传播综合的、长期的、宏观的社会效果；不同程度地强调大众传播的有力性；密切结合社会高度信息化的现实。

传播流，是指大众传播媒介发出的信息，经过各种中间环节"流"向传播对象的过程。拉扎斯菲尔德等人的《人民的选择》(1948)、卡兹等人的《个人影响》(1955)、罗杰斯的《创新与普及》(1962)、克拉珀的《大众传播效果》(1960)等，都是传播流研究的代表性成果。这些研究揭示了大众传播效果形成的诸多因素，对否定"子弹论"起了重要作用。

选择性因素，是指受众在传播活动中对信息的选择性处理，包括选择性接触、选择性理解和选择性记忆。其基本思想是：受众并不是不加区别地对待任何媒介内容，而是更倾向于那些与自己固有的立场和态度一致或接近的信息；选择性接受的结果，往往进一步强化了受众固有的立场和态度，而不是导致它的改变。

意见领袖，是指在人际传播网络中经常为他人提供信息，同时对他人施加影响的"活跃分子"，他们在大众传播效果的形成过程中起着重要的中介或过滤的作用。由于他们的存在，所以大众传播的信息流往往不是一步到位地传播到受众那里，而是先经过意见领袖，再由意见领袖扩散给广大受众。这就是所谓两级传播。后来，又在这个基础上，形成"多级传播"的认识。

具体的传播效果，受制于三个方面：一是传播主体；二是传播方式；三是传播对象。传播主体方面的主要因素，是传播者的可信度和权威度：传播者的可信度和权威度越高，传播效果就越大，反之亦然。

由可信度和权威度带来的效果，不是一成不变的。霍夫兰等在实验中发现，随着时间的推移,高可信度信源的传播效果会出现衰减,而低可信度信源的传播效果则呈现上升趋势。这就是所谓"休眠效应"。它表明,随着时间的流逝,信源可信性的影响趋于减弱,而传播内容的作用开始真实地发挥出来。

传播方式方面,涉及四组关系:一面提示还是两面提示,结论是明确说出还是诱导启发,晓之以理还是动之以情,先说沾光还是后说有利。处理这些关系,要因地制宜,没有一定之规。

传播对象影响传播效果的因素主要有三个:一是传播对象不同程度的听从性;二是恐惧信息的程度;三是事先给传播对象注入适当的反面信息,以增强其抗拒大规模反面信息的免疫力。

"议程设置"理论,是由麦库姆斯和肖提出的。它揭示了大众传播在人们的社会认知过程中的有力影响,对效果研究摆脱"有限效果论"起了主要作用。按照这个理论,大众传播媒介虽然不能决定人们怎么想,但是却能有效地决定人们想什么。它为考察大众传播过程背后的控制问题,提供了新的视角。

"沉默的螺旋",是从大众传播、社会心理和舆论三者的关系出发,考察大众传播强大影响的理论,由德国社会学家伊丽莎白·内尔-纽曼提出。它包括三个内容:第一,个人意见表明的心理过程。人是社会性的动物,为了保持与周围环境的和谐,避免陷入孤立,人在表明自己的观点之前,总是先对周围的"意见气候"进行观察。当发现自己的意见属于优势意见时,他就倾向于积极地公开地表达自己的意见,否则他就屈从于社会的压力而转向沉默。第二,意见表明和沉默的螺旋过程。一方的沉默造成另一方意见的增强,从而进一步增强优势意见而迫使更多的持不同意见者转向沉默,如此循环便形成一个螺旋式的过程。第三,大众传播在舆论形成过程中的作用。舆论的形成是意见气候作用于人们惧怕孤立的社会心理,强迫人们对优势意见采取趋同行为的结果,而大众传播则是意见气候的主要营造者。

培养分析理论,起源于20世纪60年代的美国,代表人物是乔治·格伯纳。这个理论认为,大众传播对人们认识世界影响巨大。由于传播媒介的意识形态倾向性,人的现实观与客观存在的现实之间日益乖离,他所把握的通常只是媒介建构的符号现实而非客观现实。传播媒介对人们现实观的影响,是一个长期的、潜移默化的"培养"过程。

知识沟理论,是关于信息社会中大众传播与社会阶层分化问题的理论,由美国学者卡茨曼、蒂奇诺等人提出。其核心观点是:尽管大众传播可以带来整个社会文化水平的提高,但在现存的资本主义政治经济结构下,由于富有者能比贫困者以更快的速度获取信息和知识,因此,大众传播越发达,富有者和贫困者之间的知识沟壑就越大。在信息和知识成为重要资源和财富的今天,如何防止知识沟的扩大已经成为关系国家和社会发展的重大问题。

建议参考资料

1. 郭庆光:《传播学教程》,第十一章、第十二章,北京,中国人民大学出版社,1999。
2. [美]沃纳·赛佛林,小詹姆斯·坦卡德:《传播理论:起源、方法与应用》,郭镇之等译,第九章、第十二章、第十三章、第十四章,北京,华夏出版社,2000。
3. 李彬:《传播学引论》,第七章、第八章、第九章,北京,新华出版社,1993。
4. [日]竹内郁郎:《大众传播社会学》,张国良译,上海,复旦大学出版社,1989。
5. [美]斯蒂文·小约翰:《传播理论》,陈德民等译,第十五章,北京,中国社会科学出版社,1999。

思考题

1. 传播效果的含义是什么?有哪几个认识层面?
2. 效果研究经过了哪几个阶段?各有什么特点?
3. "子弹论"、"有限效果论"的主要观点是什么?
4. 受众的选择性行为体现在哪些方面?
5. 两级传播理论的主要观点是什么?
6. 传播主体对传播效果产生怎样的影响?
7. 传播技法方面有哪些影响传播效果的因素?
8. 议程设置理论的主要观点是什么?
9. "沉默的螺旋"理论的主要观点是什么?
10. "培养分析"理论的主要观点是什么?
11. "知识沟"理论的主要观点是什么?
12. 媒介系统依赖论的主要观点是什么?

第八章　国际传播与全球传播

从国际传播到全球传播
- ◆ 国际传播
- ◆ 全球传播
- ◆ 国际传播与全球传播的功能
- ◆ 全球信息化的冲击和影响

世界信息与传播新秩序
- ◆ 世界信息生产和流通结构的不平衡
- ◆ 不平衡的性质与对策
- ◆ "世界信息与传播新秩序"的大论争

国际传播与全球传播的重要课题
- ◆ 新闻价值
- ◆ 信息主权
- ◆ 文化帝国主义

要点提示

1. 国际传播与全球传播的概念；
2. 国际传播的内容；
3. 全球传播的新特点；
4. 世界信息生产与流通结构不平衡的表现；
5. 信息自由流通的实质；
6. 发展中国家的对策；
7. "世界信息与传播新秩序"论争的三个阶段；
8. 国际报道中的价值取向；
9. 信息主权的定义；
10. 文化帝国主义的特征。

在古代只是涓涓细流的国际传播,到现代终于汇成汹涌大潮。也就是说,昔日只有特殊阶层才能介入的国际传播,今日已成为每个人天天都可能面对的现实。传播科技迅速改变着我们的生活,以往相互隔绝的世界正在成为"天涯若比邻"的地球村,与此同时,一个全球传播的时代也随之来临。

本章介绍国际传播和全球传播的有关内容。掌握这些知识,不仅是为了了解国际传播和全球传播的功能,以及影响国际传播和全球传播的因素,而且更是为了有效地开展国际传播和全球传播,为提高我国的国际地位和声望、为争取更加公平合理的传播秩序做出积极的努力。《孙子兵法》上讲,"上兵伐谋,其次伐交,其次伐兵,其下攻城"。大意是说高明的统帅首先考虑的是谋略与外交,低能的将领才只想着死打硬拼。从一定意义上可以说,国际传播和全球传播都属于"伐谋"、"伐交"的范畴,用孙子的话说就是"不战而屈人之兵,善之善者也"。

第一节　从国际传播到全球传播

一、国际传播

国际传播(international communication),并不是现代社会的"特产"。早在古代,人们就已拉开跨越国界的传播之幕。古希腊亚历山大大帝的万里东征、汉代张骞的出使西域、马可·波罗的东方历险、明代郑和的七下西洋……都在不同程度和不同方面带有国际传播的色彩。可以说,有了国与国的区别,就有了国际传播的可能。不过,在近代大众传播出现之前,国际传播仅仅局限于人数不多的特殊阶层,普通民众一般与国际传播无缘。当时的所谓国际传播,只能用涓涓溪流来形容。

随着近代历史的展开,随着大众传播的兴起,国际传播也进入一个前所未有的时期。特别是19世纪的工业革命,不仅加速了现代化的历史进程,而且也推动了国与国之间多方面的交流。铁路、航空、海运等交通工具的发展,使各国之间的交往日益频繁,电报、电话、传真等通讯工具的发展,令人与人之间的联系日益密切。到了20世纪,随着报刊、广播、电视、网络等大众传播媒介蓬勃兴起,国际传播终于形成漫天横流的汹涌大潮,渗入各国民众的日常生活之中。

1. 何谓国际传播

根据美国传播学者莫拉纳(Hamid Mowlana)的定义,国际传播指的是跨越两个或两个以上国家及其文化体系的信息交流,包括透过个人、团体、政治或科技而转移的信息及数据。[①] 按照他的分析,国际传播分为八个层面:

---

① Hamid Mowlana, *Global Information and World Communication*. New York: Longman, 1986, p.4.

(1) 印刷媒介,如报纸杂志的交流;
(2) 电子媒介,如广播电视的交流;
(3) 影音媒介,如电影、录音带、录像带的交流;
(4) 卫星通信及计算机信息的交流;
(5) 个人事务及商业往来,如信件、电报、电话的交流;
(6) 人际交流,如旅游、移民等;
(7) 教育和文化的交流,如会议、体育比赛等;
(8) 外交和政治交流,如有关政治协商和军事会议等。①

这八个层面的国际传播可用图 8-1 表示。

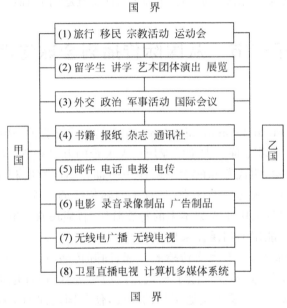

图 8-1　国际传播的各种渠道②

2. 国际传播的主体

国际传播的主体是指国际传播中的信息发出者,主要有三类:

1) 政府组织

国家是国际传播的基本主体,世界上绝大部分国家都建立了进行对外传播和文化交流的机构,有意识地影响他国受众。美国新闻署(USIA)及其所辖的美国之音(VOA)、莫

---

① Hamid Mowlana, *Global Information and World Communication*. New York: Longman, 1986, p.4.
② 关世杰:《跨文化交流学》,390~391页,北京,北京大学出版社,1995。

斯科广播电台、英国广播公司（BBC）、中国国际广播电台、德国的德国之声电台（Deutsche Welle）等，均属此类。

除此之外，还有国际机构——以国家为单位而建立的政府间常设机构，如联合国；超国家机构——在某种程度上或范围内对成员国有约束力的国际组织，如欧盟、世界贸易组织；同盟或地区集团——制度化不如前两种高，主要以条约或共同声明形式结成的联盟组织，如北大西洋公约组织、前华沙条约组织以及东南亚国家联盟等。

2）非政府组织

非政府组织也属于国际传播的主体之一，也可以发出国际传播的信息。

参与国际传播的非政府组织主要有两种：一是跨国组织或运动，如教会、国际红十字会、国际奥委会、世界环保组织、世界妇女大会等等；一是国内各种集团或组织，如政党、工会以及各种利益团体。在许多场合，这些团体、组织都直接或间接地对国家对外政策以及各种国际问题产生不同程度的影响。

这里值得提及的是，一些以赢利为目的的文化制品公司，如民间的各种影视发行公司、演出公司、出版社等，在当今国际传播领域也发挥着不可忽略的作用。例如，1939年度获8项奥斯卡奖的《乱世佳人》不仅轰动美国影坛，而且风靡全球，在世界创下惊人的票房纪录。据美国《幸福》杂志公布的数据，该片的获利大约相当于1995年的21亿美元。

3）个人

国际传播中的个人，主要是那些在国际问题上拥有广泛影响力的社会活动家、知名人士或政治领袖。

3. 国际传播的内容

国际传播的范围十分广泛，既包括传统意义上的国家间的政治信息和新闻流通，也包括国际间科技、经济和文化的交流。大致说来有以下三类。

1）新闻报道（news）

新闻报道是国际传播舞台上的重头戏，在国际传播领域扮演着主要角色，其中大众传播媒介的功能最为突出。一方面，大众媒介执行对内报道的功能，不断将国际社会的重大事件和变化传给本国社会；另一方面，又执行对外报道的功能，担负着宣传本国政治、经济、文化以及对外方针和立场的重要任务。尤其是，新闻报道与国际政治密切相关，政治性很强，常常直接影响国际局势的变化。

2）大众文化（mass culture）

在国际传播中，另一类主要信息来自大众文化，即报纸、杂志、电影、电视、流行音乐、录像带、激光唱盘等传播的娱乐等非新闻内容。大众文化的作用是隐性的，它寓教育、说服等传播功能于受众的愉悦之中，起到潜移默化的作用。其效果需要经过较长的时间才能显现，而一旦发生作用，就不容易改变。

3) 跨国资料流通(trans-border data flow)

经济和科技资料的跨国流通,也是国际传播的一个重要方面,它指的是人们通过计算机和互联网,建立有关资料数据库的联机网络,储存和检索所需的资料数据。

二、全球传播

1. 何谓全球传播

一国之内的信息传播称为国内传播,两国或多国之间的信息传播称为国际传播,而把国内传播与国际传播融为一体、以全球人类为关照对象的,就是所谓的全球传播(global communication)。国内传播的重点在于本国事物,国际传播的重点在于国际政治与国际关系,而全球传播的重点则在于"地球村"的生存与发展,它涉及人口爆炸、环境恶化、资源短缺、贫困蔓延以及和平与发展等重大问题。

全球传播,是全球一体化的组成部分。所谓全球一体化,既指相互依赖的具体事实,也指休戚与共的整体意识。

作为国内传播和国际传播的扩大和发展,全球传播的研究既包括传统研究的各个领域,又具有自己的全新课题。美国传播学者 H. H. 弗里德利克认为:"全球传播是研究个人、群体、组织、民众、政府以及信息技术机构跨越国界所传递的价值观、态度、意见、信息和数据的各种学问的交叉点",它包括"文化、国家发展、对外政策、大众传播制度、控制与政策、人权与民权、战争与和平、宣传及其影响等众多的争论领域。"[①]

全球传播的出现,与跨国传播科技的发展和全球信息化的进程密切相关。通信技术的发展使全世界成为一个互相关联的网络。1844 年电报的问世是通信技术的第一次飞跃,它使人们第一次可以远距离快速传递信息;1960 年第一颗通信卫星上天,又使全球信息传播有了更便捷的通道;而在众多的通信和信息技术中,最为神奇的是互联网,它正在迅速改变着人类的生活方式,包括全球传播的方式。

如今,计算机技术、通信技术、光盘储存技术的高速发展,形成了一个全球化的信息传播系统,地球正在成为一个小小的村落。正如德国《明镜》杂志的两位著名记者汉斯-彼得·马丁和哈拉尔特·舒曼所说:"以前从来没有这么多人,听到并且感受到这么多的关于世界其余地区的信息。有史以来,人类第一次在一个共同的生存梦幻中联合起来。"[②]

2. 全球传播的新特点

1) 信息传播的个人化增强

如今,大众传播正开始走向分众传播。从一点对多点到点对点,从广播到窄播,进而

[①] 转引自郭庆光:《传播学教程》,239 页,北京,中国人民大学出版社,1999。
[②] [德]汉斯-彼得·马丁、哈拉尔特·舒曼:《全球化陷阱》,19 页,北京,中央编译出版社,1998。

再到个性化传播已成为传播领域的一大趋势。正如未来学家阿尔温·托夫勒所说:"大型杂志被小型杂志取代……内容不同的电台,吸引不同专业爱好的听众。强大而集中的控制生产形象的电视广播渴望一统天下的日子,已经一去不复返。"就现状而言,全球传播的主要媒介虽然仍然是传统媒介——广播电视、报纸杂志等,但不可否认,具有跨国传播功能的个人媒介,如国际电话、传真机、联网计算机越来越发挥着重要的作用,互联网上的电子邮件、数据库等各种信息也与日俱增。信息传播技术(ICT)在我们社会中的渗透与应用程度十分深广。据CNNIC在2009年发布的报告,至2008年来,我国已经有近3亿互联网用户,并且平均每人每天上网时间为2.37个小时。

2) 互动交流增加

以前国际传播中的那种听众、观众作为消极受众的状况正在不断改变。以往的传统媒介——报纸杂志、广播电视、电影、书籍等,都是以单一方向传送信息为基本模式,由一个点向一个面进行传播。这在大众传媒起始阶段,是一种巨大的进步,即信息不再属于少数人的专利而为大众共同拥有。而如今,人们已经不再满足于这种单向的被动的接受。随着传播科技的不断变革,大众媒介开始向双向互动的方面转变,特别是信息技术发展更使双向交流的能力迅速提高。这里一个典型例子,就是方兴未艾的、以网络为代表的新媒体。

3) 受众的自主选择性增大

由于技术的日益进步和信息的日益增多,一方面大众传媒之间的竞争日趋白热化;另一方面受众的选择余地越来越大。

三、国际传播与全球传播的功能

1. 传播功能

大致说来,国际传播与全球传播有三种功能:一是沟通。国际传播和全球传播能够帮助各国人民相互沟通,相互了解,从而促进世界的和平与发展。二是宣传。通过国际传播和全球传播宣传本国的意识形态、社会制度、价值观念,以及本国的政策、立场、态度和主张,以此维护及巩固本国的利益。三是控制。利用本国在传播上的优势,控制他国甚至全球的信息流通,借此达到间接控制他国的目的,即"不战而屈人之兵"。对这些功能,传播研究各有不同的侧重点和焦点。

对于沟通,人们的关注点是"如何消除各国人民之间误解"及"如何促进不同文化背景的人互相理解"。因而重视沟通渠道是否畅通,输送的信息是否清晰,以及接收信息者能否准确理解信息。于是,现代传播科技的发展、国际传媒输送的信息、个人的跨境交流及各国人民能否收到不受歪曲的信息等等,都是这个方面最重要的问题。

对于宣传,人们的关注点在于维护本国利益。因此研究的重点放在"如何说服对方的政府及人民"方面。于是,国际传播中信息的设计、外交人员的活动、国际舆论的塑造和成见的作用,便成为这方面研究的重要问题。

对于控制,人们的关注点在于控制及反控制,如国际间关于"自由信息"与"平衡信息"的争论就是典型表现。这方面的研究重点,是国际传播的硬件和软件的控制权,硬件包括最新的信息科技如计算机、卫星、光纤网络等,软件则包括存储的资料数据、计算机的程序列及科技的管理等。

2. 影响因素

国际传播和全球传播受诸多因素的影响,而这些因素随着时空的变化而发生不同的影响。1983年,两位传播学者伊藤(Ito)和科切弗(Kochevar)将这些复杂的因素归纳成两大类:一是地理条件和历史前提;一是现存关系。具体情形如图8-2所示:

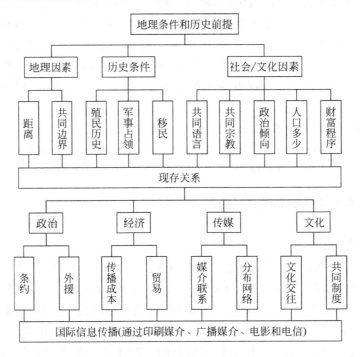

图 8-2 影响国际传播的因素①

地理条件及历史前提,包括地理因素、历史条件及文化/社会因素三项。

在地理因素中,关键是地理距离和共同边界两项。如果国与国之间的距离短甚至是

---

① Youichi Ito & J. Kocherar, *Factors Accounting for the Flow of International Communication*, KIEO Communication Review,4,1983,p.17.

邻国,则交往关系自然十分密切。在历史条件中,重要的因素在于某国是否具有殖民地性质,或曾一度被军事占领。传播学者诺登斯特伦(Nordenstreng)经过实证研究发现,全球的电视节目是按照殖民主义时期宗主国与其殖民建立的途径,由前宗主国流向前殖民地的。文化/社会因素一项,则包括了共同语言、宗教、政治倾向、人口及财富差异五个因素。不难理解,语言、宗教、政治倾向等文化因素相同或相近,人口、财富等社会资源相似的国家之间比较容易沟通。而社会、文化因素差异较大的国家之间容易产生隔阂。

现存关系,又细分为政治、经济、文化及传媒四组。

政治关系方面的主要因素,是条约及外援。国家之间是否签有条约、一个国家对另外一个国家是否存在援助的形式,都将影响两个国家的交往关系。经济关系方面的主要因素,是贸易及传播成本。国与国之间的贸易和传播成本越低,国际传播就越频繁,也越容易传通。文化关系方面的主要因素,是共同制度及文化交往。制度一致,则文化交往频繁,国际传播之间的障碍就少。传媒关系方面的主要因素,是媒介间的联系及分布。国与国的媒介之间是否有联系,是否共处于一个网络之中,对国际传播影响都很大。

伊藤及科切弗认为,国与国之间的所有现存关系都受到地理及历史方面的各种先决条件的影响;而现存的国际关系则又透过各种传播媒介,影响国际间的信息流通。所以,国际传播要想取得良好的效果,就应该充分考虑以上各种因素。

对于一些客观因素如地理、历史条件等,人们虽然无法改变,但从传播角度可以注意以下几点:

(1)了解传播对象,做到有的放矢。除了了解他们的人文、社会、地理等条件之外,还要考虑他们的政治制度、经济体制、文化观念等因素。这里,政治背景的差异是国际传播和全球传播的最大障碍。如何使政治背景不同的受众接受自己的思想观点,是每个国际传播者都必须认真研究的。美国的《读者文摘》除了用15种文字出版外,同一种文字还分出不同的版本。例如英文就有美国版、英国版、澳大利亚版、加拿大版、新西兰版、印度版及亚洲版。之所以这么做,就是出于对他国受众政治文化背景的考虑。[①]

(2)尊重各国人民的风俗习惯。风俗习惯是指人们应该做什么而不应该做什么、可以做什么而不可以做什么的社会规范,其具体形式主要体现为民俗、道德、法律和宗教。它们是国际传播中引起误会和冲突的重要因素之一。如果不了解、不尊重其他国家人们的风俗习惯,在国际传播中就难免造成误会甚至冲突。

(3)建立对外传播的媒介和网络。当今,传播媒介对各类传播活动如人际传播、组织传播、大众传播的形式、效率、后果影响日益增大。特别是在国际传播方面,西方国家依靠政治经济优势,利用发达的电子传播媒介,基本上操纵着世界信息和新闻传播的局面,其中最突出的一点,就是国际传播的信息总是从发达国家流向发展中国家。所以,开展国际

---

① 陈龙:《现代大众传播学》,264页,苏州,苏州大学出版社,1997。

传播，首先必须建立一套媒介和网络。近年来，我国在北美、欧洲、大洋洲等一些国家设立了相关机构，并与美国、加拿大等一些机构合作播放中国的电视节目，取得了较好的效果。在通过先进的传播媒介走向世界方面，我国有关方面已有了初步的设想，特别是在发展国际卫星电视方面，提出了2000年使中国的电视节目信号覆盖全球的计划。① 这个设想分为三步：第一步，把华语电视信号送到全球；第二步，把英语电视节目送到全球；第三步，多语种覆盖全球。

（4）选择适当的媒介。传播媒介选择得适当与否，也关系到传播的效果。不同的文化群体和不同的国家，对媒介的利用情况往往不同。例如，以色列人听收音机的时间要大大多于我国听众。因为，以色列处在一个紧张的地缘政治环境里，他们得经常开着收音机工作，以便应付紧急情况。美国人虽喜欢听收音机，但是没有听短波的习惯，市场上的大众式收音机也多没有短波波段。20世纪80年代初，英国BBC广播电台曾对美国听众进行了一次调查，当时许多美国人都以为"短波"是用于微波炉的。所以，国际传播中的短波广播对美国没有太大作用。

上述这些因素，有不少也适用于全球传播，对此我们就不再赘述。

四、全球信息化的冲击和影响

弗里德利克曾用以下这段形象的文字，向我们展示了全球信息化的轮廓：

> 假如人能够在宇宙中的一棵树上眺望遍及世界的新闻和信息流动，就会发现他完全类似于人体的血液循环系统。换句话说，世界已经成为一个由川流不息的信息所连接起来的多重有机体。它的血管中充满了不可胜数的数据，连接大陆的海底电缆和互相接通的卫星网络构成了它的动脉。每天充满血管的是以数百小时计的电视节目、以数百万计的个人电话和数兆比特的信息。带有银翼的雪茄状飞行体越过辽阔的海洋和天空，将数不清的人运到世界各地；右上角附有彩色标志的小小的纸质物体穿越高山大海，畅通无阻地从发件人那里传送到收件人手中。②

关于全球信息化，我们可以从下面几个方面来分析。

1. 政治的全球化

政治的全球化表现在两个方面：一方面是国内政治与国际政治的界限越来越模糊，这就是说，在当今开放的信息系统中，国内政治的所有举措几乎都处在国际社会的广泛背景下：本国的事件往往会产生相应的国际影响，而外国的事件也往往在国内引起不同的反响。集权、专制和独裁政治，在信息全球化的时代是难以维持的。

---

① 杨伟光：《加快中国电视覆盖全球的发展步伐》，刊《电视研究》1995年"海外电视节目专刊"。
② Frederick, Howard H., *Global Communication and International Relations*.

另一方面是地缘政治向全球政治的变化。国家的地理位置、国与国之间的边界距离，曾经是国际政治中的一个决定性变量，但是在科学技术日益发达的今天，地理距离上的远近已经失去了决定性的意义。"国与国之间的战略距离……（取决于）核弹头的导弹系统……技术距离是传播系统、运输和贸易的渠道所具有的功能。"[①]过去，地区纷争演化成世界性的问题需要一定的时间，而现在，任何一个小小的地区冲突在发生的瞬间就会引起全球的重视。除此之外，诸如人口、资源、环境等需要在全世界范围内达成共识的政治议题，也在加速着政治全球化的进程。

2. 经济的全球化

经济全球化的内容，可分为两个方面：一是世界经济领域的一体化过程；二是某些全球性经济活动主体（如跨国公司）在世界范围的活动。

就第一个方面而言，随着经济信息的全球性实时传播，体现在生产、流通和消费各个领域中的全球经济一体化关系越来越密切。纽约的股市风波，立即会给数千里外的欧洲带来经济灾难，正如有人戏言："华尔街打个喷嚏，欧洲就跟着感冒。"

就第二方面而言，通信和信息的全球化给跨国公司带来了前所未有的发展良机。例如，可口可乐公司、艾克森公司、索尼公司，它们贸易收入的50%来自国外市场。传统的国内经济体制正逐渐被全球性的经济体制所代替。艾德勒（N.J. Adler）预言，一家地方公司在全球化的冲击下，将实现从地方公司到跨国公司，再到全球公司的转变。[②]

3. 文化的全球化

在传播活动如此发达的今天，人类社会的文化与生活已经或正在发生重大的变化，有效的国际传播在许多不同国家的社会风俗、习惯、个人行为与意识形态等方面，都建立起某种程度的共通性，例如巴黎的时装经由电视的报道和时装杂志的介绍，可以很快在世界各地流行开来。

全球信息化带来了各种文化的杂交、混合和碰撞。以美国为例，据1990年的统计数字，美国有2 000万外国出生的公民，其中870万是1980—1990年进入美国的。移民的激增以及各种商贸、政治、文化的交流，使多元文化的融合成为当今社会生活的普遍现象。对此，罗马俱乐部的贝特兰·施耐德说过："毫无疑问，人类今天必须与一种世界性的生活方式相协调一致。他们是会这样做的。500多个正在工作的人造地球卫星用现代无线电信号覆盖地球。在10多亿的电视屏幕上以同样的画面引起人们对于黑龙江、扬子江、亚马逊河、印度河和尼罗河的同样渴望。卫星接收天线与太阳能收集器使得那些远离电源的偏远地方，如西非的尼日尔也能把他们的农村生活清楚地介绍给同一星球范围内的

---

① Frederick, Howard H., *Global Communication and International Relations*.
② N.J. Adler, *International Dimensions of Organizational Behaviors*, 1997.

千百万人。"①

第二节　世界信息与传播新秩序

全球性的信息流通使世界成为一个"地球村",并推动了政治、经济、文化的全球化。但是,这种全球化在伴随多元、融合与和谐的同时,也充满了强权、争夺和垄断,其中突出表现为世界信息与传播秩序的不平衡。下面我们就来考察一下这方面的情况。

一、世界信息生产和流通结构的不平衡

自15世纪末哥伦布所谓"发现"新大陆以来,西方国家就一直在向世界各地进行大规模的扩张。到1935年,西欧人对世界的政治统治已经达到全球面积的85%,统治人口达到全球的70%。英国更是一度号称"日不落帝国",在控制全球政治、经济和文化格局的同时,也控制着全球的信息交流,其间路透社几乎独霸全球新闻,甚至连当时的美联社也遭到排挤。为此,美联社社长库珀(Kent Cooper)当年曾忿忿地说,"美国人民要以自己的双眼了解世界,不需要由英国人帮我们观察。"②

1917年俄国十月革命爆发,第一个社会主义国家宣告成立,欧洲的扩张随之受到遏制。1934年欧洲通讯社接受了美联社提出的任何通讯社都可以自由地在世界各地发布新闻的主张,欧洲老牌帝国的新闻垄断地位被打破。第二次世界大战之后,欧洲失去了在世界政治格局中的中心地位,美国取而代之,成为世界头号强国。从20世纪40年代到60年代,亚非拉国家纷纷获得政治上的独立,结束了在丧失主权的情况下与欧洲列强进行信息交流的历史。

第二次世界大战以来,国际传播或国际交流的一个明显特点,就是超级大国依靠经济和科技优势,在"信息自由流通"(free flow of information)的口号下,利用大众传播媒介对发展中国家进行极不平等的传播。当时,由于各国人民长期处在受压抑的战争状态下,在信息流通领域,欺骗的宣传和严格的书报检查制度使人们深受其害。于是,美国宣扬的所谓"信息自由流通"曾得到各国的广泛赞同。1946年,"信息自由流通"的原则被联合国教科文组织正式接受。1948年联合国发表的《人权宣言》以及《联合国宪章》中,也采纳了这个原则。

可是,经过半个世纪的传播实践,人们发现世界范围的"信息自由流通"从未真正实现,反而出现了以大压小、以强凌弱的不平等现象。这些不平等现象,概括起来主要表现

---

① 杨伟光:《加快中国电视覆盖全球的发展步伐》,8页,刊《电视研究》1995年"海外电视节目专刊"。
② 李瞻:《国际传播》,129页,台北,三民书局,1986。

在以下四个方面。

1. 信息生产的不平衡

第二次世界大战以后,各国的经济、文化都有了长足的发展,第三世界国家也开始了艰难的现代化进程,但与西方发达国家相比仍存在巨大的差距,仅仅在信息的生产方面就存在着大量的不平衡现象,具体表现如下:

1) 媒介数量的不平衡

举例来说,北美人口仅占世界总人口的 7.5%,却拥有世界 50% 的收音机和电视机。欧洲的人口不及北美,却拥有世界上 1/3 的报纸和约 1/10 的电视和收音机。在亚洲,日本一国的报纸销售量和电视机拥有量,差不多等于亚洲其他国家的总和。在电视发射机的拥有量上,1970 年发达国家为 16 900 台,发展中国家仅为 800 台,后者只占前者的 4.73%。1983 年相应的数字是 41 800 台、3 570 台和 8.97%,发展中国家虽然有所进步,但与西方国家相比仍不可同日而语。另外,根据 20 世纪 80 年代初联合国的统计数据,发达国家印刷品的外销量占世界总量的 90% 以上。发达国家 80 年代以来的电影输出量始终维持在产量的 70% 以上。至于短波广播领域,更是发达国家的一统天下。据统计,目前美国、英国对外广播的时数居世界前一二位。[①]

2) 媒介力量的不平衡

从理论上讲,每个国家都可以派出自己的驻外记者,独立地采集世界各地发生的新闻。但事实上,由于经济因素(通常驻外记者的费用比国内记者高出 5～10 倍),一般新闻媒介无法维持这样高昂的开支,结果只有依赖国际通讯社提供国际新闻。特别是西方的四大通讯社即路透社、美联社、合众国际社和法新社,几乎垄断了 80% 的国际新闻报道。

英国的路透社成立于 1851 年,发展到今天已有 137 个记者站,形成了一个覆盖 75 个国家、拥有逾千新闻工作人员的传播网络。它每天给 14 余万个客户提供新闻、特写、摄影图片以及经济和金融信息,使用英、法、德、西班牙、阿拉伯、日、丹麦、挪威、荷兰、葡萄牙、瑞典、意大利等多国文字。路透社还在 1992 年兼并了一家专门提供电视新闻的通讯社——维士新闻社(VISNEWS),并于 1993 年 1 月将其改名为"路透社电视"。[②]

美联社目前的国内用户占全国报纸总数的 84% 以上,而其中的日报销量占全国总数的 96%。这就是说,几乎所有的美国读者每天都能看到美联社发布的新闻。除了发布新闻之外,它还与美国的道琼斯公司合作提供财经信息。据 1989 年的联合国教科文组织的报告,美联社约 3 000 员工中半数是新闻工作人员,遍布全球。它的用户在美国有 1 500 份报纸,6 000 个电台及电视台,在海外的用户高达 8 500 个之多。[③]

---

① 转引自郭庆光《传播学教程》,266 页,北京,中国人民大学出版社,1999。
② 李少南:《国际传播》,93 页,黎明文化事业股份有限公司,1983。
③ Unesco,*World Communication Report*,1989,p.137.

合众国际社也是以美国为基地的国际通讯社,有超过 2 000 名的新闻工作人员,遍布世界各地。它每天向 100 多个国家的 7 000 多个用户,以英文、西班牙文和葡萄牙文发布消息。①

法新社在国内有 800 多名记者,另外还有 800 多记者分布在世界其他地方。每天以法文、英文、西班牙文、阿拉伯文、葡萄牙文和德文 6 种文字发布新闻和财经资料。法新社在 144 个国家拥有 10 000 个新闻用户和 2 000 个非新闻用户,如政府机构、银行、商务机构等。②

2. 信息流通的不平衡

上一节讲过,国际传播的内容包括新闻报道、大众文化和跨国资料流通三大类,在这三大领域都存在着极不平衡的信息单向流动现象,即从发达国家流向发展中国家。下面我们就逐一分析。

1) 国际新闻的垄断

在国际新闻领域,垄断的情况一直十分严重。施拉姆在 20 世纪 70 年代为联合国教科文组织所做的研究显示,亚洲区的 15 份报纸上的国外消息,竟有 3/4 来自西方四大通讯社。1985 年,国际媒介与传播研究协会(IAMCR)为联合国教科文组织做的一项研究表明,29 个国家的报纸所强调的国际新闻及其主题,都与四大通讯社一致。③ 另据联合国的统计,仅美国的合众国际社和美联社两家大通讯社就控制了 60% 的拉丁美洲国家报刊中的国际新闻,而发达国家的四大通讯社更是控制着全世界 80% 以上的国际新闻。④

与之相比,从发展中国家发向发达国家的新闻数量则差距悬殊。正如联合国专门研究这一问题的机构在其报告中所言:

> 美联社的一般世界专线电讯每天从纽约向亚洲平均发出 90 000 字,反过来,从亚洲向纽约发出 19 000 字供向世界范围发送。合众国际社从纽约向亚洲发出的一般专线电讯总计大约 100 000 字,而从亚洲各地向纽约发送的每天有 40 000 字到 45 000 字不等……法新社从巴黎向亚洲发出 30 000 字以上,另外大约有 8 000 字是在亚洲收集向亚洲的顾客发送的这 8 000 字还要发回巴黎,收编到法新社其他世界电讯中……新闻的不均衡在于从伦敦或纽约发向亚洲的新闻比从相反方向发来的要多得多,虽然来自西方的新闻中也可能包括世界其他地方的新闻——主要侧重来自北美和西欧的新闻。合众国际社电视新闻部每月从西方向亚洲播出 150 则电视

---

① Unesco, *World Communication Report*, 1989, p. 137.
② Unesco, *World Communication Report*, 1989, p. 137.
③ 李少南,《国际传播》,6 页,黎明文化事业股份有限公司,1983。
④ 联合国教科文组织国际交流问题研究委员会:《多种声音,一个世界》,200 页,北京,中国对外翻译出版公司,1981。

新闻报道,而从亚洲播出的新闻报道平均每月约 20 则。至于英国电视新闻社,它每月从伦敦向亚洲发出大约 200 则报道,而从亚洲发出的报道仅 20 则,另有从日本发出的 10 则。①

2) 大众文化的单向传播

世界信息流通的不平衡状况,也表现在以电影、电视为代表的大众文化领域。在电影电视片的输出上,发达国家占据了绝对优势。亚洲、南美洲、非洲、东欧一些国家的银幕和荧屏上,大都充斥着西方国家的节目。表 8-1 反映的就是世界电影市场被欧美五国占据的情况。在表上统计的十个国家中,欧美五国几乎占据了电影输入国超过半数的进口电影。

表 8-1 十国进口的电影来源地

国家	年份	进口总数	主要来源地(%)									
			美国	法国	意大利	印度	苏联	英国	西德	日本	中国香港	其他
古巴	1987	135	12.6	3.7	—	—	16.3	1.5	1.5	3.0	0.7	60.7
阿根廷	1983	205	51.2	5.9	18.5	0.5	1.5	2.4	3.4	1.5		15.1
巴西	1985	178	76.4	9.6	3.4	—	0.6	6.2	1.1	—		2.8
墨西哥	1987	258	60.5	5.0	7.0		0.4	4.3	0.8	2.3	3.5	16.3
秘鲁	1987	260	61.2	0.8	15.8	2.3	3.9	—	0.4	0.4	1.5	13.8
印度	1987	222	55.0	4.1	8.1		10.8	1.8	0.9	4.1		12.2
印尼	1987	186	39.8	2.7	3.2	13.4	—	1.6	0.5	0.5	30.1	8.1
新加坡	1983	533	34.7	1.7	5.1	12.8		4.1	3.0	1.7	26.1	10.9
日本	1985	264	68.2	11.7	3.4	0.4	0.8	3.8	3.4		3.0	5.3
埃及	1987	208	81.7	0.5	1.9	2.9		1.0	0.5	0.5	1.4	9.6

资料来源:李少南《国际传播》,第 109 页。

1972—1973 年,联合国教科文组织对电视节目的全球传播情况进行了一次研究,发现有两个特征:一是电视节目大都是单向流通,即从几个大的电视节目输出国流向其他国家;一是流通的电视节目以娱乐为主。电视节目主要出口国有美国、英国、法国和西德,其中居于榜首的美国占绝对优势,它在 20 世纪 70 年代每年出口的电视节目达 15 万小时,是其他三国总和的 3 倍还多。

10 年后,联合国教科文组织再次进行了同类研究,结果表明这两个特点依然如故。1973 年间依靠大量外国电视节目的国家,10 年后基本上没有什么改变。此外 1983 年的

---

① 联合国教科文组织国际交流问题研究委员会:《多种声音,一个世界》,200 页,北京,中国对外翻译出版公司,1981。

研究还发现,不论是以一般时间还是以黄金时间计算,外国节目的比重都差不多。例如厄瓜多尔,在一般时间里有66%的节目由外国进口,在黄金时间里有70%。①

3) 跨国资料传播的不平衡

随着信息技术的高速发展,互联网将全球连成了一个大网络。信息资源跨国传播量越来越大,速度也达到了即时传收的地步。但是,在跨国信息流通领域,也存在着不平衡的现象。以美国为首的西方发达国家,在信息产业的硬件和软件的制造、资料的收集和储存、网络的建设和控制方面都占有绝对的优势。别的不说,在互联网上,90%以上的信息都是英文,跨国流通的信息绝大多数都是英文。

3. 传播内容的不平衡

国际传播中的不平衡不仅表现在信息的数量上,也表现在信息的内容上。西方媒介利用手中把持的传播强权,一方面向发展中国家大量兜售西方的物质文明、价值观念、生活方式;另一方面往往对发展中国家在经济和社会上的发展进步视而不见,常常热衷于报道发展中国家的灾祸、犯罪、恶劣的环境、社会动乱等内容。在他们的媒介中,发展中国家往往被呈现为丑陋、肮脏、饥饿、内乱和动荡。这种传播内容的不平衡,严重歪曲乃至丑化了广大发展中国家的形象,极大损害了发展中国家人民的政治和经济利益,深刻侵蚀了他们的思想和文化传统,从而使不少青少年丧失民族自尊心,盲目崇拜和向往西方文明,向往西方的生活方式。②

4. 资源利用的不平等

国际传播中主要的资源是无线电频率和卫星驻留轨道点。发达国家利用其经济和技术上的优势抢先瓜分了这些国际公共资源,结果仅占世界10%的发达国家却控制了90%的无线电频率。③ 至于在卫星空间轨道的利用上,由于联合国缺乏统一、合理的分配制度,因此,很多发达国家如同抢占座位一样,依仗其实力大量抢占空间卫星轨道驻留点。目前占据空间轨道最佳驻留点的均是美、英、法、日等国的通讯卫星。20世纪90年代,欧美的卫星电视已发展到相当的程度。据有关资料显示,到1992年2月,美国已有72个频道、欧洲有67个频道的电视节目,利用卫星向国外进行传播。④ 由于发达国家抢占了大多数的卫星轨道驻留点和最佳无线电频率,使第三世界国家在发展卫星传播方面遇到很大的困难。

---

① Kaarle Nordenstreng & Tapio Varis, *Television Traffic One-Way Street*, 1974, p.40.
② 参见梁洪浩《外国新闻事业百题问答》,156~157页,北京,中国新闻出版社,1988。
③ M. Phail, T, L…"*Electronic Colonialism*". California: Sage, 1981, p.152.
④ 吴信训:《大众传播新潮》,86页,成都,四川人民出版社,1994。

二、不平衡的性质与对策

1. "信息自由流通"和均衡流通

如上所述,由美国提出的"信息自由流通"原则,实际上导致的是信息流通的不平衡,而这种国际传播不平等现象的根源,在于大国沙文主义和大国霸权主义。

美国之所以要提出"信息自由流通",是有其经济和政治目的的。

就经济目的而言,芬兰批判传播学者诺登斯特伦和美国批判传播学者席勒在1978年出版的《国际交流与国家主权》一书中,指出美国提出这一原则的经济动机:第二次世界大战前,英国和法国长期控制着世界商业的大部分。战后,经济迅速发展起来的美国,在国际传播网络中却没有多大的影响。当时路透社依然控制着国际新闻的阀门。对美国来说,"信息自由流通"原则自然有利于自己掌握国际信息和新闻的流通,这是建立和维持世界性商业和经济体系的先决条件。[①] 另外,强大的传播体系本身也是获取巨额利润的赚钱机器。据统计,1998年世界20家收入最高的电视台,美国就占了将近一半,其中的前五名全是美国电视台,最多的美国时代—华纳公司一年的收入就高达123亿美元,如表8-2所示。

表8-2　1998年世界20家收入最高的电视台[②]

名次	公司名称	国家	电视收入(亿美元)
1	时代—华纳	美国	123
2	电信公司(TCL)	美国	75.7
3	沃尔特·迪斯尼公司	美国	70.22
4	通用电气/NBC	美国	51.53
5	通信广播公司(Comcast)	美国	49.34
6	日本广播协会(NHK)	日本	45.44
7	哥伦比亚广播公司(CBS)	美国	39.54
8	维阿科姆(Viacom)	美国	38.76
9	新闻集团(News Corp)	澳大利亚	36.83
10	环球组织(Org. Globa)	巴西	30.5
11	德广联(ARD)	德国	29.86

---

① Hedebro, G., *Communication and Social Change in Developing Nations*, The Iowa State University Press, Ames, 1982, pp.55-56.

② 《世界广播电视参考》1999(2),28页。

续表

名次	公司名称	国家	电视收入（亿美元）
12	英国广播公司（BBC）	英国	28.69
13	富士电视台	日本	25.09
14	卢森堡广播电视/乌发（CLT/UFA）公司	卢森堡	24.46
15	美国西部（US West）	美国	23.41
16	新频道电视台	法国	22.65
17	日本电视台（NTV）	日本	22.28
18	英国空中广播公司（BSkyB）	英国	20.81
19	有线视频公司（Cablevision）	美国	19.1
20	媒介设备公司（Mediaset）	意大利	18.4

就政治目的而言，"信息自由流通"也是美国等西方发达国家推行政治霸权和传播霸权的挡箭牌。在"信息自由流通"的原则下，新闻机构保持一定形式的独立。但是，这种独立是表面的。美国批判学者本·巴格迪坎在《传播媒介的垄断》一书中指出，美国的50家大公司控制了美国的传播媒介，这些大公司又与其他大跨国公司和跨国银行在经济上形成极为密切的连锁关系。这种垄断的后果是：编辑和记者都不得不在新闻和评论的内容上屈从于垄断资本的利益。与此同时，发展中国家基本上没有向世界其他国家独立传播国内信息的渠道，由于话语权力微弱，他们的价值观、政治理念无法得到清楚的阐发和扩散，而发达国家则通过强大的传播媒介，强行推销他们的社会制度和思想体系，以此来左右世界。

在国际传播的政治意图方面，美国表现得最为明显。它始终是把国际传播作为一项战略工程来看待的，以期通过国际传播影响别国的受众，并把美国的意志强加于人。对此，美国历届总统的有关言论就足以说明问题。如肯尼迪在就任总统之前就曾宣称："'美国之音'和其他机构应该'挑起'铁幕后面各国人民的抵抗情绪，并让他们相信我们会给以'道义上的支持'。"艾森豪威尔在给《读者文摘》创刊35周年的贺词中，更是直言不讳："《读者文摘》对于人们在家庭中加强美国生活方式，作了极大的贡献，它使这种生活方式为许多国家人民所欣赏。"尼克松干脆把传播媒介视作和平演变的工具，他在1980年出版的《真正的战争》中写道："我们不应当怕进行宣传战——不管是在苏联帝国内部，还是在世界上其余地方。我们应当重新加强自由欧洲电台和自由电台的工作，并且在苏联帝国侵略矛头所指向第三世界的那些地区建立能同苏联宣传直接竞争的类似电台。"卡特在为美国国际交流署制定的工作方针中规定了这样的内容："尽可能使外国人了解我国的政策和意图，并充分提供关于美国社会和文化的资料，以便使他们了解我们为什么要采取这些政策……"里根1982年4月在给"美国之音"成立40周年的贺词中，称"美国之音"

是"美国大众传播事业中声誉卓著的机构","给那些生活在共产党政权之下的人民和独裁暴政统治下的牺牲者带来了希望。"①这些言论把美国在国际传播领域的政治意图暴露无遗。

正是针对所谓"信息自由流通"原则以及由此带来的信息与传播的不平衡问题,发展中国家提出了信息的均衡流通原则。如果说"信息自由流通"原则体现了西方大国的利益,那么信息均衡流通原则就体现了广大的第三世界国家的利益。两个原则的分歧和对立,说到底其实就是不同的国家在国际传播和全球传播领域里争夺"话语权"或"传播权"。对此,一定要有清醒的认识,否则难免会被冠冕堂皇的所谓"自由"、"民主"、"人权"云云所迷惑。

2. 发展中国家的对策

发展中国家制定合理的政策,是对付不平衡不合理的国际传播的重要手段。它包括两个方面:一是"堵",即利用国家政权的力量堵住有害于国家发展的外来信息;一是"兴",即在吸收外来文化精华的过程中,弘扬自己的传统和民族的文化。具体说来,可以采用以下六种手段。

1) 语言手段

语言是文化的基石。语言的扩张,往往是文化扩张的先导。因而,保护自己的语言文字是抵御外来文化入侵的一道重要防线。1971年,阿尔及利亚的广播电台和电视台用阿拉伯语代替法语进行广播,从而使外国进口的节目比例大大下降。以色列为了保存民族文化,甚至克服重重困难,恢复了已经成为死文字的希伯来文。法国规定国内各电台必须有40%的节目用法语播出。

2) 行政手段

一是建立全国统一的管理体系,改变政出多门、分兵把守、管理体制分割的状况;二是建立全国统一的对入境信息和文化制品进行监控的计算机网络系统,为有关部门实施宏观调控提供依据;三是协调发展本国的硬件(如电视台、电台、报社、出版社、电影厂等)和软件(如信息产业的制作能力),增强本国文化产品竞争力。

所谓协调发展,是指国内大众传播媒介的硬件规模既要积极扩大,又要防止发展过度而超越软件的实际制作能力。比如,对电视台的数量、播放时间的长短及录像机的拥有量等硬件指标与本国影视产业的生产能力即一年制作节目的数量等软件指标,加以宏观调控,使之协调发展。如果电视频道过多,播出的时间过长,而又没有足够的反映民族文化的国产电视节目,那就只好用进口的娱乐片和其他节目去填补。这里,我国就有过教训。1989年我国家用录像机超过400万台,而国内的音像出版社只有130家,出现录像片供

---

① 陈龙:《现代大众传播学》,269页,苏州,苏州大学出版社,1997。

应严重不足的情况。于是,大量境外的录像带通过非法和合法的途径涌入我国,使得录像业"宏观失控,问题重重"。再以电视节目为例,我国从美国进口一部(集)片子,一般只需要1000美元左右,而自己制作一部(集)片子,一般需要30 000元人民币,折合3 500美元左右。因而,我国电视界一度出现大量购买国外片的状况。

3) 法律手段

在文化市场上,特别是大众传播媒介的文化市场上,国家应制定法律,明文规定境外文化制品的市场占有率。比如,英国规定BBC电台和独立电视公司ITV的播放内容中,进口节目不能超过14%。加拿大规定电视台播放的进口节目不超过30%。

对接收境外卫星电视进行管理,也是一个重要方面。这是一个涉及国家主权的问题,每个国家都有权从维护本国利益出发作出自己的决定。比如印度、马来西亚、新加坡、日本、巴西、英国、波兰等国,就禁止境外卫星电视节目覆盖本国,也不允许本国居民接收国外电视节目。马来西亚把对外国卫星电视管理看作关系国家安全的政治问题,明确规定不允许个人和家庭接收外国卫星电视。我国也颁布了相应的法律法规,确立了国家对卫星节目地面接收设施的生产、进口、销售、安装和使用的许可证制度,强调个人不得安装和使用卫星地面接收设施。

除了"量"的限制,还有"质"的把关,即对外来文化制品不仅进行总量控制,而且进行价值观和伦理道德方面的审查。为此,应加强对外国文化的研究,分清其中什么是精华,什么是糟粕。在我国,对西方文化中宣扬利己主义、享乐主义、拜金主义等内容的文化制品应严加控制。

4) 经济手段

一是通过直接拨款、经费投入等倾斜政策,扶植民族文化的发展。例如,意大利罗马歌剧院的全年开支中,国家直接拨款就占70%,地方政府拨款占20%,剧院的门票收入只占10%,这就为保障本国利益和弘扬民族文化提供了经济保证。

二是实行差别税率。税收是国际信息和文化交流中的一种经济调控手段,通过对入境的文化制品分门别类地征税,可以限制一些低劣文化制品的进入。例如,对于以赢利为目的的、组织境外通俗歌手演唱会的经济收益课以较高的所得税,而对于高雅的外来精品文化、民族文化的演出则实施免税或减税。

三是设立文化基金,支持民族文化艺术的生产。法国在第二次世界大战后的几十年里,国家对电影始终实行补贴支持的政策,设立电影基金会,规定必须将票房收入、电视和录像带方面的广告收入按一定的百分比上缴基金会,1993年的上缴数额已达4.67亿美元,而法国1/3的电影就是依赖这一基金才得以拍成。法国人认为,如果没有这种补贴,美国好莱坞电影和肥皂剧就会吞没法国的影视业。

5) 文化评论手段

引进外国文化的主要目的,是积极吸收人类创造的优秀文化成果,使之融入自己的民族文化之中。也就是说,一是借鉴;二是欣赏。无论借鉴还是欣赏,都需要专家的指点才能取其精华,去其糟粕,才能提高广大群众的欣赏能力,引导广大群众的欣赏志趣。同样,向世界传播自己民族的文化也需要文化评论,以找到传播的"切入点"。

6) 技术手段

比如,世界上共有三大彩色电视制式,一是美、日等国使用的 NTSC 制;二是法、俄等国使用的 SECAM 制;三是我国及德国等国使用的 PAL 制。在电视广播的三种制式中选择适当的制式,限制多制式电视机、多制式录像机的生产和销售,也有利于抵制殖民文化的入侵。

再如,必要时对境外的敌对电台进行干扰,更是有效的技术手段。如今,随着新媒体的兴起,技术手段及其意义就更为突出了。

三、"世界信息与传播新秩序"的大论争

第二次世界大战结束后,殖民时代的国际政治格局土崩瓦解,亚非拉新独立的国家纷纷谋求本国政治、经济和文化的发展。自 20 世纪 60 年代起,国际政治舞台开始发生急剧变化,在当时的东西方两大阵营之外,形成了一个第三势力即"不结盟运动"。它在 1961 年成立时只有 25 个成员国,而后来超过 100 个,占了联合国会员国的大多数。

20 世纪 70 年代,不结盟运动提出"国际经济新秩序"的主张,呼吁建立一个"公平、主权平等、互相依赖、互利合作的国际经济新秩序"。同时,发展中国家也意识到,要真正改变受压榨、受控制的局面,必须改变现行的不平等的信息传播格局,于是世界信息与传播问题越来越得到发展中国家的重视。

1973 年,在阿尔及尔召开的第四届不结盟会议上,提出了"关注大众传播领域里的工作",以"促进不结盟成员国之间的信息的进一步的相互交流"。[①] 由此拉开了"世界信息与传播新秩序"大论争的序幕。这场论争以美英等西方发达国家为一方,以社会主义国家和发展中国家为另一方,时起时伏持续至今。这个过程可以分为三个阶段,下面我们分别来叙述。

1. 第一阶段:兴起

第一阶段以 1973 年不结盟国家签订《阿尔及尔宣言》为起点,到 1978 年联合国教科文组织发表《大众传媒宣言》。这个阶段,发展中国家力量不断壮大,不结盟运动的主张逐渐深入人心。

1976 年 3 月,不结盟国家在突尼斯举行的不结盟国家新闻讨论会上,正式提出建立"世界信息和传播新秩序"(New World Information and Communication Order)。会议的

---

① 关世杰:《跨文化交流学》,411 页,北京,北京大学出版社,1995。

报告指出,"发展中国家成为信息统治的牺牲品,这种统治是对发展中国家最根本的文化价值的打击。"

1976年8月,第五届不结盟国家首脑会议在科伦坡举行,郑重宣布:"信息与传播领域的国际新秩序同国际经济新秩序一样重要。"同时,发布了《关于信息非殖民化的新德里宣言》,宣言指出:

(1) 世界信息与传播处于严重的不合理和不平衡状态,信息传播手段集中在极少数发达国家手中,绝大部分国家只是发达国家传播信息的被动接受者;

(2) 这种状况有使殖民地时代的统治与依附关系恒久化的危险;

(3) 世界的信息与传播控制在发达国家的几大通讯社手中,绝大多数发展中国家了解外界的情况必须依赖它们,甚至连自己的形象受到歪曲也只能被迫忍受;

(4) 政治、经济的依附关系是殖民地时代的产物,与此相应的现行信息与传播的依附关系也是殖民制度的后遗症;

(5) 在信息与传播手段受到少数国家控制和垄断的状况下,所谓"信息自由"只是西方发达国家的特权。[1]

这个宣言在世界上产生了广泛的影响,成为团结广大发展中国家的重要基础。1976年联合国教科文组织大会在内罗毕召开。从此,这场大争论的中心舞台移到了教科文组织。

2. 第二阶段:高潮

第二阶段从1978年联合国教科文组织大会发布《大众传媒宣言》,到1980年发布"麦克布莱德委员会"的报告——《多种声音,一个世界》(Many Voices, One World)。这是争论趋向高潮的时期,也是发展中国家取得重大胜利的时期。

《大众传媒宣言》酝酿的历史可以追溯到1970年,当时在教科文组织会议上,有的国家提出一项"禁止将信息媒介使用于宣传战争、种族歧视和煽动民族仇恨"的决议案。1978年,教科文组织第二十届代表大会以全票通过了《大众传媒宣言》。这个宣言是妥协的产物,它只规定了大众传媒活动的一般准则和规范,例如维护信息自由和人权、反对种族歧视和殖民主义、推进和平和国际理解等,并没有解决任何实质性问题。所以,这个宣言没有引起各国的重视,甚至在大众传播学界也没有受到关注。

1977年11月,联合国教科文组织成立了国际传播问题研究委员会(The International Commission for the Study of Communication Problem),过去译作"国际交流问题研究委员会"。委员会由16个国家传播界的著名人士组成,因其主席是荷兰人C.麦克布莱德,所以又名麦克布莱德委员会。委员会成立的目的,是研究全球性的传播问题、调查信息流

---

[1] Nordensteng, K. *New International Information and Communication Orders: Sourcebook*, pp. 249-285.

通的现状,并提出具体行动的建议,以及探讨建立"世界信息和传播新秩序"的方法和途径。对"世界信息和传播新秩序"的问题,麦克布莱德委员会展开了充分的讨论。当时,主张"信息自由流通"的西方国家和主张应改变不平衡现状的发展中国家进行了激烈交锋,由于发展中国家的代表占大多数,西方国家处于相对孤立的境地。

1980年,委员会提交了名为《多种声音,一个世界》的报告,集中反映了发展中国家的基本要求。这个报告在贝尔格莱德召开的教科文组织第二十一届大会上获得通过,大会决议中包含以下要点:

(1)不平衡是现行国际信息秩序的基本特征,必须加以改变;
(2)不管是公共还是私人性质的媒介,过度的集中垄断都会产生负效果,必须打破;
(3)为了保证信息与观念的自由而平衡的流通,必须从内部和外部清除某些障碍;
(4)必须保障信息来源与传播渠道的多元化;
(5)应保障传播媒介的自由,这种自由与责任是不可分割的;
(6)发展中国家必须通过完善自己的信息设施和媒介、训练人才等措施提高自己改变现状的能力;
(7)发达国家应该为实现上述目标而显示自己真正的诚意;
(8)必须尊重不同民族的文化特点,以及各民族向世界传播自己意愿及文化价值的权利;
(9)必须尊重所有国家的人民在平等、公正、互惠的基础上参与信息的国际交流与交换的权利;
(10)任何民族、种族、社会群体以及个人都拥有接近信息来源以及积极参与传播过程的权利。①

从以上内容可以看出,《多种声音,一个世界》在许多方面反映了发展中国家的立场、观点和要求。所以,这个报告和决议的通过,意味着发展中国家在"世界信息和传播新秩序"的大论争中取得了重大胜利。有的学者甚至认为,它意味着"盎格鲁-撒克逊意识形态的霸权受到了前所未有的严重挑战。"②而西方则视之为"新闻自由的一次重大挫折"。

在以后的会议中,各国又对信息应"自由流通"还是"均衡流通"的问题,继续展开争论。由于美国在这些争论中经常成为众矢之的,而且它在教科文组织中的影响日趋衰微;1983年12月,美国总统里根称,美国将在观察一年后退出联合国教科文组织。当时,美国国务院发言人提出的所谓理由是:"联合国教科文组织已差不多把它所处理的每件事情都极度政治化,并且对自由社会的基本制度充满敌意,特别对自由市场及新闻自由为

---

① Nordensteng, K. *New International Information and Communication Orders*: Sourcebook, pp. 249-285.
② 转引自郭庆光《传播学教程》,247页,北京,中国人民大学出版社,1999。

甚,还有它没节制地扩大开支。"①一年之后,美国退出联合国教科文组织,英国紧随其后,于1985年12月底也退出该组织。

3. 第三阶段：回落

第三个阶段,从美国、英国退出教科文组织直到现在。其间,由于国际政治格局发生了重大变化,特别是苏联解体与冷战结束,世界信息和传播新秩序的斗争在联合国由高潮趋向回落。

美国的退出使联合国教科文组织的财政出现了严重问题,因为美国负担了该组织大约1/4的开支。联合国教科文组织不得不作出某些让步。1985年秋天在保加利亚首都索非亚召开的第二十三届全体大会,是在美国退出后的第一次会议。一向引起争论的讨论,在这次会议中明显淡化,这是不结盟国家对西方国家压力的一种妥协。到1986年的哥本哈根圆桌会议时,与会代表在国际信息与传播新秩序的问题上,达成"既要纠正信息流通不平衡的现象,亦要保障传媒自由及多元化"的共识。这些实质上都是退步或让步。

1987年联合国教科文组织改选总干事,西班牙的马约尔(Frederico Mayer)当选。他曾多次强调联合国教科文组织维护信息自由流通的决心。在1989年的第二十五届全体会议上,虽然不少国家仍然呼吁建立国际信息与传播新秩序,但联合国教科文组织通过的"中期计划(1990—1995)"只在导言部分稍加提及,在执行计划部分则没有具体方案。这个勾画教科文组织未来五年活动的计划显示,"国际信息与传播新秩序"的争论正在退潮。

虽然联合国教科文组织正在逐步减少对建立国际信息与传播新秩序的支持,但这场由发展中国家引发的抗争,如今正由民间团体及专业团体继承下来,而且声势越来越大。1989年10月,"南非新闻工作者联盟"(Federation of South African Journalists)、"国际新闻工作者组织"(International Organization of Journalists)及"不结盟运动传播基金"(Media Foundation of the Non-Aligned Movement),合作举办了第一次"麦克布莱德传播圆桌会",会议地点在津巴布韦的哈拉雷,与会者来自14个国家的非政府组织成员,包括传播界的专业人员及专家。会议的公报强调建立国际信息与传播新秩序的迫切性,并指出传播科技的发展日益导致"贫"与"富"的差距扩大。

同一时间,世界基督教传播协会(World Association for Christian Communication,简称WACC)举行了第一届国际会议,通过了《马尼拉宣言》(*Manila Declaration*),支持麦克布莱德报告,并将传播权视为优先考虑的问题,呼吁利用传播科技增加各国人民传播权。

1991年,美国哥伦比亚大学的甘尼特中心(Gannet Centre),在纽约举办了"新闻与世界新秩序"的研讨会。此外,美国最大的传播学会——国际传播协会(International

---

① *U. S. in Quitting Unesco Affirms Backing for U. N.*, New York Times. December 30,1983,p. 257.

Communication Association,简称 ICA),也开始举办有关国际信息与传播新秩序的学术会议。

总而言之,进入 20 世纪 90 年代,国际信息与传播新秩序的讨论,已由联合国机构及各国政府转向民间组织及学术机构。而此时联合国教科文组织在这个问题上的立场已明显倾向"信息自由"而不是"信息均衡",这个联合国组织在国际信息流通不平衡的问题上,目前只限于通过"国际传播发展计划"(International Programme for the Develepment of Communication),加强发展中国家的传播活动而已。

1993 年 10 月,我国代表在联合国大会会议发言中指出,建立一个更加合理公正、更加有效的国际新闻与传播新秩序,是与建立国际政治经济新秩序的努力分不开的。联合国新闻部的主要作用之一,应是"建立一个承认世界多样性和各国之间种种差异为前提的世界新闻和传播秩序。"①

第三节 国际传播与全球传播的重要课题

一、新闻价值

新闻价值(news value)这个概念,大约出现在 19 世纪 30 年代的美国。它指的是新闻传播者选择新闻予以传播的标准,如所谓"狗咬人不是新闻,人咬狗才是新闻"就是一种新闻价值观。构成新闻价值考量的因素复杂多样,其中既包括某些客观因素,也包括新闻传播者的社会背景和个人心理因素,同时还包括传媒组织在政治、经济和文化上的诉求。

在国际传播和全球传播中,新闻往往体现着传播媒介的政治立场和态度,体现着不同的新闻价值观。美国传播学者、"培养分析"理论的创始人乔治·格伯纳曾经指出:任何新闻,同时都是一种见解。他曾在 1977 年对世界上 60 家日报的国际报道进行过内容分析,发现不同国家的媒介对世界的描述大不一样。例如,在美国报纸的海外报道中,有关西欧的内容占 28%,南亚和远东占 18%,北美占 10%,中近东占 7%;其中 2/3 以上的内容是关于资本主义国家及其势力范围的,而有关社会主义国家和亚非拉国家的内容总计不到 1/3。②显然,无论是从面积还是从人口上来说,这个比例都与世界的现实有着巨大的差距。它说明,美国的媒介一向以西方社会为中心,而其他国家和地区都是陪衬。

在西方传媒的报道中,发展中国家的形象往往与动乱、战争、落后、愚昧、专制等紧密相连。M. 罗森布卢姆曾经对西方媒介的倾向做过这样的抨击:"西方报刊对发展中国家的现实仅仅给予不当和表面的注目,而且往往充满了文化的偏见。所谓戏剧性变化、煽情

---

① 《人民日报》1993.10.29。
② Gerbner,G.,*The Many World's of the Worlds Press*,Journal of Communication,1977,pp.52-66.

的事件以及'政变和地震综合征'的形象,对发展中国家来说不仅是不公平的,而且是有害的。"①

以中国使馆被炸事件为例。1999年5月8日,以美国为首的北约袭击中国驻南联盟使馆,我国三名新闻记者遇难。事发后,我国人民群情激奋,许多学生自发组织起来,游行示威。对此,美国的新闻界是如何表现的呢?

一开始,美国的主要媒体虽然报道了中国使馆被炸的事实,但反复强调是"误炸",为自己的野蛮罪行百般开脱。随后不久,美国媒体便将报道的重点转向我国人民的抗议活动,声称美国使馆受到威胁。5月11日,《纽约时报》以《在北京,民族主义又席卷了学生,愤怒改变了生活》为题,报道了北京高校学生在美国使馆前和在校园内的抗议活动。《纽约时报》从来没有刊登过一张遇难的中国记者的照片,而5月12日却突出刊登了美国驻华大使尚慕杰被困在使馆的巨幅照片。美国电视网在报道这场抗议示威时,镜头对准愤怒的学生扔石头、烧美国国旗的场面,以渲染中国的反美情绪。美国有线电视新闻网(CNN)还危言耸听地声称,美驻华使馆人员的生命受到威胁。

美国主流媒体在报道和评论这些抗议活动时,都不约而同地刻意把示威浪潮比作当年的"文化大革命",故意将中国人民因主权被践踏而激起的愤怒,比作"文化大革命"初期那种政治的狂热心态。5月10日,《华尔街日报》刊登《中国/科索沃》一文,认为:"自从19世纪中叶的鸦片战争以来,中国一直有一种深刻的排外情绪。许多中国人对西方尤其是美国和英国怀有敌意,尽管他们也盼望到这些国家旅游和学习。"②

由此可见,在国际传播领域存在多么严重的歧视、敌意和偏见。正如获得普利策奖的美国记者杰克·富勒所言:"没有人曾报道绝对客观的新闻,也没有人能够做到这一点,报道的内容总是带有记者的倾向,如果不对细节添油加醋,至少偏见倾向会影响记者对细节的取舍。"③

由于西方传媒垄断了国际传播,因此流通于世界的大部分国际新闻,都是根据少数西方发达国家的信息价值标准选择加工出来的,它们服务于少数发达国家的利益和目标,对广大发展中国家的社会发展产生了严重的危害。20世纪70年代末80年代初,国际传播学会曾进行过一项大型研究,题为"媒介中的外国新闻"。该项研究对29个国家的国际新闻进行了分析,研究的结果表明:国际新闻报道具有一定的选择标准,这在全世界的媒介中都可以发现;所有的传播媒介,都强调报道本国的事件或人物;在西方媒介支配世界的新闻生产和流通的情况下,美国和西欧在世界各地都是常见的新闻话题;仅次于美国和西欧的,是关于纷争、灾难或混乱的"异常事件"话题;第三世界和社会主义国家,除非作

---

① Rosenblum, M., *Reporting from the Third World*, Foreign Affairs, July, 1977, p.816.
② 李希光等:《妖魔化与媒体轰炸》,92~93页,南京,江苏人民出版社,1999。
③ [美]杰克·富勒:《新闻的价值——信息时代的新思考》,展江译,14~15页,北京,新华出版社,1998。

为"异常事件"的发生地得以报道,否则很难出现在国际新闻中;国际新闻的主要提供者是少数几家西方大媒介,许多发展中国家的传播媒介只能从这样的外部信源那里"选择"或"翻译"新闻,仅仅起到一种"二次把关"的作用。

二、信息主权

所谓主权,指的是一个国家或民族不受别国干涉而自主选择自己的政治、社会、经济和文化制度的权利。① 主权的行使一般限于一国的领土、领空和领海范围之内,边防和海关在维护国家的政治、经济和文化主权的完整方面起着重要的作用。1970 年 10 月 24 日,联合国大会通过的一项宣言指出:"任何国家或国家集团均无权以任何理由直接或间接干涉其他国家的内政和外交事务。因此,武装及对国家人格或其政治、经济及文化要素之一切其他形式的干预或试图威胁,均系违反国际法。"②

信息主权(informational sovereignty),是在国家主权的概念上演化而来的,是一个国家对本国的信息传播系统进行自主管理的权利。一般说来,信息主权包括三个方面的内容:一是对本国的信息资源进行保护、开发和利用的权利;二是不受外部干涉,自主确立本国的信息生产、加工、储存、流通和传播体制的权利;三是对本国信息的输出和外国信息的输入进行管理和监控的权利。

但是,随着卫星直播广播电视、计算机通信网络等新媒介的发展,信息主权正面临越来越严峻的挑战和越来越明显的威胁。20 世纪 80 年代,法国的"数据处理与自由委员会"就曾指出:"信息就是力量,储存和处理数据的能力,意味着对其他国家的政治和技术优势。因此,跨越国界数据流通也可能导致国家主权的丧失。"③。原民主德国的剧变就是很典型的一例。

1989 年 5 月 2 日,匈牙利拆除了与奥地利的边界设施。于是,不满现状和向往西方的民主德国人便借旅游之机,从匈牙利绕道奥地利前往联邦德国,形成第二次世界大战后最大的一次公民出逃高潮。当时,联邦德国电视台详细地报道了这一出逃事件,并称之为"投奔繁荣和幸福"。8 月,外逃人数急剧增多,最多的一天有 3 000 多人,联邦德国外长根舍 9 月 30 日宣布,允许民主德国公民迁居联邦德国。当晚便有 4 000 多名民主德国公民滞留在联邦德国驻捷使馆,联邦德国电视一台等西方媒介重点播出了这一消息,随后的几天里人数猛增到 10 000 人。此后大量民主德国居民申请移民,人数不断增长,最后达到 500 万人至 600 万人,约占民主德国总人口的 1/3。"移民风潮"带来了民主德国国内的社会动乱,动乱的发展最终导致了一场政治剧变。

---

① Frederick,Howard H. ,*Global Communication and International Relations*,p. 144.
② 转引自关世杰《跨文化交流学》,394 页,北京,北京大学出版社,1995。
③ Frederick,Howard H. ,*Global Communication and International Relations*,p. 144.

德国新闻学家赫尔曼·麦恩,在《联邦德国大众传播媒介》一书中指出:"电视在这段时间里,……是剧变的因素。"他在书中列举了联邦德国电视一台和二台中出现的镜头:

——匈牙利、奥地利边境的铁丝网被撕破;
——挖掘匈牙利前总理纳吉(死于1958年)的尸骨;
——布拉格大使馆里的逃亡者;
——莱比锡和东柏林的示威游行;
——捷克斯洛伐克的温和革命;
——罗马尼亚总统齐奥塞斯库被枪毙。

另一位联邦德国的新闻学者彼得·乔西姆·拉普对此评论说:"电视这个媒介创造了世界历史,使1989年的德国革命成为现实。如果没有晚间的'投奔阶级敌人',没有渗透于东德的西方电视,也许东德的崩溃会走上另一条道路,甚至不会发生。"①

信息主权,与建立"世界信息和传播新秩序"的问题密切相关。以美国为首的少数西方国家认为,世界信息和传播的新秩序是以牺牲"信息自由流通"为前提的。但是对于发展中国家来说,在世界信息单向流通的情况下,信息主权将受到严重的威胁。为了维护自己的主权包括信息主权,发展中国家不得不抗拒所谓的"信息自由流通"而主张信息均衡流通,不得不反对国际信息和传播领域的不均衡不合理局面,而要求建立"双向流通"的信息交流新秩序。

总之,关于信息主权的问题,"大多数国家以及国际法学者中较普遍的意见是:国家主权的原则是现代国际法的一条重要原则,也是国际法的基础。并不存在毫无限制的所谓'自由传播消息'的国际法原则。……国家本身为了保障其境内的社会秩序,应有权对损害或破坏其社会秩序的某些信息的传播加以限制。"②

三、文化帝国主义

如果说在国际传播和全球传播活动中,新闻时事等信息中的倾向性比较容易识别,那么,娱乐性的信息则往往被视为中性的而受到人们的忽略。事实上,娱乐信息不仅不是中性的,相反它们在文化上特别是在价值观上的影响更值得重视。

巴西的一位教育部长说过:商业性的电视正在把与我们毫不相干的文化强加给我们的青少年,电视不是作为传送巴西文化的一种有效工具,而是成为削弱我们文化特征的一种基本因素。

玻利维亚的一位学者在批评美国文化对拉美的冲击时写到:如果一个占据中心和优势地位的文化单方面地强迫别国接受,那么,这就是文化帝国主义。

---

① 《德国统一时事简讯》1991年7月,见歌德学院收集的德国统一时期有关新闻业变化的德文报摘。
② 贺其治:《外层空间法》,144~145页,北京,法律出版社,1992。

文化帝国主义(cultural imperialism)一词,出现于20世纪60年代,在某些场合又称媒介帝国主义(media imperialism)。按照有的学者的定义,文化帝国主义就是西方国家对发展中国家的文化生活进行系统渗透和控制,以达到重塑其价值观、行为方式、社会制度,使之服从帝国主义利益的目的。① 文化帝国主义有如下三个特征。

1. 形式上主要借助大众媒介

著名的批判学者席勒曾指出:"电影、广播电视节目、书籍、新闻报道等随处可见的文化产品或服务,它们提供的并不仅仅是消息和娱乐,同时也是传播社会价值或政治观点的工具;最终,它们会对全社会的精神结构产生深刻的影响。"② 后现代主义理论的代表杰姆逊(Fredric Jameson,又译詹明信)认为,大众媒介的巨大力量,使发达资本主义的文化产品成为流行的消费品,进而形成空前的文化强势。

还以美国为例。现在,美国共有外文报纸、杂志400多家,用30多种文字刊印。美国著名的三大报纸之一《纽约时报》,远销许多国家。20世纪90年代以来,美国媒体向外扩张的势头更猛,重点对象是亚洲。美籍澳大利亚人、传媒巨子默多克,为了实现他的全球媒介帝国梦想,于1993年7月以5.25亿美元买下了香港星空卫视(Star TV)63.6%的股权,掌握了这个亚洲最大的卫星电视网。如今,全世界的300多套卫星电视节目有一半以上来自美国,另有137个国家接收CNN的昼夜新闻节目。

2. 内容主要宣扬后现代文化

所谓后现代文化,包括在西方日益膨胀的消费主义以及鼓吹绝对的个性自由、凸显非理性和价值相对主义的文化,它具有消解民族认同的作用。罗马俱乐部在其研究报告《学无止境》里指出,发展中国家大量进口发达国家的商业电视节目,源源不断地播放西部片、侦探故事、牛仔电影和肥皂剧,让人面对一个已经过去的或根本就不存在的世界。这种像镇静剂一般平庸的精神食粮,用老一套的模式、陈旧的观点扼杀了第三世界人民的创造性和参与精神,使他们停留在维持性学习的境地。

西方发达国家的跨国公司,通过国际广告、影视节目在世界诱导一种消费其产品的偏好,使各国民众都成为其产品的稳定消费群体。比如,埃塞俄比亚广播电台曾经从美国输入了一些戏剧节目,圣诞节期间,这些节目在该国掀起了布置圣诞树和赠送圣诞礼物的风气,最后弄得圣诞树都不得不从美国进口。③

中国作为一个发展中国家,一个有着悠久文化传统的大国,也受到了西方文化日益广泛的侵蚀。中国社会科学院社会学研究所进行的一项全国性调查则表明:与强调后代和

---

① [英]汤林森:《文化帝国主义》,4页,上海,上海人民出版社,1999。
② 陈龙:《现代大众传播学》,253页,苏州,苏州大学出版社,1997。
③ 李茂政:《传播问题大辩论》,205页,台北,正中书局,1988。

未来的幸福、快乐相比,有更多的城市青年表示,他们人生的奋斗目标是现世个人的幸福与满足,并且这种倾向随着年龄的降低而愈加显著。与此同时,有超过半数的青年对"人应当及时享乐"的说法给予肯定。这些都与西方后现代文化息息相通。

3. 以交流的形式实施文化霸权

旧殖民主义时代西方国家往往利用强权推行殖民文化,现在则主要采取非官方的形式,通过各种形式的文化交流大力推销其文化产品,将它们所负载的价值密码和生活情趣推向世界。这种借助经济和技术的力量,借助语言和文化优势,由西方大国控制的文化输出,把自身的文化作为普遍的价值标准,造成第三世界文化传统的瓦解,实际上是典型的文化霸权。在文化霸权之下,西方文化成为世界的普遍文化,而发展中国家的文化面临灭顶之灾。根据语言学家的统计,全世界原有 10 000~15 000 种语言,而现在只剩下 6 000 种左右,而对民族语言构成危险的重要因素是卫星电视、无线电话和计算机网络的普及。[①]

文化帝国主义的盛行,已经引起了发展中国家的深切关注,并促使他们纷纷采取防范措施。1993 年印度新闻和广播国务部长辛格·德奥在议会上院提出一项提案,要求限制电视经营公司转播低劣的西方影片和广告。1994 年春,印度尼西亚总统苏哈托说,包括印尼在内的十五国集团必须采取措施,对付发达国家通过新闻媒介进行的文化渗透。在新德里举行的十五国集团首脑会议的各国领导人也一致认为,西方所信仰的自由同十五国集团成员国所信仰的自由是不同的;十五国集团的新闻、电信部长将开会讨论如何防止发达国家进行文化渗透的问题。

1992 年美国总统克林顿与联合国秘书长安南曾宣布:"真正的全球化时代已经到来"。西方学者祭起新自由主义旗鼓吹"市场高于一切",从而为跨国资本在全球寻租扫清道路。从哈耶克的"奴役之路"的论断到福山的"历史终结论"的自得,从"华盛顿共识"的缔结到国际金融机构的长袖善舞,"全球化"似乎已经成为不可阻挡的历史趋势。在这样的情势下,中国社会各界也产生了一种"与国际接轨"的急切心理。

对此,我们应该清醒认识到,"全球化"在今天绝不仅仅意味着麦克卢汉所谓的"地球村",也并不等同于历史上曾有过的张骞使西域、郑和下西洋、马可·波罗游历东方、玄奘法师西天取经的国际文化交流。"全球化"在时下的语境中,真正的主体是西方发达国家的跨国企业与国际金融机构,"新自由主义"无非是"保证跨国资本自由的开疆扩土不受阻碍的主义",对此,美国的批判学者乔姆斯基、法国的社会学家布尔迪厄都一针见血地指出了这一西方世界对全球利益的共谋。

事实证明,"新自由主义"的推行维护的永远是单方利益,"全球化"不可避免的出现"马太效应"。全球富裕人群与贫困人群之间的差距越来越大,曾积极加入"华盛顿共识"

[①] 徐勇:《世界语言六千种百年后消亡过半》,刊《人民日报》1995.2.21。

的拉美国家如"被切开的血管"一样在饱受了旧殖民者的掠夺压榨后,又面临新殖民者的盘剥搜刮,国家维护社会健康发展的力量被大大削弱,民族工业遭受摧残打击,失业率居高不下。

苏联解体的政治悲剧背后也潜藏着"新自由主义"思想的渗透,来自美国的两位作者大卫·科兹与弗雷德·威尔在《来自上层的革命》一书中谆谆告诫:"如果中国要想避免在苏联发生的灾难性进程,那么,苏联听任与市场力量发挥作用相联系的政治和思想在社会主义制度内部任意发展这一教训,还是值得记取的。"特别是包括新闻传播的意识形态活动在苏联解体中所起的关键性作用,尤其令人深长思之。

在改革开放的今天,对于中国知识界和思想界的人士来说,尤其需要警惕"全球化"、"新自由主义"等热门概念,站在国家利益的立场上,避免出现"政治制度全盘西化"、"经济践行丛林法则"、"社会奉行弱肉强食"等所谓原教旨极端倾向。同时,多一份"冷眼向洋看世界"的理智,多一种"诸葛一生惟谨慎,吕端大事不糊涂"的把握。英国考文垂大学一位新闻学教授的话足以为诫:"许多发展中国家的记者,特别是他们中的精英分子,不仅以西方新闻媒体作为他们自己文章的来源,还模仿西方媒体的价值观、语言和口气,全然不顾这些宣传是否不利于甚至有害于他们自己的、正在发展着的社会。"[①]

随着以美国为主导的世界传播市场的形成,不少发达国家也受到美国文化帝国主义的冲击,并开始有所警惕。西欧各国面对美国商业文化的冲击,基于保护自己的经济利益和维护文化传统的双重目的,已经采取了一些必要的措施。例如,1989年3月欧共体通过了《跨国界电视公约》(The Convention on Trans-frontier Television),其中强调要"对电视广告制定时间限制",要"重视电视节目对未成年人的影响",并提出"将欧洲制作的节目增加到50%以上"的目标。

需要说明的是,我们反对文化帝国主义,并不是立足于狭隘的民族主义立场。在信息全球化的时代,我们需要也必须与各民族的文化不断交融,不断超越本民族的文化而走向世界。用马克思的著名论述来说:"过去那种地方的和民族的自给自足和闭关自守状态,被各民族的各方面的互相来往和各方面的互相依赖所代替了。物质的生产是如此,精神的生产也是如此。各民族的精神产品成了公共的财产。民族的片面性和局限性日益成为不可能,于是,有许多种民族的和地方的文学形成了一种世界的文学。"[②]

在本章中,我们学习了从国际传播到全球传播的一些基本概念和知识,了解了这个领域的主要话题即世界信息与传播新秩序,并对这个领域的几个重要课题也做了简要介绍。只有掌握了它们,我们才能更好地利用国际传播和全球传播,与世界各国人民开展平等而友好的对话,才能有力而有效地反对世界范围的信息垄断和文化霸权。

---

① 李彬:《当下的批判与批判精神》,2002年4月于北京广播学院"国际关系与文化传播"国际研讨会演讲。
② 《马克思恩格斯选集》,第1卷,255页,北京,人民出版社,1972。

内容摘要

国际传播,是跨越两个或两个以上国家文化体系的信息交流,涉及所有通过个人、团体、政治组织、科技文化机构以及大众媒介而传递的信息及数据,大致分为6个渠道:①印刷媒介,如报纸、杂志、图书等;②电子媒介,如广播、电视、电影、录音带、录像带等;③卫星通信;④商务活动,如信件、电报、电话等;⑤人际交流,如旅游、移民等;⑥政治、外交及文化往来,如会议、演出、比赛等。

作为信息的发出者,国际传播的主体主要有三大类:政府组织、非政府组织和个人,其中国家又是国际传播的基本主体。

国际传播的范围十分广泛,大致说来有以下三类:新闻报道、大众文化和跨国资料流通。新闻报道是国际传播中的主干,具有强烈的政治性。

一国之内的信息传播称为国内传播,两国或多国之间的信息传播称为国际传播,而把国内传播与国际传播融为一体、以全球人类为观照对象的就是所谓的全球传播。国内传播的重点在于本国事务,国际传播的重点在于国际政治与国际关系,而全球传播的重点则在于"地球村"的生存与发展,涉及人口爆炸、环境恶化、资源短缺、贫困蔓延以及和平与发展等重大问题。

国际传播与全球传播,具有沟通、宣传和控制三种功能。

影响国际传播和全球传播的因素,主要有历史传统和现实关系两大类。开展有效的国际传播和全球传播,应该注意以下四点:一要全方位地了解传播对象;二是尊重各国人民的传统习惯;三要建立对外传播的网络;四要选择适当的媒介。

以美国为首的西方发达国家倡导所谓"信息自由流通",结果导致世界信息生产和流通结构的严重不平衡。这种不平衡现象表现在四个方面:一是信息生产的不平衡;二是信息流通的不平衡;三是传播内容的不平衡;四是资源利用的不平衡。

这种不平衡现象的背后,实质是大国沙文主义和大国霸权主义。为此,发展中国家可以在语言、行政、法律、经济、文化评论、技术六个方面采取对策。

这类问题得到发展中国家的重视始于20世纪70年代。1973年,在阿尔及尔召开的第四届不结盟会议上,提出了"关注大众传播领域里的工作",以"促进不结盟成员国之间的信息的进一步的相互交流"。从此,争取"世界信息与传播新秩序"的运动拉开帷幕。它以美英等西方发达国家为一方,以社会主义国家和发展中国家为另一方。随着第三世界的力量不断壮大,这个议题被提到联合国,并引起广泛重视。1980年,联合国教科文组织通过"国际传播问题研究委员会"的著名报告《多种声音,一个世界》,是这场论争达到高潮的标志。此后,随着国际形势的风云变幻,90年代以来世界信息与传播新秩序的论争步入低谷,并从联合国转向民间组织和学术领域。

新闻价值、信息主权和文化帝国主义，是国际传播和全球传播研究领域的三大课题。在国际传播中，新闻往往体现传播媒介的政治立场和态度，即新闻价值。由于西方传媒垄断了国际传播，因此流通于世界的大部分国际新闻，都是根据少数西方发达国家的价值标准而选择、加工并传播的，它们服务于少数发达国家的利益和目标，对广大发展中国家的社会发展产生了严重危害。

信息主权是在国家主权的概念上衍化而来的，是信息时代国家主权的重要组成部分。它指的是一个国家对本国的信息传播系统进行自主管理的权利，包括三方面的内容：一是对本国的信息资源进行保护、开发和利用；二是自主确立本国的信息生产和传播的体制；三是对本国信息的输出和外国信息的输入进行管理和监控。信息主权在高科技的全球化时代，正受到越来越严重的挑战。

文化帝国主义，又称媒介帝国主义。它指的主要是西方发达国家，利用各种手段包括大众传播媒介，推行自己的文化模式取代各国文化多样性的过程，是构成当代帝国主义的重要组成部分。它有三个特征：一是文化的扩张主要借助大众媒介；二是传播的内容主要是消费主义的后现代文化；三是以文化交流的形式凸显不平等的文化霸权。文化帝国主义已经引起发展中国家的深切关注，不少发达国家也受到文化帝国主义的冲击，开始有所警惕，并采取了一些防范措施。

建议参考资料

1. 关世杰：《跨文化交流学》，第十五章，北京，北京大学出版社，1995。
2. ［英］汤林森：《文化帝国主义》，上海，上海人民出版社，1999。
3. 联合国教科文组织国际传播问题研究委员会：《多种声音，一个世界》，北京，中国对外翻译出版公司，1981。
4. 李希光等：《妖魔化与媒体轰炸》，南京，江苏人民出版社，1999。
5. 段连城：《对外传播学初探》，北京，五洲传播出版社，2004。

思考题

1. 国际传播的概念、主体和内容是什么？
2. 全球传播与国际传播是什么关系？它是在什么背景下产生的？
3. 怎样卓有成效地参与国际传播和全球传播？

4. 简述全球信息化带来的冲击和影响。
5. 为什么说世界信息生产和流通结构是不平衡的,其实质是什么?
6. 以我国为例,说明发展中国家如何应对世界信息与传播的不平衡现状。
7. 简述"世界信息和传播新秩序"的缘起、过程和现状。
8. 举例说明新闻价值观在国际报道中的体现。
9. 信息主权与国家主权的关系是什么?
10. 结合现实谈一谈文化帝国主义的特点。

第九章 大众传播学的研究方法

大众传播研究
- ◆ 什么是科学研究
- ◆ 科学研究的基本步骤
- ◆ 大众传播研究

抽样调查法
- ◆ 抽样的目的
- ◆ 概率抽样与非概率抽样
- ◆ 概率抽样的类型
- ◆ 非概率抽样的类型

问卷法
- ◆ 问卷的主要类型
- ◆ 问卷的基本结构
- ◆ 问卷设计的基本原则
- ◆ 题型
- ◆ 问卷长度

内容分析法
- ◆ 概述
- ◆ 应用
- ◆ 步骤
- ◆ 局限

控制实验法
- ◆ 概述
- ◆ 原理与概念
- ◆ 步骤
- ◆ 实验方案
- ◆ 实地实验

研究报告
- ◆ 必要性
- ◆ 基本原则
- ◆ 基本内容

要点提示

1. 科学研究方法的定义和特点；
2. 大众传播研究方法的特点、对象和分类；
3. 抽样调查方法的特点和步骤；
4. 问卷访问法的特点和步骤，问卷的设计；
5. 内容分析法的特点和步骤；
6. 实验法的特点和步骤；
7. 研究报告的撰写。

对初学者来说,"研究"是个陌生而又令人生畏的词语。它往往使人联想到烦琐的公式、厚厚的参考资料和单调的实验室工作。其实,我们每一个人在日常生活中,都曾经或正在进行着某种方式的研究,只不过有时是有意识的,有时是无意识的罢了。一个人产生某种疑问而去寻求答案时,他就是在做一项研究。比如,一个儿童看到一件从未见过的东西而想知道它是热还是凉时,他也是在做一项研究;青少年有了关于工作、生活或交友的某些想法而付诸行动时,他同样是在做一项研究。从以上这些日常生活中的例子可以看出,"研究"其实就是解答问题的过程,就是认知的过程。这个意义适用于一切科学研究,自然也适用于大众传播学的研究。

任何科学研究都必须依靠一定的方法来进行。传播学或大众传播学的研究自然也不例外。一般来说,所谓传播学是由两大部分构成的,其一是传播理论;其二是研究方法。传播理论之所以受到学界和业界的普遍重视,是和其研究方法的科学性分不开的。没有科学的方法,就没有科学的理论。我们在前面的章节中已经对大众传播理论做了详尽的阐述,最后我们再对这些理论得以产生的研究方法,进行一番简要的剖析。

第一节 大众传播研究

一、什么是科学研究

当人们对一种事物产生了疑问或某种想法时,就开始了认知或研究的过程。但是,解答疑问或研究的方式并不相同,大体说来有这样四种。

1. 固定经验法

这种方法的逻辑是,一件事是真理,因为它过去是真理。比如,一个人不相信在报纸上登广告会给他带来更多的客户,因为"我父母开店时从未这么做过,生意也挺好。因此,我也不相信广告"。这种认知方法主要依赖于个人或他人的经验,而且认为经验是不变的。

固定经验法自有其道理。每个社会、每种文化中都有许多经验之谈。它们是人们从长期的生活中总结出来的,往往成了常识。固定经验法的缺陷,在于个人与他人的经验往往不甚精确,较主观或片面。当这种经验被应用于不同的环境或背景下时,可能出现偏差。此外,这种相对静态保守的做法也会阻碍人们主动认知不断变动的社会生活。

2. 直觉法或思辨法

直觉法的逻辑在于,一件事被假设成真理,是因为它要么不言自明,要么经得住思辨。直觉法依靠直觉、洞察力和逻辑推理来认识事物。如一些广告设计者可能拒绝把他们设计的广告付诸受众的检验,而认定他们的广告会吸引顾客。这种直觉说不出道理,也无法提供证明。思辨哲学家认为,经验不可靠,真理是超越感觉经验的。只要有了"公理",经过逻辑推论,就能体察和认识事物。并且,很多时候,所谓"公理"也只是人们的阶段性认识,不能作为固定可靠的逻辑起点。

3. 权威法

这种认知方法的逻辑是承认某种权威的存在,并且相信权威的结论和判断。如孩子试图认识某种东西是凉还是热,他不去用手摸,而是相信父母这个权威的告诫。人们对媒体的信赖也是一个用权威法获取知识的例子。

权威法的长处,是人们没必要也不可能对每件事都亲自尝试或获取证据。权威的意见是很好的依据。但其缺陷是,权威认知的来源并不是完全可以检验的,它可能是思辨的结果或褊狭的个人经验。如现在中国媒体的一些所谓"专家"意见,往往是带有利益动机的欺人之谈。

4. 科学研究

以上三种认知方法,其出发点都是提出疑问,其目的都是获得答案。科学研究也是如此。不同的是,科学研究既不依赖先验的灵感,也不完全求助于某些权威的指点,又不将过去的经验看作一成不变的真理,而是靠客观的实验,尽管这些实验同样离不开经验、观察、前提、假设和逻辑推理。将科学研究与前面三种认知方法相区别的,是获取知识的过程。

有的学者将科学研究的过程,概括为"对观察得到的事物之间的关系,进行有系统的、有控制的、有事实根据的、有批判的调查。"所以,科学研究具有如下特点:

(1) 公开。科学研究依据的是公开的、自由流通的信息,研究者不能求助于个人灵感和直觉。

(2) 客观。科学研究排斥研究者个人的偏好。在研究过程中研究者应遵循既定的、明确的规则和程序,面对的是事实而不是对事实的臆测。

(3) 可证性。科学研究面对的是可知的世界,产生的结果也是可以证实的。

(4) 系统、累积。没有一项科学研究是孤立的。每一位研究者的成果都立足于前人的成果,每一项研究都是一个更大的理论体系的一部分。

这几个特点,都可以从科学研究的过程中得到体现。总之,将科学研究与其他三种认知方法相区别的最重要的一点,就是它的认知过程。

二、科学研究的基本步骤

1. 发现问题

发现问题,是研究开始的动力。一个值得研究的问题应具有以下一个或几个特点:

(1) 理论价值。理论价值可高可低。一整套全新的理论固然有价值,但爱因斯坦毕竟只有一个。对现有理论的质疑，对理论所依据的事实进行补充或订正，或者使用新的方法对理论加以论证等，都具有理论价值。

（2）实用价值。有一些研究虽然并未在理论和方法论上作出贡献，却对解决实际问题有所帮助，这亦不失为有意义的研究。更何况任何实际问题和现象背后都隐含着自然界和人类社会的科学规律及其理论阐释的可能。

2. 查阅相关成果或资料

如前所述，科学研究是连续的、系统的，都立足于前人的研究基础之上。因此，有必要参考或借鉴前人的成果，或对前人的研究提出批评或订正，甚至推翻前人的结论。

3. 提出问题或建立假设

在了解了相关情况之后，就要提出问题，如"性别差异是否导致了对电视节目的不同选择"。或者围绕同一内容，提出假设：性别不会造成对电视节目的不同选择，即对同一问题的尝试性的回答。假设一般是建立在一定的理论基础之上的。

4. 选择适当的研究方法

每个假设或问题，因其特点不同，都有最适用于它的具体研究方法。对自然现象的研究与对社会现象的研究方法不同；对某一学科领域的研究方法又与另一领域不同；研究的目的不同，方法也会有所不同。本章介绍的几种适用于大众传播学的研究方法，就是由其不同的着眼点而决定的。

5. 搜集相关资料

搜集资料，是研究过程中的重要环节。要使研究及其结论站得住脚，就必须尽量充分占有相关的资料。

6. 对资料进行分析

对资料的分析，分为描述分析与相关分析。描述分析旨在对变量进行描述，这些描述可以用总数、平均数、中数、百分比等来表示。相关分析试图表示和解释变量之间的相关或因果关系。科学研究中的相关分析比较复杂，需要引入统计学中的计算。

7. 提出研究报告或撰写研究论文

三、大众传播研究

1. 理论研究

（1）功能研究。早在大众传媒诞生之初，人们就开始提出诸如"大众传媒是什么"、"它如何工作"、"它的内容是什么"、"它的功能是什么"等问题，这方面的研究历史最长。

随着新的媒体不断出现,功能研究也在不断深入。

（2）受众研究。随着大众传媒的普及和人们对它们的广泛使用,研究者开始关注受众使用媒体的情况。比如,人们日常生活中是如何接触媒体的,使用媒体的目的是什么,对媒体使用的满意度如何,儿童对媒体的使用如何,等等。

（3）效果研究。与受众研究密切相关的是对传播效果的研究。这类研究关注媒体的社会、生理、心理等影响,涉及的范围十分广泛。从宏观上讲,它关注媒体如何影响和改变社会以及人们的观念和行为;它也从微观上研究某些内容,如某种信息会对受众产生什么作用。

（4）宏观研究。近30年来,一种新的视角和方法出现在大众传播研究中。它更多关注的是传播与社会的关系,即传媒与社会其他结构如政治、经济、文化之间的互动关系。其代表就是欧洲的批判学派。

2. 应用研究

（1）受众调查。受众调查包括报纸杂志的读者调查和影视的观众调查。目的是了解受众的构成、爱好、对媒体的使用规律等,例如以下几种研究：

受众状况——包括某一类媒体甚至某一媒体的特定受众的基本情况,如性别、年龄、职业、收入、生活方式,等等。受众状况可以采用普查或问卷方式。

使用与满足研究——研究受众使用媒体的目的与满足这一目的的程度。这类研究一般是通过问卷或访问形式。

内容选择调查——主要了解受众对某一特定内容或某类内容的接触情况。这类调查一般也采用问卷或访问形式。

（2）发行量与收视率调查。（报纸杂志）发行量与（广播电视）收视率调查,旨在了解媒体受众的范围,即市场的大小。对于纸质媒介来说,这个范围较易掌握,根据订户数目及零售额即可确定。而广播电视的收视率则较难掌握,早期的收视率调查只能依靠听众、观众自愿提供的情况,目前通用的方法是由专业的调查公司所做的常年的、定期的调查。如美国的尼尔森公司所做的电视收视率调查,即被看作一个权威的依据。再如央视索福瑞公司也是如此。

（3）效果研究。媒介的效果研究是大众传播研究的一个主要内容。它既可以是实用性的（媒体出于加强效果、提高收视率的目的所做的研究）,也可以是基础性的（研究媒体与受众的关系、人的认知过程、现实的构建等理论问题）。比如以下这些方面均属于效果研究：

一是媒体传播的内容对人的社会观念所产生的正负面影响。比如,早期的电影对儿童产生的负面影响的研究;暴力内容的电视对青少年犯罪率升降的影响,等等。这些研究经常采用的方法有内容分析、实验研究、问卷和实地考察,等等。

二是媒体"议程设置"功能研究。"议程"研究基于这样一种假设：公众的议事日程即公众讨论、思考和关注的问题，是由媒体报道的问题所决定的。也就是说，如果媒体决定报道某一问题(事件)，这个问题就成为当时公众议事日程中的重要问题或事件。议程设置研究，就是研究媒体的议程与公众的议程这两者之间的关系。议程设置研究，通常采用内容分析法来调查媒体的报道，采用问卷法来调查公众的议程。

三是广告与儿童。广告对儿童的影响问题，随着儿童与媒体接触的日益频繁越来越受到人们的关注。有人统计，一个美国孩子到上高中前，平均已经接触 350 000 条广告。许多人曾就广告对儿童影响的广度与力度做了应用性的研究。还有许多研究，是在此研究基础上制定有关政策。研究广告对儿童的影响，主要采用问卷法与实验法。

第二节 抽样调查法

一、抽样的目的

科学研究的目的之一，是对具有某种共同特征的一个总体作出描述。在某些情况下，这可以通过对总体中的每个个体逐个的描述来完成。比如，想调查某一张报纸对某一突发事件的报道，可以找到这份报纸关于这一事件的全部报道来研究。这种方法叫做普查。但是，在更多的情况下，因为总体的数量大，在时间、人力、资料来源等条件的限制下，普查是不太可能做到的。这时候，就代之以抽样调查。

抽样调查就是从总体中抽出一个可以代表总体特征的部分加以研究。这里的关键词是"代表"。换句话说，应保证所抽出的样本具有总体的特性，才能将抽样调查的结果推论至总体。

二、概率抽样与非概率抽样

抽样分为概率抽样与非概率抽样。概率抽样的样本，是依据某些数学公式而抽出来的，其中每一个个体被抽出的机会均等；非概率抽样的个体是依据人为拟定的一些标准而抽出的，因此，每一个个体的机会不均等。另一个区别是，概率抽样中由于遵循了数学公式，研究者能够确定抽样误差(任何抽样方法都存在误差)，能计算在多大程度上抽样可以代表总体；而非概率抽样则无法确定这一点。基于这两方面的不同，研究者在选择抽样方法时，应考虑以下几方面的因素：

1. 研究目的

有些抽样的目的并不是要将结果演绎到总体，而只是调查变量之间的关系或为了设计问卷而获取数据。在这种情况下，即可考虑用非概率抽样。因为与概率抽样相比，非概率抽样较省时省力。

2. 投资与价值

与概率抽样相比,非概率抽样花费较小。因此,如果概率抽样的费用过高而能获得的资料的内容与质量均与之不成比例,则可考虑非概率抽样。

3. 可接受的误差度

前面说过,任何抽样方法都不可避免地存在误差,也就是说,任何样本都不可能百分之百地代表总体的全部性质。概率抽样可以准确地获知所获样本数据的误差度,并能由此作出对总体的推论。它还可以根据研究的需要,决定多大的误差度是可以接受的。如果对误差度的选择在某项研究中并不重要,则可以选用非概率抽样。

三、概率抽样的类型

1. 随机抽样

这是一种最基本的抽样方法。它具备概率抽样的最大特征,即每个个体被抽出的机会完全均等。我们在实际生活中,常常使用简单随机抽样方法。比如扔硬币,硬币面朝上或朝下的机会各占50%。再如,抽签也是一种简单的随机抽样法。在科学研究中,简单随机抽样通常采用一个随机数字表。表9-1是由0～9这些数字组成的,由计算机编制,没有人为的因素。

表9-1 随机数字表

12	24	53	96	43	56	36	03	21	4	25	01	24	8	09	95	63	13	35	70
78	38	21	09	75	46	22	05	54	25	76	46	75	24	35	08	56	47	53	42
36	95	84	60	12	24	86	07	94	74	25	46	41	36	09	63	52	74	24	74
95	83	85	73	52	58	48	73	95	95	51	56	31	41	86	36	96	52	47	46
62	74	85	69	63	36	47	58	58	53	52	07	91	42	63	47	85	69	36	03
52	63	42	63	75	96	26	15	73	84	74	77	26	47	68	64	57	25	36	35
52	37	45	63	15	74	85	36	25	03	42	53	44	07	51	73	47	75	35	43
73	85	58	56	53	22	68	97	47	36	52	56	43	24	76	63	52	13	63	75
31	35	64	75	33	66	53	14	53	64	25	52	97	88	07	64	35	75	36	26
95	73	57	33	57	63	58	74	52	96	57	25	63	77	32	74	25	74	06	36
62	73	85	62	51	02	52	74	95	00	53	25	75	62	74	22	37	25	74	51
38	95	26	47	52	74	51	36	15	37	47	51	62	94	69	83	26	51	37	95
72	73	15	26	48	59	76	26	83	38	72	72	41	62	84	60	63	25	33	53
72	62	77	15	36	84	88	73	62	47	95	06	84	26	63	58	36	87	52	47
27	84	25	35	68	36	41	38	84	73	52	47	52	84	97	36	05	73	25	74

例如，我们想要从 100 个电视节目中抽出 10 个，来研究一下它们是如何表现老年人的。在随机表上，首先选出一个起点数。这个起点数完全是随意的，没有任何限制和规则。选好这个数后，可以从这里向任意方向数，从上到下，从下到上，甚至从中心到四周，直至数够所需要的样本数，即 10 个为止。因为数字排列没有任何规律，所选出的样本也完全是随机的。在这个例子中，如选择 42 为起点数，选择从上到下的路径的话，那么这 10 个样本就是第 42，47，07，24，88，77，62，94，62，26。

简单随机抽样的最大优点是它能最充分地体现总体特征。然而，因为这种方法要对总体的每个个体进行编号，这样就造成了两个难题：第一，有时总体边缘并不清晰，也就是说，有时研究者并不能完全掌握总体的数量；第二，总体量过大时，很难操作。比如想就某个电视节目对北京的观众有何影响做一研究，就很难以全体北京观众作为总体，给每个人编号然后抽样。这时，就需要运用其他的抽样方法。

2. 系统抽样

系统抽样是与简单随机抽样十分相似的一个抽样方法，也称等距抽样。在系统抽样中，每 n 个个体被抽出来做样本。n 是由总体与样本数量之比决定的。比如总体有 10 000 个，需要抽取 100 个样本。那么 n 就是 10 000∶100＝100，即每隔 100 个个体就被抽为样本。在操作中首先要知道总体的范围，并将之做无序排列。由抽样者完全随意选一个个体做第一样本，然后往后每 100 个抽取一个，直至抽够样本数。与简单随机抽样相比，系统抽样不需要多次从随机表中抽样，只需按等距抽取即可，因此比较省时。

3. 分层抽样

分层抽样就是把总体按照某些特性先分成子总体，再从每个子总体（层）中用简单随机抽样的方法抽样。最后把从每个层中抽取的样本加在一起，就是总体抽样。分层抽样除了可以较省时省工之外，还有简单随机抽样不具备的一个优点，那就是当总体性质差异较大时，如用简单随机方法，则有可能使抽样的性质不能反映总体的全部本质。而分层抽样由于已按总体的某些特性将全部个体分成不同层次，在此基础上再抽出来的样本就能较全面地代表总体的性质了。

比如，一个电视台想要了解某一范围内的观众对某个节目的收视情况，具体地说，想要调查一下这个节目在不同性别的人中的收视情况有何不同。按照这个范围内男女人数的资料可以得知，男女比例是 49∶51。在分层抽样时，就可以按照这个比例。若样本数定为 100，则从男性子总体中抽出 49 人、从女性子总体中抽出 51 人作样本。

以上这种方法，叫做按比例分层抽样法。但是，在某些情况下，研究的目的需要对某一子总体做进一步的研究或进一步分层，或者，子总体的数量过小，样本的代表性过小。这时，可以将这个子总体的样本数扩大，这就是非比例抽样。当然，使用非比例分层抽样，在由抽样结果向总体做统计推论的时候，要经过特殊的处理。在此不做详述。

四、非概率抽样的类型

如前所述,概率抽样的最重要特点,是总体中的每一个个体被抽样的机会是均等的,而在非概率抽样中,这个机会是不均等的。进一步说,具有某种特性的个体可能会被过多地抽中,而具有另外一特性的个体可能会被完全忽略。可以看出,非概率抽样对总体特性的反映就很可能是不全面的。那么,为什么还要使用非概率抽样呢?

首先,概率抽样的最大困难之一,是在许多情况下不能确定总体的边界,也就是无法得知总体的范围和数量;其次,概率抽样为了保证随机的原则,必须遵守严格的程序。比如,简单随机抽样要对总体的所有个体进行排序、编号。这在总体数量较小时还可以办到,总体过大时就费时费力了。这时,如果调查的目的不是将抽样的结果演绎至总体,而是对总体的性质做一些初步的探索,或提出假设,或对问卷设计做一实验,均可采用非概率抽样。

非概率抽样大体有下面两种方法。

1. 偶遇抽样

顾名思义,这种样本是偶然遇到的。一个最常见的例子是在大街上或商店门口,某一调查人员向行人或顾客散发问卷。接受调查填写问卷的人,就是偶遇抽样的样本。偶遇抽样的好处是显而易见的,它省力方便。但其问题在于偶然性过大,很难具有代表性。但由于它方便快捷,通过偶遇抽样能大致了解某些动态和态度,比如媒体欲了解公众对某些突发事件的反映时,用这种方法是最有效的。

偶遇抽样的一个变种是志愿抽样。志愿抽样的样本,是那些主动愿意被调查的人。这种方法的必要性在于,有时调查的过程或内容容易使某些人感到不快,或觉得麻烦,甚至可能触及人家的隐私。但是,这样的样本与总体的性质相差较大。有学者做过统计,与非志愿样本比较,志愿样本中的被调查人普遍受教育程度较高,工作层次较高,具有较高的智力水平等等,他们往往比较喜欢"社交",较年轻,不太固守"传统"。因此使用志愿抽样法时要考虑周全。

2. 主观抽样

主观抽样,是调查者根据需要或判断来抽样。如在调查某个广告对观众的影响时,调查者有目的地选择使用广告上推销的那种产品的人,来与使用另一种产品的人比较,也就是说,调查者选择具有某种特性的个体来作为样本。这时,抽样标准是基于调查者对个体的判断。当总体边界不清时,常常会采用这样的方法。这里,调查者对个体性质判断的准确性,在很大程度上影响着调查的结果。

第三节 问 卷 法

在调查研究的过程中,一旦样本确定之后,就要开始收集资料了。收集资料有多种办法,本节介绍的问卷法就是其中之一。

问卷法是传播研究中最常用的方法。在现代社会中,几乎每个人都有过填写问卷的经历,或听说过问卷这个词。事实上,问卷已被应用在各个领域,如企业用问卷了解市场情况,政治家竞选用问卷了解民意,媒体用问卷了解收视情况,等等。至于在社会科学的研究中,问卷法更是常被使用。问卷法被如此广泛地使用,那么它有什么优点呢?

首先,它可以用来调查现实中存在的问题。例如受众读报、看电视以及作为广告客户的情况。其次,问卷可以一次了解到多种变量。有些数据,比如被问者的年龄、性别等一般背景,在其他的调查中还可多次使用。另外,问卷可以超越地理上的限制,比如邮寄问卷可以达到异地的被问者。问卷方法的不便之处在于,问卷的设计非常重要又非常麻烦(后面将详细讲述)。

一、问卷的主要类型

根据填写方式的不同,问卷可以分为自填问卷和访问问卷。自填问卷,是将问卷发给受访者填写。访问问卷,是由访问者依据受访者的回答填写。自填问卷一般有发送或邮寄两种。访问问卷可分为当面访问或电话访问等。也有由访问者当面发送,而由受访者填好后邮寄回来。还有一种是小组访问,被访者(往往是少数人)聚集一起,或各自填写问卷,或接受集体访问。

二、问卷的基本结构

问卷的形式,在很大程度上影响着研究的结果。因此,设计一份高质量的问卷至关重要。这里介绍一下通用的问卷结构。

1. 封面信或卷首语

要想尽可能多地回收问卷,方法之一是准备一封好的封面信,或一段卷首语。封面信或卷首语就是对此次问卷的一个介绍。其目的是说服被问者愿意如实地填写这份问卷。有学者总结出写封面信的六条原则:简短;如实相告;不具威胁性;严肃;中肯;语调令人愉快而又坚决。

封面信或卷首语需要包括以下内容:

(1) 调查者的身份。比如,我们是某电视台群众来访部的工作人员。

(2) 调查内容与目的。调查内容与研究项目的题目应一致。但在措辞上,应尽量避免使用科学研究的专业词汇。相反,要尽量使用被访者能立即领会的语言。同时,对内容解释又不可太详细。总之,要清楚、明白、具体。通常,一两句话为理想长度。例如:"我们正在做一项观众收视访谈类节目的调查,以期把访谈节目办得更有针对性,更贴近您的生活……"

(3)被问者的选取方法是一个十分重要但常常忽略的内容。特别是在邮寄问卷中,这项说明能消除被问者的心理顾虑。试想,一个人如果突然接到一个问卷,脑子中出现的第一个问题,首先可能是"为什么给我发这个问卷",或者"他们怎么知道我的"。此时,应坦率如实地向被访者说明你的抽样方法。比如是由简单随机抽样在全市选出的;或指明被问者的特征,由于问卷内容的需要,在具有这类特征的人群中使用随机方法选取,等等。

(4)回收问卷的方式、时间等。应给问卷者以足够的时间填写。内容复杂的应给予较长的时间,比如一两个星期。

(5)对填写问卷者表示感谢。还可以告诉他,你的研究结果会尽快地与之共享。

2. 指导语

在卷首语后,通常会加一段指导语,指导被访者如何填写问卷。更具体的指导语,还可以分别加在问卷中的每一部分之前。比如,可以在卷前指导语中做如下说明:

① 本问卷以选择题与排序题为最主要的问题形态。在选择题部分,所有的问题都是单选。(或多选)
② 在排序题部分,请依照先后次序排列出选出的名次。

同样的指导,也可以在有关的问题之后给予说明。比如,

您认为访谈节目对电视节目整体是否是必不可少的一部分?(选一)
    a. 是   b. 不是   c. 不知道

或者是,

你看访谈类节目的目的是什么(按先后次序排列)
    a. 娱乐   b. 寻找答案   c. 关心   d. 所谈问题
    e. 消磨时间   f. 看主持人   g. 没什么目的

每部分或每个问题前(后)的指导语还有:如果此项您选择了①可以直接回答第 4 题,等等。

3. 问题

问卷的主体是问题。

从答案形式上分,问题有封闭式和开放式两种。封闭式问题的答案是由问卷提供的,被问者只能从这些答案中选择一种或几种。比如:

> 你属于哪个年龄组？
> a. 15～25岁　　b. 26～40岁　　c. 40～65岁　　d. 65岁以上。

封闭式问题的最大优点是：易答，省时省力，便于统计，对于文化程度不同的人都适用。但在某些问题上，可能会限制被问者对问题的看法，特别是问题涉及对某事的观点、态度时。比如：

> 你看访谈类节目的目的是什么？〔按先后次序排列〕
> a. 娱乐　　　　b. 寻找答案　　c. 关心　　　　d. 所谈问题
> e. 消磨时间　　f. 看主持人　　g. 没什么目的

如果被问者有超出答案所提供的目的，可能就被漏掉了；或者，他的目的界于两种之间，问卷也无法对此做出更精确的反映。

开放式的问题则正相反，即被问者可以充分地用自己的理解回答问题，没有任何限制。如前面的例子，"你看访谈类节目的目的是什么"，假如是一个开放式的问题，被问者可以任意做出回答，而不必拘泥于问卷提供的答案，因此往往能提供超出问卷设计预想的、更丰富的材料。但它的缺点是：答案往往难于归类、统计；对被问者的要求较高；回答费时费力；回答的有效率要打折扣。

从内容上分，问题又有个人背景、行为和态度意见三种。个人背景指年龄、性别、家庭状况、收入、教育水平等；行为问题如"你一周看几个小时电视"、"你看不看'焦点访谈'"等；态度意见方面的问题，如"你认为谈话节目的主要功能是什么"等。

4. 问题的顺序

按照人的心理接受习惯，问卷的问题顺序应是由易到难，由简到繁。根据这个原则，应将封闭式问题放在前面，开放式问题放在后面；行为问题在前，意见态度问题在后；容易引起读者兴趣的问题在前，敏感的或易引起怀疑或反感的问题在后；个人背景类问题最好放在最后，以避免被问者产生防范心理。

另外，一张问卷的问题往往按照内容分为几组，可以给每组加一个小标题。在每组之内，再按照以上各原则安排顺序。这样便于被问者按照问卷的逻辑线索，给出清晰的答案。

逻辑清晰而合理的顺序，不仅能使被问者愿意合作，有利于获得高质量的结果，更重要的是混乱的、不合理的顺序有可能产生不真实的扭曲的答案。如以下这个例子：

> ① 你认为当前的电视剧内容有哪些会对青少年产生负面影响？
> a. 暴力　　　　b. 性　　　　　c. 金钱至上　　d. 权力欲

② 你认为当前最严重的社会问题的产生与以下哪些因素有关?
a. 腐败　　　　　　b. 市场经济　　　　c. 管理不善
d. 媒体的负面影响　　e. 外来势力的渗透

在第②题中选择媒体负面影响的比例可能不真实地高于其他选择,因为第①题谈的恰恰是这一问题,因而容易给人以"暗示"。而如果将这两道题的顺序颠倒过来或分开,则很可能产生不同的结果。

三、问卷设计的基本原则

1. 提问题要清楚

这似乎是不言自明的。但是,研究者或提问者往往不自觉地以为被问者也和自己一样,对所调查的问题比较熟悉,结果有时提的问题让被问者不知所云。调查者一定要有这样的意识,那就是对提问者来说很明白的问题,在被问者看来可能并不清楚。

为使问题表述得清楚,首先要使用大众化的语言,不要使用专业术语。一般说来,报纸、大众化杂志使用的语言可以作为问卷语言的参考。在问比较专业化的问题时,应将它改写为普通词汇。比如,不要这样说:"你是否喜欢使用BBS?"而应该问:"你是否喜欢使用网上留言板的形式与人聊天?"再如,不要这样说:"你认为本地区应建立交互式电缆电视系统吗?"而应问:"电缆电视系统的特点是,观众可以向电视台发出信息,也可以接受信息。你认为本地区是否应建立这样的系统?"

2. 问题要提得简短

有时为了避免意思不清,提问人往往使用一些复合句把问题拉得很长,但被问者往往没有时间和耐心(或文化水平)去理解你的长句或复合句。所以,提问时要尽量使用短句,而短句也是最不易产生歧义和误解的。

3. 问题要有相关性

没有经验的问卷设计者,常常加入与本研究内容无关的问题,特别是一些自以为较一般的问题。比如,如果被问者的职业与你调查的内容无关,就不要问,更不要仅仅为使问题全面而去问。

4. 一次只提一个问题

在下面这个例子中,实际上是一次问了两个问题:"你认为这个访谈节目是不是适时的和重要的?"适时和重要是不同的两个概念,这样提问往往使一部分认为适时而并不重要的被问者无所适从。解决这个问题的办法,就是将两个问题分开,如"你认为这个访谈节目适时吗?"和"你认为这个访谈节目重要吗?"。

第九章　大众传播学的研究方法

5. 问题要中立,不带倾向性

问题的倾向性可能带来诱导或误导。比如:"在你的业余时间,你是读书呢,还是只看电视?"这里,"只"这个字就带有一定的重视读书而轻视看电视的倾向性。引用权威或舆论意见也会给被问者一种心理压力。比如,"你是不是像大多数人一样,认为不应该在儿童节目中插播广告?"

6. 不问答案过于复杂的问题

比如,"你们家平均每个月看几个小时电视?"对这样的问题,很少有人能一下子说出来。可能他需要先想想大约每天看几小时,然后再乘以30天。这样的问题有可能使被问者失掉耐心而拒绝回答。解决的办法,就是直接问"一天约看几个小时?",剩下的乘以30天的工作由调查者来完成。

7. 答案设计要穷尽和互斥

对于封闭式问题,需要由问卷者提供答案。设计答案时一定要穷尽所有的可能。如:

你看访谈节目的目的是什么?
    a. 娱乐   b. 关心所谈的问题   c. 喜欢主持人

这三种答案事实上没有涵盖所有的可能。有的人也许就是随便看看,或没有什么别的好看的节目才看访谈,即没有什么明确的目的。因此,要多考虑几种可能,或加上一项"其他"。

单项选择的答案还应具有互斥性,即对每个被问者来说,每个问题中只能选出一个答案。如果他可能选择一个以上,就说明答案之间重叠或包容,而没有互斥。如:

你的受教育程度如何?
    a. 小学毕业   b. 中学毕业   c. 大学毕业
    d. 研究生毕业   e. 博士毕业   f. 其他

这里,研究生就包含着博士研究生。这里应写"硕士毕业"。

8. 概念要具体化

如"你经常收看新闻联播吗?"这句话中的"经常",就是一个抽象的概念。多少次算经常呢?一个星期三次?五次?七次?这样的问题,常常使答案不具备可统计性。一个人看了三次填"经常",另一个人看了四次也许认为不够经常。你的统计就无法反映真实的情况。避免这种结果的办法,就是将概念具体化或量化。如提供几个选择:①每星期三次或三次以上;②每星期四次或四次以上。

注意,因为新闻联播的长度一般是半个小时,因此可以用"次"来量化它。但如涉及其他的更概括的范畴如"电视剧",则应量化为小时而不能用"次"。因为"次"在这里可能代表一小时,也可能代表四小时。所以,这类提问就应是:①每星期三小时或三小时以下;②三至五小时;③八小时或八小时以上,等等。

四、题型

题型,指的是封闭式问题的形式。至于开放式问题,一般就是由一个陈述句或疑问句组成。具体来说,封闭式问题有以下几种常见的形式:

1. 二重选择式

这是封闭式问题中最常见的。如:

你是否看过"焦点访谈"节目?
　　a. 是　　b. 否

再如:

你是否出生在北京?
　　a. 是　　b. 否

可以看出,这类问题简单明了,常常用在关于事实的判断中。但它不能反映对事物的态度及其程度。如下列问题如果设计成二重选择答案:

你同意电视台应当多多增加"焦点访谈"这样的节目吗?
　　a. 同意　　b. 不同意

对此,有些被问者可能会感到为难。这时,应加入第三种选择,即"没意见或无所谓"。

2. 多重选择式

如:

你的婚姻状况:
　　a. 已婚　　b. 未婚　　c. 丧偶　　d. 离婚　　e. 其他

或者:

以一个星期为例,你使用时间最长的媒体是什么?
　　a. 报纸杂志　　b. 电视　　c. VCR/VCD/CD
　　d. 互联网　　e. 收音机　　f. 其他

3. 排序式

当涉及对某件事物的程度或等级的判断或比较时,常用排序式。如:

第九章　大众传播学的研究方法

以一个星期为例，你使用时间最长的三种媒体是什么？请按时间长短的顺序排列

　　a. 报纸杂志　　　b. 电视　　　　c. VCR/VCD/CD
　　d. 互联网　　　　e. 收音机　　　f. 其他
　　(1)　　　　　　　(2)　　　　　　(3)

又如：

你认为中央电视台对庭审重庆彩虹桥坍塌一案的直播公正吗？请在你认为合适的线段上画×

公正 _____ 不公正

五、问卷长度

　　问卷的长短，亦即问题的数量多少，因情况而定。这里主要考虑的因素包括：研究的目的、样本量、分析资料的方法以及用于发放回收问卷的人力、物力、财力等。但是，由于被问者大都是基于自愿来填写问卷，过长的篇幅往往使人容易感到厌烦，失掉耐心，从而影响问卷的准确性，甚至影响回收率。一般认为，问卷在 30 分钟左右能答完较好。采用邮寄问卷法时，被问者可以分几次利用方便的时间填完，因此问卷可以适当长一些；而如利用偶遇抽样而选取的被问者，比如在商店门口的桌子上请人答卷，则应尽量短些。

第四节　内容分析法

一、概述

　　内容分析，是大众传播研究中另一种常用的方法。事实上，每一种大众传播的研究都有可能应用内容分析的方法。比如，在"议程设置"研究中，需要分析媒体的报道与大众关心的事情这两者之间的关系，以及前者对后者的决定性，这时对媒体报道的分析就得用到内容分析法。再如，在"广告与儿童"研究中，要分析广告的内容，如广告的类型、语言、形象及出现频率等，同样得使用内容分析法。

　　对媒体的内容进行分析，可以追溯到第二次世界大战期间。当时，盟军曾对欧洲各广播节目中播放的流行歌曲的数量与类型进行监控与统计，通过把占领区所播放的歌曲与德国电台进行比较，盟军就可以大致估计出欧洲大陆上德军的驻防情况。战争结束后，传播学者将内容分析法运用于对媒体的宣传战研究上。1952 年，伯纳德·贝雷尔森出版了《传播学研究中的内容分析法》，标志着内容分析法成为传播学研究方法的一个正式成员。

那么，如何定义内容分析呢？内容分析，就是对信息进行系统的、客观的和定量的描述和研究。所谓"系统"，意即所研究的信息或内容应是依照明确的、前后一致的规则选出的（见抽样法），同时对信息的评估也应遵照明确的、统一的程序和标准。所谓"客观"，就是研究者本人不能把个人好恶掺杂到研究的过程和结果中。像其他科学的方法一样，检验研究是否客观的一个标准，就是同一项研究使用同一套方法，被任何人重复使用，其结果应是基本不变的。所谓"定量"，是说对信息的描述和反映应是精确的、量化的。如在黄金时间的节目中75%都带有暴力的场面，要比"大多数都带有暴力场面"这个说法具体准确得多。

值得注意的是，内容分析的主要目的是较准确地描述信息的内容及出现的频率，而在解释内容的含义及意义等方面内容分析的作用就极其有限。也就是说，内容分析有时并不能用来做定性的唯一依据。内容分析常常与其他方法共同使用，才能做出深层解释。

二、应用

内容分析法在大众传播研究中被广泛应用：媒介本身通过它发现自己报道的内容是否恰当；民意调查公司通过它与观众的反映和需要相对比；研究者通过它对媒体的行为做出解释。在美国，家长与教师联合会甚至对家长进行内容分析法的培训，使家长能够独立地检查媒体，特别是电视中的节目，以判断它们是否对孩子有利。

具体来说，内容分析法至少可以应用在以下几个方面。

1. 描述传播的内容，即发现"有什么"

比如，发现哪些商品是儿童广告中出现最多的，或者哪些"明星"人物经常出现在儿童广告中。还可以统计一下"访谈节目"请了哪些类型的嘉宾，或哪些类型的嘉宾出现最频繁，等等。描述还可以是纵向的，比如可以描述10年前电视中儿童广告的内容，与10年后的今天加以对比。

2. 比较媒体内容与现实世界

内容分析常常用来将媒体内容与现实世界相比较，以期发现媒体呈现的现实与客观存在的现实之间的关系。如有人将20世纪60年代美国著名新闻性杂志中对各类社会问题的报道做一统计，并将它与民意调查公司对大众心目中的重大社会问题的调查结果相比较。结果表明，二者之间对什么是重大问题及问题重要性的排序十分相似。还有学者曾将某一地方电视台对犯罪报道的频率及内容，与当地实际犯罪状况加以比较。

3. 评估媒体对某一社会阶层的形象塑造

这类研究往往有几种目的：如媒体与现实的比较，媒体之间的比较，或媒体报道趋势的变化，等等。妇女、少数民族、儿童等，往往是这类研究关注的对象。

三、步骤

与其他方法一样，内容分析法首先要提出问题或假设，然后根据问题的性质和研究的需要选择抽样的总体及样本。在问卷法中样本是人群，而在内容分析法中样本就是某类信息。

用于内容分析法的抽样，除了遵循一般抽样法的规则外，还有如下特殊之处。

（1）抽样可以在日期、专题、媒体类型、作者、媒体覆盖地区等层面进行。通常是多种因素的组合来确定整体范围。哪种因素需要给予考虑或优先考虑，取决于研究的问题或假设。如"美国主流媒体对中国加入WTO问题的报道"这样一个题目，决定了研究的整体对象为"美国主流媒体"，报道的内容应是"关于中国加入WTO的问题"。在时间上可以根据需要选取较长期的，如自中国开始入关谈判以来的12年；或较近期的，如最近一次西雅图WTO首脑会议等。在这个题目中，作者、媒体的覆盖地区也许可以不在考虑之中。

（2）内容分析法通常使用分层抽样。比如，先按媒体的类别分层，分为电视、报纸、杂志，再从这三种媒体的有关报道中做随机抽样。

（3）选定分析单位。分析单位是内容分析中最小的单位，也是最重要的单位。要把分析单位与样本区分开来。在一个样本中，比如一篇报道中，可以包含多个分析单位。分析单位就是具体用来统计某个样本所具有的特征的最小计算单位。它可以是这篇报道中的一个词、一个符号、一段话，也可以是整篇的报道。在电视或电影的内容分析中，分析单位可以是人物的一次出现，或一个动作。可以说，对内容的分析，就是以这些被认为能反映样本某些特质的小单位的统计结果为依据。因此，如何确定分析单位，是内容分析的结果是否科学的关键。

在操作中，每一个分析单位要有一个明确的定义，即它的内涵和外延，以保证选择的前后一致性。如果这个工作是由几个人共同完成的，则要保证遵循共同的标准。

有些分析单位比较容易确定和选择。比如，确定中央电视台晚间新闻一个星期中播放几条国际新闻，这就不难做到，因为涉及国际问题的新闻很容易与国内新闻相区别，在节目中它们甚至已经被分为两块。而如果想要分析中央电视台一个星期的电视剧中有多少场景出现了暴力，这就困难得多了。这里的分析单位是"一个场景"。何为"一个场景"？这就需要事先有一个可操作的界定。比如，可以规定，只有那些使用了武器或出现流血的场面才计算在内。表9-2是几个内容分析研究涉及的总体、样本和分析单位。

表 9-2

题　目	总　体	样　本	分析单位
某一杂志的广告的类型(1990—1998)	1990—1998年的全部广告	从1990—1998年全部杂志中随机抽取	整页或半页篇幅的广告
美国电视网对1992年美国大选的报道	ABC、CBS、NBC和CNN在1992年8月24日—10月30日间每晚的新闻	随机抽取100则	新闻来源对大选所做的说明
以现实为蓝本的警事报道中对犯罪与暴力的刻画	1991—1992年间五种警事报道节目的所有部分	1991—1992年间的50篇报道	警察或罪犯
儿童广告中性别的刻画	1991年全国性电视台的儿童节目	1991年2月一个月中所有的儿童广告	与性别有关的广告

（4）分类。内容分析中,经常要进行分类。比如,要分析某电视台的节目类型,就要先将节目依其形式分成新闻访谈、电视剧、歌舞音乐,等等。分类要遵循互斥性和穷尽性原则。互斥性是说如果一个分析单位被归为甲类,它就不能被同时归为乙类。反过来说,如果发现某一单位可以被同时归入两类,就说明分类出现了问题,没有遵循互斥性原则。如将电视剧中的人物按某种族分类时,就不能出现这样的情况：

　　a. 非裔美国人　　　　b. 犹太人　　　　c. 白人
　　d. 本土美国人　　　　e. 其他人

这里的犹太人就可以同时被归类为白人。所以,这样的分类就需要调整。再如,在一个节目类型的统计中有这样的分类：

　　a. 情景剧　　　　　　b. 儿童节目　　　　c. 电影
　　d. 纪录片　　　　　　e. 动作、冒险片　　　f. 猜谜、游戏

其中,电影和动作片、冒险片就不是互斥的。一部电影就可能是动作冒险的电影。总之,分类要尽可能精确和具体。

穷尽性是说分类的类别要完全,应使样本中每一个被分析的单位都能被纳入一类。否则就说明分类的设计没有穷尽一切可能性。解决这个问题的办法比较简单：为了保证不会漏掉一个类别,可以加上"其他"这个类别。但是,有学者指出,如果分类结果表明,有10%以上的分析单位只能被纳入"其他",那就说明分类不尽合理。这时就需要重新整理一下"其他",看看是否不可以从中找出一个共同的特征,以形成一个新的类别。

检验分类是否互斥和穷尽的一个有效办法,就是由几个人对某个样本同时进行分类。如果几个人分类的结果相差不大,说明分类的构架本身是可靠的。

（5）确立量化尺度。计词法是最常用、最简单的计量尺度,即按照分类体系确定关键

词,然后统计这些关键词出现的次数和比例,看出类别之间相互的量化关系。比如,分析某报社论涉及的主题,可将可能出现的主题制成一个分类系统,然后,从社论中找出相应的各种关键词,将所有的关键词分别归类,最后即可看出哪一类主题出现得最多,等等。

内容分析中也常常使用强度分析,即给概念和词的语义强度打分。比如,想统计某一电视台所播电视剧中妇女的形象,确定以"独立性"这个概念来衡量。这时就可以设计一个计量尺度,以非常独立为最高分4,以下由强到弱,分别为较独立3,较依赖2,依赖1。

强度分析与计词法相比,可以提供较深层次的意义,因为它可以反映类别之间的程度差别。但是可以看出,由于强度分析是建立在概念和语义之上的,对语义的理解就成为关键。如果做统计的人之间没有一个共同的定义,整个统计的可靠性就要大打折扣了。

四、局限

内容分析法本身并不能检验媒体内容对受众的影响。比如,对一个电视台儿童广告内容的统计发现,80%的广告都是关于某种果冻的。但是研究人员并不能就此声称,看了这些广告的儿童会喜欢购买这种果冻。这个结论必须要经过其他的研究共同得出。

同时,某一项内容分析的结果只是在这项研究所规定的词语或概念的定义和分类的构架下做出的。不同的研究者可能使用不同的构架和分类,从而可能得出不同的结论。另外,内容分析有时是费时又费力的。试想,分析一份报纸几个月的全部内容,甚至几份报纸的全部内容,需要将报纸每一天的每一页都仔细地过滤一遍。

第五节 控制实验法

一、概述

与其他研究方法相比,控制实验法在当今的大众传播研究中应用得较少。有学者做过统计,从1965年到1989年,在大众传播学公开发表的定量研究中,使用控制实验法的占15%,而使用问卷法的占了将近50%。不过,控制实验法却是大众传播学研究中最早使用的方法。在传播学研究中使用实验法,始于20世纪初。早期的传播学学者将自然科学,特别是心理学研究中的控制实验法应用于媒体对人的影响上,使之成为传播学的研究方法之一。

那么,控制实验法是怎样的一种研究方法呢?简单地说,它是通过控制环境和变量,以建立变量间因果关系的一种研究方法。首先,它是一种"控制"的研究。研究者对研究的环境、条件和被研究者,都可以按照预先的设计进行"控制"。这一点类似于自然科学的实验。在自然科学里,实验室内的实验可以把实验环境与自然环境隔绝开来,实验者可以控制和改变实验室内的温度、湿度、光线和隔音程度等。同样,在控制实验中,研究者也可以决定参加实验的样本的形态、因变量和自变量的类型以及对控制组和非控制组的划分等。比如,在对电视暴力节目与儿童行为的控制实验中,研究者可以决定让儿童观看什么样的暴力内容节目、看多长时间等,以期发现看这类电视节目与儿童暴力行为二者之间的关系。

其次,控制实验法又是一种"因果"研究。在内容分析一节中我们说到,内容分析法主要用于描述事物的量与度,而不在于建立事物之间的联系。而控制实验法的主要目的,恰恰是试图发现事物之间的因果关系。通常,研究者总是先提出一种因果关系的假设。如:A,然后B,即A导致了B。在上面那项暴力内容与儿童行为的研究中,这种假设可以表述为:电视暴力内容导致了儿童的暴力行为。

二、原理与概念

1. 控制实验法的原理

控制实验法总是从一个假设出发,如看了有暴力内容的电视,男孩子会产生暴力行为。在这个假设中,电视的暴力内容是"因",孩子的暴力行为是"果"。它假设,暴力内容的程度变化,会带来孩子行为的相应变化。这个假设是否成立,可以用实验法来证明。如:

(1) 对一组男孩子的自由活动(游戏)进行观察和测试;
(2) 让他们看一部充满暴力内容的电视片;
(3) 再一次测试他们的自由活动(游戏)行为;
(4) 比较前后两次测试的结果是否有差异。

如没有差异,说明假设不成立,即暴力内容的电视并不能使男孩子产生暴力行为。用符号表示就是:

$$O_1 \quad X \quad O_2$$
$$O_2 - O_1 = de$$

这里,O_1 是看电视前儿童的行为,X 是电视内容,O_2 是看电视后的行为,de 是前后差异。当 $de=0$ 时,假设就不能成立。

2. 与控制实验法有关的概念

下面是与控制实验法有关的几组概念。

1) 自变量与因变量

在一对因果关系中,引起事物变化的那个因素叫做自变量,是实验中的刺激因素;而随着自变量而产生变化的状况,叫做因变量,是刺激所产生的结果。

自变量和因变量在实验前都需要有明确的定义,即确定它们的外延和内涵。在上面的例子中,要明确规定自变量——"暴力内容的电视"指的是什么;因变量——"暴力行为"又是什么样的行为。这里所说的定义,还包括操作化的定义,即确定如何测量它们的变化。比如,以看"暴力内容"电视的时间长短来量化自变量,以不同行为的强度来量化作为因变量的暴力行为,如以骂人、推人、打人来表示由弱到强的暴力行为,等等。只有将自变量和因变量操作化和量化之后,才能测出变化的程度。

需要指出的是,一个概念是自变量还是因变量,是就一对特定的因果关系而言的。也就是说,一项实验中的自变量,在另一项实验中也许就作为因变量了。

2)实验组和对照组

在控制实验法中,为了排除由非自变量因素而产生的影响,常常将被测者分为两个组。一组给予自变量的刺激,叫做"实验组";另一组不给任何刺激,叫做"对照组"。两个组的划分是随机的,也就是说,除了自变量的实验因素外,其他因素是相同的。这样,就排除了其他因素的干扰。包含有实验组和对照组的实验方案,在下面还有详细的讲解。

3)前测与后测

顾名思义,前测与后测就是对受试者在接受刺激前后的变化进行测量。前测与后测的比较,是是否可以推翻假设的关键。但是,在某些情况下,前测与后测之间的变化并非单纯来自于或完全不是来自于实验中的刺激因素,如后测时发现的儿童暴力行为,可能不是因为看电视而是因为其他原因。为此,可以设计不同的实验方案,我们将在后面讲到。

4)实验室实验与实地实验

按照实验地点区分,控制实验法分为实验室实验与实地实验。实验室实验在有专门条件的场所进行,对实验的条件、程序都有严格的规定。实地实验因在实际环境中进行,对条件和程序的要求并不十分严格。另外在这两种实验中,被试者对实验的感知程度也不一样,这在一定程度上会影响实验的结果。由于实地研究是在被试者的自然生活环境中进行的,有时他甚至并未意识到是在被试当中。因此,他的"行为"更接近自然状态,也更"真实"。这是实地实验的一个最大优点。但正因为如此,测试结果可能含有在实地中不易排除的因素,这给识别假设中的自变量与因变量之间的关系带来了一定的困难。总之,在什么样的场合做实验,各有千秋,应视实验目的及条件而定。

三、步骤

控制实验法的步骤涉及两个方面:操纵与测量(或观察)。在最简单的实验法中,研究者先是改变自变量,然后观察和测量受试者的因变量。尽管每种实验的步骤稍有差异,但大致来讲它们都要经过以下五个阶段:

(1)选择实验场合。即是在实验室还是在实地。

(2)选择实验方案。实验方案的选择在实验法中是最重要的一步。实验方案的类型将在下面详细讲解。

（3）选择样本及分组。前面讲过的抽样的基本方法在实验法中都可以使用。但是，鉴于实验法是由研究人员操纵控制实验过程，样本一般不可能过大。如果实验方案需要进行分组对照，则应采用同一样本中的随机抽样法，以保证组与组之间的特性完全相同。

（4）进行实验。即先进行前测，再给予实验组以特定的刺激，然后进行后测。

（5）分析与解释结果。

四、实验方案

控制实验法可以依照多种方案进行。每种方案的利弊各不相同。选择何种方案进行，取决于以下几种因素：

（1）研究目的；
（2）测量和变量；
（3）本次研究涉及多少个自变量；
（4）获取数据的方式；
（5）实验的费用；
（6）实验的地点、工具、仪器等条件。

1. 前后测方案

这个方案可以用公式表示如下：

$$O_1 \quad X \quad O_2$$

前面举的给男孩子看暴力内容的例子，就可以用这种方案来进行实验。经过对 O_1 和 O_2 的比较，如果 O_2 大于 O_1，则说明看过电视后儿童的暴力倾向大于看电视之前。

但是，能否就此得出结论说，de（差异）是由于 X 的改变而发生的呢？不一定。因为，在 O_1 和 O_2 之间，可能还有其他的因素在起作用。比如，有可能某些孩子在第二次测试之前，受到其他孩子暴力行为的感染；或者其家中、学校里发生了什么事，使得他们的性格发生了改变。这些其他因素叫做无关变量。那么，如何排除无关变量的影响呢？

2. 前后测对照组方案

这个方案可以用公式表示如下：

$$R_1 \quad O_1 \quad X \quad O_2$$
$$R_2 \quad O_1 \quad \quad O_2$$

前后测对照组方案是一种能有效地控制无关变量的方案。它与前后测方案的不同在于，将被测对象随机地分成两组，一组叫做实验组，一组叫做对照组。给两组以同样的前测。然后，给实验组以刺激，再给两个组同样的后测。最后，将实验组前后测的差异与对照组前后测的差异进行比较。

R 在这里表示随机抽样。R_1 为实验组，R_2 为对照组。如果经过比较，发现 R_1 组前后测差异与 R_2 组前后测差异相当大，那么就可以说，刺激是改变 R_1 前后测指数的主要因素。因为，其他无关的因素在 R_1 和 R_2 中都同样存在，都没有加以控制，唯一的不同只是刺激这一因素。

在前两种方案中，有一个因素的影响一直使研究者不安，即前测本身的影响。我们都有过类似的经验：重复的考试或测试可能使人产生敏感。这种敏感有时可能造成正面影响，使人越考越好，有时也会造成负面影响，使人越考越糟。因此，为了控制考试本身这个因素在实验中的影响，有研究者在前后测控制组方案的基础之上，又进行了改进。

3. 索罗门四组方案

这个方案可以用公式表示如下：

$$R_1 \quad O_1 \quad X \quad O_2$$
$$R_2 \quad O_3 \quad\quad O_4$$
$$R_3 \quad\quad X \quad O_5$$
$$R_4 \quad\quad\quad O_6$$

索罗门四组方案的特点是把无关因素及前测敏感在同一实验中加以控制。

下面我们用例子来说明这种方案。如，想要测试一下"阅读报纸对大学生增加国际知识有利"这个假设，可以先将被测者随机分为四组。其中 R_1 与 R_2 给予前测，R_1 与 R_3 给予刺激，即给他们若干时间的阅读报纸集训。最后给所有四组一次后测。

如果假设成立，而且以 20 分的差异为有意义的差异，则应发现：

(1) O_2 与 O_1 和 O_4 之差均大于 20；

(2) O_2 与 O_6 和 O_3 之差也大于 20；

(3) 比较 O_4 与 O_6 之差，可以发现前测是否使被测者产生敏感。

索罗门四组方案的缺点是，由于需要将被测者分成四组，实验的规模显然需要加大，这就涉及了时间、设备、经费等问题。

4. 多因素方案

以上几种方案所依据的假设都是单因素假设，即一个自变量与因变量之间的因果关系。有时，假设涉及两个或多个自变量，它们共同对因变量发生影响；或者涉及两个或多个自变量之间的交互作用及其对因变量的影响。这时，就可以采用多因素方案。

在多因素方案中，自变量称为因子。根据因子数的不同，可以有双因子方案、三因子方案，等等。总的来说，同时检验的因子数越多，整个实验就越复杂。因为每多一个因子，实验组就要成倍地增加，才能对每种因素加以区别。

下面这项研究可以采用一个双因子方案：一家电影公司为一部新片而在电视和报纸

上分别做了广告。现在想要比较一下这两种媒体对提高这部电影的知名度是否产生了作用。电视和报纸就是两个自变量,也就是两个因子。这个双因子方案用表 9-3 表示如下。

表 9-3

	电视	无电视
报纸	R_1	R_2
无报纸	R_3	R_4

被测者被随机分为四组:R_1 既看电视又看报纸,R_2 看报纸不看电视,R_3 看电视不看报纸,R_4 既不看电视又不看报纸。为了控制前测敏感,均不做前测。在接触了各自的媒体之后,给四个组一个后测,就可以评估出哪一种媒体或媒体的组合最有效地提高了广告的作用。

双因子方案还可以进一步修改为 2×3 方案,即两个因子,每个因子都有三个层次。在上面的例子中,假如想同时发现彩色电视广告与黑白电视广告是否对测试者产生了不同的影响,设计方案就可以修改为 2×3,用表 9-4 表示如下。

表 9-4

	彩色电视	黑白电视	无电视
报纸	R_1	R_2	R_3
无报纸	R_4	R_5	R_6

五、实地实验

实验室实验是在人工环境中进行,被试者处在非自然的状态下,因此,被试者对实验的敏感度比较高。而实地实验法恰恰可以在一定程度上弥补这个缺陷。

实地实验法的最大优点就在于,它的外在效度较高,也就是说,由于它的实验场景较接近"真实生活",实验结果的概括性就更强。以一家广告公司调查某一广告的两个版本所产生的效果为例,在实验室中是把两条广告分别给 A 和 B 两组实验对象看,然后给每组发一份相同的问卷,以获知他们是否愿意购买广告上的商品。然而,这个实验的问题是,由于实验对象知道自己是在参加实验,他们的回答可能并不是真实的回答。另外,"回答"问卷并不等于"购买"商品。最后,在实验室中看电视与在实地看电视的环境也不同,一个较安静、集中,一个可能较嘈杂、容易使人分心,等等。这些都可能影响实际效果。而这样的研究要是在实地进行,那么可以将两则广告放到两个类似但不在一起的商场中放映,然后分别统计实际购买这种商品的人数。

实地实验法的一个最大问题,就是它对实验变量和无关变量难以控制,从而在一定程度上影响了实验的内在效度,即所测量的关系是否确实为自变量与因变量之间的关系。

比如在上述商场中看广告后购物行为的实验中,也许一些人看完后去购买那一商品,只是因为看到大家都涌向那一商品,而不是由于广告的效果。"从众心理"在这里就是一个无关变量。

这里,一个实验的内在效度和外在效度是一对矛盾。实验场合越"纯",越"人工化",即它的内在效度越高,则其外在效度,即可以向总体或实际生活演绎的可能性就越小。反之亦然。

第六节 研究报告

一、必要性

完成一项研究后,最后的工作是撰写研究报告。撰写研究报告的必要性基于下面两个原因:

(1)一个清晰的报告,可以使人更清楚地了解这项研究。研究者应该假设,你的读者关于这项研究的基本知识来自于你的报告。因此,在报告中要将研究所涉及的所有步骤加以呈现和解释。

(2)如我们在前面谈到的,科学研究方法是系统的、有规则的,它具有可重复性。因此,一份精确的研究报告为以后的同一题目的研究者提供了一个参考。

二、基本原则

普通读者或初次做研究工作的人可能会觉得,研究报告读起来既枯燥又啰唆。但是,由于研究报告的特殊目的,它应遵循的第一原则就是精确。任何模糊、遗漏都会破坏这一原则。为了做到精确,就要注意:

(1)不要假设你的读者很了解你的研究。尽管研究的问题本身可能很复杂,涉及科学原理,但应以能适应非专业领域读者的理解水平为准,避免过于专业化的语言。

(2)不要假设你的读者会有时间去猜测你的意思。所有的内容都要直白、顺畅、有逻辑地连接在一起。

(3)应使用第三人称。如"研究者"、"实验人员"、"访问员",而不用"我"、"我们",等等。

(4)避免使用有关性别、种族、民族、健康等方面的具有歧视色彩的词语。

三、基本内容

要做到精确清楚地报告一项研究,报告中就需要包括几个必不可少的部分,尽管不同的研究可能需要特殊的改变或增删。

1. 摘要

摘要是对研究的简要概述。摘要一般在 200 字之内,要开门见山。内容包括:研究题目或假设,研究方法和结论。摘要的特点是小而全。它所达到的目的是,即使读者不再继续读全文,也能了解此项研究的主要内容。

2. 导言

导言一般包括以下内容:介绍所研究的问题,即这项研究的背景和性质。如果前人对此做了研究,那么你的研究与之有何不同、有何新意。如前面在选题部分所讲过的,一项研究的新意可以是理论上的,可以是实用性的,也可以是方法上的,或资料方面的。最后,导言要用明确的语言陈述这项研究的题目或假设。

3. 文献评价

前面讲过,任何科学研究都是对前人研究成果的继承和发展。因此,有必要对已有的相关研究成果进行清理和评价。当然,在一项研究中不可能评价过多过泛的文献。因此,文献评价的原则是选择那些与当前研究联系最密切的。

对任何一项文献的评价都要包括:

(1) 对文献内容的陈述要简要、准确。每项研究的题目、假设、样本、资料搜集方法、结论以及它的意义都应给予简要的介绍。

(2) 分析、评价。分析和评价都应从与当前研究相联系的角度出发。评价同样可以从理论、方法及应用等方面入手。

文献评价的最终意义在于,展示当前研究的必要性。因此,指出前人研究的局限性是非常重要的。

4. 方法

对所采用的方法要做较详细的说明。正如本章所显示的,一种科学的方法是研究成果具有科学性、准确性的保证。在科学研究中,研究的过程和方法在很大程度上决定着研究的结果。

对方法的说明包括:

(1) 对方法的整体陈述。如"本研究采用了内容分析的方法",或"本研究采用了内容分析和问卷的方法",等等。同时,要说明为什么采用这样的方法,即这种方法对本项课题的适应性。

(2) 研究方案。我们在前面讲过,研究方案就是对方法的具体实施计划。比如,如果采用实验法,那么是用前后测方案,还是用索罗门四组方案,等等。

(3) 样本的抽取方法和样本量及特点。

(4) 有时,还需要对在方案设计及抽样中所遇到的困难和问题加以说明。

5. 资料分析、描述

这是整个报告的最重要部分。它包括:

(1) 对分析过程的说明。由于资料搜集方法不同,统计方法不同,对每项研究的分析方式也不同。有的研究只做描述性的分析,比如只表示了某些变量的总量、百分比、平均数,等等;而另外一些则进行了较复杂的相关性分析或因果分析,等等。对分析过程的描述还可包括参加的人员、分工及操作条件,等等。

(2) 所用方法的局限性。任何一种研究方法都存在局限性。因此有必要将本项研究所采用的方法的局限性加以说明。比如,"由于人力和物力所限,本研究的抽样采取了分层抽样法,这在一定程度上限制了样本的代表性……",等等。

6. 结论

结论部分首先应重述一下本项研究提出的问题或假设,目的在于引导读者回到研究的最终问题上来。

接着,应对分析的结果作出陈述。如果整项研究是由多项分析组成的,则应对每项分析逐个描述。这部分中,应将研究涉及的图表、模式等逐一加以展示。

对图表和数字等的展示要注意两点:一要有标题,二要加序号。如"图一,不同年龄组观众接触电视访谈节目时间比较",或"表一,随机数字表",等等。

然后,将每项分析的结果做一综合报告,以回答本项研究开头所提出的问题或假设。综合报告首先要明确回答"问题",肯定或否定"假设",然后再用具体的发现及结论支持这一总体结论。也就是说,结论要开门见山,先概括后具体。

在结论的最后部分,一般还有对本项研究的意义及局限性的讨论。尽管关于研究的意义在导言部分有所提及,但此处更着眼于它对未来研究的意义,即本项研究的"启后"作用。

与对未来研究的意义密切相关的,是本研究的局限性。局限性可以体现在理论构架、资料、应用和方法诸方面。任何一项研究都不可能是十全十美的,只能是科学长河中的一个环节。指出局限性和不足,能使本项研究报告更具实事求是的精神和科学性。在指出局限性的基础上,还可以提出有关的新题目或假设,以及对未来研究的建议。

7. 参考文献

参考文献不但是研究报告中的内容,而且是任何学术论文和学术著作必不可少的组成部分。在报告中应用、参考过的文章、报告、统计数字和引语等,都应收录在参考文献中。参考文献的格式,目前在全世界有几种较通用的。大部分学术期刊或出版社都从中指定某一种。一旦决定使用某一种格式,就要按照它的全部细节要求去做。每一种格式都有非常详细的要求可以遵循。

内容摘要

本章介绍了大众传播学研究的几种基本方法及其应用。

大众传播学是一门科学。科学研究有别于其他认知方法的地方,在于认知的过程。科学研究的一般特征是公开、客观和可证实性。对大众传播现象的研究,遵循科学研究的规律。

大众传播学研究的一般步骤是:发现问题;查阅相关资料与研究成果;提出新的问题或假设;选择并拟定适当的研究方案;搜集相关资料;分析资料并提出研究报告。

大众传播学的研究方法通常应用在以下四个方面:对媒体的功能研究;对受众状况的研究;对传播效果的研究;对与其他社会结构关系的研究。具体说来,有受众调查、发行量或收视率调查、效果研究、使用与满足研究、议程设置研究、广告与儿童,等等。

大部分研究都需要进行抽样,以获得关于研究对象总体的概念。抽样分为概率抽样与非概率抽样。概率抽样有简单随机抽样、系统抽样和分层抽样;非概率抽样是按特定的标准抽取样本,有偶遇抽样和主观抽样。概率抽样能更好地反映总体的特质,而非概率抽样比较省时省力。

资料搜集主要有以下几种方法:问卷法、内容分析法和控制实验法。使用哪种方法应根据研究题目的性质及研究条件而定。

问卷法,多用在搜集与研究对象有关的事实和意见方面。根据填写场合区分,有当面发送、邮寄和电话几种;根据填写方式分,有自填和由调查者代填两种。问卷提问应做到清楚、中立、具体,提供的答案应穷尽、互斥、简单。

内容分析法,用于对媒体的传播内容进行研究。内容分析的基本步骤是:抽样,样本为媒体的传播内容,可以根据日期、专题、媒体类型、作者和覆盖面等层面进行;选定分析单位即计量单位,它可以是一段话、一个概念、一个词或一个符号;分类,即对内容进行分类,分类要遵循穷尽和互斥的原则;最后是确定量化尺度,比如是计词法还是强度分析,等等。

控制实验法是一种控制研究。它可以人为地设计实验的条件和环境;实验法又是因果研究,旨在发现变量之间的因果关系。

实验法根据场地划分,有实验室实验和实地实验两种。实验室实验对实验的条件和程序有严格的要求,因此,实验的结果具有较高的内在效度;实地实验对条件的控制不严,但由于它更接近实际的情景,因此具有较高的外在效度。

控制实验法,有前后测方案、前后测控制方案、索罗门四组方案和多因素方案。

研究过程的最后一步,是撰写研究报告。研究报告要说明研究的目的、方法、结果以及对未来研究的意义,等等。研究报告一般包括摘要、导言、文献评价、方法、结论以及参考书目。

建议参考资料

1. 袁方等主编:《社会研究方法教程》,北京,北京大学出版社,1997。
2. 柯惠新:《调查研究中的统计分析法》,北京,北京广播学院出版社,1990。
3. 任鹰:《文科论文写作概要》,北京,北京大学出版社,1991。
4. Wimmer, Roger D. and Joseph T. Dominick, *Mass Media Research, an Introduction*. Belmont, California: Wadsworth Publishing Company, 5th edition, 1997.
5. Rubin, R. B., Rubin A. M. & Piele, L. J., *Communication Research: Strategies and Sources*, Belmont, California: Wardsworth Publishing Company, 1996.

思考题

1. 科学研究方法与其他的认知方法有什么不同?科学研究的特点是什么?
2. 传播学研究方法主要有几种?它们可以用在对传播现象的哪些研究中?
3. 近年来,随着国内电影市场的开放,好莱坞大片不断涌入中国,对中国电影市场形成了很大的冲击。摆在传播学研究工作者面前的一个问题是:好莱坞大片对中国电影观众的吸引力在哪里?请为这项研究设计一个研究计划。
4. 中国使用互联网的用户已超过3亿。他们使用互联网的主要目的是什么,或者他们中不同的群体使用的目的是否有所不同?采用何种研究方法可以回答这一问题?

第十章 全球化与大众传播

何谓全球化
- ◆ 新自由主义与新左翼
- ◆ 物质交往与精神交往

"依附理论"
- ◆ 萨米尔·阿明
- ◆ 伊曼纽尔·沃勒斯坦
- ◆ 贡德·弗兰克

"东方学"
"全球混乱理论"
现代性与传播
文化帝国主义
反驳与质疑
未完结的结语

> 没有一部文明史，不同时也是一部野蛮史。
>
> ——瓦尔特·本雅明

一个幽灵，全球化的幽灵，在世界徘徊……

如果说 20 世纪 90 年代以来，相继盛行的三种世界性话语，即所谓"历史的终结"、"文明的冲突"和"全球化"，填补了冷战后土崩瓦解的意识形态空间，那么全球化无疑是其中风头最健而备受青睐的。当年宋人议论未定而兵已过河，如今全球化的问题仿佛也是一不留神便已铺天盖地，有关全球化的研究更是不旋踵而汗牛充栋。尤其在世纪更替之际，全球化的无穷议论更是"嘈嘈切切错杂弹，大珠小珠落玉盘"。

那么，什么是全球化呢？全球化是仁慈的福音，还是阴险的陷阱？是发展的过程，还是既成的事实？是人类历史的自然趋势，还是西方操纵的人为过程？是云之君兮纷纷而来下，还是旃裘之君长南下而牧马？等等。一时间从高层到民间，从西土到东洋，似乎都在纷纷谈论这些话题。一个概念或关键词转瞬之间便繁衍铺排成一片话语的汪洋，既显示现代传播强大的议程设置功能，也表明信息时代令人生畏的控制潜力。

第一节 何谓全球化

一、新自由主义与新左翼

按照流行观念亦即西方的观念，全球化俨然就是某种三位一体的发展趋势——经济全球化（所谓全球经济一体化）、政治全球化（如西方政治制度及其价值体系的全球化）和生活方式全球化（如消费主义意识形态以及消费文化的全球化）。其中，经济全球化又居于核心地位，所以在许多情形中，全球化往往等同经济全球化。被视为富人俱乐部的国际货币基金组织（IMF），就是按照这一思路界定全球化的：通过全球贸易、资金流动、技术创新、信息网络和文化交流，使各国经济在世界范围高度融合，形成相互依赖关系（国际货币基金组织，1997）。

无论就事实判断还是就价值判断而言，在全球化问题上始终存在两种主要的认识与态度，一是把全球化视为人类历史一个晚近的发展时期和一种普适的进化过程，属于一种不可阻挡、不可逆转、不以人的意志为转移的大趋势。它在政治层面上表现为民族国家及其职能的削弱和相互间的依赖加强，在经济层面上表现为跨国公司与跨国金融的大规模运行，从而使资源在全球范围得到优化配置；在文化层面上表现为信息传播的空前活跃以及以消费为核心的生活方式的盛行。

这种认识以所谓新自由主义(Neoliberalism)为代表。他们认为,新一轮全球经济与市场的一体化不是你死我活的"零和游戏",而是推动整个人类进步的先驱或动力,因为通过世界资源的优化组合,绝大多数国家最终都将获得比较长远的利益。其中,他们特别强调信息及其共享的意义,尤其是互联网上的信息,据说对任何国度的任何民众都是极为公平的。所以,拒绝全球化就是逆历史潮流而动,必将被开除球籍,就像当年印第安人和大清帝国的命运,道德上值得同情,而历史上却只留下悲惨的记录。

另一种认识与态度是批判性的,它把全球化看作"西方文明"/"现代文明"的新一轮全球扩张,亦即资本主义的新一轮全球扩张以及由此导致的世界性不平衡与不平等格局,其中体现的实际上不过是资本主义永无止境的欲望和横绝人寰的逻辑,所以全球化在历史观上属于西方中心论,在价值观上属于西方中心主义。比如萨米尔·阿明(Samir Amin),就把全球化当作资本主义和帝国主义的同义词。借用戴锦华先生的表述:

> "全球化",这一用来描述二战后世界格局演变的、具有相当明确的批判性意义的词语——用以指称全球资本主义体系,并进一步用于描述冷战后愈加鲜明的一极化国际政治及经济格局,用于描述跨国公司统治的实现,用于表达富国与穷国间的尖锐对立,用于书写在资源意义上的掠夺、极度不平等和政治、文化上的霸权及观念、产品倾销,在90年代中国的文化语境中,其不时被译为:走向世界、同步于世界、人类地球村、人类资源共享。[①]

这种认识以新马克思主义或新左翼(New Left)为代表。他们认为,全球化显示着帝国主义和资本主义的暂时胜利,其最终结果必然是不公正、不公平的两极分化,而国家和政府往往沦为国际垄断资本的"代理人"。所以,全球化意味着"新中世纪主义"(New Medievalism)复兴,犹如中世纪的天主教国民,在教皇和神圣罗马帝国的绝对权威下分享主权与领土。不过,古代帝王虽然统治整个帝国,但并不管理所有领地,也就是说,他们重的是"面子"而不是"里子"。然而,当代势力强大的跨国公司和资本主义则重的是"管理"而不是"统治",要的是"里子"而不是"面子"。如此说来,互联网属于信息帝国主义,世界贸易组织属于市场帝国主义,国际货币基金组织属于金融帝国主义,联合国属于政治帝国主义等。所以,这种新帝国主义的危害远远超过"旧帝国",发展中国家重新沦为帝国主义臣民的前景已经昭然若揭。

其实,全球化一词本身就出自西方,先天已包含"自西徂东"整合世界的意义。按照高放先生所做的词源学考察,"全球化"(globalization)最早是美国人于1944年使用的。[②] 20

[①] 戴锦华:《文学备忘录:质疑"全球化"》,见孟繁华主编《九十年代文存》,上卷,409～410页,北京,中国社会科学出版社,2001。

[②] 高放:《"全球化"一词的由来》,《学习时报》2001年5月14日,第3版。按照他所查的Webster's Ninth Collegiate Dictionary,global出现于1676年,globalism出现于1943年,globalize、globalizing出现于1944年。

世纪 60 年代前后,这个词以及同一词根的一系列新词在西方日渐流行。比如,人所熟知的"全球一村"或"地球村"(Global Village),就是 1960 年加拿大传播学家麦克卢汉,"在他的打字稿《关于理解新媒介的报告》提出来的。然后,《谷登堡群星璀璨》(1962)把这个概念作为一章推向世界"。① 进而言之,关于全球化起源的两种最具代表性看法,无一不是从西方中心论和西方中心主义的角度着眼的。第一种是把 1500 年作为全球化的源头,其标志是哥伦布"发现"新大陆,按照这种看法仿佛人类所有的文明都以百川归海之势奔向文艺复兴的欧洲,然后由此获得新生再向世界展开,向全球蔓延。第二种有关全球化起源的看法,是把 20 世纪 80 年代以后以新自由主义为旗帜、以信息技术革命为动力、以跨国公司为主体的生产、流通与消费现象视为全球化的开端,特别是以苏东解体以及冷战结束为标志的 20 世纪 90 年代更被当作真正全球化时代的起点,1992 年美国前总统克林顿和联合国秘书长安南就曾兴高采烈地宣布——"真正的全球化时代已经到来"。关于全球化的批判性学术研究与理论思考,基本上也都是围绕这类时间坐标而展开的。

不管是上述第一种"主流观点",还是第二种"批判观点",在一点上又具有某种意义上的共识,即当今真正推动全球化的力量既不是民族国家及其政府,也不是联合国以及形形色色的非政府组织(NGO),而是富可敌国的跨国公司。比如,"一人比联合国 185 个成员国中的 135 个更富有"的比尔·盖茨及其微软公司。② 个中道理也不难理解,只有面向全球,以全球为大市场,跨国公司的利润才可能达到最大化,正如索尼公司的口号所宣示的:"献上我们的产品哟,面向整个地球!"

二、物质交往与精神交往

虽然康德的"世界政府"、黑格尔的"世界精神"等思想,已经开始具有现代意义上的全球化意识,但是公认从科学理论上而不是从形而上学上最早触及全球化现象并揭示全球化本质的思想家还是马克思,尽管一些批判学者也将他归入西方中心论的思想范畴。③ 在《德意志意识形态》里,马克思已从资本主义的发展趋势上看到"世界历史性"、"世界市场"等前景,从而阐发了"世界历史"的思想:

> 这个思想是说,由于生产力的发展,分工和交换的扩大,冲破了地域的壁垒,把各个民族都推向不可分割的联系和交往之中。这样,"每个相互联系的活动范围在这个发展进程中越是扩大,各民族的原始封闭状态由于日益完善的生产方式、交往以及因交往而自然形成的不同民族之间的分工消灭得越是彻底,历史也就越是成为

---

① [美]保罗·莱文森:《数字麦克卢汉——信息化新纪元指南》,何道宽译,95 页,北京,社会科学文献出版社,2001。
② [英]史蒂文·拉克斯编:《尴尬的接近权:网络社会的敏感话题》,禹建强等译,6 页,北京,新华出版社,2004。
③ 如贡德·弗兰克在引起广泛反响的《白银资本》(1998)里,曾称自己的思考与方法旨在"摧毁马克思、韦伯、汤因比、波拉尼、沃勒斯坦以及其他许多现代社会理论家的反历史的-科学的——其实是意识形态的——欧洲中心论的历史根基",详见该书中译本,2 页,北京,中央编译出版社,2000。

世界历史"。马克思举例说明了世界历史概念的涵义：如果在英国发明了一种机器，它夺走了印度和中国的无数劳动者的饭碗，并引起这些国家的整个生存形式的改变，那么，这个发明便成为一个世界历史性的事实。①

这里尤其值得我们关注的，是马克思所论及的那个具有全球视野的传播学概念——"交往"(verkehr)，以及与此相应的"交往形式"、"交往方式"、"交往关系"等，而"这个术语的含义很广，它包括个人、社会团体、许多国家的物质交往和精神交往"。② 按照马克思的看法，这种全新的、迥异于以往所有历史的物质交往和精神交往，为共产主义提供了现实的条件与历史的可能。因为，"无产阶级只有在世界历史意义上才能存在，就像它的事业——共产主义一般只有作为'世界历史性'存在才有可能实现一样"。③

当然，马克思就此所做的著名阐述还属《共产党宣言》，正是在这篇眼界阔大、思想深邃、感情诚挚、文辞壮美的经典文献里，马克思和恩格斯第一次详细论述了现代资本主义文明形态及其全球化的特征，下面这段文字更是广为人知：

> 不断扩大产品的需要，驱使资产阶级奔走于全球各地。它必须到处落户，到处创业，到处建立联系。
> 资产阶级，由于开拓了世界市场，使一切国家的生产和消费都成为世界性的了。……过去那种地方和民族的自给自足和闭关自守状态，被各民族的各方面的互相往来和各方面的互相依赖所取代了。物质的生产是如此，精神的生产也是如此。④

马克思为解析全球化问题，不仅提供了一套通透的思路如物质交往和精神交往，以及科学的方法即历史的、全面的、有机联系的方法，而且更为重要的还在于显示了一种道德力量与价值取向。当代诸多全球化的理论与学说，尤其是一些具有批判意识的理论与学说，在科学层面上不妨说都是秉承马克思的思想主题而展开的繁复变奏，至于在价值层面上则更是继承了马克思的精神传统。其中可以大致区分三种较有代表性的研究流派，一是立足于政治经济学的"依附理论"和"世界体系"；二是侧重于文化批判的"后学思潮"；三是着眼于全球混乱的各种现实思考。

第二节 "依附理论"

依附理论(dependency theory)，可以说是第一套系统的全球化批判理论。依附理论认为，资本主义及其全球扩张不仅将整个世界联为一体，而且导致全球范围的不平衡状

---

① 赵兴良：《马克思的"世界历史"思想与全球化》，《求实》2000(9)。
② 见《马克思恩格斯选集》第一卷，注释11，718页，北京，人民出版社，1972。
③ 《马克思恩格斯选集》第一卷，41页，北京，人民出版社，1972。
④ 《马克思恩格斯选集》第一卷，254~255页，北京，人民出版社，1972。

态，造成一种"中心-边缘"的发展格局，而中心部分的发达（development）与边缘部分的不发达或欠发达（underdevelopment）密切相关，实际上是同一历史过程的两个相反相成的方面。因此，边缘地区与世界经济的融合并非像李嘉图说的是发挥各国比较优势、对各国都有益无害的过程，而是由资本主义核心地区的资本积累所限定的一种依附性关系。

一、萨米尔·阿明

依附理论创始人，是马克思主义的政治经济学家萨米尔·阿明。阿明（1931—　），生于埃及，学于巴黎，自称为"社会主义和民众解放的斗士"，现任位于塞内加尔首都达喀尔的"第三世界论坛"（Third World Forum）负责人。早在1957年的博士论文里，他就形成了依附理论的基本思想框架，为20世纪60年代后兴起的依附学派奠定了理论基础。在这一理论流派看来，资本的积累必须依靠一种全球分工，而这种分工的本质是不等价交换和剥削。于是，随着资本主义的全球性扩张，在整个世界范围日渐形成了一种"中心"（center）与"边缘"（periphery）相互连带的格局，而边缘区的生存与发展是"依附"于中心区的。这种格局使中心国家大获其利之际，也使边缘国家的状况越来越趋于恶化。[①] 为此，不发达国家要想获得真正的发展，就必须摆脱这种依附性的地位，按照阿明的说法，就是要与中心"脱钩"（delinking）。阿明曾在60年代到过中国，所以汪晖先生猜测他的发展学说，曾受惠于毛泽东"独立自主，自力更生"思想。无论如何，阿明在评价中国改革的成就时，的确特别强调毛泽东时代的意义。90年代以来，随着全球化问题的升温，阿明开创的依附理论更加引起人们的重视，而他对全球化问题也开始进行更加专门而深入的探究，相继出版了《非洲与第三世界的发展》（1989）、《混乱失序的帝国》（1991）等著作，提出了"全球秩序"（global order）和"全球失序"（global disorder）的见解：

> 阿明认为，地区间的不平衡发展是整个历史的特征，但只是到了现代，两极化才伴随着整个世界卷入资本主义过程而成为内在的特征。他将这个现代（资本主义）两极化的过程区分为三个时期：第一个时期是工业革命前的商业主义时期（一五〇〇—一八〇〇），其特征是以大西洋为中心的商业资本的支配地位和边缘区域（美洲）的制造；第二个时期是产生于工业革命的所谓资本主义的古典时期（一八〇〇—二战结束），

[①] 联合国开发计划署发表的《1999年人类发展报告》（*Human Development Report*, 1999），列举了一系列触目惊心并常被引用的数据：世界最富裕的1/5人口与最贫穷的1/5人口之间的收入差距，从1960年的30∶1上升到1990年的60∶1，进而达到1997年是74∶1。另外，在国内生产总值、出口市场份额、外国直接投资和电话线路等项指标上，前者分别占全球的86％、82％、68％和74％，而后者均只占1％。另据世界银行2001年的报告，生活在国际贫困线即年均392.88美元以下的1/5人类，集体所得大约只及全球产值的0.3％；生活在国际贫困线2倍以下的人口占到人类的46％，他们的集体所得只有全球产值的1.25％；对比之下，那些生活在所谓"高所得经济体"的人口，虽然只有人类总数的14.9％，却占有全球所得总和的79.7％。

与之对应的是两个后果：①亚洲（日本是一例外）、非洲以及拉丁美洲的边缘化，它们通过农业和矿业的生产而进入到全球劳动分工之中；②以资产阶级民族国家体系为其形式的工业体系的形成。这两个方面同时说明了民族解放的意识形态的主要特点：工业化的目标成了解放、进步的同义词和"赶超"的手段；在资本主义中心启发之下以建立民族-国家为目标。现代化的意识形态就是在这样的背景下被接受的。第三个阶段（一九四五— ）是边缘地区在不平等条件下进行工业化的时期。在这个时期，伴随着民族解放运动，亚洲和拉美国家重新获得了政治主权。同时，自足的民族工业体系逐渐瓦解并被重组为一体化的世界生产体系的构成要素。①

按照这一思想逻辑与理论学说，阿明自然把"经由市场而全球化"当作一个反动的乌托邦，他甚至把全球化看成帝国主义的同义词。他指出，由于资本主义中心地带，即欧洲、北美和日本具有"五大垄断"——新技术垄断、全球金融垄断、自然资源垄断、媒体与传播垄断和大规模杀伤性武器垄断，全球化不仅使"中心－边缘"的两极化格局永久化，而且进一步导致了"全球失序"而不是"全球秩序"。为了打破这个反动的乌托邦，就必须按照社会主义思想提供一套可供选择的人道主义方案。正如他在"全球化与当代资本主义"国际学术报告会的发言中所总结的：

> 我不认为建设社会主义是人类追求的虚幻的目标，我认为苏联和中国的经验也仅仅是在迈向社会主义万里长征中的第一步，我对社会主义的前途充满信心。②

二、伊曼纽尔·沃勒斯坦

继 20 世纪 60 年代的依附理论之后，"世界体系"（world-system）学说及其学派于 70 年代开始兴起，其标志就是这个全球化理论学派的奠基人沃勒斯坦（Immanuel Wallerstein）的皇皇巨著、三大卷的《现代世界体系》（*The Modern World-System*）的出版（第一卷出版于 1974 年，第二卷出版于 1980 年，第三卷出版于 1989 年）。世界体系理论与依附理论，具有密切而内在的思想亲缘，它们不仅立论一致，观点相似，思考的角度与思想的色彩颇多共通与共鸣，而且两派代表人物也经常彼此交叉，比如依附理论的先驱贡德·弗兰克也被视为世界体系理论的代表。所以，可以把依附理论与世界体系并作同一个全球化学说及学派。

同阿明一样，世界体系理论的鼻祖沃勒斯坦也是"新马克思主义"的中坚人物。他们对资本主义世界体系的分析，都是从马克思关于全球市场与世界历史的视角切入的，他们

---

① 汪晖：《秩序还是失序？——阿明与他对全球化的看法》，《读书》1995(7)。
② ［巴西］特奥尼托尼奥·多斯桑蒂斯、［埃及］萨米尔·阿明：《透视当代资本主义——"全球化与当代资本主义"国际学术报告会发言纪要》，《新华文摘》2001(4)，170 页。

的理论旨归都在于,一方面揭露和批判不合理的世界政治经济秩序及其成因;另一方面力图超越西方中心主义的发展模式和现代化理论。按照世界体系理论,资本主义一开始就是作为一个世界性的体系出现的,它由中心区、半边缘区和边缘区三个组成部分连为一体。三个区域分别承担不同的经济角色,这种角色其实是由不同的"劳动分工"决定的。所以,沃勒斯坦认为,看待现代世界不应再用"民族国家"(nation-state)而应该用"世界体系"作为"分析单位",这也是他对全球化研究在方法论上的一大启发:

> 恰如沃勒斯坦所分析的那样,资本主义的出现展示了一种全然不同的秩序,因为它第一次在空间跨度上真正成了全球性的,并且更多的是建立在经济(即"世界资本主义经济")之上,而非建立在政治权力之上。
> ……根据沃勒斯坦的观点,早在现代社会的初期,资本主义就开始在世界范围伸延了:"从一开始,资本主义就是一种世界性经济而非民族-国家的内部事务……资本决不允许民族-国家的边界来划定自己的扩张野心。"①

在《现代世界体系》中文版序言里,沃勒斯坦简略阐述了三个富有深意并值得深思的问题。对批判性思想尤其具有点拨意味的,是他强调的创立资本主义不是一种"荣耀",而是一种文化上的"耻辱"。因为,他认为在历史上,大多数文明一直在阻止资本主义的发展,特别是中华文明,而西方基督教文明在其最为薄弱的时刻对资本主义屈服了,于是人们从此都得承受由此带来的后果。另外,他还特别提到,我们现在并非处在资本主义的胜利时期,而是处于资本主义的混乱告终时期,"占人类四分之一的中国人民,将会在决定人类共同命运中起重大的作用"。②

在各种批判性的全球化理论中,依附理论与世界体系理论均以眼界的阔大、思想的敏锐及方法的独到而见称,这同那些属于主流意识形态的、林林总总的所谓发展理论不仅迥异其趣,而且在现实的关怀上即沃勒斯坦所说的责任感(commitment),如"代表世界上大多数深受压迫的人们的利益"(《现代世界体系》中文版序言)方面更是不可同日而语。这些特征体现在这一流派的所有研究中,而近期使人动容也令人难忘的当属贡德·弗兰克及其一系列发人深省的著述,特别是其近作《白银资本——重视经济全球化中的东方》,更是一石激起千层浪。

三、贡德·弗兰克

贡德·弗兰克(Andre Gunder Frank),1929 年生于柏林,1957 年毕业于芝加哥大学

---

① 黄平:《从现代性到"第三条道路"——现代性札记之一》,《视界》第 1 辑,15~16 页,石家庄,河北教育出版社,2000。
② [美]伊曼纽尔·沃勒斯坦:《现代世界体系》,第一卷,罗荣渠等译,中文版序言,2 页,北京,高等教育出版社,1998。

经济学系,获经济学博士学位,其导师就是后来获得诺贝尔经济学奖的弗里德曼。弗里德曼现在自是大名鼎鼎,因为20世纪80年代后声势汹汹、气焰逼人的里根主义或撒切尔主义(更一般的称呼是新自由主义),就是以他的理论和哈耶克的理论为后盾的。不过,按照英国《新左翼评论》主编佩里·安德森(Perry Anderson)的看法,"历史地看,弗里德曼不过是个小人物,哈耶克则是一个大家,虽然他在政治民主的问题上是反动的"。① 由此不难理解,具有左翼立场的弗兰克为什么不见容于弗里德曼,甚至弄得差点不能毕业。作为一名具有社会正义与人类良知的知识分子,出于对第三世界人民的同情心与责任感,毕业于名师名校的弗兰克放着眼前的坦途不走,而毅然前往拉丁美洲,带着一种打游击的心情将自己的志业与那里的民众联系在一起,并把自己变成一个"本地人",就像那位投身拉美人民解放事业的英雄切·格瓦拉一样。从20世纪60年代开始,他陆续发表了一系列属于依附理论的著作,如《资本主义与拉丁美洲的欠发达》(1967)、《拉丁美洲:欠发达还是革命》(1969)、《依附性积累与欠发达》(1978)等。尤其是《依附性积累与欠发达》(*Dependent Accumulation and Underdevelopment*),与同期出版的阿明代表作《世界范围的积累》(*Accumulation on a World Scale: A Critique of the Theory of Underdevelopment*)和沃勒斯坦代表作《现代世界体系》往往相提并论,同为这个全球化学派的扛鼎之作,"标志着战后以中国革命和第三世界民族解放运动为背景对全球历史资本主义的思考进入了一个新阶段"。②

《依附性积累与欠发达》一书,将世界性的资本积累过程分为三个阶段:重商主义阶段(1500—1770)、工业资本主义阶段(1770—1870)和帝国主义阶段(1870—1930)。弗兰克通过对每个历史阶段的分析,令人信服地说明由于依附性关系而导致的一种普遍的欠发达状态。所谓"欠发达"(underdevelopment),既非"未发达"(undeveloped),亦非"不发达"(underdeveloped),而是由于依附性关系而导致的畸形发达,犹如生态环境遭到破坏后的生物生长情形。弗兰克认为,现代资本主义/帝国主义的征服,同以往历史上的所有征服活动不同。过去的做法只是逼迫被征服者称臣纳贡,而一般并不改变其生产体系和社会结构,而现代资本主义基于自身的发展逻辑,必须系统地、彻底地摧毁殖民地原有的生产体系和社会文化结构,使之按照宗主国的需要形成一整套依附性的关系,比如黄金、白银、咖啡的产生都是如此。这里尤以拉丁美洲最为典型:

> 16世纪被征服以来,拉丁美洲形成了一种与欧洲相比,首先不在于发展水平高低,而在于性质迥然不同的外向型依附性经济,正是欧洲殖民统治者强加的这种卫星国地位决定了拉丁美洲始终摆脱不掉的欠发达状态。③

---

① 汪晖:《新左翼、自由主义与社会主义》,《视界》第4辑,101页,石家庄,河北教育出版社,2001。
② 陈燕谷:《从依附理论到全球体系》,《视界》第2辑,96页,石家庄,河北教育出版社,2001。
③ 陈燕谷:《从依附理论到全球体系》,《视界》第2辑,88页,石家庄,河北教育出版社,2001。

就在撒切尔夫人所说的"为智利带来民主"的皮诺切特发动军事政变,推翻了具有社会主义色彩的宪政总统阿连德之际,弗兰克也被驱逐出境,流亡故乡——柏林。与此同时,就在弗里德曼正在智利电视台的 talk show 中向皮诺切特推销"休克疗法"之际,弗兰克的"智利学生、朋友和同志"达戈维托·佩雷斯·巴尔加斯,则"为了反对靠依附、不发达和剥削求积累而英勇战斗,壮烈牺牲"。① 流亡德国期间,弗兰克一直想在大学谋个教职,可每每被拒之门外,德国文化部部长甚至对一位想聘弗兰克的大学校长说,此人绝不能在这里得到教授职位。无奈之下,他只好去其他国家流浪,先后任教于阿姆斯特丹大学和多伦多大学。1998 年,他以一部横空出世的力著《白银资本——重视经济全球化中的东方》(ReORIENT: Global Economy in the Asian Age),再次引起国际学术界的关注,该书翌年即获世界历史学会图书奖的头奖。旅美学者刘禾先生甚至将它同萨义德的《东方学》(Orientalism)和马丁·伯纳尔(Martin Bernal)的《黑色雅典娜》(Black Athena),并称为"构成了当代学术转型中的三个路标性著作"。② 2000 年中文版出版后,在国内学界同样深受关注与好评,甚至触发了所谓新自由主义与新左翼的一场"看不明白的争论"(萧俊)。③ 这场争论以及类似的争论本质上在于如何看待现代性这个充满矛盾与张力的东西,一个偏于矛盾的这一边,一个偏于矛盾的那一边,而不管怎么看待现代性这个核心问题,都不能不承认《白银资本》具有一种思接古今、视通万里、纵横捭阖、气势磅礴的恢弘与大气。

哈佛大学的历史学教授约翰·F. 肯尼迪在评论本书时说,"真理的最大敌人往往并不是故意编造的谎言,而是长期流传的似是而非的神话"。弗兰克认为,关于现代性以及与此相关的全球化问题,在被视为常识的观念中恰恰存在许多似是而非的神话。比如,欧

---

① 见《依附性积累和不发达》一书献词,南京,译林出版社,1999。戈维托·佩雷斯·巴尔加斯于 1975 年 10 月 16 日被军政府杀害。
② 刘禾:《欧洲路灯光影以外的世界——再谈西方学术新近的重大变革》,《读书》2000(5)。
③ 见徐友渔《质疑〈白银资本〉》,载《南方周末》2000 年 6 月 16 日,刘禾《〈白银资本〉究竟犯了谁的忌?》,《南方周末》2000 年 7 月 27 日。这场争论的意义,远远超出了一本学术著作本身,而成为世纪之交中国思想界在新的层面上进行分化、重组与交锋的一个突出的象征性事件,其中所透露所隐含的学术思想的差异、分歧与对立犹如五四时期的问题与主义之争。另外,其间的论争往往被表面的术语所遮蔽,如所谓"自由主义"与"新左翼"等。在甘阳先生看来,二者原本同属 20 世纪 80 年代知识界自由派阵营,到 90 年代而划分为自由左派与自由右派,前者继承了新政传统,并与"第三条道路"相呼应,而后者则秉持了里根、撒切尔的保守主义倾向。对此,韩德强先生说得更明确,更直白。他认为,政治自由与经济自由是两个东西,而且有时相互矛盾。走向高度垄断的经济自由所体现的是弱肉强食的社会达尔文主义,它和代表人类文明与理想的政治自由是格格不入的。如此说来,"自由主义"与"新左派"的论争不仅是命题不对称——自由主义应该和专制主义对称而新左派应该和新右派对称,而且事实上新左派之新正新在其政治自由的主张上,至于所谓"左"无非是代表了广大的普通劳动者,代表了一切竞争中的弱势群体。所以,这场论争如果有其内在合理性的话,只能说"自由派"中有少数人实际上是新右派,甚至是极右派。他们借自由主义之名,对新左派进行妖魔化,维护竞争中的强者的利益,压制弱者的自由,而不是真正的、在历史上激动过无数仁人志士的自由主义。

洲不顾实际的地理状况,坚持把他们的半岛说成是"大陆",而人口众多的印度反倒只是一个"次大陆"。再如,1793年英王派往中国请求通商的使臣马戛尔尼,遭到所谓傲慢而颟顸的清政府的拒绝。当时欧洲已开始现代化的进程,可古老的中国却闭关锁国。[①] 在《白银资本》看来,诸如此类的神话里最大的一个神话可以如此概括:哥伦布历史性的扬帆远航拉开了现代世界的帷幕,从此现代文明就开始在欧洲萌发,并以欧洲为中心向世界拓展,最终形成全球一村的现代化体系。至于欧洲之所以能够担当如此重任,乃是因为她具有一系列得天独厚的优异禀赋,像什么源于古希腊的民主传统,究根穷底的科学探索精神,个人主义/自由主义的文化土壤,以及法制思想/公民意识,等等。总之,正是由于欧洲如此出色,所以成为现代化与现代性的发源地。美国的《生活》杂志,为了在1977年9月号上宣布一千年来100个重要人物与事件,曾雇20多个编辑,广泛征求"专家"的意见,还花几个月时间展开激烈讨论,最后得出的结论是100个人中有83位属于欧洲,而且据说"这并不是出于《生活》杂志编辑和专家顾问的偏见,而是反映了过去一千年的社会政治现实"。[②] 所有这些人们见怪不怪的事情依照弗兰克观点,通通属于迷惑人们思想的"迷思",亦即罗兰·巴特所说的神话(myth)。而《白银资本》就是要破除这些迷思或神话,拆穿西方中心主义的皇帝新衣,还历史以本真的面目。借用刘禾先生《欧洲路灯光影以外的世界——再谈西方学术新近的重大变革》一文对本书内容的概括:

> 作者在书中推翻了布罗代尔、沃勒斯坦和他自己早先关于现代世界体系的阐说,同时又对亚当·斯密、马克思、桑巴特、涂尔干、韦伯和波拉尼等诸多理论家的欧洲中心论和他们书中提出的有限证据,做了逐一的批评,换句话说,《白银资本》对有史以来正统和非正统的社会理论,都进行了一次系统的清算。比如,弗兰克认为,从来没有过什么"亚细亚生产方式",或者"闭关自守"、"停滞落后"的东方,所有这些说法都是持欧洲中心立场的人编造出来的神话。在他看来,早在欧洲兴起之前,在一四○○——一八○○长达几个世纪的时段,就一直存在着一个围绕亚洲,尤其是围绕中国的世界经济体系,欧洲则长期处于这一体系的边缘,直到十九世纪局面才开始扭转,也就是说,欧洲居于中心的时间来得很晚,也很短。他强调,无论是资本的原始积累,还是资本主义的兴起,都必须放在这个大的世界体系的结构和发展中才有意义,因此,那些认为现代文明是从欧洲社会内部生长出来的种种理论,用弗兰克

---

① 如朱学勤先生论及此事时说:"马嘎尔尼访华,卑之无甚高论,也就是今天我们讨论WTO时耳熟能详的八个字:'自由贸易,协定关税。'乾隆拒绝这八个字,是因为外夷不肯行双膝下跪大礼……"见《南方周末》,2001年11月29日,9版。

② 张五常的《艺术天才的排列》一文,列举了"历史上"的10位艺术天才,并排了座次:莫扎特、苏东坡、毕加索、米开朗琪罗、王羲之、伦勃朗、巴赫、莎士比亚、希区柯克和米老鼠唐老鸭的作者。见《凭阑集》,122~129页,北京,社会科学文献出版社,2001。

第十章　全球化与大众传播

的话来说,都是没有根据的无稽之谈。这种惊世骇俗的说法,在某些人眼里自然十分可疑,但弗兰克在书中举出了大量的有关白银贸易的极有说服力的证据,来证明他的论说,它们给凡是读过《白银资本》的人都留下深刻的印象。①

总之,《白银资本》不仅涤荡了西方中心论与西方中心主义的意识形态,比较系统地清算了所谓现代化与全球化的历史旧账,而且为审视人类社会的生存与意义提供了一种新的思考角度,对此不论是否欣赏,是否接受,是否赞同,人们都不得不承认由此看到的,的确是不同于习以为常的世界性历史和全球化图景了。②

第三节 "东方学"

与依附理论和世界体系理论不同,五色杂陈的后学思潮并不存在一个统一的学说及学派,毋宁说它是一个具有多重学科背景、多重价值取向、多重理论意义的混合体,恰似一个眩人眼目的万花筒,又如横看成岭侧成峰的庐山风光。从批判性的全球化视野看,其中可以包括后现代主义、后殖民主义、后结构主义/解构主义等理论,不妨统称为后学思潮。

如果说依附理论和世界体系立足于政治经济学的研究范式,那么后学思潮里后浪推前浪的诸般言说则大多侧重于"文化批判"的理论视角。后现代主义的思想家詹明信(Fredric Jameson,又译杰姆逊,詹明信乃他自定的中文名字),曾把后现代主义界定为"晚期资本主义的文化逻辑"。所谓"晚期资本主义"(late capitalism),原出比利时的政治经济学家厄内斯特·曼德尔(Ernest Mandel)。曼德尔在1978年出版的《晚期资本主义》一书里,把资本主义的历史分成三个阶段:第一个阶段是马克思在《资本论》里分析的古典资本主义或市场资本主义;第二个阶段是列宁论述的垄断资本主义或帝国主义;第三个阶段就是他所说的当下西方发达国家所处的资本主义,即所谓"晚期"或曰"当下"(late)资本主义。这种资本主义的基本特征,在于工业化的组织管理体系向社会生活的各个方面全面渗透,从而形成一种"无所不包的工业化状况"(generalized universal industrialization)。③不过,作为经济学家的曼德尔除了生产流通领域之外,对这种体系在社会文化上的表现则语焉不详。而詹明信即在这一基础上进一步展开论述,从而把后现代主义视为发达资本主义即晚期资本主义的"文化发展"。在他看来,市场资本主义阶段的文化主宰是现实主义,如巴尔扎克的小说,莎士比亚的戏剧;垄断资本主义阶段的文化形态是现代主义,如

---

① 刘禾:《欧洲路灯光影以外的世界——再谈西方学术新近的重大变革》,《读书》2000(5)。
② 当然,弗兰克的理论也遭到了不少严格的批评和反驳,比如他的两位过去的"老友"而现在的"对头"沃勒斯坦和阿瑞吉,就分别发表了《面向东方还是欧洲奇迹》和《真实的历史还是披着红色外衣的自由主义》。参见《视界》第2辑,石家庄,河北教育出版社,2001。
③ Mandel, Ernest, *Late Capitalism*, London, 1978。

波德莱尔的诗歌,毕加索的绘画;等到了资本主义的第三个发展阶段,即晚期资本主义或他说的"跨国资本主义"阶段,后现代主义则成为一种普遍的"文化逻辑"(cultural logic)。他认为,"现代"是资本主义在"自然"(nature)层面的征服,"后现代"则是资本主义在"文化"(culture)层面的扩张。按照这种看法,在后现代社会中,现代化的事业已经大功告成,"自然"已经一去不返地消逝,整个世界成为一个完全人文化的世界,于是"文化"就变成实实在在的"第二自然":

> 在此,资本的扩张已达惊人的地步,资本的势力在今天已伸延到许许多多此前未曾受到商品化的领域里去。简言之,我们当前的这个社会才是资本主义社会最纯粹的形式。……可以说,就历史发展而言,我们直到今天才有机会目睹一种崭新的文化形式对大自然和潜意识的领域积极进行统治与介入。①

詹明信对后现代主义的界定,诚如国内研究后学思潮的盛宁先生所言,是迄今为止国际学术界对此"最有说服力的一种观点"。所以,他也认为后现代主义实际上是一种"文化理论":

> 阅读和思考似乎越来越坚定我的这样一个想法:"后现代"问题的提出,固然涉及到时代分期问题,然而从根本上说,它更是一个如何认识和评价资本主义社会的文化现状问题。
>
> ……
>
> 种种关于"后现代"的理论所关注的,主要还是在当代西方社会的思想文化的层面,它们对于当代资本主义的经济、政治以及社会的总体机制虽时有涉及,但显然不是重点。……西方思想理论界把"后现代主义"作为一个特别的问题提出来,至少在主观动机上还是表现了一种积极的、批判的态度。在这个意义上,我们甚至可以把这个问题的讨论,看作是三十年代以来西方马克思主义、法兰克福学派,以及六十年代以来形形色色的西方新左派对于当代资本主义批判的一个重要的继续。②

作为一种文化视角和批判理论,后现代主义的一个鲜明特征——按照法国后现代理论家让-弗朗索瓦·利奥塔(Jean-Francois Lyotard)的权威解说——在于消解历史上的一切"宏大叙事"(grand narratives),或解构形形色色的"元叙事"(metanarratives)。利奥塔说道,如果用最简单的语言下定义,可以把后现代视为"对元叙事的怀疑"(incredulity toward metanarratives)。③ 那么,什么是对元叙事的怀疑呢?美国作者阿瑟·A.伯格,用通俗的语言解释道:

---

① 詹明信:《晚期资本主义的文化逻辑》,484页,北京,三联书店,1997。
② 盛宁:《人文困惑与反思——西方后现代主义思潮批判》,11~17页,北京,三联书店,1997。
③ [法]让-弗朗索瓦·利奥塔:《后现代状态:关于知识的报告》,车槿山译,2页,北京,三联书店,1997。

> 许多后现代理论家争论说在后现代社会中,我们放弃了过去常为我们解释事物的那些伟大哲学信仰体系,如马克思主义,它解释了社会如何形成了这种现状,或者弗洛伊德主义,它说明了人的精神活动,或神话,它们解释了人类是如何产生的。这些信仰体系我们称为元叙事,现已不再被接受或者被提出疑问。①

就全球化而言,后现代理论特别是其中的后殖民主义所解构的"元叙事",可以归结为一整套或隐或显的殖民主义与帝国主义话语及其文化霸权意识,恰如依附理论针对的是全球范围的政治经济霸权。后殖民主义兴起于 20 世纪 70 年代,90 年代以来在全球化的语境中愈显兴盛,其中坚人物有美籍阿拉伯裔学者爱德华·W. 萨义德(Edawrd W. Said)、美籍印度裔女学者盖娅特莉·斯皮瓦克(Gayatri Spivak)、英籍印度裔学者霍米·巴巴(Homi Bhabha)等。萨义德的代表作《东方学》(Orientalism),1978 年一问世即引起广泛强烈的反响,各种文字的版本纷纷出版,几乎成为后学思潮特别是后殖民理论的一部经典。按照以萨义德及其"东方学"为标志的后殖民主义理论,资本主义的全球扩张不仅依赖于政治、经济与军事方面的"运力",同时也借助于文化、思想与学术方面的"运思",不仅表现为现实层面的开疆拓土——将整个世界变成以"西方"(the west)为中心而以"其他"(the rest)为附属的大工场、大市场、大商场,同时也体现为意识层面的重组一切话语的冲动——一方面在摧残与摧毁其他文化如美洲印第安文化的基础上,大力推行西方的文化标准与价值观念;另一方面则对"非我族类"的社会形态,按照自己的需要和理解进行意义解说、话语建构和理论重塑:

> 伴随帝国主义的经济侵略和领土扩张,在文化的层面上,也有一个同步进行的、将整个世界的方方面面都文字化、符号化的过程。②

后殖民理论认为,这种文化层面的帝国主义扩张,实际上就是一个不断"文本化"的过程(textualising),它旨在让西方之外的其他文化,包括历史、地理、风俗习惯、社会制度、思想传统等等,能够成为一种可供西方观看、理解及掌控的东西。通过这个文本化过程而形成的一整套话语,自然无不体现着一定的支配与被支配的权力关系。换言之,随着西方的全球化进程,在知识生产与权力控制之间形成了一种良性循环。对此,萨义德通过东方学这套殖民话语的生成繁衍做了鞭辟入里的阐述。

按照萨义德的分析,东方并不是自然而然的客观存在,而是经由"将东方东方化"的过程(Orientalizing the Oriental)而逐渐形成的一大堆主观想象:"东方几乎是被欧洲人凭空创造出来的地方,自古以来就代表罗曼司、异国情调、美丽的风景、难忘的回忆、非凡的经

---

① [美]阿瑟·A. 伯格:《一个后现代主义者的谋杀》,洪洁译,60 页,桂林,广西师范大学出版社,2001。
② 盛宁:《人文困惑与反思——西方后现代主义思潮批判》,173 页,北京,三联书店,1997。

历。"①而东方学则可以说是从这类想象中衍生的一大堆话语,"是一套被人为创造出来的理论和实践体系,蕴涵着几个世代沉积下来的物质层面的内涵。这一物质层面的积淀使作为与东方有关的知识体系的东方学成为一种得到普遍接受的过滤框架,东方即通过此框架进入西方的意识之中,正如同样的物质积淀使源自东方学的观念不断扩散到一般的文化之中并且不断从中生成新的观念一样。"②这些东方学话语里,既包括人们耳熟能详的东方专制主义、亚细亚生产方式等系统理论,也包括所谓封建、保守、残酷、封闭等刻板印象,还包括大量怪诞不经的描绘、想象,乃至臆造等,从而有效地建构了一整套由西方主宰的、名正言顺的现代化/全球化的意识形态:

> 为了使其驯服,东方首先必须被认识,然后必须被入侵和占领,然后必须被学者、士兵和法官们重新创造,这些人将古代东方被遗忘的语言、历史、民族和文化重新发掘出来,用作——在现代东方人的视野之外——评判和统治现代东方的工具。③

在这个过程中,"无数的学者、行政官员、旅行家、交易人、国会议员、商人、小说家、理论家、投机者、预言家、诗人,还有各式各样的流浪汉和边缘人……都对宗主中心现实的形成作出了贡献"。④

显而易见,萨义德的东方学理论中映射着福柯的"话语/权力"思想,即作为一个地理的、历史的和文化的实体,东方和西方不仅都是人为建构的,而且其间无不存在着一种"权力关系,支配关系,霸权关系",一种书写与被书写的关系。另外,特别值得注意的是东方学的生成并非通过暴力形式,而是借助于"文化霸权"。所谓文化霸权(hegemony)或者径直称霸权,是西方马克思主义的先驱葛兰西提出的一个理解资本主义社会的重要概念。葛兰西在分析资本主义社会时,区分了两种控制权力,一种是由国家机器如军队、警察和政府等承担的硬性"强权",另一种就是由市民社会如学校、家庭、民间社团等在自觉自愿且不知不觉中普及的软性"霸权"。萨义德同样认为,"要理解工业化西方的文化生活,霸权这一概念是必不可少的。正是霸权,或者说文化霸权,赋予东方学以我一直在谈论的那种持久的耐力和力量"。⑤ 比如,欧洲比其他洲优越、西方比东方文明等意识,不是早已成为西方大众习焉不察的常识,甚至也被许多西方知识分子当作毋庸置疑的金科玉律吗?1910年,法国人茹尔斯·哈曼德(Jules Harmand)就曾直白地表达了这种优越感:

> 那么,就必须把下列事实当作一项原则和出发点来接受:种族与文化的等级是存在的。我们属于高等民族和文化。还要承认,优越性给人以权力,但反之也附有严

---

① [美]爱德华·W. 萨义德:《东方学》,王宇根译,1页,北京,三联书店,1999。
② [美]爱德华·W. 萨义德:《东方学》,王宇根译,9页,北京,三联书店,1999。
③ [美]爱德华·W. 萨义德:《东方学》,王宇根译,119页,北京,三联书店,1999。
④ [美]爱德华·W. 萨义德:《文化与帝国主义》,李琨译,9页,北京,三联书店,2003。
⑤ [美]爱德华·W. 萨义德:《东方学》,王宇根译,9~10页,北京,三联书店,1999。

> 格的义务。征服土著的基本合法性存在于我们对自己优越性的信心，而不仅是我们在机器、经济与军事方面的优越性，还有我们的道德的优越性。我们的尊严就存在于这种优越性上，而且它加强了我们指挥其余人的权力。物质力量不过是达到这个目的的手段。①

正是借助文化霸权的潜移默化功能,直接或间接地导源于西方全球扩张的东方学话语,也就成为一般民众了解东方以及世界的世界观,即基尔南(V. G. Kiernan)所说的"欧洲对东方的集体白日梦"。它的形成经过了一系列想象、夸张、变形和简化过程,在日积月累互相印证中,凝结为一套煞有介事的"说法"("说法"后面无不预示着"做法")。这些说法一方面剥夺了"他者"的话语权或自我表达权,在文化层面的全球化过程中使其他民族陷入"失语"状态;另一方面又不断地妖魔化"他者",使东方以及其他一切非西方的存在构成一种稀奇古怪的玩意儿,从而理所当然地附属于和从属于"文明"的西方。如福楼拜在其埃及之旅的文字里,就曾这样描写所谓东方奇观:

> 一天,从开罗到休布拉的路上一个年轻人在光天化日之下与一只大猴子鸡奸——就像在上面的故事中一样,只是为了出风头,以博得人们的笑声。
>
> 不久前死了一个修士——一个白痴——人们一直把他当作一个圣徒;所有的穆斯林女人都跑来看他,与他手淫——他最终筋疲力尽而死——这次手淫从早到晚一刻也没停……
>
> 还有下面这样的事实:从前,一个穆斯林圣徒经常赤身裸体地在开罗大街上行走,只在头上和阴茎上挂着一顶帽子。撒尿时他将阴茎上的帽子摘下来,这时不育的女人们就会跑过来迎受他的尿液。②

这类听起来荒唐可笑的故事以及类似的妖魔化话语,今天以更精巧的形态依然散布于西方的言说体系中,泛滥在各种媒介话语上,充斥于公众的脑海图景间,而且由于影视媒体的发达而在程式化、标准化和妖魔化上更有过之而无不及:

> 这一电子的、后现代的社会的一个特征是,东方形象的类型化趋势不断增强。电视、电影的所有媒体资源都将信息塞进越来越标准化的模式之中。就东方而言,标准化和文化类型化加剧了19世纪学术研究和公众想象中"妖魔化东方"的倾向。③

别的且不提,诸如"红色的、易怒的、挺拔的"美洲人、"黄色的、忧郁的、刻板的"中国人、"黑色的、懒散的、马虎的"非洲人等刻板印象(stereotype),不是比比皆是吗? 所有这些"生活的怪异性,及其奇特的历法、充满异域情调的空间构成、佶屈聱牙的语言、乖僻的

---

① [美]爱德华·W.萨义德:《文化与帝国主义》,李琨译,20页,北京,三联书店,2003。
② [美]爱德华·W.萨义德:《东方学》,王宇根译,134~135页,北京,三联书店,1999。
③ [美]爱德华·W.萨义德:《东方学》,王宇根译,34页,北京,三联书店,1999。

道德观念"等构成西方看待"他者"的"他性"(otherness),说到底均属罗兰·巴特所说的神话,即隐而不彰却又无所不在的意识形态及其构成物,而且凡是神话都能够不断地进行自我繁衍。无怪乎萨义德要说:"每一个欧洲人,不管他会对东方发表什么看法,最终都几乎是一个种族主义者,一个帝国主义者,一个彻头彻尾的民族中心主义者。"①

这些问题的触目惊心远不仅限于此,这里更值得关注的还在于除了西方自己操持类似东方学的话语君临东方打量世界,甚至就连东方以及整个非西方世界也都跟着自觉不自觉地按照这套话语看待自身,特别是其中的一些精英阶层越来越习惯于模仿西方的口吻来解读自身的历史,解构自己的文化,仿佛不遵循这套东方/西方、传统/现代、保守/进步、迷信/科学、专制/民主等思维模式就无法进行思考,无法进行言说,无法搞清楚自己到底从哪里来到哪里去。有鉴于此,萨义德在《东方学》的最后特意提醒道:

> 有理由对东方学的影响已经扩展到了"东方"自身这一事实敲一敲警钟:阿拉伯语(日语、众多印度方言和其他东方语言无疑也同样如此)书籍和杂志中到处充斥着阿拉伯人自己对"阿拉伯心性"、"伊斯兰"和其他神话的第二手分析。……东方学已经成功地汇入了新的帝国主义之中,它的那些起支配作用的范式与控制亚洲这一经久不衰的帝国主义设计并不发生冲突,甚至是不谋而合。②

他的提醒并非杞人忧天,更非想当然耳,我们只需随手翻翻自己的报刊书籍就不难发现东方学无所不在的幽灵。③士人与诗人张承志曾不无偏激地指出:

> (清末)洪钧以来,中国知识分子忙碌的,大体上只是一个介绍、追撵甚至取悦西方的过程。欧洲在一种仰视的目光里被中国人琢磨。欧洲列强的思想、方法论、世界观,被中国知识分子视为圣经,刻苦攻读,咀嚼再三。欧洲的东方学,在被学习的过程中锤炼得博大,也日益富于优美感。④

---

① [美]爱德华·W. 萨义德:《东方学》,王宇根译,260页,北京,三联书店,1999。
② [美]爱德华·W. 萨义德:《东方学》,王宇根译,414~415页,北京,三联书店,1999。
③ 《中国图书商报》2002年2月19日第13版刊登了徐晋如先生的文章《探讨一种古典形式》,其中写道:"西方人的放纵是自由意志的结果,而中国人的放纵则仅仅是放纵。"实在不明白《十日谈》里的放纵与《金瓶梅》里的放纵有什么区别,《红楼梦》与《简·爱》所表现的内容又有什么不同。
④ 张承志:《波斯的礼物》,载《视界》第2辑,19页,石家庄,河北教育出版社,2001。刘东先生在为汉学(即有关中国的东方学)丛书《阅读中国》作序时,也以学术化的语言写道:"尽管中国传统早在西风中受到过剧烈震撼,可一旦大规模地引进作为完整系统的汉学,它仍然要面对着新一轮的严峻挑战;我们甚至可以说,此间的挑战竟还大过对于主流西学的引进,因为它有可能直接触及和瓦解原有文明共同体的自我理解,使国人在一系列悖反的镜像中丧失自我认同的最后基础。当今中国知识界可怕的分化和毒化,其实在很大程度上正是缘于汉学和汉学家的影响。这种要命的相对化刺痛着我们:一旦丧失阅读和思考的主动性,陷入别人的话语场而无力自拔,就有可能被别人特有的问题意识所覆盖,乃至从此难以名状自己的切身体验,暴露出文化分析的失语和学术洞察的失明。"(《序〈阅读中国〉丛书》,《中华读书报》2002年1月16日第22版)

其实,陈寅恪先生当年力倡"独立之精神,自由之思想",未必是有人望文生义所理解的意思,事实恐怕相反,他所针对的恰恰是漫天飞舞、遍地横流的时髦话语包括东方学,他所传达的恰恰是一代文化巨匠独立寒秋、受命不迁的思想品格和宁为玉碎、不为瓦全的生命境界。①

总之,资本主义的全球化进程不仅表现为政治经济层面上重组世界格局,而且也体现为思想文化层面上形成一套与之适应的、看待世界(包括西方与东方)的话语体系,亦即人类中心主义和欧洲中心主义相结合的意识形态,从而使全球人类能够自觉自愿地按照这套理路各就各位,各司其职,就像获过诺贝尔文学奖的大英帝国作家吉普林当年描写的情景:

> 骡、马、象、牛听命于车夫,车夫听命于中士,中士听命于中尉,中尉听命于上尉,上尉听命于少校,少校听命于上校,上校听命于准将,准将听命于上将,上将听命于总督,总督听命于女王。②

而萨义德以及其他秉持反本质主义(anti-essentialist)的后学理论,则力图消解这类大一统的思想统治格局,解构这种文化上的宏大叙事,从而真正建立多元文化共生互动的全球关系。③

第四节 "全球混乱理论"

在全球化诸家批判性思想流派中,全球混乱理论的关注点主要在于现实层面。这种取向至少可以追溯到三十余年前的罗马俱乐部。1968年4月,来自十个国家的三十多位科学家、经济学家、人文学者、企业家等,应奥雷利奥·佩西博士的邀请,聚集罗马的林西研究院,讨论一个范围空前的话题——人类目前和未来的困境,由此产生了一个非政府组织——罗马俱乐部,其宗旨是为人类未来提供预测性和建设性意见。1972年,罗马俱乐部发表了第一份研究报告《增长的极限》,对全球的人口、资源、污染、工业、粮食五个方面的问题做了发聋振聩的论述,引起广泛的重视,其中关于世界发展前景的数字模型更被称

---

① 参见葛兆光《"平生为不古不今之学"——读〈陈寅恪集·书信集〉的随感》,载《读书》2001(11)。
② [美]爱德华·W. 萨义德:《东方学》,王宇根译,56页,北京,三联书店,1999。
③ 如何看待各种后学理论包括后殖民主义,事实上存在不同的认识。比如,有的学者就指出,强调多元、民族、本土、离心、非西方、多中心的文化意识,乃是跨国资本主义的文化战略。由于跨国资本主义的主要特征在于零散的多国式生产方式取代垄断资本主义那种集中的"福特主义"生产方式,所以各种分离化、区域化、民族化、本土化、部落化、零散化等趋势,才一方面使消费者包括文化与学术思想的消费者对跨国资本和商品产生具体的认同与归属;另一方面又使生产者心怀全球而立足本土,为跨国资本主义的真正拥有者和消费者效力。见刘康:《全球化"悖论"与现代性"歧途"》,载《读书》1995(7)。

为"世界末日模型",激起轩然大波。报告的结论指出,如果世界的人口、资源、污染、工业、粮食等方面保持现在的状态或趋势,那么全球的经济增长就会在未来一百年的某个时刻达到极限,进而导致人口与生产的雪崩式下滑。① 这里且不论罗马俱乐部的报告有多少道理,也不管他们是不是饱汉不知饿汉饥,反正从此以后就不断传出全球混乱悲天悯人的声音,这些声音可以统称为全球混乱理论(global chaos theories)。

20世纪90年代以来,由于资本主义全球化进程的加剧以及由此引发的一系列世界性剧烈动荡,以日裔美籍学者福山(Francis Fukuyama)的"历史终结论"为标志的新自由主义全球秩序迅速化为泡沫,与此同时各种全球混乱理论则纷至沓来,其中比较突出的人物及其理论有:本杰明·巴伯(Benjamin R. Barber)的《伊斯兰圣战对麦当劳世界》(Jihad vs. McWorld),罗伯特·卡普兰(Robert D. Kaplan)的《巴尔干幽灵》(Balkan Ghosts)和《行将来临的无政府状态》(The Coming Anarchy),塞缪尔·亨廷顿(Samuel P. Huntington)的《行将来临的文明的冲突,或西方对世界其他地区》(The Coming Clash of Civilization:or, The West Against the Rest)及其更为人知的《文明的冲突与世界秩序的重建》(The Clash of Civilizations and the Remaking of World Order),曾任卡特总统国家安全顾问布热津斯基(Zibigniew Brzeinski)的《大失控:21世纪前夕的全球混乱》(Out of Control:Global Turmoil on the Eve of The Twenty-First Century),美国参议员莫尼伊汉(Daniel P. Moynihan)的《大混乱》(Pandaemonium:Ethnicity in International Politics)以及德国《明镜》杂志的资深记者汉斯-彼特·马丁和哈拉尔特·舒曼的《全球化陷阱》等。

这些被称为"新悲观主义"的全球化思想,截断了苏联东欧解体后一度响遏行云的资本凯旋"欢乐颂",搅碎了新自由主义一厢情愿的水中幻影,惊破了全球化一体化的曼妙迷梦和痴人梦语。曾几何时,这些挟里根、撒切尔、戈尔巴乔夫等政治巨头之威,倚哈耶克(撒切尔首相的亲密朋友)、弗里德曼(里根总统的经济顾问)等诺贝尔经济学奖得主之望,仗比尔·盖茨、索罗斯等豪富之势,而大肆喧嚣鼓噪的新自由主义、新全球主义及其"新新人类"是多么风光耀眼,多么洋洋自得。戈尔巴乔夫不是曾那么豪迈地宣布正在迈向"一个新的文明"吗?可惜,言犹在耳,话音未落,傲然招展了七十余年的国旗就在瑟瑟寒风中黯然飘落,一个曾经威风八面的超级大国迅速被肢解得惨不忍睹,挤兑得有苦难言。随着国际政治领域的力量失衡,整个世界也很快陷入一片分崩离析的混乱之中。所谓"恐怖主义"的大肆泛滥、"9·11"的惨烈悲剧、阿富汗战争、伊拉克战争等,都是这一混乱局面的集中体现。而新悲观主义或全球混乱理论所展示的,也就是这样一幅令人郁闷和绝望的现实政治图景,即亨廷顿所概括的:

---

① [美]丹尼斯·L.梅多斯:《增长的极限》,于树生译,北京,商务印书馆,1984。

> 政府权威的崩溃；国家的分裂；部落、种族和宗教冲突的加强；国际犯罪组织的出现；避难者倍增至数千万人；核武器和其他大规模杀伤武器的扩散；恐怖主义的泛滥；大屠杀和种族清洗的盛行。①

这方面，出身记者的罗伯特·D. 卡普兰，根据自己在罗马尼亚和前南斯拉夫采访的经历和见闻而写的《巴尔干幽灵》(1992)一书，以通俗明快的新闻语言描述了巴尔干地区错综复杂的紧张局势，给人留下十分深刻的印象，美国总统克林顿在为自己否决军事干预波黑的决定进行辩护时都引用了它。后来，卡普兰把视野从巴尔干扩展到全球范围，又出版了《行将来临的无政府状态》。其中写道：

> 我们正在进入一个两分的世界。全球的一部分居住的是黑格尔和福山的最后的人，他们健康、衣食充裕并且得到了技术支持。另一个是更大的部分，居住的是霍布斯的第一个人，他们的生活注定"贫穷、肮脏、粗野以及短寿"。尽管两个部分都受到了环境压力的威胁，但是最后的人将有能力掌握它，而第一个人将不能。②

与此同时，作为美国政府高层智囊和名校教授的布热津斯基，在《大失控：21世纪前夕的全球混乱》(1993)一书中，则以严谨的学术风格和理论色彩对全球混乱问题做了更深入的剖析。书里，他把20世纪称为"大死亡"的世纪，因为据他推算这一百年间死于战争和各种斗争的人不少于1.67亿。造成这一巨大悲剧的根源不是别的，而正是起自19世纪的三种文明的趋势：识字的普及、工业革命和城市化。这些进步的标志怎么成了大死亡的动因呢？按照他的分析，在已知的大部分历史中，人类一直相对顺从于周围的世界，承认自己也是自然的一部分，追求的是各种关系的和谐与平衡而不是自我欲望的膨胀与满足。而工业革命彻底改变了这一切，它使人类挑战自然的能力发生了飞跃，并使人们越来越把精力集中到凡胎肉身的欲求之上。由于自居上帝的位置同时迷信理性的力量，于是形成一种为理想目标而设计社会工程的倾向，致使20世纪成了一个致力于建立全面社会控制的世纪，最终导致一系列空前的大悲剧。冷战结束后，情况又发生掉转，随着过去那种人为设计的倾向消失，又出现了完全失控的局面。此时，几乎所有既定的价值标准都陷入大规模的瓦解，整个世界都面临"全面的精神危机"，其中尤以美国为甚：

> 美国现在是唯一的超级大国，它的权力举世无双，然而"美国的权力不等于美国的权威"。权威只能建立在共同的价值观的基础上，而美国的价值观倒是有全球性的影响力，可惜这是一种无休止地追求物欲的消费主义的价值观；美国文化的影响力也确实风靡全球，可惜只是它那"庸俗粗野的大众文化"。③

---

① [美]塞缪尔·亨廷顿:《文明的冲突与世界秩序的重建》,周琪等译,16～17页,北京,新华出版社,1998。
② 杨雪冬:《重温全球混乱理论》,载《读书》2002(2)。
③ 李慎之:《二十一世纪的忧思》,载《读书》1996(4)。

为了说明这个问题,布热津斯基还列举了美国社会面临的 20 个严峻问题,如巨大的债务、可怕的赤字、贪得无厌的富人、触目惊心的贫困现象、日益恶化的犯罪和暴力现象、泛滥的毒品文化、过度的性自由、视觉媒体影响下的世风日下等。在这一派混乱衰败的文明景观中,尤其令人担忧的还是严重的不平等问题:

> 综观世界历史,在以往的大部分时间里,不平等现象都还能为人们容忍,因为各大陆之间远隔重洋,文化相去甚远,而今世界各地之间距离缩短,交往密切,人们在政治上普遍觉醒,不平等现象就变得难以容忍。①

所以,他说"全球不平等现象势必成为 21 世纪政治中的重大问题","平等问题越来越成为人们注意的焦点"。的确,《2001 年世界发展报告》就有一章专门讨论日趋严峻的不平等与贫困问题。可惜,正如博格先生以令人难以置信的数据所指出的,富裕国家并不愿为此多做什么工作了:

> 以全球目前不平等的严重情况来说,只要强国的政府将世界主义的规范性要求多少列入考量,严重的贫穷就能迅速而且几乎彻底地消灭,代价不过是让富裕国家生活水平的改善略微减缓而已。只要考虑一点,即知其大概:高所得经济体的国民总所得加在一起,达二十四万八千多亿美元,而生活在国际贫穷线之下的十二亿人,每年只需要四百个亿美元就可以提高到国际贫穷线。即使将贫穷线提高一倍,生活在此线之下的二十八亿人,每年也只需要三千亿美元,就可以提升到达双倍贫穷线的要求。严重的贫穷持续不去,不是因为消除它事属不可行或者代价太高,而是因为发达国家在决定如何重塑全球经济秩序的时候,毫不重视全球穷人的利益——他们认定,穷人们"所谓'足食权利'或者'免于饥饿的基本权利'等……并不带来任何国际义务"。②

面临世界人口的急速增长(2000 年接近 70 亿而 1900 年只有 15 亿),面对其中约三分之二的人口都集中在欠发达国家的贫民窟从而极易接受激进政治的现状,我们就不难理解布热津斯基把不平等问题视为当今世界中心问题的良苦用心了。如果再把生态环境的极度恶化、大众传播媒介的堕落与猖獗等问题考虑进去,那么这个世界实在是混乱不堪了,称其为大失控并非耸人听闻。

以上这些论说虽都盛极一时,但全球混乱理论中最著名的无疑应属哈佛大学教授亨廷顿的"文明冲突论"。亨廷顿早年即以其博士论文《变化社会中的政治秩序》而在国际学

---

① 李慎之:《二十一世纪的忧思》,载《读书》1996(4)。
② 博格:《一国经济正义与全球经济正义》,《读书》2002(1),9 页。许多学者研究发现,不平等问题不仅仅局限在收入方面,实际上涉及远为广泛的领域,包含许多其他往往被忽略的变量、疾病、教育等。参见阿玛蒂亚·森:《作为能力剥夺的贫困》,载《视界》第 4 辑,石家庄,河北教育出版社,2001。

术界崭露头角,后来更成为知名的国际问题专家和美国政府的战略思想家,他曾担任过卡特总统的国家安全委员会安全计划顾问、美国政治学会会长,以及哈佛大学国际和地区问题研究所所长。他于1993年提出的文明冲突理论,在后冷战时代的国际政治领域产生了首屈一指的影响。"二战"结束后,美国国务院的乔治·凯南曾以"X"为名,在《外交》季刊上发表了一篇被视为冷战奠基石的文章《苏联行为的根源》(*The Sources of Soviet Conducts*),提出了著名的"遏制"战略,由此被称为"冷战之父";而1993年同样是在《外交》季刊上,亨廷顿又发表了对后冷战时代具有同样意义的文章《文明的冲突?》,提出了当今最富争议的国际政治和国际关系理论。对此理论虽然见仁见智,褒贬不一,但它的确点中了各个民族国家和文化共同体的神经中枢。所以,他的文章发表后立刻引发全球范围的争论,激烈程度出乎意料。于是,在进一步思索和研究基础上,亨廷顿又在1996年出版了《文明的冲突与世界秩序的重建》一书,对冷战后的全球政治及其发展动力做了细致的分析和详尽的论述,一举奠定了他在后冷战时代国际政治上的大家地位,而该书也就自然成为一部颇具启发性的全球化论著。正如美国前国务卿基辛格所说,"他为理解下个世纪全球政治的现实提供了一个极具挑战性的分析框架",布热津斯基也盛赞《文明的冲突与世界秩序的重建》"是一本理性的杰作,思想开阔、想象丰富、发人深省,它使我们对国际事务的理解发生革命性的变革"。①

如同一切经典之作或大家之作的价值往往并非在于结论而在于看待问题的独特视角、解析事物的论述过程以及由此迸发的奇思妙想,亨廷顿的文明冲突论也可以说具有这些特征。就其基本结论而言,这个理论并不复杂,无非是说后冷战时代的天下大势取决于几大文明的折冲樽俎,其中西方文明、中华文明、伊斯兰文明又居于主导地位,世界冲突的根源将不再是意识形态,如资本主义与社会主义,而是文明之间的差异。换言之,今后的世界冲突将是"文明的冲突",文明的断层线就是发生冲突的前沿地带。用他的原话来说:

> 在后冷战的世界里,人们之间最重要的区别不是意识形态的、政治的或经济的,而是文化的区别。
> ……
> 在这个新的世界里,最普遍的、重要的和危险的冲突不是社会阶级之间、富人和穷人之间,或其他以经济来划分的集团之间的冲突,而是属于不同文化实体的人民之间的冲突。②

然而,另一方面,就文明冲突论的立论角度与阐发过程而言,这个理论所包含的洞察力和启发性就不是三言两语所能打发的,特别是其中对文明及其内涵的解释、对各种文明

---

① 转引自《文明的冲突与世界秩序的重建》中译本,周琪等译,419页,北京,新华出版社,1998。
② [美]塞缪尔·亨廷顿:《文明的冲突与世界秩序的重建》,周琪等译,6~7页,北京,新华出版社,1998。

关系及其演化的描述,以及对人类冲突及其根源的历史梳理等无不别开生面,而这些内容或许才是文明冲突论在诸多全球混乱理论中独树一帜的真正原因。比如,他在近代以来乱麻一般的大小冲突中,就拎出了一条"君王的冲突——民族国家的冲突——意识形态的冲突——文明的冲突"的线索和脉络,既举重若轻又别具一格:

> 在威斯特伐利亚条约签订后的另一个150年中,西方世界的冲突在很大程度上是君主或皇帝、绝对君主和立宪君主之间的冲突……在他们创建民族国家的过程中,以法国革命为开端,主要的冲突变成了民族之间的而不是君主之间的冲突。正如R. R. 帕尔默1793年所指出的,"国王之间的战争结束了;民族之间的战争开始了"。这一19世纪的模式一直延续到第一次世界大战。
>
> 1917年,由于俄国革命,民族国家冲突之外又加上了意识形态冲突……在冷战中,这些意识形态体现在两个超级大国的身上,两者都根据自己的意识形态来确定自己的认同,两者又都不是欧洲传统意义上的民族国家。
>
> ……①

20世纪90年代以来发生的许多全球性混乱和大规模冲突,如海湾战争、波黑战争、科索沃战争、阿富汗战争、伊拉克战争等,似乎都成为文明冲突论的注脚。由此看来,作为一种现实政治层面的全球化思考,这种理论既显示了全球化隐伏的重重危机,又体现了冷战后西方面对世界格局发生巨变的失重心理、恐慌情绪和悲观思想,甚至"从某种程度上说,全球混乱理论是美国国内问题国际镜像化的结果"。② 它以务实的精神和忧患的意绪,与福山之辈兴高采烈的乐观感觉形成鲜明的对照。在后者看来,随着冷战的结束和西方的凯旋,即所谓"历史的终结",随着资本主义全球化的进程,传统的冲突从此不再可能发生。因为,第一,民主政府之间不会发生战争;第二,消费文化的全球性扩展,缩小了异质文化的价值差距;第三,市场经济及其所带动的全球经济一体化使各国紧密依赖,而生活水平提高更使冲突趋于减少。然而,"9·11"事件彻底打破了这些新自由主义的白日梦,它"以血腥的气息和恐怖的场景向世界宣布,人类冲突远没有结束,正在以新的形式登场。……世界贸易大楼在烈焰中的倒塌宣告着一个浪漫的'全球化'话语时代的结束"③。如果说这套乐观而浪漫的全球化理论,不仅没有带来臆想中莺歌燕舞的伊甸园,相反倒进一步衬托出世界的紧张、动荡与混乱,那么,全球混乱理论也就无异于祛除新自由主义虚妄及狂妄的一服解毒剂和清醒剂。就此而重温亨廷顿1999年发表在《外交》上的《孤立的超级大国》一文的开场白,也许能使陷于癫狂状态的人多少恢复一点知人论世的"平常心":

---

① [美]塞缪尔·亨廷顿:《文明的冲突与世界秩序的重建》,周琪等译,38页,北京,新华出版社,1998。
② 杨雪冬:《重温全球混乱理论》,《读书》2002(1)。另见李慎之《数量优势下的恐惧》一文,载《读书》1997(6)。
③ 张伦:《我们能否共同生存》,载《读书》2001(12)。

> 在过去的10年里,全球政治在以下两个方面发生了根本变化。首先,它根据不同的文化和文明进行了实质性的重组,这正如我在《文明的冲突与世界秩序的重建》一书中所突出强调的那样;其次,正如那本书所论证的,全球政治永远离不开权力与权力的斗争,而今天的国际关系正在沿着这样一条重要路线发生着变化。①

上述三种全球化理论及流派,即依附理论包括世界体系理论、后殖民主义理论以及全球混乱理论,分别从政治经济方面的"依附"关系、思想文化方面的"霸权"意志和现实关系方面的"混乱"状态入手,勾画了一幅批判视野的全球化景观,从而实际上也为人们把握全球化时代的大众传播提供了别样的、不同于正统与主流意识形态的历史背景和逻辑框架。

第五节 现代性与传播

英国经济学家与社会学家安东尼·吉登斯(Anthony Giddens),在为BBC的"莱思讲座"而写的《失控的世界——全球化如何重塑我们的生活》里强调,仅从经济学角度看待全球化是远远不够的,因为它是政治的、技术的、文化的以及经济的综合现象,而其间传播系统的发展又具有首屈一指的影响。② 与其他社会思想家相比,吉登斯一直都比较注重信息及其控制在全球化上的意义。在《现代性的后果》(1990)里,他曾列举了全球化的本质——现代性的四个基本的制度性维度及其相互关系:③

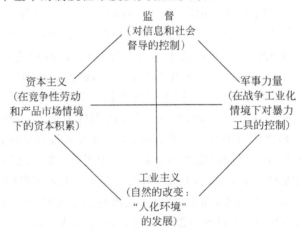

现代性的制度性维度

---

① [美]亨廷顿:《孤立的超级大国》,宫齐、黄建中译,《国外社会科学文摘》2000(7),《新华文摘》2000(10)转载。
② [英]安东尼·吉登斯:《失控的世界——全球化如何重塑我们的生活》,周红云译,6页,南昌,江西人民出版社,2001。
③ [英]安东尼·吉登斯:《现代性的后果》,田禾译,52页,南京,译林出版社,2000。

他指出,其中每个制度性维度的背后都存在着"文化全球化"的现象:

> 自从机械印刷术引入欧洲以来,通讯方面的机械化技术剧烈地影响着全球化的所有方面……如果不是铺天盖地而来的由"新闻"所传达的共享知识的话,现代性制度的全球化扩张本来是不可能的。①

也就是说,体现为现代性-现代化-现代主义的全球化,始终都与整个现代传播系统的发展息息相关,不管人们怎样看待全球化及其发生发展,都无法忽略现代媒介在塑造历史、建构历史、叙述历史上的意义。正如潘忠党先生所归结的:"通常,镶嵌在一定政治、经济体制和发展环境中的传媒不经意地限定了历史事件的脚本,成为某类主体建构(包括叙述)历史的积极合作者。"②

历史地看,"现代传播"与"现代文明"不仅同源,而且同步,事实上它们本来就是同一的。从非严格的意义上讲,现代传播经历了三个阶段,即印刷化阶段(1450—1920)、电子化阶段(1920—1980)和网络化阶段(1980—)。③ 这三个阶段,分别对应着资本主义全球化历史的古典时期、垄断时期与当下的晚期资本主义时期三个阶段。这种对应当然不是偶然的巧合,其间也蕴涵着斯宾格勒所着力阐发的文明形态关系(morphological relationship)。戴维·哈维(David Harvey)在1989年出版的《后现代的状况》(*The Condition of Postmodernity*)里,采用了一个流传甚广的术语——"时空压缩"(time-space compression),用以表达媒体发达传播活跃的后现代状态。无独有偶,吉登斯也在1990年采用了类似的术语——"时空延伸"(time-space distanciation)。时空压缩也好,时空延伸也罢,其实都凸显着全球一村、天涯比邻的生存状态,同时也隐含着现代媒体无远弗届转瞬即达的传播功能。

如前所述,资本主义从一开始就是世界性的,无论在政治经济领域,还是在社会文化方面,天生都具有全球化的本性与本能。在其向全球每个角落步步推进之际,现代传播的一整套运行机制,包括技术、观念、形态等,一方面日渐获得横绝天下的能量与势头;另一方面又使全球化进程得以顺畅展开。正如有的学者所指出的:

> 一旦国际海底电缆系统铺设就绪,金融市场以及其他主要的市场就紧密地联系在了一起,其方式与今天靠卫星连接、计算机控制的市场并无本质不同。的确,靠帆

---

① [英]安东尼·吉登斯:《现代性的后果》,田禾译,68页,南京,译林出版社,2000。
② 潘忠党:《历史叙事及其建构中的秩序——以我国传媒报道香港回归为例》,《文化研究》第1辑,221页,天津,天津社会科学院出版社,2000。
③ 本书在叙述新闻传播的发展历史时,为了清楚简洁,将广播、电视与网络并称为20世纪电子媒介的三次飞跃,或三个阶段。这种划分同这里所说的现代传播的三个阶段,既有交叉,又有区别。前者着眼于媒介史的发展,而后者着眼于社会史的演变。这是需要说明的。

船传递市场信息的国际经济,与靠电传输信息的国际经济并无二致。(Hirst and Thompson,1992,366)①

这一相辅相成相得益彰的过程,涉及商贸、市场、海外领地、殖民扩张、世俗化、城市化、日常生活、社会传统、文化习俗、典章制度、思想意识、精神价值等诸多错综复杂的内涵,而仅从技术层面讲,现代传播的源头一般可追溯到15世纪40年代德国美因兹金匠古登堡发明的金属活字印刷法。从此,报刊书籍等现代读物就开始日渐兴盛,日趋发达,同时也推动着现代社会的转型和现代历史的发展,故与指南针和火药一道常常被经典作家视为启动现代文明的三个杠杆——比如培根在《新工具》里所言:"这三种发明已经在世界范围内把事物的全部面貌和情况都改变了:第一种是在学术方面,第二种是在战事方面,第三种是在航行方面;并由此又引起难以数计的变化来;竟至任何帝国、任何教派、任何星辰对人类事务的力量和影响都仿佛无过于这些机械性的发现了。"(《新工具》卷一129条)美国批判学者赫伯特·阿特休尔说得更绝对:

> 正是印刷术的发明(而不是别的)使历史从中世纪发展到近代;这期间,能够阅读的大众日益增多导致了思想的广泛传播,思想的广泛的传播又推动了哲学与科技的变革。这些变革最终推翻了教士和贵族的统治,从而产生了崭新的政治、经济、社会、文化和宗教制度。②

这方面最突出的当属英国、美国和法国的三次资产阶级革命。这三次发生于17、18世纪的资产阶级革命,不仅确立了现代性的一整套架构,如政治制度上的制衡原则(check and balance)和思想意识上的"自由、民主、博爱"等观念,而且也第一次显示了现代媒体控制思想、引导舆论、左右时局、影响历史的巨大能量。从一定意义上说,没有现代媒体,没有成千上万印刷发行的传单、小册子、报纸、刊物,没有弥尔顿、杰斐逊、潘恩、马拉等的呐喊呼号,就不可能有资产阶级革命的成功。无怪乎有人把华盛顿比作"独立战争的剑",而将潘恩或杰斐逊誉为"独立战争的笔"。美国传播学者施拉姆等曾说过:"书籍和报刊同18世纪欧洲启蒙运动是联系在一起的。报纸和政治小册子参与了17世纪和18世纪所有的政治运动和人民革命。"③另外,这三次资产阶级革命,也奠定了现代传播的思想基础及其基本原则,产生了诸如弥尔顿的《论出版自由》(1644)、杰斐逊执笔起草的美国《独立宣言》(1776)、拉法耶特(Marquis de Lafayette)等倡导的法国《人权宣言》(1789)以及美国宪法"第一修正案"(1791)等一系列涉及现代传播理念的纲领性文献,从而为现代传播在"现代世界体系"中的拓展,扫除了观念形态的思想障碍,提供了合情合理合法的话语

---

① [意]乔万尼·阿瑞吉等:《现代世界体系的混沌与治理》,王宇洁译,10页,北京,三联书店,2003。
② [美]J.赫伯特·阿特休尔:《权力的媒介》,黄煜、裘志康译,4页,北京,华夏出版社,1989。
③ [美]施拉姆等:《传播学概论》,周立方等译,18页,北京,新华出版社,1985。

平台。

19世纪以后,在西方的工业革命层层深入和海外扩张步步进逼的背景中,现代传播也开始由国内向国际延伸,范围越来越广泛,网络越来越密集,影响越来越巨大。"从1835年到1914年第一次世界大战爆发,许多公司和政府部门引进并采用了三项重要的国际传播技术手段:电报(1837年)、电话(1876年)和无线电(1899年)。加拿大、法国、德国、英国和美国等国的发明者对这些技术的发展作出了贡献。这些技术为第一批跨国公司提供了发迹的机会,它们包括跨国运营的马可尼联合公司(母公司位于英国),德国的西门子和Slaby-Arco公司(1903年后更名为德律风根),法国的汤姆逊公司,美国的西部联盟、美国电报电话公司和联合无线电公司,荷兰的菲利浦公司,以及后来的英国有线和无线公司和美国的通用电子与美国无线电公司。"[1]这期间,通讯社的出现、欧洲及大西洋海底电缆的铺设、报刊的商业化与大众化、传播活动特别是其中的新闻传播成为一门专业(profession)而新闻记者成为专业人士(professionals)以及随之兴起的新闻专业主义(professionalism)等,都将现代传播推向新的层面。以海底电缆为例:

> 在1851—1868年间,海底电缆网络主要是连接北大西洋、地中海线路、印度诸国和波斯湾海底电缆。在1870—1880年间,从英国一方接二连三开通新线路,一直延伸到荷属东印度和拉美的安的列斯群岛,英属印度的海底电缆延伸到澳大利亚和中国、南中国海和日本,苏伊士海底电缆从亚丁延伸到英属印度,从新西兰出发的海底电缆连接东非之角和南部非洲,从香港出发的海底电缆连通马尼拉。[2]

当时,许多人已经开始意识到现代媒介所具有的全球化性质,1892年英国批评家马克斯·诺德在《堕落》(Degeneration)里就曾写道,由于现代报纸的作用,某个边远乡村的居民对世界事务的了解程度,就超过了一百年前的首相。为美联社的崛起立下汗马功劳的总经理肯特·库珀(Kent Cooper),1942年功成名就时曾对19世纪三大通讯社的垄断网络耿耿于怀:"当路透社、哈瓦斯社和沃尔夫社集中了它们的信息资源,建立了一个完全控制国际新闻的机构,并在世界各地设立分支机构的时候,它们实际上掌握了各国人民互相了解的决定权,同时也控制了解释新闻意义的权力。"[3]特别是到了19世纪末20世纪初,以美国报业巨头普利策与赫斯特为代表的大众报业及其典型风格"黄色新闻"异军突起,所谓大众传播(mass communication)也就开始初显端倪。与此同时,特尼斯(Ferdinand Tonnies)、韦伯(Max Weber)、涂尔干(Émile Durkheim)等社会学家所论及的大众社会(mass society),也就日益成为不争的事实。面对大众传播与大众社会"交相辉

---

[1] [美]罗伯特·福特纳:《国际传播:全球都市的历史、冲突及控制》,刘利群译,74页,北京,华夏出版社,2000。
[2] [法]阿芒·马特拉:《世界传播与文化霸权》,陈卫星译,17页,北京,中央编译出版社,2001。
[3] [美]罗伯特·福特纳:《国际传播:全球都市的历史、冲突及控制》,刘利群译,88~89页,北京,华夏出版社,2000。

映"的现象,究天人之际、通古今之变、成一家之言的德国思想家斯宾格勒,在《西方的没落》(1918)里不无讥刺地写道:

> 英美政治则在世界范围内通过报纸创造了一个智性的和财力的张力的势力范围,在这种范围内,每个个人都不知不觉地各就各位,因而不得不按照一个不在身边的主宰人物所认为合适地去想、去判断、去行动。……报纸和它的伙伴新闻电台,日复一日、年复一年地把整个的民族和大陆的醒觉意识放在由论点、口号、观点、情景、情感所组成的一种震耳欲聋的猛烈炮火底下,以致每个自我都变成了一个可怕的智性的东西……自由资产阶级以为废除了最后一种束缚即出版检查是值得自负的,可是报纸的独裁者——北岩爵士——却把读者奴隶群放在他的社论、电讯和图画的驱策之下。……作为读报群众的人民一旦失去了控制,他们就会冲过街衢,向指定的目标冲击,使人惊惧,打破窗户;可是,只要给报纸编辑部一个暗示,群众就会镇静下来,走回家去。……我们想象不出对思想自由的讽刺有比这种情形更为骇人听闻的。①

比这更骇人听闻的情形其实不仅当时就有,后来也有,而且现在更有,因为它本来就是资本主义文明形态包括所谓自由主义的构成要素,本来就是全球化一体化的内在本质和趋势,如几乎被"现代人"当作天条一般膜拜的言论自由、出版自由、新闻自由云云,从来不过是现代性一边排斥异端一边鸣锣开道的大势。没有弥尔顿、杰斐逊之辈鼓噪于前,怎么可能有赫斯特、默多克之流嚣张于后呢?"甚至今天人们也能到处发现醉心出版自由的愚人——这种情形恰好为世界性报纸的即将到来的皇帝们铺平了道路。"②

这一系列现代传播系统的发展,如报纸、杂志、图书、通讯社、电讯社、摄影技术以及电报、电话、洲际电缆等,虽然已经使整个世界变得越来越局促,时间显得越来越急迫(现代人的特征就是"忙"),但是真正的时空压缩和全球一村的局面,还有待电子媒介的"闪亮登场"。第一个电子媒介——广播——天生就是跨国界的,被列宁喻为"没有距离"的报纸,所以广播在20世纪20年代一诞生,随即就出现了以英国广播公司(1922)、莫斯科广播电台(1929)等为象征的国际广播。第二次世界大战期间,国际广播更成为名副其实的全球广播,在现实空间日益被政治、经济、贸易、交通等连为一体的情形下,又编织了一张信息传播的全球化网络。这张无形的网络随着战后兴起的电视,特别是20世纪60年代开始出现的卫星电视,终于形成笼罩千山万水、渗入了千家万户的"恢恢天网"。无怪乎吉登斯把1969年发射的第一颗商业卫星,称为最早启动全球化进程的传播系统。③ 当时,麦克卢

---

① [德]奥斯瓦尔德·斯宾格勒:《西方的没落》,齐世荣等译,717~720页,北京,商务印书馆,1963。
② [德]奥斯瓦尔德·斯宾格勒:《西方的没落》,齐世荣等译,719页,北京,商务印书馆,1963。
③ [英]安东尼·吉登斯:《失控的世界——全球化如何重塑我们的生活》,周红云译,6页,南昌,江西人民出版社,2001。

汉（Marshall McLuhan）及其麦克卢汉主义（Mcluhanism）骤然间大红大紫，就不是什么不可思议的事情了。

麦克卢汉的理论虽然波诡云谲，对他的阐释更是莫衷一是，但其基本的思想脉络还是一以贯之的，用法国批判学者阿芒·马特拉的话说："我们越是阅读他的著作，就越来越感觉到其中的技术决定论转变为不受约束的乐观主义。"① 具体说来，我们可以把他的传播学理论概括为媒介三论，即媒介延伸论（媒介是人的延伸）、媒介讯息论（"媒介即讯息"）和媒介凉热论（"热媒介"与"凉媒介"）。比如，按照媒介延伸论的意思，一切媒介都是人类活动的延伸，所以肇始于西方的全球化历史每一步都必须依赖于媒介，离开了麦克卢汉所说的车轮、时钟、货币以及报刊、广播、电视等媒介，现代资本主义文明怎么可能向世界范围延伸，又怎么能够把整个世界变成一个村庄，一个部落呢？再如媒介讯息论的理论含义，无非是说媒介传播的具体内容并不重要，关键在于媒介形态本身所隐含的讯息，当一种现代媒介延伸到一个"传统"社会时，它本身已足以显出一系列的现代性蕴涵，类似准确、效率、守时、程序化、流程化、民主自由等等理念与模式已经随之而来昭然若揭了。可见，他的媒介三论既在谈传播，也在说历史，既在谈媒介技术，也在谈媒介技术的社会意味。这位被《纽约先驱论坛报》誉为牛顿、达尔文、弗洛伊德、爱因斯坦之后最重要的思想家，不愧是位出色的全球化时代的预言家和传教士，他为现代文明与现代传播作出了别出心裁的阐发。借助于他的阐发或说教，"媒介"这个生僻词才成为当今人们的日常用语，而他所勾画的"地球村"、"信息时代"的缤纷蓝图同样广为人知。美国主流传播学者斯蒂文·小约翰谈起他赞不绝口："他妙趣横生，不同寻常的风格以及奇特而富于启发性的思想吸引了人们的注意，不管你同意与否，他的思想的影响力之大已不容忽略。"②

作为大众传播时代的一位"先知"，麦克卢汉当年接受《花花公子》杂志采访时，曾半是激动半是眷恋地说道：

> 我展望未来时心潮激荡，充满信心。我觉得，我们站在一个使人解放和振奋的世界的门槛上。在这个世界里，人类部落实实在在会成为一个大家庭，人的意识会从机械世界的枷锁中解放出来，到宇宙中去遨游……生活在这个时代真是上帝的恩赐。仅仅是因为人类命运这本书的许多篇幅读不到，我也会为自己终将来临的死亡扼腕叹息。③

或许真正令他遗憾的，还是未能目睹和亲历当今这一他所预言和向往的、正如火如荼的网络传播"盛世"，这一真正将全球从信息传播上连为一体的传播形态。如果说印刷化

---

① ［法］阿芒·马特拉：《世界传播与文化霸权：思想与战略的历史》，陈卫星译，133页，北京，中央编译出版社，2001。
② ［美］斯蒂文·小约翰：《传播理论》，陈德民等译，577页，北京，中国社会科学出版社，1999。
③ ［加］埃里克·麦克卢汉等编：《麦克卢汉精粹》，何道宽译，403页，南京，南京大学出版社，2000。

媒介促成了自由资本主义的国内生成,电子化媒介推动了垄断资本主义的国际扩张,那么网络化媒介则成全了晚期资本主义的全球蔓延。既然晚期资本主义旨在精神、文化、思想、意识形态方面进行拓展,那么还有什么全球化信息传播系统可以提供比网络媒介更无孔不入的"信息超级高速公路"(superhighway)呢?赵汀阳先生模仿林肯《葛底斯堡演讲》的名句——民有(of the people)、民治(by the people)、民享(for the people),把未来政府称为 by the computer、for the computer、of the computer,看似戏言,又不无道理。以尼葛洛庞帝(Nicholas Negroponte)及其《数字化生存》(*Being Digital*)为典型的一批福音传教士,不就是炮制了一个个诗意、浪漫、神奇、五彩缤纷、天花乱坠的网络神话吗?比如,在他看来,"信息富裕者与信息匮乏者、富人和穷人,以及第一世界和第三世界"等差异似乎无关紧要,"真正的文化差异其实会出现在时代之间",即出现在懂得网络与不懂网络的两代人之间。① 针对网络媒体与网络传播的现实情景,以及一系列有关网络乌托邦的畅想曲,批判学者丹·席勒(批判学者赫伯特·席勒之子)在其新著《数字资本主义》(1999)中展开了冷静、清醒而敏锐的剖析和批判。在这部被罗伯特·麦克切斯尼(Robert McChesny)称为"有关互联网的最好的一本书"中,丹·席勒引用了贝尔茨(Cynthia Beltz)的一段话,揭示了网络的本质:

> 对试图打开全球电信市场之门的美国谈判代表来说,因特网是他们最有效的同盟。这是一种不需要多边协议就可以推进美国传统贸易目标的全球性媒体。它大大降低了服务跨越国界的成本,同时也加快了服务跨国化的步伐。因特网的快速发展也让许多本想反对或试图拒绝它的人感到束手无策。世界各地的电信服务提供商争先恐后地搭上因特网这辆时尚快车,而管理者则对发生的一切不知所措。当他们明白过来之后,因特网已经参与到竞争之中,开始提供各种可以避开亚洲与欧洲高额收费标准的电信服务。②

同样,安东尼·史密斯(Authony Smith),在《信息的地缘政治学》(*The Geopolitics of Information*)里作出更加透辟的阐述:

> 20世纪末,新电子技术对独立的威胁可能大于殖民主义本身。我们正在开始明白,非殖民地化和极端民族主义的出现并非帝国主义的结束,而只是自文艺复兴以来就开始编织的地缘政治网的扩大。新媒体比所有过去的西方技术都表现出更大的渗入"目标"文化的能力。其结果可以是巨大的混乱和今日发展中的社会矛盾的激化。③

---

① [美]尼葛洛庞帝:《数字化生存》,胡咏等译,15页,海口,海南出版社,1997。
② [美]丹·希勒:《数字资本主义》,杨立平译,96页,南昌,江西人民出版社,2001。此段文字孙五三先生译得更有神韵,见其《质疑数字化——席勒的〈数字资本主义〉读后》,载《国际新闻界》2000(2),63页。
③ [美]爱德华·W. 萨义德:《文化与帝国主义》,李琨译,416页,北京,三联书店,2003。

网络崛起的同时即20世纪末,真正的全球化媒体也开始浮出水面,厕身其间的西方媒介集团无不属于通天绝地的跨国公司,尤其是位居前列的时代华纳、迪斯尼、贝塔斯曼、维亚康姆和新闻集团更是超级"巨无霸"。其中最引人瞩目的默多克新闻集团,近年来更是势头强劲,咄咄逼人,默多克本人甚至被时代华纳的主管比作阿道夫·希特勒,这从下列其庞大"帝国"——新闻集团的阵容上即可略见一斑:

- 美国福克斯电视网;
- 22个美国电视台,覆盖美国全部人口的40%;
- 福克斯新闻频道(Fox News Channel),美国和国际电视网;
- 拥有 fx、fxM、福克斯体育网(Fox Sports Net)、福克斯儿童天地(Fox Kids Worldwide)和家庭电视频道(Family Channel TV)50%的股份;
- 控制高尔夫电视频道(Golf TV Channel)33%的股份;
- 20世纪福克斯电影公司;
- 第二十电视公司(Twentieth Television),该公司的产品供应美国和国际市场;
- 拥有130多家日报,包括《时代周刊》(伦敦)和《纽约时报》,控制澳大利亚70%的报纸发行量;
- 23种杂志;
- 拥有联合电视卫星集团(United Video Satellite Group)40%的股份,该集团出版《电视指南》杂志(*TV Guide*),并且生产互动式电视;
- 拥有美国卫星电视公司回音之星(Echostar)30%的股份;
- 图书出版公司,包括哈珀-克林斯公司(Harper-Collins);
- 洛杉矶玉米饼(Dodgers)职业棒球队;
- 拥有纽约尼克斯队和纽约巡逻队小部分股份;
- 拥有全国曲棍球联盟(NHL)洛杉矶国王队40%的股份和全国篮球协会(NBA)洛杉矶湖人队10%的股份;
- 控制英国星空广播公司(BskyB)的股份;
- 通过星空广播公司拥有交互电视广播公司(British Interactive Broadcasting)32.5%的股份;
- 星空广播公司有许多电视频道包括《星空新闻》(*Sky News*),覆盖全英国和部分欧洲国家;
- 拥有《音乐精品欧洲电视频道》(Music Choice Europe TV Channel)部分所有权;
- 拉丁美洲电视频道《EI运河福克斯》(EI Canal Fox)和Fox Sport Noticias;
- 拥有拉丁星空广播卫星电视公司(Latin Sky Broadcasting)30%的股份,该公司是新闻公司与AT&T-TCI公司、Televisa、Globo共同出资组建的;
- 其他在拉丁美洲的电视所有权:占有Cinecanal 20%的股份和巴西Telecine 12%

第十章 全球化与大众传播

的股份；
- 莫尼卡电视台(Munich TV)TM-3 频道 66% 的所有权；
- 德国沃克斯电视网(German Vox TV)50% 的所有权；
- 拥有意大利付费电视频道《小溪》(Stream)的控股权；
- 拥有德国陶拉斯公司(Taurus)少量股份，该公司拥有德国科奇媒体集团；
- 福克斯电视频道；
- 在下列欧洲电台拥有所有权：星空电台(Sky Radio)71% 的股份，538 广播 42% 的股份，瑞典星空广播 28% 的股份；
- 拥有新西兰《自然》频道(New Zealand's Natural History Unit)80% 的股份，该频道是世界上自然与野生动物纪录片的主要制作机构；
- 传统媒体公司(Heritage Media)，美国主要的媒体直销公司，1996 年收入超过 5 亿美元；
- 拥有东欧电信公司 PLD Telekom(30.2%)和 PeterStar(11%)部分股份；
- 《亚洲之星》卫星电视机构；
- 泛亚电视频道：ESPN 与《体育之星》（四个亚洲频道）、《V》音乐频道（四个亚洲频道）；
- 拥有印度有线电视公司《Siti 有线》的部分控股权；
- 拥有印度电视频道《Zee TV》、《EI TV》和《Zee Cinema》50% 的股份；
- 与索尼、富士电视和 Softbank 公司在日本的灿烂星空广播电视卫星系统拥有所有权，其中，新闻公司占有 11.375% 的股份；
- 中国台湾的《星空中文频道》(Star Chinese Channel)；
- 中国香港凤凰卫视《凤凰中文频道》45% 的股份；
- 与中国台湾体育发展公司(Taiwan Sports Development)组建黄金大陆电视制作公司(Golden Mainland Productions)；
- 澳大利亚电视频道《福克斯传真》(Fox Tel)；
- 拥有新西兰独立报纸有限公司控股权，该公司控制新西兰报纸发行量的 52%，并且拥有星空电视台 40% 的股份；
- 印度一家卫星电视机构，星空广播公司(India sky Broadcasting)；
- 占有澳大利亚全国橄榄球联盟(Australian National Rugby League)50% 的股份；
- 英国足球超级联赛曼彻斯特联队（未达成最后协议）。[1]

如此煊赫的传媒帝国以及其他越来越多的同类集团，更不用说越来越无孔不入的网络媒体，都不能不使人重视和重温一度被新自由主义全球化宣布为老皇历的"文化帝国主义"。

---

[1] [美]罗伯特·W.麦克切斯尼：《富媒体 穷民主》，谢乐译，132~135 页，北京，新华出版社，2004。

第六节 文化帝国主义

何谓文化帝国主义(cultural imperialism)？一般来说这个概念有两层含义，一是指与资本主义/帝国主义全球扩张有机结合的文化现象，如宣扬或隐含西方意识形态的大众传播、消费主义的生活态度和生活方式，以及由此引发的其他文化传统的瓦解和民族认同的危机等，这层含义侧重于事实层面。另一层含义是指解析这种现象的一整套思考角度、学术探讨、理论观点、价值取向及研究方法等话语体系，其中特别着意于解析大众传播媒介的关键性作用和决定性意义，所以文化帝国主义常常也被等同于媒介帝国主义，这层含义侧重于认识层面。不言而喻，这两层含义并不能截然分开，就像历史事实与历史认识的关系一样，事实层面渗透着认识的因素，而认识层面同样包涵着事实的内容。

对于文化帝国主义问题，不论是认可还是拒斥，实际上都隐含着一种全球化的背景和意识。换言之，没有全球化所触发的世界历史的变局，也就自然无所谓文化帝国主义的问题与思考。约翰·费斯克(John Fiske)等的《关键概念：传播与文化研究辞典》一书，即把"文化帝国主义"与"全球化"作为两个相关互通的概念。其中对全球化的解释是：

> 在一种世界范围和基础上运行的经济与文化网络之增长与加速过程。全球化与有关"世界**文化**"(world culture)的争论密切相关，作为一个批判性概念出现在1980年代后期。这个术语是指过去20年间日益增强的一种跨国流通与进程的综合运动。"**全球化文化**"的兴起，在于跨国市场与跨国公司、传播与媒介技术以及对它们进行生产与消费的世界体系均出现重大的变动与发展。这个进程有别于"文化帝国主义"，它被理解为更具复杂性和总体性，而其结果不具多少组织性或可预见性。
>
> 对最近的某些研究者来说，全球化的文化经验以及由此产生的世界文化的大杂烩，可被视为**后现代状态**的一个显著方面。从这种观点看，20世纪末影响民族文化与经济结构的因素已发生决定性变化，国家的历史疆域与"安全"已不得不越来越面对国际化与全球化的整合这一现实。这些进程的结果，被表述为一种新的、独特的文化"空间"——全球——它侵蚀和动摇了古老的、既定的种种民族文化与民族认同。有人认为，这些文化与认同由一种"全球-地方"的向度(global-local dimension)所取代，如今地域性的日常文化已无所不在地浸润着全球化的意味。这一进程的核心在于传播技术和媒介网络的出现，它们使世界范围的交易、旅行与互动变得更快、更密集、更相互依赖。①

而对文化帝国主义的解释是：

---

① [英]约翰·费斯克等：《关键概念：传播与文化研究辞典》，李彬译注，"全球化"条，北京，新华出版社，2004。

既属于更普遍的帝国主义进程之组成部分,又属于这个进程之产物,通过这个进程某些经济上的主控国家便系统地发展与扩展了对其他国家的经济控制、政治控制与文化控制。从直接意义上讲,它导致有钱有势的发达资本主义国家(特别是美国和西欧)与相对贫弱的欠发达国家(特别是第三世界和南美、亚洲、非洲的民族国家)之间形成支配、附属和依附的全球关系。文化帝国主义指称的就是这一进程的重要方面,即来自支配性国家的某些产品、时尚及风格样式(style)得以向依附性市场进行传输,从而产生特定的需求与消费形态的运行方式;这些特定的需求与消费形态既得到其主控性来源的文化价值、观念和经验的支持,又对这些文化价值、观念和经验予以认同。在这种方式下,发展中国家的本土**文化**越来越遭到外国文化,常常是西方文化的控制以及不同程度的侵犯、取代和挑战。跨国公司在这个过程中扮演了重要**角色**,因为其目标就在于通过全球化经济以助长其产品的扩散,而这终将使那些符合资本主义体制的**意识形态**在国际间获得传播。

　　大众媒介是最具影响力的制度化方式之一,通过大众媒介这一普遍的进程才得以组织和实现,而媒介帝国主义(media imperialism)这个术语常被用于凸显其特殊作用。对世界范围的媒介关系所作的分析,显示了 Boyd-Barrett(1977)说的"国际媒介流的单向性"。这就使诸如电影、电视节目、音像制品、新闻及广告等媒介产品,永远成为由极少数国际媒介产品的主控来源(最突出的是美国)向发展中国家与文化语境中的媒介体系进行的单向出口。①

作为现象的文化帝国主义可以说由来已久,实际上它同资本主义/帝国主义的全球性扩张始终相辅相成密不可分,而在其精神实质里同样隐含着一种十字架东征般的排他性与不宽容。正如萨义德在《东方学》里所揭示的,文化帝国主义的使命与策略无非两条,一是把自己打扮成拯世救民的"天使",借用毛泽东的句式就是"把自己描写成了不起的天下第一美人,比西施还美,比王昭君还美,还比得上杨贵妃";另外一条就是把"非我族类"刻画成可恶、可憎、可鄙、可怜的"妖魔",野蛮、愚昧、落后、浑浑噩噩,甚至还吃人肉、喝人血、扒人皮,等等。如此一来,那么对其他文明的征服,对其他文化的摧残,对其他民族的奴役、剥夺乃至大屠杀,仿佛都是天经地义的,因此也是心安理得的。如今这些策略本质上并没有什么改变,只不过做得更加巧妙,更加精致,更加潜移默化而已。比如,人们常说的好莱坞电影就是一个典型。至于对非我族类的妖魔化现象,更是俯拾即是,举不胜举,就像一位历史学家所指出的,这里有一种典型的文明/野蛮、现代/传统、西方(the west)/其余(the rest)的思维定式,即"相对前现代性来界定现代性,相对非理性和迷信来界定理性……'我们的'文明是相对于'他们的'野蛮而界定;'我们的'美好是相对于'他们的'兽

---

① [英]约翰·费斯克等:《关键概念:传播与文化研究辞典》,李彬译注,"文化帝国主义"条,北京,新华出版社,2004。

性而界定的"。①

文化帝国主义的问题虽然由来已久,但真正浮出历史的水面,引起人们的普遍关注则是在20世纪的60年代和70年代,或者说这个问题缘起于20世纪60年代而凸显于70年代。作为事实层面的社会历史现象,文化帝国主义的浮现有两个大背景。其一是二战后以美国为首的西方发达国家,在冷战的国际态势中为了与社会主义/共产主义争雄抗衡,对广大发展中国家一方面力图从政治经济上进行控制;另一方面则尽力从文化思想上实施渗透,其间特别借助影响强大的影视媒介,以至于发展中国家面临巨大的文化压力与文化危机。其二是二战后以前的殖民地国家纷纷走上独立建国之路,自主意识、自立诉求、自我认同一时间空前高涨,"国家要独立,民族要解放,人民要革命"成为当时的时代主题,恰如"和平与发展"构成当今的时代主题一样。显然,这两股历史潮流是矛盾的、冲突的、对立的,而它们的碰撞与激荡,便使现实层面的文化帝国主义问题凸显出来,日趋激化。从20世纪60年代到70年代,在所谓"四海翻腾云水怒,五洲震荡风雷激"的背景下,甚至引发一场声势浩大的"世界信息与传播新秩序"(New World Information and Communication Order)运动。

这一运动是发展中国家以不结盟运动为主体,以联合国教科文组织为阵地,与西方发达国家展开的文化与传播之争,属于国际政治经济新秩序的重要内容。当时,面对世界信息与传播领域存在的传播来源单一化、传播内容片面化和传播过程失衡化的严重问题,深受其害的发展中国家针锋相对地提出了传播来源多样性、传播内容全面性和传播过程平衡性的诉求,并与发达国家在传播的价值与理念上展开激烈论辩,取得积极成果。1980年,联合国教科文组织发表了著名的研究报告《多种声音,一个世界》。这份报告是由大赦国际组织创始人、诺贝尔和平奖和列宁和平奖的获得者肖恩·麦克布赖德(Sean MacBride)任主席,由法国《世界报》创始人于贝尔·伯夫-梅里(Hubert Beuve-Mery)、哥伦比亚小说家加西亚·马尔克斯(Gabriel Garcia Marquez)、苏联塔斯社社长等16人组成的"国际交流问题研究委员会"起草的。它的问世,标志着这一运动达到高潮,其要点如下:

(Ⅰ)消除目前存在的信息的不平衡和不平等;

(Ⅱ)消除某些垄断性集团的消极影响,不论是公有还是私有,都不允许过度集中;

(Ⅲ)消除国内和国外信息自由流动的壁垒,更加平衡和广泛地传递信息和思想;

(Ⅳ)多渠道传递信息;

(Ⅴ)出版和信息自由;

(Ⅵ)在媒体报道中,记者和其他行业的人都有自由权力,而自由与责任不可分;

---

① [英]戴维·莫利、凯文·罗宾斯:《认同的空间》,司艳译,185~186页,南京,南京大学出版社,2001。

(Ⅶ)发展中国家要取得自身进步,主要是需要向他们提供装备,训练人员,使他们的传播媒体与自身的需要相符合;

(Ⅷ)发达国家真诚地帮助发展中国家实现上述愿望;

(Ⅸ)尊重每个民族的文化特征,每个国家都有权向世界人民展示他们的兴趣、灵感和社会文化价值观;

(Ⅹ)尊重每个国家在平等、公正和互利的基础上参与国际信息间的交换活动;

(Ⅺ)尊重每个个人、种族和社会团体知晓信息和积极参与传播过程的权利。

(UNESCO,1980)①

显然,这些诉求更多地体现着发展中国家的意愿,带有更多的理想色彩,陈义甚高,然而在一个讲求实力与实利的世界,实在难以落实。所以,此后随着全球化新一轮更强劲的势头在新自由主义的旗号下卷土重来,特别是1985年和1986年美国与英国先后退出联合国教科文组织,加之苏东巨变以及冷战结束,这场文化与传播之争也就渐渐归于沉寂。国际传播研究的批判学者阿芒·马特拉(Armand Mattelart),在总结"世界信息与传播新秩序"运动时,曾经列举了三条受挫的原因,其中第一条就是里根新自由主义的抵制,因为它试图加强"信息自由流动"的规则。②

作为认识层面的理论学说,文化帝国主义的兴起背景,则在于20世纪60年代和70年代世界范围的左翼运动和激进思潮,如美国的反战运动、欧洲的学生造反(1968年巴黎"五月风暴"等),甚至中国的"文化大革命"(参见谢少波《弗·杰姆逊的毛泽东情结》,载《天涯》1999年第5期)等,它们在全球范围共同汇聚成一股反对西方霸权包括文化霸权的潮流,从而为文化帝国主义理论的生成提供了适宜的时代气候和思想土壤。具体说来,文化帝国主义及媒介帝国主义的理论与研究,首先是从批判20世纪五六十年代盛行的传播学实证研究与发展研究开始的。这些主流研究都把媒介促进第三世界的"发展"作为主题,意在将第三世界的现代化进程尽快纳入西方主宰的世界体系之中,以此对抗社会主义潮流。1958年,第一部"发展传播学"的著作《传统社会的消逝》(*The Passing of Traditional Society*)出版,其作者就是美国的一位心理战专家丹尼尔·勒纳(Deniel Lerner)。这部书以中东六国即土耳其、黎巴嫩、埃及、叙利亚、约旦和伊朗为考察对象,比较分析了美国之音与其对手莫斯科广播电台在国际广播上的影响力。通过这项研究,勒纳得出一套后来被奉为典范的现代化理论和传播学理论,如"传统"的前现代化社会必须向现代化迈进,而现代化的核心就是"发展",在这个发展过程中媒介可以发挥举足轻重的作用,等等。这套所谓发展传播学(development communication),拥有一批声名显赫的代表人物,比如除勒纳外还有麻省理工学院的德·索拉普尔(Ithiel de Solapool)和白鲁恂

---

① [英]达雅·屠苏:《国际传播:延续与变革》,董关鹏主译,57~58页,北京,新华出版社,2004。
② [法]阿芒·马特拉:《世界传播与文化霸权》,陈卫星译,291页,北京,中央编译出版社,2001。

(Lucian Pye),时任斯坦福大学传播研究中心主任的威尔伯·施拉姆等。尤其是施拉姆为联合国教科文组织撰写的报告《大众媒介与国家发展》(1964),一直被视为发展传播学的里程碑。英国社会学家、文化帝国主义理论的宿将杰里米·滕斯托尔(Jeremy Tunstall),曾对发展传播学及其骨干作过这样的评论:

> 在60年代,丹尼尔·勒纳、伊锡尔·德索拉普尔和威尔伯·施拉姆改换门庭成为一个巡回马戏团……首先是为亚洲国家提建议,然后又转到美国的联邦机构。勒纳是马戏团的精神领袖,德索拉普尔是组织者,一个最激烈和最反共的学术江湖骗子。第三个成员是施拉姆,以斯坦福为基地,是真正的商业推销员。施拉姆在60年代让别人把他当作在联合国教科文组织最得宠的大众媒介专家。①

在发展传播学看来,既然历史的意义与方向就在于实现从"传统"向"现代"过渡,既然媒介的作用就在于促成这一过渡,那么传播研究与传播理论的使命,也就在于探讨如何最大限度地取得媒介的传播效果(effect),如何最有成效地达到预定的传播目标。至于大众传播与特定政治经济势力的关系问题,则似乎属于无稽之谈与无谓之论而被排除在考量之外。而文化帝国主义及媒介帝国主义理论,正是针对这个思想盲点与理论盲区展开深刻的反思、犀利的剖析和尖锐的批判,从而形成一种全新的理论范式。按照文化帝国主义的理论范式,国际传播与全球传播方面的研究应该着力揭示资本主义文化特别是其大众传播模式,如何加速西方势力君临天下横行四海,又如何导致其他文化传统纷纷瓦解灰飞烟灭,并使大多数社会一步步陷入困苦不堪的依附性境地。而所谓发展传播学的种种说教,不但不能改变极不合理的世界政治、经济和文化秩序,反而实际上为虎作伥,助纣为虐,因为它们只在既定的现状中做文章,只为既定的体制出谋划策,根本不考虑其间的支配与被支配关系,包括传播媒介的所有权与控制权问题,而这些问题才是关键之所在:

> 当代社会中,语言和交流最典型的载体便是传媒,或者说,人称之为"文化和传播产业"的出版、广播、电视、电影、音像、电脑等行业。毫不奇怪,谁拥有、操作和控制这些传播手段,以及它们传播的是怎样类型的信息,正在日益成为一个超级文化问题。因为对现代传媒所有权和控制权的丧失,意味着国家的文化表述、它的身份、主权乃至生存,都将面临生死攸关的威胁。②

于是,在上述历史、社会与学科背景下,从20世纪60年代到70年代涌现了一批文化帝国主义的批判学者,形成传播学批判学派的一支劲旅,其领军人物有法国的阿芒·马特

---

① [法]阿芒·马特拉:《世界传播与文化霸权:思想与战略的历史》,陈卫星译,159页,北京,中央编译出版社,2001。

② 陆扬、王毅:《大众文化与传媒》,8页,上海,上海三联书店,2000。

拉、英国的杰里米·滕斯托尔、加拿大的达拉斯·司迈斯（Dallas Smythe）、美国的赫伯特·席勒（Herbert Schiller）等。他们大多具有政治经济学的学科背景，在历史观和社会观上秉承依附理论的思想传统与精神衣钵，将当代世界的传播问题置于资本主义/帝国主义的全球体系中进行整体的观照与考察。所以，从这个意义上看，他们不妨说是依附理论的传播学分支。比如，北美批判传播学的宗师、被莫斯可（Vincent Mosco）誉为"影响了整整三代传播学者"的司迈斯，在研究加拿大依附发展问题的基础上，完成其主要论著《依附之路：传播、资本主义、醒觉和加拿大》(1981)。再如，马特拉不仅用依附理论的范式研究了文化帝国主义在拉美地区的影响，与阿里埃尔·多尔夫曼（Ariel Dorfman）一同撰写了文化帝国主义理论的经典之作《如何解读唐老鸭：迪斯尼卡通里的帝国主义意识形态》(*How to Read Donald Duck: Imperialist Ideology in the Disney Comic*)，而且他的经历竟与弗兰克颇为相似：他们都于20世纪60年代前往智利的大学执教，在1973年英美支持的军事强人皮诺切特发动政变，推翻奉行社会主义的民选总统阿连德后，又都遭到驱逐，被迫流亡。

在文化帝国主义的话语谱系中，媒介始终居于核心地位，以至于人们有时径直将其视为媒介帝国主义的同义词，二者的关系正如汤林森在《文化帝国主义》中所作的概括：

> 大众媒介正以平稳而快速的步调扩张其技术能力，在西方社会当中，它们对于公私领域的生活，夹其渗透、报道及再现的能力，已经具备非凡的影响效果。就此而言，迳将媒介作为现代西方资本主义的核心文化参照标准，确有可取之处。实情果真如此，则不妨说文化帝国主义的现象，其中心关键在于媒介，而这么说的意义有二：一、某种文化之媒介（文本及媒介之运作过程与行为），支配另一种文化的媒介表现；二、"经由大众媒介所中介的文化"已然扩散全球。①

文化帝国主义与媒介帝国主义的这种密切关系，在赫伯特·席勒的传播研究中表现得最为明显。席勒既是文化帝国主义理论的一位卓有建树的批判学者，同时又是一位积极行动的知识分子，他富于道义的激情和不屈不挠的姿态恰似麻省理工学院的乔姆斯基。他早年在伊利诺伊大学时与司迈斯相识，1969年出版的第一部专著《大众传播与美利坚帝国》(*Mass Communication and American Empire*)，就是由司迈斯作序。本书按照依附理论的思想，对媒介帝国主义问题第一次作了全面深入的考察，在经验研究和实证研究一统天下的美国主流传播学界，投下一颗离经叛道的重磅炸弹。1970年，由于遭到伊利诺伊大学保守势力的反对，席勒转到加州大学圣迭戈分校任教，直至2000年辞世。在此期间，他完成了一系列重要的批判性著述：

---

① ［英］汤林森：《文化帝国主义》，冯建三译，45～46页，上海，上海人民出版社，1999。

这些著作对世界范围的批判观点的兴起影响深远,它们一直将传播研究置于广泛的政治经济背景之下。他的第二本书《思想管理者》(1973)首次提出对信息社会观念的强烈批判。他以大量文献说明了诸如盖洛普民意调查机构、《读者文摘》、《国家地理杂志》等组织是如何拥有广泛的政治与文化势力的,信息与文化产业中的企业合并与海外扩张是如何进行的。他随后的著作《传播与文化主宰》(1976)提出了文化帝国主义的问题,并考察了智利阿连德政府努力建立新型传播体制的情形。他与诺顿斯特朗合编的《国家主权与国际传播》(1979),是本专门讨论世界信息与传播新秩序中心论题的论文集。……他还与诺顿斯特朗第二次合作编著了《超越国家主权》(1993)。①

正是在《传播与文化主宰》(*Communication and Cultural Domination*)里,席勒给文化帝国主义下了一个定义:

> 文化帝国主义是许多过程的总和。经过这些过程,某个社会被吸纳进入现代世界体系之内,而该社会的主控阶层被吸引、胁迫、强制,有时候是被贿赂了,以至于他们塑造出的社会机构制度符合于,甚至是促进了世界体系之中位居核心位置而且占据支配地位之国家的种种价值观与结构。②

显然,这是在依附理论的框架中对文化帝国主义所作的阐释。事实上,早在他的第一部著作《大众传播与美利坚帝国》里,他就借鉴了美国马克思主义政治经济学家巴兰(Paul A. Baran)和斯威齐(Paul A. Sweezy)关于"垄断资本"的思想,并引用了他们在《垄断资本》(1966)一书中的论述:"资本主义从过去就一直是,也将永远是一个跨国体系。这个体系同时也是阶层体系,其中有一个或数个核心位居顶端,完全依赖的殖民地位于底部,而二者之间则存在着各种程度不一的从属或上层从属的实体。"③到了《传播与文化主宰》出版时,他更是开宗明义地点出了其理论与沃勒斯坦"现代世界体系"的关系,指出世界体系的文化与传播部分如何同整个体系息息相关,又如何促进了整个体系的目的与目标。按照这种理论视角和研究思路,席勒一针见血地指出,种种天花乱坠的传播理论如"信息社会"、"信息经济"、"信息自由流通"、"信息高速公路"等,不过是主控阶级和主控国家维护既定权力格局、掩饰现实支配关系的传播意识形态,极而言之甚至就是一套障眼法或"语意迷阵":

> 在许勒(即席勒——引者注)眼里,围绕"资讯时代"(即信息时代——引者注)的种种论述,虽然宣称新科技将为全球社会带来更民主、更多样的文化,但是从跨国

---

① [加]文森特·莫斯可:《传播政治经济学》,胡正荣等译,85页,北京,北京广播学院出版社,2000。
② Schiller, Herbert I. (1976) *Communication and Cultural Domination*. White Plains, NY: International Arts and Sciences Press, p.9. 中文译文转引自魏玓《至死不渝的左派传播研究先驱:许勒(即席勒——引者注)的生平、思想与辩论》,载《当代》(153)。
③ 魏玓:《至死不渝的左派传播研究先驱:许勒的生平、思想与辩论》,载《当代》(153)。

> 经济与文化不平等关系只有更加严重而不是更加缩小来看,跟以往的"资讯自由流通"概念的意识形态和作用并无不同,大抵上是支配阶级或支配国家维系权力关系的语意迷阵。①

20世纪90年代后,席勒又将思想锋芒转向如日中天的全球化及其深藏的文化帝国主义。1991年,他发表了一篇论述全球化及其大众传播模式的文章《后帝国主义时代尚未来临》(*Not Yet the Post-Imperialist Era*),以雄辩的事实与严密的逻辑反驳了受众本位的观念以及由此导出的各种文化帝国主义过时论。1993年,他又与芬兰的批判学者卡尔莱·努登斯特伦(或译北安权)(Kaarle Nordenstreng)再次合作,编写了《国家主权与国际传播》(*National Sovereignty and International Communication*)的续集《超越国家主权:1990年代的国际传播》(*Beyond National Sovereignty: International Communication in the 1990s*)。在这些著述中,他越来越强调跨国公司的作用,认为当下帝国主义的扩张不再以"国家"为行动单位,而越来越体现为跨国公司的行为:

> 他承认,《大众传播与美国帝国》已经无法充分地描述当前全球情势,虽然美国在资源与技术上仍然扮演重要的角色,但是真正的行动者乃是跨国公司,真正的动力是市场逻辑驱动下的企业跨国主义(corporate internationalism)。主要跨国媒介集团的拥有者虽然不限于美国人,但是他们传递的仍然是相同的消费主义意识形态。②

这种由跨国公司主导的扩张模式与渗透动向,同样也体现在文化与传播领域,这已是20世纪90年代以来越来越突出的全球性现象。正如批判学者本·巴格迪金(Ben Bagdikin),在其名作《媒体垄断》(*The Media Monopoly*)第三版(1990)里所概括的,这里的主要问题在于这些跨国传媒公司的影响力:

> 大众传媒领域中居主导位置的公司对公众的新闻、信息、公开思想、流行文化和政治态度具有主要的影响。这些公司之所以也在政府内部产生相当大的影响,恰恰是因为它们影响(听)观众对公共生活的看法,包括对政治和政治家的看法,不论这些看法是否在传媒之中出现。③

第七节 反驳与质疑

不言而喻,文化帝国主义理论问世以来不断遭到传播学主流研究的质疑、排斥、颠覆及否定,各种驳难性理论你方唱罢我登场,冷战后有人干脆急不可耐地宣称文化帝国主义

---

① 魏均:《至死不渝的左派传播研究先驱:许勒的生平、思想与辩论》,载《当代》(153)。
② 魏均:《至死不渝的左派传播研究先驱:许勒的生平、思想与辩论》,载《当代》(153)。
③ [美]叶海亚·R. 伽摩利珀:《全球传播》,尹宏毅主译,353页,北京,清华大学出版社,2003。

是"一个说到底已经过时的问题"。① 大略说来,这些针对文化帝国主义理论的驳难,或从正面直接抗辩其理论,如斥之为马克思经济决定论的变种;或从侧翼迂回包抄,做出与其相反的立论,如受众可以对信息进行自我选择的诸多研究;或从学理上拆解其核心预设,如"中心-边缘"框架、传播效果的"皮下注射模式"(hypodermic model)——这个模式假定媒介产品对受众具有直接的、必然的文化效应;或从常识上归谬其逻辑关系,如"接收"信息并不等于"接受"信息、"娱乐"并不等于"转变"等,同时大量诉诸人们的日常经验与具体感受……迄今为止,最具系统性和影响力的反驳,当属汤林森的《文化帝国主义》(*Cultural Imperialism: a Critical Introduction*)。

汤林森(John Tomlinson),是英国 Nottingham Trent University 英语与媒体研究系的讲师,他的博士论文《文化帝国主义》1991 年出版后,使他一跃成为这个领域享有世界声望的学者。1997 年,他又出版了新著《文化全球化与文化帝国主义》(*Cultural Globalization and Cultural Imperialism*)。作为第一位系统反驳文化帝国主义理论的代表,汤林森在《文化帝国主义》一书里对席勒、马特拉等人的理论进行了周详的考辨、梳理与剖析,然后加以彻底的清算,该书的副标题是"一种批判性的引论",而所谓"批判"乃指对文化帝国主义理论的批判。汤林森认为,文化帝国主义理论非常宽泛而空洞,甚至是一种为各种边缘文化提供戏剧化的、悲天悯人的"总体方案"。② 以他之见,当今世界正处于一个"崭新的时代",其基本特征就是"全球化"。在他的思想中,全球化既是置换帝国主义历史的现实场景,又是取代帝国主义言说的理论话语。如果说"帝国主义"意味着从某个中心将某种特定的社会思想体系推向世界,那么"全球化"则体现了人类之间的互相依赖和平等共享。所以他认为,文化帝国主义的话语应该让位于文化全球化的话语,这也是其《文化全球化与文化帝国主义》的主旨。

仅就学问、学理及学识而言,作为博士论文的《文化帝国主义》可谓功力深厚,内容渊博,并非浅尝辄止的泛泛之论。汤林森通过细致的辨析,把文化帝国主义理论概括为这么几个可以互相转换的意思:

> 一、不平衡的信息流,即媒介帝国主义;二、(美国文化)对民族国家认同(national identity)和文化认同(cultural identity)的威胁;三、消费文化即全球资本主义对传统社会的冲击;四、现代性的发展及其对传统文化的挑战。③

然后,对这四个含义逐一进行层层剥笋似的分析与留难。比如,针对媒介帝国主义,他认为人们过分突出了媒介在现代社会中所发生的作用,陷入媒介中心论的误区。他说:

---

① 陆扬、王毅选编:《大众文化研究》,7 页,上海,上海三联书店,2001。
② 陆扬、王毅选编:《大众文化研究》,7 页,上海,上海三联书店,2001。
③ 陆扬、王毅:《大众文化与传媒》,83 页,上海,上海三联书店,2000。

> 在当代文化过程及行为之中，大众媒介盘踞了高高在上的地位，此事无可怀疑；另一方面，人们在接触媒介时，却又把他们得自其他文化资源的认知亦加以应用，此亦事实确凿。这两种并存的现象告诉我们，媒介及文化的关系可以视作是一种微妙的"种种中介的交互作用"（interplay of mediations）。……我们对于一个电视节目、一本小说或一篇报纸上文章的想法、观感，总是受到我们现实生活的百般遭遇之影响。但同样并存的事实是，我们的亲身生活又受到了种种再现文化的影响，也就是我们的亲身生活是"向我们展示的再现"（representations to ourselves）。①

所以，他主张对媒介的核心地位进行"去中心化"（decentre），同时，强调媒介再现功能与实际生活体验之间平行交互的关系。

再如，针对文化认同问题，即文化帝国主义理论所说的民族国家的文化归属感面临外来威胁的局面，他借助安东尼·吉登斯和本尼迪克特·安德森（Benedict Anderson）的文化认同理论进行抗辩。如前所述，美国学者安德森在其名作《想象的共同体》（*Imagined Community*）里，曾提出一个有名的理论——作为拥有疆界与主权的民族国家是一个想象的共同体：

> 这样的社区是想象出来的，这是因为即便是最小的民族国家，绝大多数的成员也是彼此互不了解，他们也没有相遇的机会，甚至未曾听说过对方，但是，在每一个人的心目中却存在着彼此共处一个社群（即共同体——引者注）的想象。②

也就是说，民族国家的认同只存在于人们的想象之中。这种想象得以发生并具备可能的一个重要因素，就是近代欧洲兴起的"资本主义印刷文明"。五花八门的书籍、报纸、杂志等进入商品化、机械化和大众化以后，在民族国家意识的生成过程中发挥着决定性作用。当同一民族国家的人们阅读共通的印刷文字时，他们自然就会想象到成千上万不曾谋面而又声气相通的"同胞"，并由此产生一种归属感和认同感。这种想象能力，尤其受惠于全国性报纸。因为每日出版的报纸，把同时发生在各地的各种事件或新闻汇集在一起，提供给千千万万互不相识的读者，使他们在阅读过程中产生休戚与共、同为一族的印象（the image of their communion）：

> 这个大众仪式的重要性（黑格尔曾说，读报是现代人的晨祷）说来矛盾。读报是静默无声的私下活动，是在脑门之内进行的。然而，每位在进行沟通、读报的人都很清楚，相同的这个仪式，同时也由数千人（或数百万人）进行着，这些人确实是存在的，但他们到底是谁，则他又一点也不知道。而且，年复一年，这个相同的仪式每日或

---

① ［英］汤林森：《文化帝国主义》，冯建三译，120~121页，上海，上海人民出版社，1999。
② ［英］汤林森：《文化帝国主义》，冯建三译，54页，上海，上海人民出版社，1999。

每半日都无休无止地一直重复。对于这样的一个俗世、由历史时钟所定位的想象出来的社群,又有什么样的形容能够较之更为栩栩如生呢?①

汤林森由此推断说,既然除了原始部落的其他社群差不多都是想象出来的,那么人们似乎没有理由认为民族国家的想象一定会排除其他形式的认同,比如全球化的认同。另外,汤林森还指出:

特别令人觉得自相矛盾的是,滋生民族国家认同感的过程完全与资本主义之扩张、西方理性之膨胀、"传统"之崩溃与文化经验的"饱受中介"呈现同步进行的现象——而后面这些现象,就其他论述所说,不正是构成文化帝国主义的正身嘛。(译按:民族国家的认同与文化帝国主义现象的出现,是同步同调的)②

为了凿实其立论——"从帝国主义到全球化",汤林森一方面从学理上展开系统绵密的推导;另一方面又借助于一些实证性研究,特别是洪美恩等对美国电视连续剧《达拉斯》所做的个案解剖。《达拉斯》(Dallas)在20世纪80年代播出时曾风靡全球,出现在近百个国家的电视屏幕上,一时间它的故事情节人物形象成为世界各地街谈巷议的话题。无疑,这是一个文化帝国主义的典型标本。1983年法国文化部长杰克·朗,就曾把《达拉斯》说成是文化帝国主义的象征,许多人也认为该剧在全球热播的事实,表明美国文化与媒体对世界文化多样性造成的严重威胁。于是,针对这个标本,不同学科的不同学者纷纷展开研究,其中有两项传播研究比较典型。一项是由荷兰的洪美恩(Ien Ang)完成的,一项是由卡茨(E. Katz)和利布斯(T. Liebes)合作进行的,时间均在1985年。当时洪美恩正在撰写以《达拉斯》为题的研究生论文,为此她在一家荷兰的妇女杂志上刊登了一则广告:

我喜欢收看电视连续剧《达拉斯》,但是经常听到对它的一些莫名其妙的反应。是不是有人愿意写信告诉我,你为什么也喜欢收看这部电视连续剧,或者为什么不喜欢收看这部连续剧?我想将这些反应吸纳进我的大学论文。③

结果她收到了42封回信,其中39封来自女性。在对它们进行解读的基础上,洪美恩写出了一部传播研究和文化研究的名作《观看〈达拉斯〉》(Watching Dallas)。依据她的分析与研究,《达拉斯》虽然带给观众不少收看的快感与愉悦,但这并不影响他们各自独立而清醒的判断,因此并没有产生必然的、一律的"媒介效应"。相反,不同文化背景的观众、按照各自的文化背景、使用不同的方式去理解这部电视剧,从而得出各自不同的看法。洪美恩的结论与受众主动论的思想吻合,即文本的意义并不能强加于受众,而是在"传-受"的协商过程中产生的。用汤林森对这一研究的评论来说:

---

① [英]汤林森:《文化帝国主义》,冯建三译,158~159页,上海,上海人民出版社,1999。
② [英]汤林森:《文化帝国主义》,冯建三译,162页,上海,上海人民出版社,1999。
③ [英]尼克·史蒂文森:《认识媒介文化——社会理论与大众传播》,王文斌译,164页,北京,商务印书馆,2001。

> 她的经验研究至少证明,暴露有帝国主义的文本会立即产生意识形态效果的简单看法,是天真而不足信的。那些回信观众反应复杂,深具反思能力而且来得自觉,这也证明了文化批评家自以为上述效果存在无疑,实际上是大大低估了观众积极主动与文本交涉的能力,也低估了普通观众/读者老到的批判能力。①

与研究生洪美恩的空手道相比,传播学者卡茨与利布斯对《达拉斯》的研究就显得比较正式,规模也比较庞大,由于是对比美国、以色列等国观众收看该剧的不同情况,并且是按实证研究的规范步骤进行,所以看起来也更"科学"。其实,他们的研究预设还是美国主流传播学中的流行观念,如受众是积极的而非消极的、是主动的而非被动的等。按照这种观念以及他们遵循的实证主义研究方法,他们对文化帝国主义理论一开始就不以为然。在他们看来,这个理论俨然假定美国的文化霸权"早在洛杉矶包装完毕,直接送到全球各个角落,然后在无知的心灵里打开"。他们认为,要证明《达拉斯》与文化帝国主义的关系,必须提供三层证据:节目中确实融入了某些信息以增加美国的利益;这些信息确实被受众以同样的方式进行理解;即便真的按照千篇一律的方式进行理解,还需证明这些信息确实被毫无批判地接受并融入受众的文化系统之中。于是,与洪美恩一样,"卡茨与利布斯(1985)总体上说对《达拉斯》给其全球受众的意识打上了西方消费资本主义价值观的烙印持怀疑态度。他们的研究表明,不同的种族群体对这一节目的内容作出判断时带有他们自己的同一性",而且他们三人均认为,"假如美国资本主义的社会意义受到受众阐释的颠覆,那么这会对媒介帝国主义论主题构成反驳"。②

上述驳难以及其他许多类似的、更加盛行的学说,如费斯克(John Fiske)的"大众文化观"、德塞图(Michel de Certeau)的"日常生活观"等在某种意义上并非没有道理,而文化帝国主义立论也并非无懈可击。③ 把受众看作媒介手中直接牵动的木偶,以为看一部大片《泰坦尼克号》或是翻了一部小说《廊桥遗梦》立刻就怎么样,甚至整个民族及其文化都怎么样,显然是一种简单化的思维模式。但是,如果就此得出结论,断言好莱坞激荡整个世界的影视制作只是玩玩闹闹,其实没有什么深意和影响可言,更说不上什么宰制的意味,那就更加简单化了。这种简单化至少体现在两方面,一是过于看重受众的个人选择与直接反应,而忽略了他们选择的条件与反应的背景,即他们是在既定的条件下进行选择,是在特定的背景下做出反应,或者说只看到他们如何随心所欲地表达意见,而没有看到他

---

① 陆扬、王毅:《大众文化与传媒》,81~82页,上海,上海三联书店,2000。
② [英]尼克·史蒂文森:《认识媒介文化——社会理论与大众传播》,王文斌译,174页,北京,商务印书馆,2001。
③ 英国传播学者科林·斯帕克斯(Collin Sparks)就曾指出,文化帝国主义的表述容易让人产生文化的依赖与支配关系,如同政治经济的依赖与支配关系那么明显而直接的印象,而事实上没有谁拿着枪逼着观众收看《达拉斯》。所以,他建议采用"帝国主义的文化结果"(the consequences of imperialism)这样的表述,以免引起无谓的争议,同时又保持批判的初衷。见其《全球的权力,全球的传播》一文,魏珀中译,载《当代》(136)。

们的表达已被先天的一系列框架所规定。如此说来,他们诚然不是支配与控制势力直接牵动的木偶,但又确实是这些势力遥控的对象。戴维·莫利说得好:

> 不应过高估计媒介消费者个人随意评说传送来的节目的自由。即便他们有这个自由,他们选择重新解读的节目也局限于势力强大的媒介机构建立的"菜单"之内。再说,这些节目通常制作成"更倾向于"某种解读的样子(霍尔,1981),从而即便人们永远也不会同意这种"解读",也诱使观众以某种特定方式"领受"该启示。显然,我们对待媒介效应皮下注射模式的缺陷不应该是把消费过程浪漫化,然后欢呼"积极的"观众是符号学的游击队员,一直为文本权力的结构而战(柯伦,1900)。我们必须把承认受众选择、消费、解读媒介文本时某些方面是能动的,与认知这种行为在不同的模态和样式下由文化强势动力构筑并限制的事实平衡起来。①

再一方面,更为重要的还在于所有这些驳难性理论,都有意无意地回避了一个关键性问题,即大众传播背后实际存在的整个政治经济架构以及支配性关系,亦即丹·席勒所追问的问题——"国际文化生产与流通的不平等结构,是如何形成、扩大和加强了一种新形态的跨国支配"。这样的问题显然不是经验主义和实证主义的研究所能或所愿解答的,它涉及的是一种整体的、动态的、历史的进程与过程,对此只能进行全面的考察、系统的研究与综合的分析,而不能仅仅指望某个具体受众针对某个具体讯息填写某张具体"问卷",否则就真成了列宁说的"连儿戏都不如"的儿戏了。事实上,司迈斯、席勒、马特拉等文化帝国主义学者,并没有否认受众个人的主动性,只不过他们立足于马克思主义总体性的历史观和方法论,力图揭示全球化时代大众传播的更为复杂深刻的内涵而已。对此,以及对于文化帝国主义的种种往来回环的论争,特别是20世纪90年代以来的发展动向,爱德华·赫尔曼和罗伯特·麦克切斯尼在《全球媒体:全球资本主义的新传教士》(1997)里作了简要精当的评述:

> 近年来,文化帝国主义和种种依赖模式都受到严厉的批判,部分地反映出政治气候更加保守。……当这些批评家注意到美国媒体输出下降,而巴西、墨西哥和澳大利亚媒体输出增大时,或当他们把对达拉斯或其他节目的各种阐述当作对外来文化入侵进行有力抵制的明证加以引用时,他们漏掉了关键点,主要的入侵是模式的灌输。其次重要的是商业网的发展、巩固和集中以及和全球体系的日益融合,再加上这些进程逐渐对经济、政治体制、文化环境所造成的影响。主要的入侵决定了要走的道路,并且把有关国家带入了主要大国的利益轨道。这就是"新帝国主义"形式,它已经取代了旧的、粗野的和过时的殖民方式。②

---

① [英]戴维·莫利、凯文·罗宾斯:《认同的空间》,司艳译,172页,南京,南京大学出版社,2001。
② [美]爱德华·赫尔曼、罗伯特·麦克切斯尼:《全球媒体:全球资本主义的新传教士》,甄春亮译,190~191页,天津,天津人民出版社,2001。

总之,除了传播观的差异,围绕文化帝国主义而展开的辩驳,实际包含着一系列深刻的分歧与对立,诸如全球化、现代性、发展主义、正义与公平等探讨中,其实无不凸显着两套风貌各异的话语谱系,体现着两种趣味迥然的价值取向。在我们看来,文化帝国主义学派的立论归根结底是怀着一种对不同民族、不同国家、不同文化的"同情之理解",不希望由一种哪怕是再好的东西来主宰世界,更何况未必真是好东西。据说,20世纪以来世界上消亡的动物物种已有五千多种,与此同时,正如荷兰批判传播学者哈梅林克(Cees Hamelink)在其《全球传播中的文化自主权》(1983)里所指出的,"让人印象深刻的众多世界文化体系正在萎缩,这是因为史无前例的'文化同步化'所造成的"。① 面对这样一幅自然与人文的灰暗图景,对历史充满温情、对文明深怀敬畏、对生命饱含感恩的人自然不能不伤痛,不能不感怀,不能不愤懑,这种无以言表的深挚感情大概是高唱自由化、市场化、全球化颂歌的人无法体味的,而它却正是曾获诺贝尔文学奖的南斯拉夫作家安德里奇,在波澜壮阔的世界名著《德里纳河上的桥》中借一位人物之口所抒发的:

> 这些邪恶的异教徒对任何东西都进行整顿,清扫,维修,改善,然后又都毁于一旦,他们也许会扩展到全世界;他们疯狂建设,又疯狂破坏,也许会把真主所创造的整个世界弄成杳无人烟的荒野,或者变成一个放牧场,以满足他们贪得无厌的胃口和无法理解的食欲吧?一切都是可能的,不过有一件事是不可能的:那些英明伟大、灵魂高尚的人物,为了真主的荣耀,创建了一些千古长存的建筑物,使大地变得更加壮丽,使人类生活得更加舒适美好,这样的人物将与天地日月共长存。如果这样的人物也完全消逝,那就等于世界上对真主的爱已经完全消失殆尽。这是绝对不可能的。②

第八节 未完结的结语

从批判性的视野审视全球化时代的大众传播问题,并非"逆历史潮流而动",亦非与我们了不相干。谁能不知"世界潮流,浩浩荡荡,顺之者昌,逆之者亡",谁又不知任何"反潮流"无异于螳臂当车、自取覆亡一类历史决定论的断言。但人们不能以此为由就一股脑纵身跃入汹涌澎湃的历史潮流之中,就此取消"反思潮流"的正当性与必要性,从此心安理得地奔向赫胥黎所说的"美丽的新世界"。特别是对不同程度上处于依附状态而又被迫越来越深地融入由西方主宰的现代化/全球化进程的后发国家,保持一点冷眼向洋看世界的清

---

① [英]汤林森:《文化帝国主义》,冯建三译,209页,上海,上海人民出版社,1999。
② [南斯拉夫]伊沃·安德里奇:《德里纳河上的桥》,周文燕等译,380~381页,北京,人民文学出版社,1979。

醒不但不是多余的,而且越来越显得难能可贵了。在一个不起眼的小国——乌拉圭,有个不起眼的研究机构——第三世界中心,出了一份不起眼的各国概况——《世界指南》,在其不久前的一版"编者按"里写了一段不起眼的话:

> 一天,纳斯拉丁·霍加(汉译俗称阿凡提),这位十三世纪的突厥哲人,脸冲着毛驴的尾巴,按照不合习惯的方式骑驴走在路上。人们对他说:"霍加,你骑倒了!"他回答说:"我没有骑倒,是驴在朝着一个错误的方向走。"从一九七九年我们第一次出版《世界指南》以来,这本《世界指南》就一直以一种不合习惯的方式观望着这个世界。今天,这个世界似乎日益朝着同一化的方向走着,而我们的文章则一一强调着二百多个国家和地区各自的独特性。……今天,人们每天听到的声音主要是对"全球化"的赞誉,"全球化"的飞船似乎在载着为数不多的亿万富翁、超级企业朝着新的千年飞去;我们的指南则向人们展示数以亿万计的普通人每天面临的困难,他们的希望只是获得起码的医疗条件,或者只是一碗充饥的饭。……我们骑在驴背上,不得不随着时代的节拍颠簸。(索飒译)

其实,所谓反思与批判无非就是阿凡提这种"不合习惯"的姿态而已。阿凡提当然清楚毛驴在朝什么方向走,他也知道无可奈何而顺其自然,但他不能不以特有的方式表达一个平凡又不凡的哲人不肯随波逐流的清醒与睿智。如今,我们缺的早就不是"走向世界"、"与国际接轨"一类的认知、热情与渴望,而恰恰是这种冷静的批判意识与理性的反思精神。不仅如此,一种盲目的思维定式在"全球化"与"千禧年"的喧天声浪中,如空气一般弥漫开来,形成一股无所不在的所谓"新僵化思潮":

> 新僵化思潮代表者们的社会人文主张同他们所抨击的"僵化"观点截然不同,但在思维方式与话语阐释方式上却与其如出一辙,即采取强烈的极端化大批判模式,表现出坚定的非理性、非历史的姿态。新僵化思潮强烈呼唤的社会人文话语具有鲜明的思维与叙述定式,即凡是西方主流价值观念皆以推崇为先,凡是与西方主流价值观念相抵触的皆以批驳为要,疾速走向新的极端。[1]

有学者形象地将这种"思维与叙述定式"概括为两个新的"凡是":即凡是西方赞成的我们就赞成,凡是西方反对的我们就反对;与此相应更极端的甚至于,凡是中国赞成的我们就反对,凡是中国反对的我们就赞成。[2] 一旦到了这种份儿上,就像"文革"时期的非理性与歇斯底里一样,不是"摆事实,讲道理"所能解决问题的了,因为人人都可以说自己在"摆事实,讲道理",只不过各自摆的事实不同,讲的道理自然也就不同罢了。

---

[1] 励言:《对新僵化思潮的初步分析》,《天涯》2000(2),158 页。
[2] 李希光、刘康:《媒体轰炸与洗脑》,南京,江苏人民出版社,1999。

尽管许多学者及其研究都明确指出CNN等全球媒体"确实提供不了多少公共领域"、"几乎不能提供对事件进行公共讨论的空间",但是,在当下新闻传播领域盛行的而且越来越时髦的依然是对西方主流意识形态包括新闻传播观的认可、心仪与称许。在这样一边倒的形势下,谁若对此做些冷静、客观和理性的分析批判,谁就可能冒天下之大不韪。然而,就在有些人如此兴高采烈地拥抱全球化的大同盛世,如此义无反顾地遵循被奉为天条的"自由流通"、"资本运营"、"受众需求"等律令,如此深恶痛绝地排斥一切现行的传播体制与模式之际,可曾多少想一想"自由主义"是不是都是"争取自由的主义",就像"社会主义"是不是都是"有益于社会的主义"(李少君)。英国考文垂大学国际新闻传播专业的一位教授,在题为《将伊斯兰教魔鬼化的宣传:传媒如何操纵关于恐怖主义的报导》一文的最后有段话说得好:

> 许多发展中国家的记者,特别是他们中的精英分子,不仅以西方新闻媒体作为他们自己文章的来源,还模仿西方媒体的价值观、语言和口气,全然不顾这些宣传是否不利于甚至有害于他们自己的、正在发展着的社会。①

与之相似,倡言西方新闻传播理念的衮衮诸公是否考虑过,一些说起来义正词严而听起来也冠冕堂皇的东西,"是否不利于甚至有害于他们自己的、正在发展着的社会"。② 在这个问题上,联合国教科文组织的著名报告《多种声音,一个世界》曾经提出两个结论,至今仍然值得深思:

> 有两个主要结论是值得一开始就提出来的。一方面多样性和多元性的准则应予提倡而不应压制。无论在地区一级或在世界一级,都有各种各样的社会模式和社会经济制度。正如对于交流的能力在概念上和使用上有差异一样,无论在各国内部或各国之间都存在着不同的发展水平和不同的发展道路。另一方面,无论在形式或内容方面,改进交流的成功措施,都是同促使社会本身减少压迫和不平等的变得更为公正和民主的各种措施紧密相连的。这个事实应当予以强调而不应把它掩盖起来。③

建议参考资料

1. 杨雪冬:《全球化:西方理论前沿》,北京,社会科学文献出版社,2002。

---

① 索飒:《倒骑毛驴的阿凡提与信息时代》,载《读书》,1999(11)。
② 房宁先生的《匈牙利纪行》为此提供了一个颇堪参考的个案,载《天涯》,2000(5)。
③ [爱]肖恩·麦克布赖德等:《多种声音,一个世界》,25页,北京,中国对外翻译出版公司,1981。

2. 陆扬、王毅：《大众文化与传媒》，上海，上海三联书店，2000。
3. [美]爱德华·W. 萨义德：《东方学》，北京，三联书店，1999。
4. [英]达雅·屠苏：《国际传播：延续与变革》，北京，新华出版社，2004。
5. [英]汤林森：《文化帝国主义》，上海，上海人民出版社，1999。

思考题

1. 关于全球化问题，目前存在着怎样不同的态度和认识？
2. 弗兰克的《白银资本》对长期以来的欧洲中心论形成怎样的挑战和质疑？
3. 阿明的"依附理论"和沃勒斯坦的"世界体系"学说之间有哪些异同？
4. 萨义德所谓"将东方东方化"的过程是如何实现的？
5. 亨廷顿的"文明冲突论"和福山的"历史终结论"存在什么内在区别？
6. 如何从批判的角度理解现代化带来的信息全球化趋势？
7. 席勒的文化帝国主义理论和全球化的依附理论之间有什么相通之处？
8. 汤林森、卡茨等学者关于文化帝国主义的研究存在哪些盲点，原因何在？
9. 面临全球化的现实环境，中国媒体以及新闻人应当采取何种立场？

附录 新闻传播学基础阅读书目（100种）

博通类（50种）

1. 《**共产党宣言**》：眼界阔大、思想深邃、感情诚挚、文辞壮美，一曲大气磅礴的政治抒情诗和哲理诗，精髓可以马克思《致燕妮》一诗的名句概括："让整个诗的世界在人类历史上出现！"

2. 《**毛泽东著作选读**》：毛泽东思想的要义在于实事求是、群众路线（"为人民服务"）和独立自主。另外，他的一些新闻作品，特别是解放战争时期为新华社起草的各种文稿，也堪称新闻作品的典范，如消息《我三十万大军胜利南渡长江》、广播稿《敦促杜聿明投降书》、评论《别了，司徒雷登》等。参阅特里尔的《毛泽东传》等。

3. 《**中国哲学简史**》，冯友兰：参阅其学术自传《三松堂自序》与何柄棣的《读史阅世六十年》。

4. 《**古诗源**》，沈德潜：华夏文明精华多在其中，参阅当代诗人周涛才思纵横的《**读〈古诗源〉记**》。近体诗词鉴赏评品以王国维的《人间词话》、钱锺书的《宋诗选注》和沈祖棻的《宋词赏析》等向称佳作。

5. 《**中国史纲**》，张荫麟：著者张荫麟（1905—1942），清华才子，由于英年早逝，遂使本书成为"史家之绝唱"或"未完成交响曲"。"全书没有累赘冗繁的引文考证，不故作深奥高奇，史事都以'说故事'的方式从容道来，如行云流水，可令读者享受到一口气读完不觉其累的那种爽悦。"（王家范）。范文澜的《中国通史简编》也是举重若轻，娓娓道来。

6. 《**中国历代政治得失**》，钱穆：国学大师的专题演讲，不仅明白如话地揭示了古代政治制度的前因后果与来龙去脉，而且提示了一种认识历史与社会的思路——"同情之理解"。参阅玛雅的《战略高度：中国史学界访谈录》。

7. 《**美的历程**》，李泽厚：中华精神世界的一次美的巡礼，美的历程。

8. 《**万历十五年**》，黄仁宇：一部独特而有趣的史学名著，作者以其"大历史"观而知名。参阅其自传、同样独特而有趣的《黄河青山》。

9. 《**蒋梦麟自传：西潮与新潮**》，蒋梦麟：一代文化大师的传世名作，以平易隽永的笔触勾画了鸦片战争以来的社会历史画卷,波澜壮阔,气象万千,启人心智,意味深长。参阅蒋廷黻、郭廷以、徐中约的"中国近代史",及茅海建的《天朝的崩溃》、阎云翔的**《私人生活的变革:一个中国村庄里的爱情家庭与亲密关系——1949—1999》**、杨继绳的《邓小平时代:中国改革开放二十年纪实》等。

10.《伟大的中国革命》,费正清:作者是美国首屈一指的汉学家,主编的剑桥中国史丛书影响广泛,厥功甚伟。译者刘尊棋是名记者,曾任《CHINA DAILY》首任总编辑。参阅陈旭麓的《近代中国社会的新陈代谢》等。

11.《中国的现代化》,罗兹曼主编:鸦片战争以来,现代化一直是国人的梦想。如何实现这一梦想、如何看待这一梦想,自然成为学界普遍关心的课题。本书是美国学者研究中国现代化问题的综合性著作,对洞察这一"历史宿命"不无启发。参阅甘阳的**《通三统》**等。

12.《义和团战争的起源》,相蓝欣:看似老生常谈的话题,但由于作者非同寻常的功夫和功力(如熟练运用多国语言的能力),不仅给人展现了真切而多维的历史视野,而且以小见大,使人对一系列看似老生常谈的话题产生深切洞明的体认。参阅美国汉学家柯文的名作《历史三调:作为事件、经历和神话的义和团》。

13.**《维新旧梦录》**,朱维铮、龙应台编:适合大学生阅读的一部近代史"原典",既有代表性的文本,又有权威性的点评。参阅钟书河的《走向世界》、陈平原等《图像晚清》、茅海建的《苦命天子》等。

14.《现代稀见史料书系》(东方出版社):这套书系包括一系列"另类"文字,诸如《中共 50 年》(王明)、《我的回忆》(张国焘)、《苦笑录》(陈公博)等。

15.《李宗仁回忆录》,唐德刚撰述:海外学人唐德刚的著述别具一格,《晚清七十年》、《胡适口述自传》、《袁氏当国》等均为典范。参阅溥仪的《我的前半生》。

16.**《乡土中国》**,费孝通:社会学名家名作,以少少许胜多多许,意味隽永,不愧经典。

17.《黄河边的中国》,曹锦清:了解国情与民情的一部佳作,参阅**《岳村政治》**(于建嵘)、《三农问题与世纪反思》(温铁军)、《生存与体验》(潘绥铭)。

18.《外交十记》,钱其琛:国际政治,波诡云谲,大国外交,纵横捭阖。作为新中国的外交家,作者酣畅淋漓地书写这个领域的神奇与魅力。参阅尼克松的《领导人》、基辛格的《大外交》等。

19.**中国政治**,汤森等:名为中国政治,实为当代中国政治,涉及有关制度、运作及利弊。两位美国学者对此展开全面描述与讨论,简明扼要,通俗易懂,论证翔实,观点平和。参阅潘维的《民主迷信与中国政治体制改革的方向》、王绍光的**《民主四讲》**。

20.**《呼兰河传》**,萧红:清水出芙蓉,天然去雕饰。一部现代作家的优秀作品,充满对家园、对生活、对父老乡亲的无限眷恋与深情礼赞。参阅沈从文的《边城》、苏联作家艾特玛托夫的《白轮船》等。

21. 《白鹿原》,陈忠实:"新时期"以来最流行的一部长篇小说,有声有色地复活了从晚清到新中国的历史沧桑与心路历程。张承志的《心灵史》、路遥的《平凡的世界》、韩少功的《马桥词典》、格非的《人面桃花》、张炜的《古船》、董立勃的《白豆》、范稳的《水乳大地》、铁凝的《笨花》等,也为同时期的上乘之作。

22. 《北大文学讲堂》,温儒敏等编:"15次讲课实录,15个经典话题"——名家荟萃,名师云集。一方面,可以赏心悦目地领略五四以来名家名篇的恒久魅力;另一方面,可以举一反三地获得诸多的思想启迪与知识启蒙。参阅美国汉学家史景迁的名作《天安门》。

23. 《西方哲学史》,罗素:作为哲学家,作者曾经获得诺贝尔文学奖。

24. 《理想的冲突》,宾克莱:可与《西方哲学史》媲美的一部续集,罗素写到20世纪初,宾克莱接着写到20世纪末。参阅BBC播出的哲学家系列访谈《思想家》(麦基编)。

25. 《万物简史》,比尔·布莱森:内容广博,趣味盎然,参阅伽莫夫的《从一到无穷大》、霍金的《时间简史》、《生命的壮阔:古尔德论生命大历史》、吴国盛的《科学的历程》等。

26. 《西方政治思想史》,麦克里兰:全书以西方2500年来最重要的政治思想家及其思想为主题,包罗广泛,蔚为大观,思想锐利,笔法轻盈,"一部见解与写法都与众不同的政治思想史"。参阅亨廷顿的《变化社会中的政治秩序》和《文明的冲突》。

27. 《全球通史——1500年以前的世界》与《全球通史——1500年以后的世界》,斯塔夫里阿诺斯:史家的功底、哲人的眼光与文人的才气,构成这部全球通史的基调。参阅威尔斯的《世界史纲》(费孝通等译),一部以文采见长的世界历史。另外,杰里·本特利等《新全球史》自2000年在美国问世以来,以其恢弘的体系和生动的叙事而成为最畅销的世界史读物之一。

28. 《第三帝国的兴亡》,夏伊勒:有关二战的最出色研究,正如芭芭拉·塔奇曼的《八月炮火》是有关一战的最优秀著作一样。作者夏伊勒是美国名记者,二战期间曾驻柏林,其《柏林日记》亦为传世之作。

29. 《光荣与梦想》,曼彻斯特:纯以故事的形式展现20世纪美国的社会面貌及其精神变迁,所以,虽然中文版看上去皇皇四大本,但读起来却只嫌其短而不嫌其长。作者也是一位美国名记者,2004年去世。

30. 《堂吉诃德》,塞万提斯,杨绛译:西班牙人说,第一次读了会笑,第二次读了会哭,第三次读了会思。事实上,在一切杰出记者的身上无不具有堂吉诃德的精神——虽九死其犹未悔的理想主义与英雄主义。

31. 《悲惨世界》,雨果:一流记者都如人道主义作家雨果,无不对世事、人生及关乎百姓身家性命的问题保持敏感与同情。参阅加缪的《鼠疫》。

32. 《幻灭》,巴尔扎克,傅雷译:西方新闻界的一出活灵活现的闹剧,参阅马克·吐温的《竞选州长》——幽默诙谐有如《汤姆·索耶历险记》、《哈克贝里·费恩历险记》等名著。

33. 《**德里纳河上的桥**》，安德里奇：波澜壮阔、跌宕起伏的一部民族"史诗"，作者曾获诺贝尔文学奖。参阅赫尔岑的《往事与随想》、列夫·托尔斯泰的《战争与和平》。

34. 《**百年孤独**》，马尔克斯：当代拉美"爆炸文学"的代表作家及其代表作品，曾获诺贝尔文学奖。参阅其古典风格的名著《霍乱时期的爱情》（又译《爱在瘟疫流行时》）。

35. 《**好兵帅克历险记**》，哈谢克：一部图（插图）文并茂的世界名著，妙趣横生，令人捧腹。

36. 《**经济学原理**》，曼昆：哈佛大学名教授专为大学生写的经济学入门教材，深入浅出，通俗易懂。

37. 《**以自由看待发展**》，阿马蒂亚·森：作为诺贝尔经济学奖的获得者，森享有"经济学良心"的美誉，用前联合国秘书长安南的话说："全世界贫穷的、被剥夺的人们在经济学中找不到任何人比阿马蒂亚·森更加言理明晰地、富有远见地捍卫他们的利益。"参阅哈耶克的《通往奴役之路》、波兰尼的《**大转型：我们时代的政治与经济起源**》。

38. 《**朱光潜美学文集**》第一、二卷：清流般明澈的思想，神话般迷人的意境，春风般轻盈的文笔。参阅宗白华的《**美学散步**》、汉斯立克的《论音乐的美》。

39. 《**文明与野蛮**》，路威：人类学的入门经典，破解"人类中心主义"以及"西方中心主义"的佳作。译者吕叔湘是语言学家，《现代汉语词典》首任主编。参阅江晓原的《云雨》。

40. 《**西方文学：心灵的历史**》，徐葆耕：一部深得读者喜爱的西方文学读物。

41. 《**社会性动物**》，阿伦森：既通俗又权威的社会心理学著作。参阅《性心理学》（潘光旦佳译）、《动机与人格》（马斯洛）等。

42. 《**熵：一种新的世界观**》，里夫金等：哲人的厚重与记者的轻灵有机融合，使这部著作不仅深刻透辟，而且活泼生动。参阅 Rachel Carson 的名著《寂静的春天》。

43. 《**现代社会学理论**》，沃特斯：了解社会学的入门著作，内容丰富，条理清晰。参阅亚历山大的《社会学二十讲》、阿隆的《社会学主要思潮》、瑞泽尔的《后现代社会理论》和《社会的麦当劳化》。

44. 《**菊与刀——日本文化的类型**》，本尼迪克特：既是了解日本的一部入门书，也是一部社会学的名著。

45. 《**白银资本**》，弗兰克：高屋建瓴、酣畅淋漓、纵横捭阖、新意迭出的名家名作。

46. 《**一个后现代主义者的谋杀**》，伯格：如果只想大略了解而不打算深究所谓"后现代"问题，那么可以读读这部入门的趣书。如果想深入一步，那么再读读杰姆逊的北京大学讲演录《后现代主义与文化理论》、盛宁的《人文困惑与反思——西方后现代主义思潮批判》等。

47. 《**傅雷家书**》，傅雷：打动无数读者的人生教科书、艺术教科书和修养教科书。另外，《傅译传记五种》以古人的酒杯浇自己的块垒，同样体现着生为人杰死为鬼雄的精神气质。参阅傅译《人生五大问题》、巴金"试译"《六人》等，也属此类书中的上品。

48.《争论中的国际关系理论》,多尔蒂,阎学通译:国际关系与国际政治的经典著作。

49.《从黎明到衰落——西方文化生活五百年》,巴尔赞:借用一位美国大学校长的评价:"这是一部绝妙的好书。雅克·巴尔赞的渊博无可匹敌。无人能像他一样对五百年的历史辑古钩沉,洞察入微,而行文又如此清楚、优雅、流畅。"

50.《**来自上层的革命——苏联体制的终结**》,科兹等:导致苏联解体的关键不在于外部力量或底层民众,而在于上层一小撮把握既得利益的"精英"——这是专门研究苏联的一位经济学家和一位新闻记者的结论,即所谓"来自上层的革命"。参阅黄苇町《苏共亡党十年祭》、何清涟《现代化的陷阱》。

专业类(50种)

1.《**新闻文存**》,徐宝璜等,中国新闻出版社,1987。

简介:中国新闻学的经典多收录其中,如1919年问世的新闻学开山之作——徐宝璜的《新闻学》。当代新闻学著述以《**甘惜分自选集**》为典范。参阅郑保卫的《当代新闻理论》、李希光的《转型中的新闻学》等。

2.《**论出版自由**》,[英]弥尔顿,商务印书馆,1958。

简介:西方的一切新闻思想和新闻理论,均由此发端。

3.《**比较新闻学:方法与考证**》,张威,南方日报出版社,2003。

简介:眼界开阔,内容翔实,立论公允,观点平实。参阅孙旭陪主编的《华夏传播论》。

4.《**报刊的四种理论**》,[美]施拉姆等,新华出版社,1980。

5.《**多种声音,一个世界**》,联合国教科文组织,中国对外翻译出版公司,1981。

简介:发展中国家为建立公平合理的世界新闻新秩序,进行了不懈努力和奋斗。这份驰名世界的研究报告,就是这些努力与奋斗的一座里程碑。

6.《**叫魂 1768年中国妖术大恐慌**》,[美]孔飞力,上海三联书店,1999。

简介:孔飞力是费正清之后美国首屈一指的汉学家,他的《叫魂》不仅出神入化地描绘了当时中国社会的状态和心态,而且也在一定程度上揭示了传统中国的传播网络。

7.《**百年中国新闻人**》,李彬、涂鸣华主编,福建人民出版社,2007。

简介:借鉴《光荣与梦想》的一部新闻史话,既有《史记》人物列传式的浓墨重彩,又有《世说新语》人物素描式的传神勾勒。

8.《**中国电视史**》,郭镇之,中国人民大学出版社,1991。

简介:严谨而洒脱,厚实而轻灵,虽属学术著作(系博士论文),读来却津津有味。作者是新中国培养的第一位新闻学女博士。

9.《**十年:从改变电视的语态开始**》,孙玉胜,三联书店,2003。

简介：一个从未学过新闻干过电视的人，一个刚到中央电视台还把"蒙太奇"当作某个外国人名的人，却创下一系列出色的电视新闻业绩。作为"东方时空"、"焦点访谈"、"实话实说"等名牌栏目的总指挥，本书作者对其中的一系列专业问题做了系统论述。参阅李大同的《冰点故事》、长篇小说《新闻界》和《深喉》等。

10.《**中国应用电视学**》，集体编著，北京师范大学出版社，1993。

简介：会集中国电视领域的专家，代表中国电视研究和实践的最高水平。参阅张颂主编的《中国播音学》、吴郁的《主持人的语言艺术》。

11.《**走进中国——美国记者的冒险与磨难**》，[美]彼得·兰德，文化艺术出版社，2001。

简介：岁月峥嵘的中国革命史，也成就许多富有冒险意识和专业精神的美国记者及其"光荣与梦想"。除了著名的"三S"，即斯诺、史沫特莱和斯特朗，还有一些曾被历史埋没、被人们忽略的人物，他们的记者生涯同样有声有色，人生故事同样有滋有味。本书即讲述了这样一些故事和人生，同时展现了一个令人眼花缭乱的世界和时代。参阅张功臣的博士学位论文《外国记者与中国革命》、《鲍威尔对华回忆录》等。

12.《**全球新闻传播史**》，李彬，清华大学出版社，2008。

简介：了解世界新闻传播的入门之作，既注重体系的完整统一，又追求叙述的流畅有趣。

13.《**美国新闻史**》，[美]埃默里等，新华出版社。

简介：一部论述美国新闻事业及其与社会政治、经济、文化之互动的力著，1980年代初译介到中国，一直影响不衰。当时主要译者为中国社会科学院新闻研究所资深研究员，审校者为著名翻译家董乐山先生。

14. *News Reporting and Writing*，Melvin Mencher，清华大学出版社，2003。

简介：美国新闻学的经典教材，读通本书，也就弄懂美国及西方新闻学的所有堂奥。参阅法拉奇的《风云人物采访记》及其"续集"、艾丰的《**新闻采访方法论**》。

15.《**新闻学核心**》，李希光，南方日报出版社，2002。

简介：熔新闻理论与新闻采写于一炉，合高头讲章与通俗读物于一体，无论对理解新闻还是对采写报道，均有启发和裨益。参阅密苏里新闻学院的经典教材《新闻报道与写作》，范红主译，新华出版社，2007。

16.《**新闻人生——名记者清华演讲选**》，李彬、常江编，清华大学出版社，2008。

17.《**报纸编辑学教程**》，郑兴东等，中国人民大学出版社，2002。

简介：新闻编辑的所有专业知识尽在其中。参阅蔡雯的《现代新闻编辑学》。

18.《**范敬宜文集：新闻作品选**》，范敬宜，清华大学出版社，2009。

简介：作者是清华大学新闻与传播学院首任院长，也是名记者、名报人。参阅《**敬宜笔记**》及"续编"，以及郭梅尼《挥笔写人生——郭梅尼人物通讯选》、《梁衡文集》之"人杰鬼雄"卷、徐泓《大人物 小人物》等。

19.《诤语良言——与青年记者谈新闻写作》，刘其中，新华出版社，2003。

简介：一位老记者专为青年同行写的关于如何写好新闻的著作，其中引述了数百条新闻和特稿，分析其成败优劣，并探讨改进方法。对提高新闻写作水平，本书提供了许多"诤语良言"。参阅威廉·布隆代尔的《〈华尔街日报〉如何讲故事》（华夏出版社）、丁法章《新闻评论教程》等。

20.《对外传播学初探》，段连城，五洲传播出版社，2004。

简介："外宣"方面的佳作，材料生动，写法活泼。作者段连城 1940 年代毕业于斯诺母校密苏里大学新闻学院，曾任国家外文局局长。参阅"韬奋新闻奖"得主马胜荣的《描述世界：国际新闻采访与写作》。

21.《新闻传播的策划与组织》，蔡雯，新华出版社，2001。

简介：新闻传播学科第一部入选全国百篇博士论文的著述。

22.《拉丁美洲被切开的血管》，[乌拉圭]加莱亚诺，人民文学出版社，2001。

简介：一篇拉美记者写的"深度报道"，一部读来令人窒息的名作。2009 年，委内瑞拉总统查韦斯向美国总统奥巴马赠送此书，一时引起公众广泛关注。参阅商务印书馆"汉译世界学术名著丛书"的两部杰作：西班牙神父卡萨斯的《西印度毁灭述略》和西班牙士兵卡斯蒂略的《征服新西班牙信使》。同样的残酷和血腥，同样的精彩和生动。

23.《人类的群星闪耀时》，[奥]茨威格，三联书店，1986。

简介：类似新闻特写的名著，勾勒了历史上几个至关重要的瞬间。文笔高妙，情节诱人。作者的自传《昨日的世界》同样耐人寻味。参阅名记者约翰·里德的《震撼世界的十天》。

24.《在乌苏里的莽林中》，[俄]阿尔谢尼耶夫，人民文学出版社，2005。

简介：随着 19 世纪的殖民扩张，形形色色的探险活动也盛极一时。在这个过程中，涌现了不少颇有科学价值和阅读兴味的作品，《在乌苏里的莽林中》就是流传甚广的一部。它与瑞典探险家斯文·赫定的《亚洲腹地旅行记》等作品并为经典，日本电影导演黑泽明曾以此拍摄了轰动一时的影片《德尔苏·乌扎拉》。

25.《西行漫记》，[美]斯诺，三联书店，1979。

简介：不朽的新闻经典。参阅史沫特莱的《伟大的道路》、韩丁的《翻身——中国一个村庄的革命纪实》、杰克·贝尔登的《中国震撼世界》等。

26.《长征——前所未闻的故事》，[美]索尔兹伯里，解放军出版社，1986。

简介：作为《纽约时报》资深记者，作者以七旬高龄重走长征路，写下这部风行于世而百读不厌的"故事"，同时实现了自己当年追慕斯诺的青春理想。参阅王树增的《长征》、张正隆的《枪杆子：1949》等。

27.《范长江新闻文集》，中国新闻出版社，1989。

简介：以范长江命名的新闻奖，是中国记者的最高荣誉奖。读读他的新闻作品，特别是《**中国的西北角**》就明白何以如此了。参阅邹韬奋的《经历》、陶菊隐的《记者生活30年》、萧乾的《人生采访》、徐铸成的《报海旧闻》等。

28.《**穆青传**》，张严平，新华出版社，2005。

简介：文笔流丽，叙事生动，感情饱满，激情饱满，折射着一代中国新闻人的心灵史。参阅吴冷西《忆毛主席》、袁晞《社论穿起来的历史》。

29.《**混沌：开创新科学**》，[美]格雷克，高等教育出版社，2004。

简介：作为《纽约时报》原科学版的记者，本书作者 James Gleick 由于此书而一举成名。后来又写了《费曼传》和《牛顿传》，同样获得好评。本书不仅使读者兴味盎然地漫游于科学前沿，获得许多有趣有益的知识，而且可以学习一流记者如何将如此深奥、偏僻的话题，写得如此通俗易懂、深入浅出。

30.《**巴黎烧了吗？**》，[美]科林斯、[法]拉皮埃尔，董乐山译，译林出版社，2002。

简介：新闻报道写得犹如惊险小说，引人入胜，扣人心弦，而且，"事事有根据，人人有下落，句句有出处"，令人叹服。参阅美国作家诺曼·梅勒的《夜幕下的大军》——"新式新闻"的代表作，将历史和小说、现实和想象、写实和虚构相互交织，生动而立体地展现了一个时代的美国社会政治图景。

31.《**中国新闻社会史文选**》，李彬主编，清华大学出版社，2008。

简介：中国新闻的名篇佳作汇于一书，风光无限，气象万千。参阅李彬、李漫编《马克思主义新闻观拓展读本》——各大学科的名家名作。

32.《**新闻：政治的幻象**》，[美]班尼特，当代中国出版社，2005。

简介：名为谈新闻，实则讲政治。作为政治传播学经典之作，本书对美国新闻事业与社会政治的复杂关系做了深入透辟的论述。

33.《**作为话语的新闻**》，托伊恩·A梵·迪克，华夏出版社，2003。

简介：从话语分析的角度研究新闻，颇有启发。参阅陈原的《语言与社会生活》。

34.《**关于电视**》，[法]布尔迪厄，辽宁教育出版社，2000。

简介：当代思想大家谈论电视的演讲，庖丁解牛，游刃有余。参阅徐葆耕的《电影讲稿》、吴迪的《中西风马牛》。

35.《**媒介批评——起源·标准·方法**》，王君超，北京广播学院出版社，2000。

36.《**理解大众文化**》，[美]约翰·费斯克，中央编译出版社，2001。

37.《**东方学**》，[美]萨义德，三联书店，1999。

简介：当代传播研究与媒介研究的必读书之一。参阅作者的《报道伊斯兰》。

38.《**麦克卢汉：媒介与信使**》，[加]马尔尚，中国人民大学出版社，2003。

简介：麦克卢汉及其理论向以玄奥诡异著称，这部通俗的传记或有助于理解其人其说。参阅麦克卢汉《理解媒介：论人的延伸》、保罗·莱文森《数字麦克卢汉——信息化新纪元指南》。

39.《**组织传播**》，[美]米勒，华夏出版社，2000。

40.《**后工业社会的来临**》，[美]丹尼尔·贝尔，商务印书馆，1984。

简介：所谓后工业社会亦即信息社会，美国社会学家、哈佛大学教授丹尼尔·贝尔的这部名作第一次对此进行论述，影响广泛。参阅其《资本主义文化矛盾》（三联版）。

41.《**人类传播理论**》，[美]李特约翰，清华大学出版社，2004。

简介：著译俱佳的传播学基础理论著作。参阅祝建华翻译的麦奎尔等名著《大众传播模式论》（上海译文出版社）、郭镇之等译《传播理论》（华夏出版社）、曹书乐译《大众传播理论：基础、争鸣与未来》（清华大学出版社）。

42.《**世界传播与文化霸权：思想与战略的历史**》，[法]马特拉，中央编译出版社，2001。

简介：作者为国际知名的批判传播学者，本书是其代表作之一，内容广博，思想宏富。

43.《**大众传播媒介与国家发展**》，[美]施拉姆，华夏出版社，1991。

简介：作为美国传播研究的奠基人，作者为联合国教科文组织撰写的这份研究报告，一向被视为"发展传播学"的里程碑。

44.《**传播学史：一种传记式的方法**》，[美]罗杰斯，上海译文出版社，2002。

简介：作者为美国传播学名家，以"创新扩散"理论著称。作为普及性读物，本书以史话体的笔调描绘了美国传播学发生发展的历程。读来既轻松有趣，又能把握传播学的来龙去脉及其经典理论的生成背景。参阅 S.Lowery 等《大众传播研究的里程碑》。

45.《**传播政治经济学**》，[加]莫斯可，华夏出版社，2000。

简介：传播学批判学派属于国际传播学界的前沿领域，其中传播政治经济学又是批判学派的一大分支，而本书即对这一分支做了详尽论述。参阅美国批判学派先驱赫伯特·席勒的名著《大众传播与美利坚帝国》。

46.《**大众文化与传媒**》，陆扬、王毅，上海三联书店，2000。

简介：对批判学派的另一分支即文化研究，做了取精用弘的描述和提纲挈领的阐释，深入浅出，条分缕析。参阅赵一凡的《**西方文论讲稿**》《**西方文论讲稿续编**》。

47.《**新媒介与创新思维**》，熊澄宇编选，清华大学出版社，2001。

简介：十余位西方思想家、科学家对新媒介及其社会历史蕴涵的深入分析与精彩解读。

48.《**中国网络媒体的第一个十年**》，彭兰，清华大学出版社，2005。

简介：对中国网络媒体发生、发展的第一个十年做了系统梳理，观点平实，材料生动，论述深入。

49.《**娱乐至死**》，[美]波兹曼，广西师范大学出版社，2004。

简介：作为麦克卢汉的亲炙弟子，开创"媒介生态学"的尼尔·波兹曼，却与乃师背道而驰。这对师徒的传播观,对深刻认识电子媒介及其历史意味提供了独特的思路与理论。参阅其《童年的消逝》。

50.《富媒体 穷民主》,[美]麦克切斯尼,新华出版社,2004。

简介:新一代批判学者的力著,对了解"全球化"时代的大众传播颇有启发。参阅贝戈蒂克安的经典著作《媒体垄断》、哈克特和赵月枝《维系民主:西方政治与新闻客观性》等。

后　　记

　　半年前，我根本没想到主编这部电大教材，自然也就没想到写这篇后记。

　　当时，自己正在突击一部打算今年上半年完成的书稿。一日，郭庆光兄打来电话，说是有一部他主编的电大教材想请我帮助审一审大纲。由此，我才第一次接触这部拟议中的《大众传播学》。

　　当听说这部教材将于今年5月交稿、7月出版、9月使用时，我曾既同情又困惑地对老郭说，时间这么紧，你又这么忙，到时怎么交工呢？记得当时我是一副作壁上观的架势，而他则是一副成竹在胸的派头。

　　有顷，老郭又打来电话，说是作为这门课程的主编和主讲，需要他去中央广播电视大学试播一次，而他恰好身体不适，是不是请我代劳。我当然只有答应了。试播顺利，一次通过。接下来就该进入正式的撰写阶段，其时已是春节前夕。

　　谁知正当我准备看他如何左支右绌时，他却突然死活要把主编的差事"让"给我。理由嘛，一方面是他要搞学科基地的事情，时间实在没有保证；另一方面，也是他的美意，想让我借机在出版多年的《传播学引论》的基础上再弄一部新作。

　　当时，我真是左右为难：不接吧，于情于理看来都躲不过去；接了吧，实在又是一件要命的活，且不说自己诸事缠身分身无术，即使全力以赴也非常吃紧。

　　我开玩笑说，此事一开始恐怕就是你设的一个套，让我不知不觉一点点地钻进去，直到无法脱身，你才亮出底牌。不管怎么说，这时为朋友也好，为学生也罢，我都没有什么选择余地了。

　　啰唆这么多，无非想交代两点。其一，这部电大教材的主编本应是中国人民大学新闻学院院长郭庆光先生，至于最后落在我头上实在是阴错阳差始料未及。由于这个缘故，这部教材的整体思路就和郭庆光先生的大作《传播学教程》看上去似曾相识。其二，从我手忙脚乱地张罗此事到交出"齐清定"的书稿，满打满算不过一百天，其紧张程度可想而知，尤其到最后统稿时，简直累得眼珠都转不动。由于这个缘故，本书的问题与缺憾就是在所难免了。

　　当然，所有的问题与缺憾都只能由我负责，至于本书另外六位作者的学识、用心及配合则须充分肯定。事实上，没有他们的鼎力相助，是绝不可能在这么短的时间里完成这项任务的。他们是：

任　鹰	中央广播电视大学文法部副教授、博士（承担第二章）
陈昌凤	北京大学新闻与传播学院副教授、博士（承担第四章）
郭青春	中央广播电视大学文法部副教授（承担第五章）
胡　钰	清华大学传播系讲师（承担第六章和第七章）
徐　慧	中国人民大学新闻学院博士（承担第八章）
李　琨	北京大学新闻与传播学院副教授、博士（承担第九章）

同时，还需特别提及的是本书的四位审稿专家：

郭庆光	中国人民大学新闻学院院长
王泰玄	中国人民大学新闻学院教授
孙天正	中央广播电视大学原副校长、教授
张志君	中国教育电视台研究室研究员

他们提出了一系列极有价值的意见和建议，对此我都在统稿和修订过程中逐一落实，从而使本书更趋严谨与规范。这里，谨向他们表示诚挚的敬意与谢忱。

最后，请允许我借此机会向本课程组负责人和本书责任编辑表示由衷的钦佩。他们的工作热情、敬业精神和业务能力，是使本书得以尽快尽好面世的"第一推动"，也使我在参与这项繁重工作的过程中，自始至终感到愉悦轻松。

李　彬
2000年6月于中国青年政治学院